陕西商贸物流产业高质量发展研究

主　编　杜跃平
副主编　王慧珍　王乐乐

西安电子科技大学出版社

内 容 简 介

本书应用现代经济学和管理学的相关理论和方法，研究了新时代、新征程中陕西商贸物流产业高质量发展的若干重要问题，包括陕西建设贸易大通道、西部陆海新通道物流枢纽、陆港与空港的协同发展、国际陆港协作建设的中俄合作物流、打造"高速公路智慧CBD"、西安国际陆港与空港物流耦合协调发展、西安都市圈创新网络空间优化策略、西安都市圈核心城六区产业协同发展、陕西数字经济发展、"智慧＋共享"农产品供应链、"双循环"新发展格局下陕西特色农产品发展路径、"双循环"背景下提升陕西居民消费水平、数字供应链金融背景下小微企业融资方式创新等内容。

本书适合相关专业研究者、实践工作者、企业管理者、高等学校相关专业的本科生和研究生及其他社会人士阅读。

图书在版编目(CIP)数据

陕西商贸物流产业高质量发展研究 / 杜跃平主编. --西安：西安电子科技大学出版社，2023.6

ISBN 978 - 7 - 5606 - 6803 - 1

Ⅰ. ①陕… Ⅱ. ①杜… Ⅲ. ①贸易—物流—产业发展—研究—陕西 Ⅳ. ①F259.274.1

中国国家版本馆 CIP 数据核字(2023)第 062375 号

策 划 戚文艳
责任编辑 戚文艳
出版发行 西安电子科技大学出版社(西安市太白南路 2 号)
电 话 (029)88202421 88201467 邮 编 710071
网 址 www. xduph. com 电子邮箱 xdupfxb001@163.com
经 销 新华书店
印刷单位 陕西精工印务有限公司
版 次 2023 年 6 月第 1 版 2023 年 6 月第 1 次印刷
开 本 787 毫米×1092 毫米 1/16 印张 18
字 数 426 千字
印 数 1～1000 册
定 价 76.00 元

ISBN 978 - 7 - 5606 - 6803 - 1/F

XDUP 7105001 - 1

＊＊＊如有印装问题可调换＊＊＊

本书编委会

主　　任：黄　藤

副 主 任：闵小平　潘　君

主　　编：杜跃平

副 主 编：王慧珍　王乐乐

编　　委：（按姓氏笔画排名）

王赟杰　杨维霞　张慧文　张爱辉　张旭起

罗　宁　郑　端　周晓燕　胡一波　郝渊晓

党智军　郭　敏　贾果玲

主 编 简 介

　　西安外事学院商学院院长、陕西自贸区研究院院长，西安电子科技大学经济与管理学院教授、博士生导师，西北大学经济管理学院兼职教授、博士生导师，1993 年开始享受国务院政府特殊津贴，主要研究方向为产业经济发展、区域经济发展、创新管理、企业人力资源管理；同时，兼任陕西省决策咨询委员会委员、西安市决策咨询委员会委员、中国国际贸易促进会陕西省分会专家委员会委员、中国技术经济学会创新创业专业委员会常务理事、数字经济专业委员会主任、中国高等教育学会融合教育分会理事、陕西省物流学会副会长、陕西省区域经济学会副会长。

Contents 目录

陕西加快构筑内陆地区国际贸易大通道的配套制度与政策创新研究

杜跃平　张慧文　王慧珍　罗宁

开放不足是制约陕西经济发展的突出短板。陕西深度融入共建"一带一路"大格局，需要建设中欧班列(西安)集结中心，加快形成面向中亚、南亚、西亚国家的通道、商贸物流枢纽、重要产业和人文交流基地，构筑内陆地区效率高、成本低、服务优的国际贸易通道。《中共陕西省委关于制定国民经济和社会发展第十四个五年规划和二〇三五年远景目标的建议》明确提出，强化开放大通道建设。为落实习近平总书记重要讲话精神，充分发挥陕西的优势，加快国际贸易通道的建设，推进相关管理体制和政策创新，对进一步推动陕西深度融入"一带一路"，在新时代、新征程中发展开放型经济，谱写陕西新时代高质量发展新篇章具有重要意义。

一、国际贸易通道的构成与功能

(一) 国际贸易通道的概念与基本特征

国际贸易通道是在对外特定区位和特定方向上，由一种或一种以上运输方式为基本形式，依托口岸和港口设施为链接枢纽，以双方运输线路网络为运行支持，承担国际贸易物流功能的通道。

国际贸易通道的基本特征有：

(1) 以交通运输基础设施为基础。国际贸易通道的基础是以交通运输通道和相关物流枢纽节点为核心的交通运输基础设施，通过制度政策和市场手段实现物流、产业向国际贸易通道集聚和扩散，从而打造国际物流联通通道和经济合作通道。

(2) 服务于国际供应链。国际贸易通道以服务于国际供应链变革的新要求和追求经济规模为出发点，以创新规则为驱动，是有形的设施联通与无形规则衔接的服务系统，需要各种运输方式形成高度的战略协同，需要利益相关方共同进行顶层设计。

(3) 国际贸易通道的基础是网络建设，包括交通、运输、集货、运营组织和信息化网络。国际贸易通道建设运营的主体是各环节主导企业通过战略协同形成的平台化组织，运行的手段是跨界信息平台。

(4) 国际贸易通道的目标是成为能够满足国际贸易发展的一条效率高、成本低、服务优的国际物流大通道，成为地区开放开发的产业沟通通道，是国际贸易通道沿线节点城市利用通道经济的发展，强化其辐射、极化能力，打造区域增长极的共赢通道。

（二）国际贸易通道的构成要素

国际贸易通道主要由国际贸易、国际运输通道与物流枢纽、口岸与开放平台以及制度和政策构成（见图 1）。

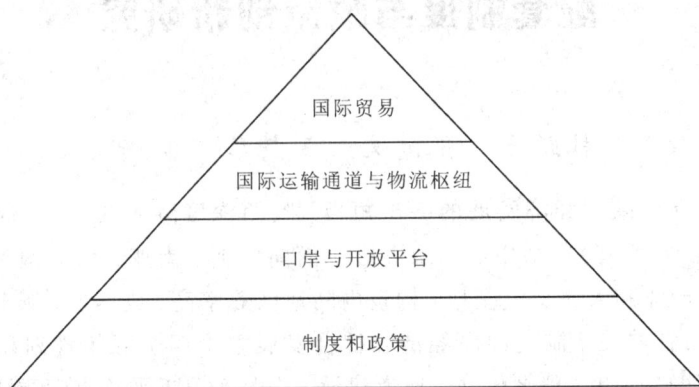

图 1　国际贸易通道的构成要素

1. 国际贸易

国际贸易即通道沿线国家或地区间的国际贸易规模、商品结构、贸易方式和运输方式。

2. 国际运输通道与物流枢纽

国际运输通道是国际贸易通道的物理通道，是并行的多种运输方式或联合运输方式构成的运输线路。国际贸易通道的正常运转有赖于国际物流包装、装卸和搬运等基本功能的实现，实现这些功能的节点即为物流枢纽。物流枢纽的运转水平很大程度上决定着国际贸易通道的运转水平。

3. 口岸与开放平台

口岸是国家指定的对外来往的门户，是国际货物运输的枢纽，是连接和利用国际国内两个市场、两种资源的重要渠道。口岸包括一类口岸和指定口岸。开放平台包括综合保税区和自由贸易试验区，是技术、人才、资本、创新资源和要素集聚的重要承载体。

4. 制度和政策

制度和政策包括管理体制、财政投资政策、金融支持政策、土地保障政策、市场主体培育政策、税费政策、贸易便利化政策、开放合作政策、产业园区发展政策、人才政策等。

国际贸易是国际贸易通道产生的前提，国际运输通道与物流枢纽是构筑国际贸易通道的基础，口岸与开放平台是构筑国际贸易通道的重要支撑，制度和政策是国际贸易通道高效运转的关键保障。

（三）国际贸易通道的基本功能

国际贸易通道的基本功能体现在以下四个方面：

（1）国际贸易是国际贸易通道产生的前提。

国际贸易的变化发展对国际贸易通道的服务质量、效率、成本和安全等提出了新的要求。效率高、成本低、服务优的国际贸易通道是国际贸易持续发展的重要保证。

（2）国际运输通道与物流枢纽是构筑国际贸易通道的基础。

国际运输通道线路的数量、运输能力的大小是影响国际贸易发展的重要因素。内陆地区的各种开放大通道可以打通物流、人流、资金流、信息流、技术流，能改变内陆地区的区位条件，从而创造出新的比较优势。在航空、铁路快速发展的背景下，陆地和空中交通越来越便捷，费用也越来越便宜，陆路和航空运输通道的构建可以迅速改变内陆的区位条件，创造出新的比较优势。物流枢纽是依托综合交通运输枢纽，承担区域间主要物流集散、存储、分拨、转运等多种功能所形成的相互间紧密协作、合理分工，拥有便捷运输联系的物流设施群综合体。物流枢纽的集散效率是影响国际贸易通道效率、成本和服务质量的关键因素。

（3）口岸与开放平台是构筑国际贸易通道的重要支撑。

开设指定口岸，能够将特定产品从境外直接运入内陆地区，使内陆地区从入境货物的"终点站"变为"起点站"和"枢纽站"，成为覆盖腹地区域以及辐射全国的进境产品的重要集散中心，从而有效提升内陆地区在国家对外开放格局中的区位重要性和影响力。建设指定口岸将拓宽进境产品类别和增加进口业务量，推进多式联运、陆港联动发展，促进区域物流中心建设，能够推动和完善口岸的外贸服务和管理机制，构筑内陆地区深化对外开放投资和通商平台，形成便捷高效的国际物流通道和区域性商贸物流枢纽。综合保税区和自由贸易试验区是技术、人才、资本、创新资源和要素集聚的重要承载体，是构筑内陆国际贸易大通道的重要支撑。综合保税区是开放型经济的重要平台，对发展对外贸易、吸引外商投资、促进产业转型升级发挥着重要作用。综合保税区作为开放平台，起到了简化外贸环节、降低交易成本、减轻税负等作用，发挥着促外贸、引外资先导区的作用。自由贸易试验区是新一轮高水平开放的重要承载平台，也是制度创新的试验田，可以加速打造更优的营商环境，提高贸易和投资自由化、便利化水平。

（4）制度和政策是保障国际贸易通道有效运转的关键。

国际贸易通道的运转需要许多支撑（支持）手段，包括政策、体制、制度等在内的一系列支撑要素，促进良好的物流发展环境形成，从而促进国际物流通道的发展。

二、陕西国际贸易通道的发展现状及存在问题分析

（一）陕西国际贸易通道的基本构成

1. 国际贸易

2019年，陕西进出口总值3515.75亿元，较上年增长0.09%，贸易顺差累计实现

230.78 亿元，较上年减少 412.80 亿元，其中，进口总值 1642.48 亿元，增长 14.47%；出口总值 1873.27 亿元，下降 9.84%，前五大贸易伙伴为中国台湾、韩国、中国香港、美国和日本，其占全省外贸进出口的 66.4%。

2. 国际运输通道与物流枢纽

陕西国际运输通道主要有国际陆路运输通道、国际航空运输通道和铁海联运通道。

（1）国际陆路运输通道：截至 2020 年 12 月，中欧班列"长安号"常态化开行线路 15 条，通达 45 个国家（地区），辐射范围实现了欧亚区域全覆盖。

（2）国际航空运输通道：2019 年西安咸阳国际机场全年新开通 19 条国际客运航线，国际（地区）航线累计 88 条，通达全球 36 个国家（地区）、74 个主要枢纽和旅游城市。

（3）铁海联运通道：西安港至青岛港、宁波港等海铁联运线路已常态化开行。

陕西拥有陆港型、空港型、商贸服务型、生产服务型物流枢纽，其中西安陆港型国家物流枢纽、西安空港型国家物流枢纽、西安商贸服务型国家物流枢纽、西安生产服务型国家物流枢纽、宝鸡生产服务型国家物流枢纽以及延安陆港型国家物流枢纽入选国家物流枢纽建设名单。

3. 口岸与开放平台

陕西拥有 1 个一类航空口岸、1 个一类铁路口岸（临时）和 1 个二类公路口岸。西安咸阳国际机场已建成并运营进口冰鲜水产品、进境食用水生动物、进口药品、进境水果、进口肉类 5 个指定口岸。西安国际港务区已建成并运营进境粮食指定口岸、进口肉类指定口岸和整车进口口岸。陕西开放平台主要包括综合保税区和中国（陕西）自由贸易试验区。其中，综合保税区有 7 个，分别是西安综合保税区、西安高新综合保税区、西安航空基地综合保税区、西安关中综合保税区、陕西西咸空港综合保税区、陕西杨凌综合保税区和宝鸡高新区综合保税区，这些综合保税区对陕西全省进出口总值的贡献率达 70% 以上。

（二）陕西对外贸易和对外经济现状及存在的问题分析

1. 对外贸易规模持续增长，规模总量仍然偏小

近年来，陕西对外贸易规模持续增长（见图 2）。2019 年陕西进出口总值达 3515.75 亿元，较上年增长 0.09%，低于全国 3.3 个百分点，居全国第 22 位，贸易顺差累计实现 230.78 亿元，较上年减少 412.80 亿元，降幅高达 64.14%。其中，实现进口总值 1642.48 亿元，增长 14.47%，较上年回落 20.9 个百分点，高于全国平均水平 12.9 个百分点，居全国第 8 位；出口总值 1873.27 亿元，下降 9.84%，较上年回落 35.1 个百分点，低于全国 14.8 个百分点，居全国第 28 位。陕西对外贸易总体规模仍然偏小，远低于同处西部地区的四川（2019 年进出口总值 6765.9 亿元）和重庆（2019 年进出口总值 5792.78 亿元），贸易顺差逐渐收窄。

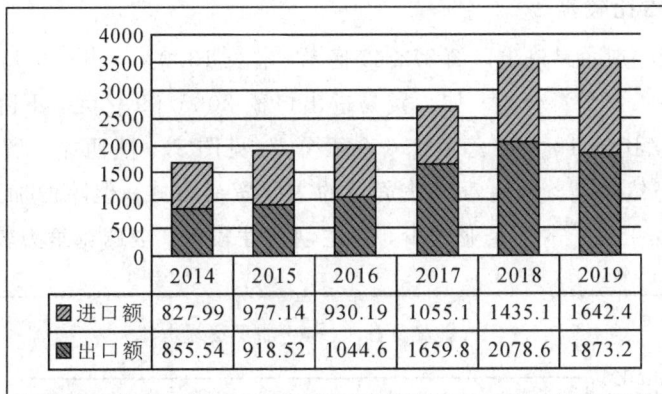

图 2　2014—2019 年陕西货物贸易进出口额（单位：亿元）

2. 外贸依存度低速提升，仍然低于全国水平

2014—2019 年，陕西外贸依存度和出口依存度均远低于全国水平，较同处于西部地区的重庆也低了很多，与四川基本相当。陕西外贸依存度和出口依存度整体呈现低速增长的态势，2019 年较上年均有所降低（见图 3 和图 4）。

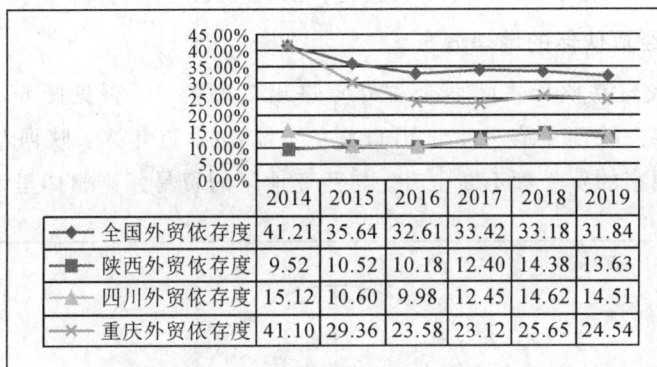

图 3　2014—2019 年陕西外贸依存度

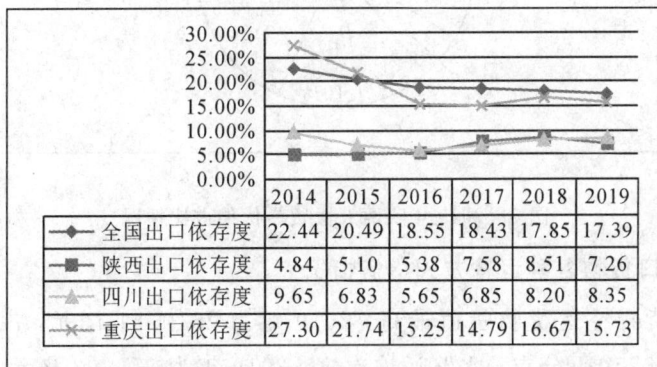

图 4　2014—2019 年陕西出口依存度

3. 加工贸易占比较高

2019 年，陕西一般贸易进出口额 872.65 亿元，增长 13.0％，占进出口总额的 24.8％，比 2018 年提升了 2.8 个百分点；加工贸易进出口额 2065.99 亿元，下降 7.2％，占进出口总额的 58.8％，比 2018 年回落了 4.6 个百分点（见图 5）。陕西加工贸易增速呈逐步放缓态势，但占比仍然较高，是陕西对外贸易的主要贸易方式。但陕西加工贸易大多依靠外资企业的制造加工品，本土企业较少，自主创新性较低，全球竞争力较弱。

图 5　2014—2019 年陕西一般贸易和加工贸易占比

4. 陕西主要经贸伙伴的地理分布

2019 年，五大贸易伙伴占陕西全省外贸进出口额的 66％（见图 6）；2020 年 1 至 8 月，五大贸易伙伴占陕西全省外贸进出口额的 64.4％。近年来，陕西与中亚、中东欧、东盟、南亚地区国家的贸易额不断上升，与西亚地区的贸易额则整体呈现下降趋势。

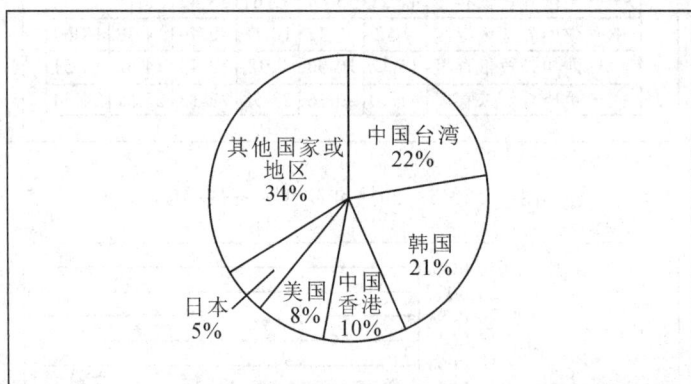

图 6　2019 年陕西五大贸易伙伴占比情况

5. 陕西进出口货物各种运输方式货值情况

陕西进出口货物空运货物货值最高，2019 年为 2510.81 亿元，占比 71.49％，较 2018 年下降了 3.37 个百分点；水路运输次之，2019 年为 876.93 亿元，占比 24.97％，较 2018 年上升了 2.22 个百分点；铁路运输货值最小，但增长速度很快，2019 年为 44.74 亿元，较 2018 年增长了约 164％（见图 7、图 8）。

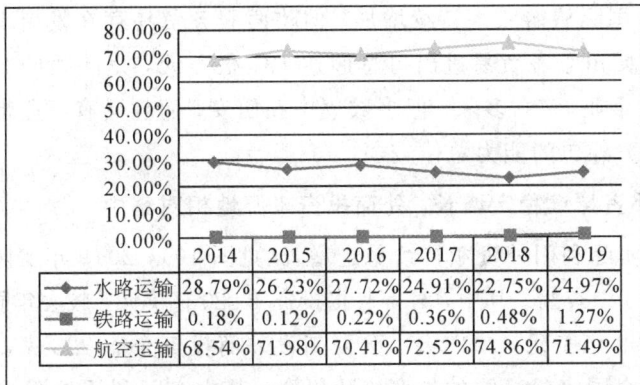

图7 2014—2019年陕西进出口货物水路运输、铁路运输和航空运输货值占比情况

	2014	2015	2016	2017	2018	2019
水路运输	28.79%	26.23%	27.72%	24.91%	22.75%	24.97%
铁路运输	0.18%	0.12%	0.22%	0.36%	0.48%	1.27%
航空运输	68.54%	71.98%	70.41%	72.52%	74.86%	71.49%

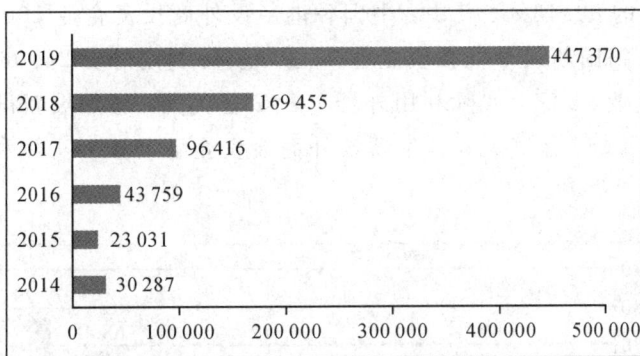

图8 2014—2019年陕西进出口货物铁路运输货值(单位:万美元)

6. 服务贸易发展较快，但发展不均衡、规模较小

服务贸易正日益成为我国对外贸易发展和深化对外开放的新引擎。近年来，陕西积极学习和借鉴发达国家以及我国发达地区经验，依托陕西制造业优势发展服务贸易，带动"陕西服务"走出去，服务贸易占全省对外贸易的比重稳步提升。2018年，陕西服务贸易进出口总额达75.36亿美元。其中，国际旅游和服务外包发展较好，如图9所示，自

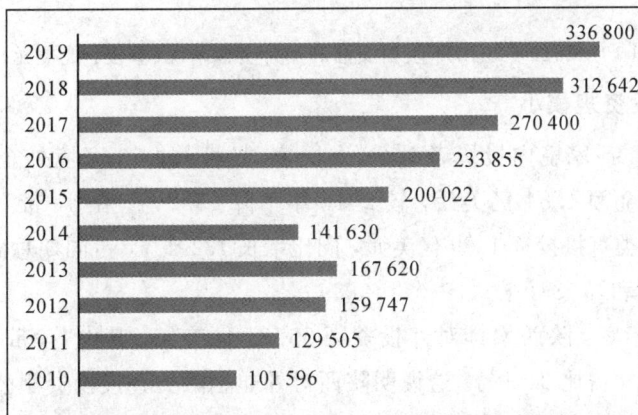

图9 2010—2019年陕西国际旅游收入(单位:万美元)

2010年以来，陕西国际旅游收入持续增加。但陕西服务贸易存在发展不均衡、规模较小等问题。2018年，四川服务贸易进出口总额达181亿美元，是陕西的2.4倍。陕西有各类软件和服务外包企业1500多家，但多数集中在西安，而且具有行业带动效应的龙头企业少，承接国际服务外包的能力总体较弱。

7. 实际利用外资持续稳定增长，外商投资来源地相对集中

近年来，陕西实际利用外资额持续稳定增长（见图10），2019年实际利用外资77.29亿美元，同比增长12.87％。其中，外商直接投资40.20亿美元，较去年同期增长86.29％，外商其他投资37.09亿美元。2019年，陕西新设外商投资企业323家，较去年同期增长14.13％，共有44个国家（地区）的外商来陕投资，其中实际利用外资排在前5位的国家（地区）分别是中国香港、韩国、中国台湾、新加坡、日本，这5个国家（地区）实际利用外资总量占全省比重的89.43％。其中：中国香港新设外商投资企业100家，实际利用外资25.29亿美元；韩国新设外商投资企业25家，实际利用外资24.06亿美元；中国台湾新设外商投资企业18家，实际利用外资11.42亿美元；新加坡新设外商投资企业9家，实际利用外资4.59亿美元；日本新设外商投资企业5家，实际利用外资3.76亿美元。

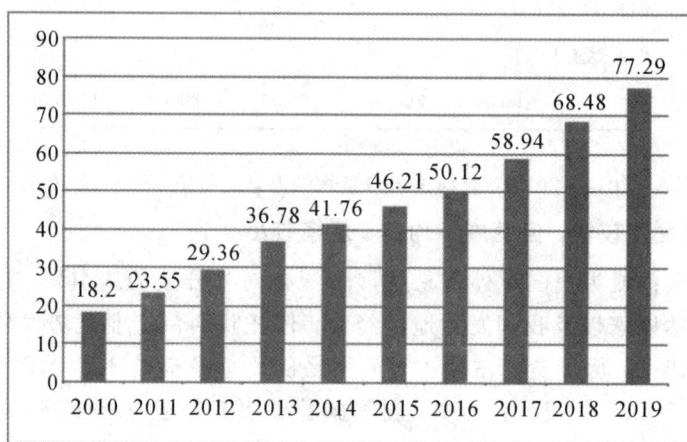

图10　2010—2019年陕西实际利用外资额情况（单位：亿美元）

8. 对外直接投资规模小

2019年，陕西45家境内投资者对22个国家（地区）的50家境外企业进行了非金融类直接投资，投资金额4.84亿美元，较2018年下降25.2％。在"一带一路"沿线对13个国家（地区）非金融类直接投资1.89亿美元，同比增长132.1％，占同期总额的39.1％，主要投向吉尔吉斯斯坦和马来西亚。

截至2019年年底，陕西累计对外投资额55.81亿美元，其中"一带一路"累计对外投资额13.45亿美元，占比24.1％。这说明陕西对外非金融类直接投资额波动较大（见图11）且规模偏小（见图12），陕西与同处西部地区的四川、重庆相比，在对外非金融类直接投资存量上存在较大差距。

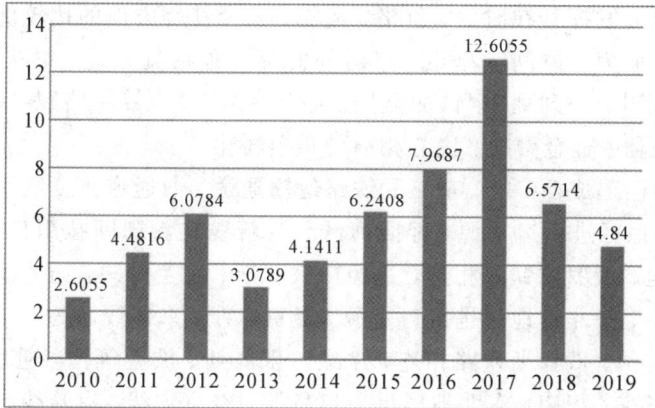

图 11 2010—2019 年陕西对外非金融类直接投资流量情况（单位：亿美元）

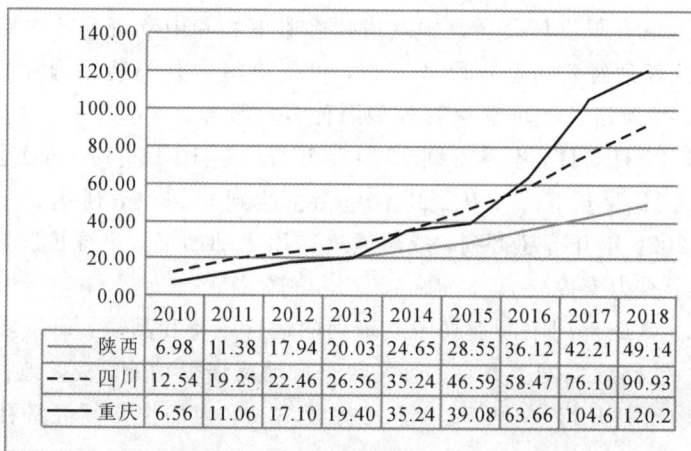

	2010	2011	2012	2013	2014	2015	2016	2017	2018
陕西	6.98	11.38	17.94	20.03	24.65	28.55	36.12	42.21	49.14
四川	12.54	19.25	22.46	26.56	35.24	46.59	58.47	76.10	90.93
重庆	6.56	11.06	17.10	19.40	35.24	39.08	63.66	104.6	120.2

图 12 2010—2018 年陕西、四川和重庆对外非金融类直接投资存量情况

（三）陕西国际物流运输通道发展现状及存在的问题分析

西安国际港务区是陕西国际物流通道的窗口，区位优势明显，园区紧邻西安绕城高速公路和三环路，核心区距西安市行政中心 5 km，距西安咸阳国际机场 28 km，距鄠邑区第二机场 30 km，通往园区的西安绕城高速公路与京昆、连霍、沪陕和包茂等全国高速公路网紧密相连，形成"米"字形高速公路网络。与国际物流枢纽连接的运输通道向西主要是中欧班列，向东、向南主要是铁海联运、国际航空货运和汽车运输。虽然目前铁路运输在陕西对外国际物流运输中占比不太大，但增长速度非常快，尤其是在 2020 年新冠肺炎疫情之后增长更快，所以未来中欧班列将会成为陕西国际物流运输的重要通道。

1. 中欧班列运输通道现状

1）中欧班列概况

中欧班列是指按照固定车次、线路、班期和运行时刻开行，往来于中国与欧洲以及"一带一路"沿线各国的集装箱国际铁路联运班列。近年来，在国家"一带一路"倡议的推动下，中欧班列充分发挥其在时效、价格、运能、安全性等方面的比较优势，逐渐被中欧广大客户所接受，成为中欧间除海运、空运外的第三种物流方式。中欧班列的开行数量和质量持续稳步提升，一列列"钢铁驼队"正成为中国与"一带一路"相关国家政策沟通、设施联通、贸易畅通、资金融通、民心相通的重要桥梁。

目前，中欧间已形成西、中、东三大铁路运输通道。西通道主要吸引西南、西北、华中、华北、华东等地区进出口货源，经陇海线、兰新线在新疆阿拉山口（霍尔果斯）铁路口岸与哈萨克斯坦、俄罗斯铁路相连，途经白俄罗斯、波兰等国，通达欧洲其他国家。中通道主要吸引华中、华北等地区进出口货源，经京广线、京包线、集二线在内蒙古二连浩特铁路口岸与蒙古国、俄罗斯铁路相连，途经白俄罗斯、波兰等国，通达欧洲其他国家。东通道主要吸引华东、华南、东北地区进出口货源，经京沪线、京哈线、滨州线在内蒙古满洲里铁路口岸、黑龙江绥芬河铁路口岸与俄罗斯铁路相连，途经白俄罗斯、波兰等国，通达欧洲其他国家。

中铁集装箱运输有限责任公司是中欧班列客服中心和中欧班列运输协调委员会秘书处单位，负责中欧班列经营与客户服务工作，可提供境内外集装箱国际货运代理、单证制作、报关报检、接取送达和堆存保管等多语种客户服务。

截至 2020 年 11 月 5 日，中欧班列 2020 年开行已达 10 180 列，再次创造新纪录，运送 92.7 万标箱，同比增长 54%，往返综合重箱率达到 98.3%，通达 21 个国家的 92 个城市。中欧班列 2020 年开行超万列，战略通道作用更加凸显，为维护国际产业链、供应链安全稳定提供了有力支撑。

2020 年以来，铁路部门不断提高中欧班列的运行效率和品质，研发实施"数字口岸"系统，实现海关、铁路数据网上共享、通关状态自动反馈等功能，极大地提高了货物的通关效率，助力中欧班列开行数量实现 8 个月持续增长，为加快恢复经济社会发展作出了积极贡献。

中欧班列"长安号"是陕西西安践行"一带一路"倡议，打造贸易大通道的重要抓手。自 2013 年开行以来，中欧班列"长安号"已直达德国、波兰、俄罗斯、哈萨克斯坦和芬兰等国家，覆盖丝路沿线 45 个国家（地区），在不断探索高质量发展、贯通陆路贸易通道、推动欧亚大陆的经济整合中，已成为全国中欧班列中覆盖范围最广、效率最高和开放程度最高的精品班列。

截至 2020 年 10 月 18 日，中欧班列"长安号"2020 年共开行 3004 列，是去年同期的 1.8 倍，运送货物总重 230.9 万吨，是去年同期的 1.5 倍。其中，中亚方向开行 828 列（去程 659 列、回程 169 列），欧洲方向开行 2176 列（去程 1296 列、回程 880 列）。班列开行量、货运量等核心指标均位列全国前列。

2）中欧班列"长安号"线路

目前，中欧班列"长安号"常态化开行线路已达 15 条，构建了一条连接中亚、西亚、南亚，辐射欧洲腹地的国际物流大通道。西安国际港务区联合西安海关、中铁西安局集团公司等相关单位，建成了全国首个铁路自动化无人码头，上线运行单一窗口订舱平台和综合服务平台。

中欧班列"长安号"干线的通道主要有西安—中亚五国、西安—华沙、西安—汉堡、西安—莫斯科、西安—布达佩斯以及西安—科沃拉等线路。中欧班列"长安号"具体运行路线如下：

（1）中亚班列（西安—中亚五国）采用"集装箱＋整车"混编的方式运行，遍布中亚5国的44个站点和城市，已实现每周2列班次的常态化运行，全程运行时间为7～10天。

（2）中欧班列（西安—华沙）为集装箱班列，从2016年8月18日起开行，班列由新筑站站点发出，经过阿拉山口口岸出境，沿途经过哈萨克斯坦、俄罗斯、白俄罗斯，最终到达波兰华沙，班列运行时间约14天，全程约9048 km。

（3）中欧班列（西安—汉堡）为集装箱班列，从2016年9月2日起开行，班列从新筑站站点发出，经过阿拉山口口岸出境，沿途经过哈萨克斯坦、俄罗斯、白俄罗斯、波兰，最终到达德国汉堡，班列运行时间约15天，全程约9745 km。

（4）中欧班列（西安—莫斯科）为集装箱班列，从2016年12月6日起开行，班列由新筑站站点始发，经过阿拉山口口岸出境，沿途经过哈萨克斯坦到达俄罗斯莫斯科，班列运行时间约13天，全程约7423 km。

（5）中欧班列（西安—布达佩斯）为集装箱班列，从2017年4月1日起开行，班列由新筑站站点始发，经过阿拉山口口岸出境，沿途经过哈萨克斯坦、俄罗斯、白俄罗斯、波兰，最终到达匈牙利布达佩斯，班列运行时间约17天，全程约9312 km。

（6）中欧班列（西安—科沃拉）为集装箱班列，从2017年11月10日起开行，班列由新筑站站点始发，经过霍尔果斯口岸出境，沿途经过哈萨克斯坦、俄罗斯到达芬兰科沃拉，班列运行时间约16天，全程约8500 km。

（7）中欧班列（西安—布达佩斯）为中东欧分拨线，2020年8月20日开行，每周1列班次，班列运行时间约13天，途径哈萨克斯坦、俄罗斯、乌克兰、扎霍尼口岸，以布达佩斯为枢纽节点，通过铁路分拨，直抵奥地利维也纳、罗马尼亚普洛耶什蒂、意大利米兰、土耳其伊斯坦布尔等城市，覆盖中东欧全境。

3）中欧班列（西安）主要途经路线及货物种类

路线一：全国各大城市⇌西安港⇌阿拉山口⇌哈萨克斯坦⇌俄罗斯⇌白俄罗斯⇌波兰⇌德国（汉堡、杜伊斯堡）⇌根特。线路稳定开行，开行频率去程为每周5～6班，返程每周1班，主要货物品类为机械设备、家居、服装、灯饰、铝型材、电子设备等。

路线二：全国各大城市⇌西安港⇌阿拉山口⇌哈萨克斯坦⇌俄罗斯（莫斯科）、芬兰（科沃拉）。线路常态化运营，开行频率去程为每周1班，返程每2周1班，主要货物品类为机械设备和配件、家居、灯饰等。

路线三：全国各大城市⇌西安港⇌阿拉山口⇌阿克斗卡⇌中亚5国。线路大力开行，开行频率为每周7～8班，货物品类涵盖工业原材料、机械设备、工业零配件、建材、食品、轻工产品等六大类，共计二百余品种。

路线四：全国各大城市⇌西安港⇌匈牙利线路。线路逐步进入稳定运行期，每周去程1～2列，主要货物品类为服饰及日用百货。

4）中欧班列存在的问题

新冠肺炎疫情中逆势增长的班列数量给中欧班列的运营公司带来了许多挑战，总结起来主要存在以下问题：一是由于开行班次数大幅增长，沿线一些国家或地区的铁路、口岸、场站等基础设施不完善或承载力不足,铁路机车短缺,造成堵塞;二是由于境外集货能力不足、国内消费者不了解沿线进口商品,国内市场对沿线进口商品的需求潜力并未完全释放出来,空车回程问题仍然突出;三是沿线国家海关监管协调有待推进,虽然近年来沿线国家在信息互换、监管互认、执法互助等方面的合作取得了一定进展,但仍存在海关监管流程不对接、检验检疫标准不统一、信息互换不及时、通关便利化措施不足和工作语言不统一等现实问题;四是沿线部分国家的过境运价较高,提高了中欧班列的运行成本。

2. 海铁联运通道现状

海铁联运经过几年的发展,取得了一定的成绩。2017年5月,青岛·西安关、检、港推动"一带一路"物流供应链一体化备忘录在青岛签署。两地海关出入境检验检疫局、西安国际港务区与青岛港集团签署合作备忘录。西安港和青岛港此次缔结为合作友好港,将联手出台政策引导加密开行"西安—青岛"往返货运班列,实现两港信息互通,彻底打通海铁联运大通道。西安、青岛两地海关出入境检验检疫局将全力保障,打造两港之间"一单到底"全程全网联动的一站式通关监管模式,构建21世纪海上丝绸之路和丝绸之路经济带无缝对接的区域物流与供应链一体化服务体系。2017年8月21日,满载188吨美国肉品的首趟(美国长滩港—青岛—西安)肉类冷链专列顺利抵达西安铁路局新筑车站。此次肉品进口标志着西安港进口肉类指定口岸正式实现常态化运营,这种"海铁联运+冷链运输"的方式创新了国内冷链物流运输模式。

2018年11月3日,满载着50节货物的集装箱班列由日照港驶向西安,标志着"华南—日照港—西安"物流新通道海铁联运集装箱班列正式开通运营。"华南—日照港—西安"物流新通道海铁联运集装箱班列是日照港与中远海运物流合作开辟的首条海铁联运集装箱班列,该班列整合了公路、海运、铁路三种运输方式,跨省、跨铁路局、多领域合作,开辟了华南至西北地区的物流新通道,全程约15天,较此前缩短了25天左右。

2019年3月28日,一列满载着116标准箱俄罗斯进口木材的红色火车,缓缓驶入宁波舟山港北仑港区。该趟西安至宁波的海铁联运首发班列,在港区进行货物交接,装船后通过宁波远洋长江内支线发往江苏太仓。

受新冠肺炎疫情影响,大量国际快件滞留在境外港口无法入境,西安海关积极采取措施,解决物流运输困难,助力快件企业复工复产。2020年4月10日,陕西首批通过海铁多式联运的进境快件在西安咸阳国际机场国际快件监管中心完成海关验放手续,这批来自澳大利亚的快件共计65吨,约20 000件,从悉尼启运后,经海运到青岛,再经铁路运至西安。

3. 航空运输通道现状

2016年,第一班由荷兰阿姆斯特丹直飞西安的"长安号"国际货运航班开行。国内首条跨境电商货运包机的开通,标志着"海陆空"立体开放大通道初步成型。

近年来,陕西充分利用地处中国地理版图中心的优势,逐步构建起融入世界开放发展的航空大通道,着力打造空中"丝路"。陕西航空运输呈现出如下特点:

(1)航空客货运输能力持续增加。

如表1所示,西安咸阳国际机场运营规模逐年增加,2019年客运量超过4722万人次,全国排名第7位;货邮吞吐量突破38万吨,全国排名第11位。

表1 西安咸阳国际机场 2011—2019 年主要运输生产指标

年份	起降次/次	增长率/%	旅客吞吐量/人	增长率/%	货邮吞吐量/t	增长率/%
2011	185 127	13.6	21 163 110	17.5	172 569.2	9.2
2012	203 321	11.0	23 420 905	10.7	174 794.0	1.3
2013	225 115	10.7	26 044 934	11.2	178 870.0	2.3
2014	245 971	8.8	29 260 755	12.3	186 412.6	4.2
2015	267 102	8.6	32 970 215	12.7	211 591.46	13.5
2016	291 027	9.0	36 994 506	12.2	233 778.98	10.5
2017	318 959	9.6	41 857 229	13.1	59 872.545	11.2
2018	330 477	3.6	44 653 311	6.7	312 637.1	20.3
2019	345 748	4.6	47 220 547	5.7	381 869.6	22.11

（2）国内国际航线逐年增加，通航能力显著提升。

2019 年，西安咸阳国际机场全年新开通国际客运航线 19 条，航线累计 88 条，通达全球 36 个国家（地区），连接 74 个主要枢纽和旅游城市，为陕西构建起了对外开放和融入世界的航空大通道，进一步推动了陕西与"一带一路"沿线国家的经贸合作和人文交流。国内货运航线编织成网，能够连接国内重点航空物流枢纽，初步形成"北上南下、东进西出、通达世界"的航线网络布局，实现西北五省枢纽联通，带动西北地区融入全球经济网络。表 2 为 2019 年西安咸阳国际机场已开通的全货运航线。

表2 2019 年西安咸阳国际机场已开通的全货运航线

国内全货运航线		国际全货运航线	
序号	航线	序号	航线
1	西安—广州	1	西安—阿姆斯特丹
2	西安—西宁	2	西安—芝加哥
3	西安—兰州	3	西安—哈恩
4	西安—南京	4	西安—哈利法克斯
5	西安—武汉	5	西安—首尔
6	西安—乌鲁木齐	6	西安—莫斯科
7	西安—鄂尔多斯	7	首尔—西安—河内（第五航权）
8	西安—吐鲁番	8	西安—曼谷
9	西安—深圳	9	西安—金奈
10	西安—成都	10	西安—孟买
11	西安—银川	11	西安—布鲁塞尔
12	西安—杭州	12	西安—德里
13	西安—天津	13	西安—达卡
14	西安—淮安		
15	西安—榆林		

陕西至欧洲的 4 条货运航线分别是西安—莫斯科、西安—阿姆斯特丹、西安—哈恩和布鲁塞尔。截至 2019 年 11 月 25 日，西安咸阳国际机场货邮吞吐量完成 33.23 万吨，同比增长 21.1%，累计增速位列全国十大枢纽机场第 1 位。

通过"开航线、聚货源、引物流、汇商流、聚产业"，西咸新区空港新城积极打造西安国际航空枢纽。目前，陕西航空物流业主要集中在西安咸阳国际机场，业务量占到全省的 98.6%。2018 年，西安咸阳国际机场全货机货量份额增至 21%，年货邮吞吐量突破 30 万吨。

2019 年，陕西在航线网络、枢纽建设、国际快件等方面持续发力，构建全货运航线网络布局，并与顺丰、圆通、京东等大型物流商加强合作，加大对国际货运代理人的引进，开发冷链业务等。以打造"国际运输走廊""国际航空枢纽"为抓手，陕西正在加快形成航空高端带动、铁路公路无缝衔接的现代化交通体系，构建陆空内外联动、东西双向互济的开放格局。如今，一条以西安为中心，布点陕西、辐射西部乃至"一带一路"沿线地区的现代物流新经济走廊正在形成。

（3）国际航空货运运输能力有限。

西安咸阳国际机场联通国家（地区）数量及境外城市分别是 29 个和 50 个。国际航线数量不多，一定程度上制约了陕西国际开放大通道的建设。

2019 年西安咸阳国际机场货邮吞吐量 381 869.6 吨，全国排名第 11 位。如图 13 所示，在已获批的国家级临空经济示范区中，西安咸阳国际机场的排名也偏后，这与其优越的区位优势不相匹配。截至 2019 年年底，西安咸阳国际机场驻场全货运飞机只有 4 架 737 货机、2 架 757 货机，全部满载运行 1 年吞吐量极限为 6 万吨左右，其余货物都是客机腹舱运输；货运停机坪只有 10 个停机位，货运区也只能支撑 50 万吨/年的货运吞吐量。

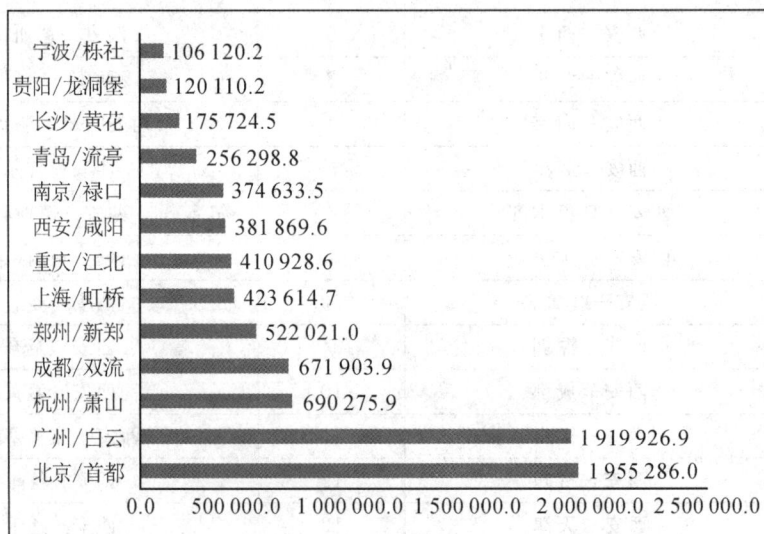

图 13   2019 年我国主要临空经济示范区机场货邮吞吐量(t)

（四）陕西国际物流枢纽发展现状及存在的问题分析

1. 陕西国际物流枢纽发展现状

2018 年 12 月 24 日，国家发展和改革委员会和交通运输部联合印发了《国家物流枢纽布局和建设规划》，其中将国家级物流枢纽划分为陆港型、港口型、空港型、生产服务型、商贸服务型、陆上边境口岸型等六种类型，选择 127 个具有一定基础条件的城市作为国家物流枢纽承载城市，布局建设 212 个国家级物流枢纽。陕西省西安市、延安市、宝鸡市被确定为国家物流枢纽承载城市，西安建设陆港型、空港型、生产服务型、商贸服务型国家物流枢纽；延安建设陆港型国家物流枢纽；宝鸡建设生产服务型国家物流枢纽（见表 3）。

表 3　陕西省六个国家物流枢纽类型及承载区

城　市	枢纽类型	主要承载区
西安市	陆港型	西安国际港务区
	空港型	西咸新区空港新城
	生产服务型	各类工业物流园区
	商贸服务型	各类商贸物流园区
延安市	陆港型	延安临站经济区
宝鸡市	生产服务型	阳平铁路物流基地、泰华物流中心

1）西安陆港型国家物流枢纽——西安国际港务区

西安国际港务区以中欧班列"长安号"为龙头，依托平台企业大力发展国际联运，班列开行量不断攀升。在 2017 年已开行 194 列的基础上，2018 年中欧班列"长安号"全年共开行 1235 列，"舱单归并"模式成为全国复制推广案例。同时，相继顺利开通了招商局、日通（日本知名物流企业）专列，汽车、绿豆、粮食、木材专列等，班列开行数是 2017 年的 6.37 倍，运送货物总重达 120.2 万吨，是 2017 年的 5.18 倍，重载率达到 99.9%，实现了重载率、货运量、实载开行量三项指标全国第一。

西安国际港务区"通道＋口岸"功能叠加模式已基本形成，截至 2019 年，西安铁路一类口岸、西安港进境粮食、进口肉类、整车进口指定口岸相继通过国家验收并投入使用。西安国际陆港开行了西安至伊朗、阿富汗和比利时根特、意大利米兰、拉脱维亚里加等 11 条干线；通过"海铁联运"开通了青岛港、连云港至西安港的货运班列，以及墨尔本港（澳大利亚）、利特尔顿港（新西兰）至西安港的海陆直达国际货运通道。同时，西安国际港务区在德国法兰克福、哈萨克斯坦卡拉干达州等地设立 8 处"海外仓"，已成为陕西及西安发展开放型经济的重点区域和"丝绸之路经济带新起点"建设的有力支撑。

2）西安空港型国家物流枢纽——西咸新区空港新城

在建设"一带一路"、国家中心城市等战略驱动下，西安空港型国家物流枢纽航空物流业务正处于飞速发展阶段。2012 年至 2018 年，西安咸阳国际机场货运增长 78.8%。2019 年西安机场货邮吞吐量突破 38 万吨，同比增长 20.3%（物流公司完成货邮吞吐量 24.94 万吨，同比增长 21.5%），增速持续保持全国十大机场首位，货邮吞吐量排名全国第 11 位。目前，西安空港物流枢纽核心的西安咸阳国际机场与国内外 65 家航空公司建立了航空业务往来，国际（地区）航线达到 64 条，连通全球 29 个国家、53 个枢纽和著名旅游城市，其中覆盖"一带一路"沿线国家 14 个、城市 20 个，初步构建起"丝路贯通、欧美直达、五洲相连"的国际航线网络格局，成为服务陕西枢纽经济、门户经济和流动经济发展的新引擎，构建起陕西对外开放和走向世界的航空大通道。

西安空港型国家物流枢纽国际口岸功能日益丰富，不断尝试发展新兴业态。截至 2019 年，西安咸阳国际机场共拥有冰鲜水产品、进口药品、进境食用水生动物、进境水果 4 个指定口岸资质，同时也在加紧推进进口肉类、植物种苗指定口岸建设。未来，物流公司将以此为基础，与其他国际机场充分开展业务合作，为国际业务的发展奠定良好的基础。近年来，西咸新区空港新城整合航空物流优势资源，推出"翼生鲜"电商物流业务，同时结合冷链物流发展需要，成立陕西空港冷链发展有限责任公司，紧跟产业升级新趋势、新需求，延伸形成多元化的物流服务保障模式。

3）西安生产服务型国家物流枢纽——各类工业物流园区

2017 年，中华人民共和国国家市场监督管理总局、中国国家标准化管理委员会发布了《物流园区分类与规划基本要求》（GB/T21334-2017），其中指出生产服务型物流园区建设应符合以下要求：依托经济开发区、高新技术园区、工业园区等制造业集聚园区而规划建设；为生产型企业提供一体化物流服务；主要服务于生产企业物料供应、产品生产、销售和回收等。

西安生产服务型国家物流枢纽建设主要依托经开区（经济技术开发区）和高新区（高新技术产业开发区）两大开发区，重点是为开发区内企业集中提供原材料供应、中间产品和产成品储运、分销等一体化的现代供应链服务。经开区是以发展尖端科技，沟通内外经济联系，发展转口和出口贸易、开展中外经济合作而建立的开发区，区内聚集了以华天科技、陕钢集团、西航莱特等企业为代表的高端装备制造、电子信息等产业优质企业。高新区属于科技工业园区，是为发展高新技术为目的而设置的特定区域，高新技术具体包括电子与信息技术、生物工程和新医药技术、新材料及应用技术、先进制造技术、航空航天技术、海洋工程技术、核应用技术、新能源与高效节能技术、环境保护新技术、现代农业技术、其他在传统产业改造中应用的新工艺和新技术，区内聚集了大量本土、外资及合资企业，如比亚迪、中兴、三星三家百亿量级龙头企业。

在全球化大生产的背景下，产业上下游企业空间分布相对分散，原材料、中间品和零部件的获取高度依赖物流服务，物流成本的高低和供应链的稳定程度成为制造业竞争的重要影响因素。

将物流园区与制造业生产基地比邻而建，发展生产服务型国家物流枢纽，能够有效提高制造企业与物流企业的供需对接效率、节省交易成本，制造企业因为获得更加便捷的物流服务而实现竞争力的提升，物流企业因为获得更加集中的规模化需求而实现快速发展，从而实现物流业与制造业相互促进、联动发展的效果。

4) 西安商贸服务型国家物流枢纽——各类商贸物流园区

商贸服务型物流枢纽主要依托商贸集聚区、大型专业市场、大城市消费市场等，为国际国内和区域性商贸活动、城市大规模消费需求提供商品仓储、干支联运、分拨配送等物流服务，以及金融、结算、供应链管理等增值服务。

西安的综合性、专业性商贸批发市场众多、门类齐全，包括服装类、食品类、海鲜类、水果类、皮革皮具类、金属物资类、汽车类、建材类、机电类、电子类等；各类商贸市场具体有康复路交易广场、西北轻工业批发市场、西北农副产品中心批发市场、西安西部建材城、西部国际车城、西部家具城、赛格电子市场、西安粮油批发交易市场、西北五金机电工具建材批发商城、丰庆路食品批发商城、海鲜冷冻副食批发市场、西安茶叶批发市场、亚立德文体批发市场、永鑫北关电动车批发市场等。

物流园区是进行物流集中运作、实现不同运输方式高效衔接的重要设施载体，是支撑现代流通体系建设的重要物流基础设施，也是物流业集约化发展的中流砥柱。除了西安国际港务区、西安空港物流园外，西安还拥有不同规模层次的众多物流园区，如陕西商储凤城七路物流园、东大石油化工物流中心、西安集装箱中心站物流园区、陕西泰华物流产业园区、陕西润海综合物流园区、普洛斯西咸空港航港基地、西安咸阳国际机场货运园区等。

5) 延安陆港型国家物流枢纽——延安临站经济区

2019年，延安规划建设延安临站经济区，区内主要建设现代物流、生态煤电和精细化工三大产业集群，旨在实现油、煤、气资源要素整合、高效化利用，打造延安与华中、华南、西北和国际市场的物流通道。延安临站经济区具有得天独厚的政治优势、交通优势和资源优势，其建设对推动延安陆港型国家物流枢纽建设有十分重要的意义，承载着国家陆港型物流枢纽建设任务。

延安陆港型国家物流枢纽主要依托铁路、公路等陆路交通运输大通道和场站（基地）等，衔接周边地区干支线运输，主要为保障区域生产生活、优化产业布局、提升区域经济竞争力，提供畅通国内、联通国际的物流组织和区域分拨服务。

2020年7月，延安市成立了陆港型国家物流枢纽承载城市建设工作领导小组和工作专班。工作专班负责制定延安市物流业发展年度计划和中远期规划，制定支持物流业发展的政策措施；协调推进陆港型国家物流枢纽承载城市的建设工作，协调指导延安市物流园区建设、运营和对外招商引资，协调解决物流业发展中遇到的问题和困难；建立工作协调推进机制，制定工作推进路线图、任务书、时间表和责任清单。

延安陆港型国家物流枢纽承载城市建设，以共建"一带一路"大格局为统领，按照"存量设施整合提升为主、增量设施补短板为辅"的基本原则，聚焦国家"通道＋枢纽＋网络"物流运行体系，规划"一枢纽、两片区"的空间结构布局，重点建设国家煤炭物流枢纽、国家应急物流枢纽和区域性大宗物资物流枢纽三大枢纽，着力打造西北地区枢纽经济创新发展示范区。

6) 宝鸡生产服务型国家物流枢纽——阳平铁路物流基地、泰华物流中心

建设宝鸡生产服务型国家物流枢纽，主要依托宝鸡高端装备石油产业园等园区，充

分考虑宝鸡机场、综合保税区、空港物流、阳平铁路物流中心、陆上口岸等重大基础设施建设的支撑作用，从而形成"通道＋枢纽＋网络＋项目"的现代物流运行体系。依托宝鸡生产服务型国家物流枢纽及其通道网络所创造的物流发展环境，可吸引制造业产业要素在枢纽周边聚集，带动产业链构建、产业集群化发展，并以网络化服务为手段进行产业规模化扩张，实现短期内培育具有区域乃至国际竞争力的产业集群。

综合考虑服务国家战略、辐射区域、特色产业和对城市发展的作用，将宝鸡生产服务型国家物流枢纽定位为宝鸡制造业物流供应链服务平台、关中平原城市群制造业物流组织中心、新亚欧大陆桥上重要国际物流枢纽。承载区域选择多式联运条件较好、紧邻城市工业集聚区、物流业务运营良好的阳平铁路物流基地和泰华物流中心两个片区。其中，阳平铁路物流基地片区依托陇海铁路阳平站而建，铁路运输条件极佳，可直接接入陇海铁路干线，距离连霍高速最近的出入口仅 9 km；泰华物流中心片区位于阳平物流中心西南约 5 km 处，距离连霍高速公路出入口仅 5 km，南侧毗邻 310 国道。

宝鸡生产服务型国家物流枢纽的建设对带动宝鸡及关中平原城市群生产制造业产业链延伸、供应链打造和价值链提升具有重大战略意义。

2. 陕西国际物流枢纽发展存在的问题

1）物流枢纽建设的经验匮乏

国家发展和改革委员会协同交通运输部先后出台《国家物流枢纽布局和建设规划》《国家物流枢纽建设实施方案（2019—2020 年）》，指导各地科学有序开展工作，但对于陕西西安、延安、宝鸡等城市特殊的经济、交通区位和产业条件，具体如何对规划的四类枢纽分别进行准确定位、科学选址、合理布局、有序建设和规范运行，仍处于探索尝试中。

2）陆港枢纽功能未充分发挥

"十三五"期间，西安国际港务区陆续建成了一批港口与口岸平台，但从总体来看，内陆港集装箱吞吐量、散货吞吐量、口岸贸易额、进出口贸易额、本地货源占比等指标与成都等周边区域相比还有一定差距，口岸建设发展尚未达到规划目标。西安综合保税区的政策效应尚未得到充分发挥，临港制造业和临港服务业的规模和效益还需进一步提升，创新研发、保税展示交易等功能还需进一步完善。公路物流基础设施尚未形成体系，公路物流周转量整体规模较小。

3）产业发展规模需进一步扩大

近年来，西安国际港务区主要经济指标虽连年高速增长，但从同期全市总量看，规模占比不大，特别是进出口总额、货物吞吐量、跨境电商交易额等重点指标与全市和国内类似区域比，仍有较大差距。

4）航空枢纽集聚辐射能力尚弱

航空物流产业的资质与硬件方面不足，批复指定口岸类型较少。截至 2019 年年底，西安咸阳国际机场仅有 4 个指定口岸，第 5 个指定口岸于 2019 年获得国家检验检疫局同意建设的批筹，开放程度较低。西安咸阳国际机场航空物流发展用地少，发展空间局促，货机位不足，无法保障货机高效运转，需预留出更多空侧用地以便日后拓展机位。陆港、空港分散，不利于陆空联运，物流信息化程度低。

5）尚未形成成熟产业集群，本地货源不足

本地货源流失严重。三星（西安）项目进出口货物中的29％的货运量流失到外省机场，美光（西安分公司）进出口货物中的71％的货运量流失到外省机场，中兴的货物少且部分货运量也流失到省外机场，这种局面不利于陕西航空物流产业的发展。

6）物流产业内部协同联动不够

西北地区的陆网、空网的交汇点在西安，既不利于区域物流的均衡发展，也不利于物流效率的有效提升。信息网和陆网、空网的互联互通程度不够，陆网、空网物流运输形成的数据（如流量）并未整合输入到信息网中，信息网中的其他数据（如天气数据）也未能有效支持陆网、空网物流运输效率的提升。

（五）陕西口岸和开放平台发展现状及存在的问题

1. 陕西口岸发展现状及存在的问题

目前，陕西拥有一类航空口岸1个，一类铁路口岸（临时）1个，二类公路口岸1个。西安咸阳国际机场已建成并运营进口冰鲜水产品、进境食用水生动物、进口药品、进境水果和进口肉类5个指定口岸。西安国际港务区已建成并运营进境粮食指定口岸、进口肉类指定口岸和整车进口口岸。陕西指定口岸的类型和数量均居内陆省份前列，进境指定口岸的经济效益和带动效应逐步显现。

陕西省人民政府于2019年1月印发《关于大力发展"三个经济"的若干政策》，其中明确指出：积极支持西安空港、陆港指定口岸建设，对已设立且运营显著以及新申报成功且建成运营的口岸经营单位，给予200万元一次性奖励；支持企业建设进出口货物交易中心、加工中心、跨境电商合作中心，对新建成的设施给予最高不超过150万元一次性奖励。

指定口岸功能拓展不足是陕西口岸发展存在的主要问题。从陕西在全国对外开放、经济发展大格局中的地位看，指定口岸还有很大的拓展空间，主要表现在陕西正式投入使用的指定口岸类别少，加之现有的产业结构、产业链培育周期以及业务宣传等因素，从陕西直接入境的货物批次和货值有待提升；相邻省份竞争压力大，重庆、河南指定口岸发展势头良好，尤其是陕西与河南两地指定口岸具有很高的相似度，陕西指定口岸面临着激烈的竞争压力。

2. 陕西综合保税区发展现状及存在的问题

截至2019年，陕西有6个综合保税区（见表4），分别是西安综合保税区、西安关中综合保税区、西安高新综合保税区、西安航空基地综合保税区、宝鸡综合保税区、陕西西咸空港综合保税区，以上综合保税区对全省进出口总值的贡献率达70％以上。西安高新综合保税区表现抢眼尤为抢眼，2020年一季度实现进出口贸易值223.7亿元，同比增长96.2％，在全国14个贸易值超过百亿的综合保税区中增幅排名全国第一。西安高新综合保税区在构建开放型经济新体制实践中积极先行先试，探索新路子，积累新经验，形成了围绕"半导体高端芯片制造＋封测全产业链"的极具特色的竞争优势。但西安高新综合保税区发展至今也出现了产业结构单一、引领赋能不足、配套能力不足等问题，亟须按照新形势、新要求和新变化，扩面提质，提升能级。

表4　陕西、四川、重庆综合保税区情况一览表

省　份	综合保税区名称	数　量
陕西	西安综合保税区	6
	西安关中综合保税区	
	西安高新综合保税区	
	西安航空基地综合保税区	
	宝鸡综合保税区	
	陕西西咸空港综合保税区	
四川	成都高新综合保税区	6
	成都高新西园综合保税区	
	绵阳综合保税区	
	成都国际铁路港综合保税区	
	泸州综合保税区	
	宜宾综合保税区	
重庆	重庆西永综合保税区	4
	重庆两路寸滩保税港区	
	重庆江津综合保税区	
	重庆涪陵综合保税区	

3. 中国(陕西)自由贸易试验区发展现状及存在的问题

近年来，中国(陕西)自由贸易试验区(简称陕西自贸试验区)已基本完成总体方案明确的165项试点任务，累计形成创新案例370个，其中16项创新成果在全国复制推广，53项改革创新成果在全省复制推广。陕西自贸试验区的发展呈现以下五大特点：

(1)优化营商环境取得新突破。企业落户是营商环境最好的"投票器"。陕西自贸试验区试点多项商事制度改革，通过推出一系列政策和服务举措，市场活力得到极大释放，各类企业得以快速增长。截至2020年6月30日，陕西自贸试验区新设市场主体66 047家，新增注册资本8049.23亿元。其中新设企业44 487家(含外资企业521家)，新增企业注册资本8027.26亿元(含外资企业注册资本28.67亿美元)，新增注册资本亿元以上企业788家。

(2)加快投资领域改革，促进新产业、新业态加快聚集。全面落实《中华人民共和国外商投资法》及其实施条例和外资准入前国民待遇加负面清单管理模式，不断提高开放度和透明度。

(3)推进贸易监管制度改革，贸易便利化水平不断提升。西安海关、人民银行西安分行、发改委、商务、税务等部门，围绕贸易便利化开展了卓有成效的探索实践，在通关便

利化、检验检疫、金融改革等方面实现了新突破。

（4）与"一带一路"沿线国家的经济合作和人文交流取得新进展。"中欧"产业园聚集了德国博世、法国阿尔斯通等世界 500 强企业的 9 个项目，杨凌示范区设立了年度规模 1500 万元的现代农业国际合作专项资金，经开功能区与中国兵器集团合作设立了总规模 100 亿元的军民融合产业基金，为助推陕西企业开展国际产能合作奠定了坚实基础。陕西自贸试验区着力打造"丝绸之路国际博览会""丝绸之路国际文化艺术节""丝绸之路国际电影节"等人文交流平台，建设文化艺术品保税展示中心、丝绸之路文化交流中心、丝绸之路文物考古中心，与"一带一路"沿线 18 个国家博物馆联手打造智慧博物馆。

（5）发挥自贸试验区辐射带动作用，区域协同发展取得新成效。陕西自贸试验区先后分两批将 53 项改革创新成果在全省复制推广，不断扩大改革红利惠及范围。2020 年，在宝鸡、铜川、渭南、延安、安康和韩城开展陕西自贸试验区协同创新区建设，通过"创新协同""产业协同""政策协同"增强陕西自贸试验区辐射带动能力，助推"三个经济"高质量发展。

陕西自贸试验区当前存在的主要问题是：园区建设仅仅处于"放管服"改革，制度创新仅局限于一般的便利化层面，距离国际贸易自由化标准还有较大差距，在对标国际经贸规则、创新陆路市场开放制度方面的探索不够；开放平台在金融政策、国际贸易投资便利化等方面的集成创新力度不够，政策叠加效应未充分显现。

4. 陕西对外开放新平台发展现状

陕西省积极支持西安建设进口商品展示交易分拨中心、跨境电子商务国际合作中心、加工贸易转移承接中心，打造对外开放新平台。目前已初步建立跨境电商综合试验区"两平台六体系"，已有 300 余家跨境电商企业入驻，累计建成"海外仓"7 个、外贸综合服务企业 6 家。2019 年 12 月 31 日，西安咸阳国际机场国内结转型出口监管仓库和专用型保税仓库揭牌，标志着西咸新区空港新城保税航油业务正式启动。至此，西安成为西北首个、全国第 19 个开展该项业务的城市，为全省国际航空枢纽建设再添新动能。

（六）陕西国际贸易通道的相关体制与政策分析

1. 管理体制方面

贸易监管等制度体制的改革往往由中央部委或更高国家机构掌控，地方政府没有自主改革权，且贸易通关等制度的改革与否还需毗邻国家的配合与对接。陕西省通过提升办事效率、给予优惠政策等体制创新和制度创新加速创建效率高、成本低、服务优的国际贸易通道。

陕西国际贸易通道运营管理必须适应高度自由化的市场运行机制。首先，在管理理念上要有明显转变，目前的行政管理体制不适应自由贸易港运营管理的要求，主要问题在于行政机关的服务理念不够深入，官本位思想仍有残留，影响良好营商环境的营造。此外，国际贸易港的市场管理机制对政府管理水平有着较高要求，港口运营管理部门必须高度自由、自主和灵活。显然，当前管理体制下，港口运营管理部门极有可能与周边政府部门及口岸部门产生权、责方面的冲突。

2. 财政投资政策

陕西需着力吸引一批龙头企业总部落户西安，这样有利于优秀人才、制造技术、管理经验等要素高密度聚集，也是承接产业转移、带动商贸、供应税收的有效举措。目前陕西财政投资补贴优惠政策主要有：

（1）引导市中小企业发展基金支持工业园区基础设施和标准厂房等建设。鼓励各区县、开发区与园区成立园区发展基金，重点投入园区建设及升级改造。

（2）对工业园区内道路、供电、供水、供气、供热、排水、园区循环改造、新建（改造）园区环保设施等基础设施建设项目，按上年度实际投资额的2%给予补助，年度内补助最高不超过500万元。其中承载先进制造业集群的，年度内补助最高不超过1000万元。

（3）对投资新建三层及以上厂房的投资主体，按100元/平方米给予补助，最高不超过300万元；经有关部门审批，将原有厂房加层改造的，按100元/平方米（不含原有部分）给予补助，最高不超过300万元。对建设重装设备厂房的，按50元/平方米给予补助，最高不超过150万元。

（4）支持企业按照园区产业定位"入园进区"、搬迁聚集，对符合园区主导产业的搬迁企业给予标准厂房租赁补贴，按照每平方米不超过8元/月的标准进行补贴，每年最高不超过100万元，连续补贴不超过三年。

（5）对工业园区引进的先进制造业"园中园""孵化园"等新建项目，完成投资额1亿元以上，按5‰给予园区资金奖励，最高不超过200万元。

（6）对先进制造业配套企业租赁标准厂房用于生产的，实行前三年免租金、后两年租金减半的补助政策，补助资金由市级财政与区县（开发区）财政按1∶1的比例分担。

（7）对首次认定的国家级、省级小微企业创业创新基地，分别一次性给予300万元、100万元奖励。

（8）制定工业标准厂房分割管理办法，标准厂房分割必须用于工业企业和生产性服务业，不得改变土地用途，支持工业标准厂房开展产权分割，并办理不动产权证书。

3. 金融支持政策

依托陕西自贸试验区先行先试的政策优势，围绕促进中欧班列"长安号"高质量发展的目标，陕西自贸试验区、人民银行西安分行、外汇局陕西省分局通力合作，联合商业银行、商业保理公司和担保机构等不断创新金融产品，出台金融扶持政策，继推出"央行·长安号票运通"、国际保理美元融资新模式后，2020年10月，人民银行西安分行、外汇局陕西省分局联合出台了《金融支持中欧班列（西安）集结中心暨中国（陕西）自由贸易试验区高质量发展的意见》（简称《意见》），共13条具体举措。《意见》重点突出了贸易外汇收支便利化试点、拓宽企业境内外资金来源和使用范围、本外币合一银行结算账户体系试点、支持创建"长安号"数字金融综合服务平台、应用跨境金融区块链服务平台场景等五大亮点。这些政策在一定程度上有效解决了企业特别是中小企业融资困难的问题，降低了企业的融资成本，促进了陕西物流贸易行业的发展，对全力推动中欧班列"长安号"高质量发展，构筑陕西国际贸易通道发挥了重要的作用。

陕西现有的金融支持政策还存在以下不足：

（1）缺少支持金融机构为外贸企业提供完善金融综合服务的政策。外贸企业需要金融机构提供金融综合服务，包括支付结算、融资融信、财务规划、风险管理、关税保证保险和出口信用保险等外贸金融产品服务和外贸金融整体解决方案。

（2）支持供应链金融发展的政策力度不够。与四川、重庆等周边省市相比，陕西已出台的扶持政策力度相对较小。

（3）支持国际铁路运单用于国际结算、贸易融资的政策有待加强。

4．土地保障政策

按照西安全市产业发展和城市空间规划，要保障全市制造业用地规模。在符合国土空间规划的前提下，优先保障工业用地指标。鼓励采取弹性出让、先租后让、租让结合的供地方式。新建工业产业项目原则上一律进入工业园区发展。各区县、开发区年度新增建设用地计划优先向工业园区倾斜，对工业园区中的省级、市级重点工业项目予以重点保障。但是对流通业物流用地没有相应的政策，从而影响了陕西国际贸易通道的建设。

5．市场主体培育政策

目前，陕西关于市场主体培育政策在各行业的发展政策中均有涉及，但就陕西构筑国际贸易通道而言还在以下问题：一是招引航空运输企业，特别是航空货运企业的机制政策有待创新；二是招引和培育多式联运企业、供应链企业和生产服务型企业的政策措施较少，有待加强。

6．税费政策

税费政策与设立自由贸易区的目的、建设物流枢纽园区的定位、经济发展阶段以及经济实力密切相关。发达国家市场经济制度比较成熟，整体经济实力较强，对外资的依赖性较弱，税费优惠政策相对较少，主要采取提供补贴、信息、咨询服务等措施鼓励发展。对于处在中国内陆的陕西而言，市场经济发展尚不成熟，资金实力弱，吸引外资的目的性较强，对枢纽园区、自贸区的税费优惠政策应适当多样化且优惠幅度更大些。

我国企业所得税基本税率偏高，其他国家（地区）的贸易园区都实行较低的企业所得税，如新加坡为17%，汉堡港为15%，更有如开曼群岛的法令规定永远豁免岛内个人、公司的纳税义务。

陕西省政府2019年《陕西省人民政府关于印发大力发展"三个经济"若干政策的通知》中提出：支持西咸新区空港新城和西安咸阳国际机场航空货运发展，鼓励采取多种方式吸引航空公司加大运力投入，吸引国内外货物集聚，按完成当年货邮吞吐量给予一定奖励；政府购买航空、铁路、公路口岸公共服务，免收航空口岸货物操作费及口岸与航空货站之间的转运费，免收铁路口岸集装箱吊装、移位、开箱查验、短期堆存及口岸与铁路集装箱中心站之间的转运费，免收公路口岸货物操作费；自2018年5月1日起，将交通运输服务的增值税税率从11%降至10%，对按万分之五税率贴花的资金账簿，减半征收印花税，对按件贴花五元的其他账簿，免征印花税；自2018年5月1日起至2019年12月31日止，对物流企业承租用于大宗商品仓储的土地，减按所属土地等级适用税额标准的50%计征土地使用税；自2018年7月1日至2021年6月30日，对购置挂车减半征收车辆购置税；对符合条件的在陕设立区域总部的企业，可实行增值税、所得税汇总申报管理。

《中国（陕西）自由贸易试验区管理办法》中提出，推动税收服务创新，建立便捷的税收服务体系，实行一窗国地办税、一厅自助办理、培训辅导点单、缴纳方式多元、业务自主预约、税银信息互动、税收遵从合作、创新网上服务等举措。

目前陕西自贸区在税费方面主要存在两个问题：一是优惠力度不够，二是税费政策不够多样化。美国和欧洲主要国家的税费政策更具多样性。美国针对航空航天、农业、汽车、能源等产业实行关税减免、税率转换、区对区转移关税延迟等多样化政策。欧洲主要国家对厂房、建筑和设备给予折旧补贴；对自贸区内注册的公司进口物品免征增值税；从非欧盟国家进口的用于存储、处理和加工的物品免征关税；出口到非欧盟国家的物品免征关税；对获准的研究和发展计划给予津贴；对劳动力培训和管理给予津贴；对租用的办公室房屋给予降低租金的补助；另外还有很多税收抵免及避免双重征税协定等。

7. 贸易便利化政策

贸易便利化是指整个国际供应链措施的便利化，即最大程度简化贸易流程，完善配套服务、加速要素跨境流通，从而降低交易成本。近年来，陕西省人民政府、省发改委和省商务厅相继出台了若干推进贸易便利化的政策措施，在围绕口岸效率和海关管理等跨国因素的便利化，以及制度环境、基础设施、信息技术等国内因素的便利化方面给予了相应的政策支持，同时中国（陕西）自由贸易试验区在贸易便利化措施方面先行先试、不断创新，在贸易便利化建设方面取得了一定的成效。目前的贸易便利化政策还存在不足，不能完全满足国际贸易大通道建设的需要，具体表现为：一是推动建设多层次开放口岸体系的政策力度不足；二是智慧口岸建设支持力度还有待加强；三是缺乏拓展陕西国际贸易"单一窗口"功能，特别是针对单一垂直行业进行深度服务功能平台的拓展的不足；四是与中欧班列"长安号"沿线国家海关国际合作还需要国家层面的大力支持与推进。

8. 开放合作政策

1）国际之间的合作

国际之间的合作主要是产能和物流通道及人文交流之间的合作。首先是与意大利等国合作，打造蓝田玉石产业"两国双园"。蓝田盛产玉石，且玉种丰富，但开采成本低、设计创意守旧、加工技术有限，导致玉石成品粗糙、价格低廉。意大利、法国和日本以及中国台湾、福建、浙江和江苏等地拥有世界闻名的艺术品品牌、设计和制造技术，且对装饰品、艺术品需求甚旺，故本研究提出打造蓝田玉石产业"两国双园"，如引入意大利等地的知名制造企业入驻蓝田玉石产业园，以蓝田玉石为原材料，结合中国传统文化习俗，设计和加工出高端艺术品、奢侈品，复兴蓝田玉"中国四大名玉"的美誉。产业园内集聚玉石开采企业、国内外知名艺术品加工制造企业与商贸企业等，提供玉石原材料供应、商品设计、玉石加工、物流集散、展销、商贸等全产业链服务。由于高端成品玉器具有高价值，能够匹配高成本的航空运输，故成品可经由西安咸阳国际机场物流大枢纽销往世界各地。其次是与"一带一路"沿线国家之间的合作，如中欧班列沿线国家合作建设的"中欧"产业园，"中欧"产业园聚集了德国博世、法国阿尔斯通等世界 500 强企业的 9 个项目。最后是着力打造"丝绸之路国际博览会""丝绸之路国际文化艺节""丝绸之路国际电影节"等人文交流平台,建设文化艺术品保税展示中心、丝绸之路文化交流中心、丝绸之路文物考古中心,与"一带一路"沿线18个国家博物馆联手打造智慧博物馆。

2)与国内其他省份之间的合作

近年来,陕西在构建内陆地区国际贸易大通道方面不断加强与国内其他省份之间的合作。西安国际港务区作为陕西西安打造内陆改革开放高地的排头兵、主力军,以"建设世界一流内陆港,打造双循环核心枢纽"为目标,全力构筑内陆地区效率高、成本低、服务优的国际贸易通道。西安地处中国陆地版图中心和中国中西部两大经济区域的结合部,是古丝绸之路的起点,陆港型国家物流枢纽城市。依托中欧班列"长安号"、西安国际港站、综合保税区等平台通道,不断加强与"一带一路"沿线国家及各内陆省份、沿海港口、沿边口岸的交流合作。截至2020年年底,西安国际港务区已开行襄西欧、徐西欧、蚌西欧、冀西欧、厦西欧、唐西欧、永西欧、渭西欧、贵西欧、芜西欧、安西欧等11条集结班列线路,为中欧班列"长安号"高质量运营提供了坚实保障,对推进东西双向互济、陆海内外联动的新开放格局起到了积极作用。中欧班列(西安)集结中心的辐射效应不断扩大,通过合力构建对外开放大通道,使西安打造内陆改革开放高地的步伐不断加快,为构建以国内大循环为主体、国内国际双循环相互促进的新发展格局作出了积极贡献。

3)省内地区之间的合作

2020年8月31日,西安国际港务区分别与西安、宝鸡、咸阳、铜川、渭南、延安、榆林、汉中、商洛、韩城、安康、杨凌示范区商务部门签订《共建内陆地区效率高、成本低、服务优的国际贸易通道》合作协议。

根据合作协议,未来将依托中欧班列"长安号"和西安港口岸平台功能以及各市(区)资源禀赋,携手做好陆路国际联运大通道的货源组织,共同研究在西安国际港务区对货物进行集疏运筹物流操作,共同探索开行各市(区)经西安直达欧亚的国际班列。西安国际港务区将协助各市(区),为当地企业搭乘中欧班列"长安号"制订个性化物流解决方案,共同引导陕西外向型企业用好陕西国际物流贸易通道,努力将国际班列打造成为"一带一路"上的精品班列。

2020年8月31日下午,陕西省商务厅组织各市(区)商务主管部门和西安国际港务区管委会举行了"合作共建内陆地区效率高、成本低、服务优的国际贸易通道"签约仪式,并和渭南市政府、西安国际港务区、中国铁路西安局集团举行中欧班列(渭—西—欧)首发仪式。中国建设银行西安经开区支行、中国银行西安自贸区支行分别与中欧班列"长安号"平台运营公司——西安国际陆港多式联运有限公司、西安自贸港建设运营有限公司签署金融合作协议。两家银行将为中欧班列"长安号"的上下游企业提供境内外资金结算、跨境撮合、供应链融资、物联网金融等全方位金融服务。

中国银行陕西省分行副行长沈光表示,将重点支持中欧班列(西安)集结中心示范工程项目,同时支持货运代理客群的发展,研发普惠金融创新产品。建设银行陕西省分行党委委员、纪委书记何宇欣表示,将以中欧班列"长安号"为试点,推动铁路运单物权化、供应链融资应用与仓储物流金融等。

陕汽重型汽车进出口有限公司、陕西赛达驿供应链管理有限公司与西安国际陆港多式联运有限公司签订战略合作协议，陕西拓日新能源科技有限公司与西安自贸港建设运营有限公司签订战略和协作协议，旨在共同促进陕西建成效率高、成本低、服务优的国际贸易通道。

9. 产业园区发展政策

《陕西省人民政府关于印发大力发展"三个经济"若干政策的通知》（2019年）中提到：开展物流园区省级示范园区创建工作，认定一批具有多式联运功能、中转集散率高、特色突出的知名品牌示范园区，对认定为省级示范园区以上的，根据示范效应和规模给予100～300万元一次性奖励；鼓励在口岸货物转运集中区建设货物堆场，在西安国际港务区、西咸新区以及一级节点城市宝鸡、榆林、安康建设1万平方米以上的标准化物流仓储库，对符合国家标准的新建设施，按不高于建设投资额（不含征地费用）的10％给予最高不超过300万元的补助。

《陕西省人民政府办公厅关于转发省商务厅等部门扩大进口促进对外贸易平衡发展实施意见的通知》（2018年）中提到：推动对外贸易与对外投资有效互动，聚焦高端制造业、传统优势产业、现代服务业等重点产业，提升对外投资服务水平，推进国际产能合作；按照"一园两区"模式，加快推进境外园区建设，促进"走出去""引进来"并重发展，鼓励企业在境外开展种植、养殖、设施农业等领域投资，支持企业开发境外土地，建设各类农业园区、示范园区和农产品交易中心等，推动境外农业合作园区建设，带动相关农产品进口。

《中国（陕西）自由贸易试验区管理办法》（2017年）中提到：加强境外经贸合作区、产业聚集区、农业合作区等建设，开启"两国双园"国际产能合作新模式；鼓励自贸试验区内绿色低碳龙头企业"走出去"，建设国际产能合作绿色产业园区；引入社会资本设立"走出去"发展引导基金。

《陕西省人民政府办公厅关于印发省关中平原城市群发展规划实施方案的通知》（2018年）中指出：建设西部地区重要的经济中心，以硬科技为主攻方向，重点推动新能源汽车、电子信息、航空航天、高端装备、新材料、生物医药等重点领域的智能化改造，设立硬科技产业发展基金和风险投资基金。建设国家增材制造、分子医学转化、陶瓷基复合材料、光电子超导材料、铝镁合金材料等创新平台；积极开展西安—西咸新区云计算服务创新试点示范，加快推进落地的知名电商区域总部建设；支持国家级开发区和发展水平较高的省级开发区代管托管其他开发区，实现一体化发展；充分利用国内外两个市场、两种资源，推广"两国双园"国际产业合作新模式。

目前，陕西在产业园区政策方面存在的主要问题是：第一，政策碎片化、缺乏统筹布局和协调；第二，各园区同质化现象严重、缺乏特色；第三，实体经济园区的运营效益较差；第四，园区的行政干预较多，市场作用有限。由于不同园区发挥的作用不同，应该对不同类别、不同规模、不同定位的园区制定不同的园区招商、重点支持产业、园区管理等政策。有的园区存在有企业、无产业，或者产业关联度不高的问题，园区在吸引产业入驻方面盲目追求数量，而忽视关联性和相互渗透性，无法形成有效的产业链，无法形成规模效应和聚集效应，导致园区持续发展后劲不足。有的园区产业配套服务薄弱，只注重发展核心产业，金融、研发、营销、广告等服务业发展严重滞后。

10. 人才政策

《陕西省人民政府关于印发大力发展"三个经济"若干政策的通知》（2019年）中提到：严格落实已出台的人才激励政策，对未达到引进条件的，但涉及智慧供应链、冷链、跨境电商、航空运输等具有高级经营管理经验或具有专业化较强技术的物流人才，且签订5年以上聘用合同的，给予每人8～30万元奖励；鼓励有需求意愿的我省物流企业，申请设立陕西省博士后创新基地，通过博士后平台引进急需的高层次青年人才；加强物流快递专业技术人员高级职称评审工作，畅通我省物流人才职称评审晋升通道；鼓励各市区政府对无住房的物流引进人才，给予人才公寓、购房补贴、租赁补贴和提供周转房等方式的支持；鼓励高等院校联合企业设立物流实训基地，开展物流与互联网、人工智能和金融等交叉专业培训，以政府购买服务的方式给予支持。

《陕西省人民政府关于扩大对外开放积极利用外资的实施意见》中提出：积极引进高层次人才，利用我省高层次创新创业人才工程专项资金，鼓励外商投资企业引进高端技术人才、高级管理人员；对引进的行业领军专家及在陕创业的海外人才，给予创新创业项目启动资金支持、税费减免、人才补贴及奖励；对高端人才团队层次高、创业规模大、带动能力强、发展前景广的项目，给予创业资金扶持；对各行业急需紧缺的管理和专业技术人才，在生活补贴等方面提供资金支持；外籍高层次人才及其外籍配偶、子女申请办理多次签证或居留证件的，依法依规提供便利。

在2018年和2019年的"全国抢人大战"中，一线和新一线城市的补贴多集中在落户、租房方面；在财政补贴方面，深圳优势明显，人才租房补贴标准为本科15 000元/人、硕士25 000元/人、博士30 000元/人；杭州将本科纳入补贴的同时，对硕博人才的补贴进一步加强；天津对高技能人才实施50万元奖励资助，但需签订3年以上工作合同；南京、东莞、宁波等地对创新创业项目提供较高额的补贴；其他城市补贴多集中在租房购房方面；西安只凭身份证、毕业证即可落户，堪称零门槛；西安、广州和海口放宽了落户的年纪约束；常州、西安取消了购房落户的面积约束，南京降低了落户的社保交纳门槛，石家庄甚至推出了"零门槛"的入户方针。

陕西在人才政策方面的主要问题有两个：第一，政策较散乱、不完善，未形成一套完整的陕西省人才政策体系，未将紧需人才按照人才类别和层次划分，制定有针对性的政策，也未按照人才"引""育""留"三个自然周期制定对应的政策，"引进后留不长"的现象时有发生；第二，对人才政策缺乏动态更新，对执行效果缺乏动态监控。针对此类问题，陕西每年应对相关部门下达人才人事目标任务，年底进行考核总结，对人才需求进行动态调整，对人才绩效进行动态评估。

三、陕西加快构筑国际贸易通道的体制与政策建议

（一）相关体制方面

为确保主要目标和重点任务落实到位，陕西省发展和改革委员会同有关部门和地方协调推进重点任务落实，定期对重大任务和重点工程进行动态跟踪，对规划目标落实情

况进行监测分析，适时对规划实施情况进行评估，总结推广各地的好经验、好做法，必要时提出规划调整意见建议。

1. 加强组织领导和对外协调

加强同各部门、各地方政府的沟通协调，提升整体竞争优势。统筹协调，为中欧班列"长安号"营造良好的运营环境和发展条件。通过国家相关部门对接协调，逐步建立涵盖境内外铁路、海关、检验检疫等部门以及地方政府和货代、物流等企业的中欧班列"长安号"协调机制。全面认识和准确把握国际贸易大通道对大西安发展的重要意义，成立由陕西省政府领导任组长、相关部门为成员的城市发展陕西国际贸易大通道发展规划推进工作领导小组，制定发展陕西国际贸易大通道的工作机制、政策措施、行动计划和考核制度，统筹协调发展陕西国际贸易大通道中的重大问题、关键事项和重大项目，推进规划落地。各成员单位要认真贯彻本规划，结合部门职责，研究落实规划方案措施。建立由陕西省领导牵头，由省发改委、省财政厅、省商务厅、省交通厅、省口岸办、西安海关、西安市政府、中铁西安局集团公司、西安国际港务区管委会参加的中欧班列"长安号"联席会议制度，每月组织各相关部门召开例会，及时研究解决中欧班列"长安号"的运行问题，以确保各项目标任务圆满完成。

2. 制订行动计划

优化陕西国际贸易大通道发展的服务环境，进一步完善政策支持体系，研究谋划有利于促进大西安枢纽功能、门户地位、流动动能，提升财政、金融、投资、产业、税收政策和支持性措施。各地市区县根据总体部署，结合工作实际和部门职责，尽快制订本区域陕西国际贸易大通道配套落实方案，加强部门政策间的相互衔接和支撑，推动行政管理创新，重点结合规划落实，及时进行政策更新调整，共同做好陕西国际贸易大通道推进工作。

3. 明确任务清单

搭建陕西国际贸易大通道运行数据库，增强市场主体对大数据的搜集、处理、发布和共享能力。各地市区县、各部门要结合推动枢纽、门户、流动经济资源要素向经济新动能转变的关键环节、重点任务，提出落实本规划的任务清单和项目清单，积极协调年度行动计划和总体目标的推进工作。相关任务责任部门要积极对接省上陕西国际贸易大通道发展意见和支持政策，加强与对口部门的联系，协调落实各项政策和重大项目的推进办法。

4. 增强要素支撑

围绕构筑国际性综合交通枢纽、"一带一路"门户服务功能区的要求，建立土地、财政、金融等配套政策，确保规划的实施。设立陕西国际贸易大通道重大项目库，对入库重大项目，强化政策支撑作用，优先安排土地、水、电等生产要素，统筹安排地上、地下空间，确保土地资源的高效利用。各地市区县要明确发展陕西国际贸易大通道的目标导向，统一意识，促进陕西国际贸易大通道发展的环境不断优化。

5. 督促规划落实

不断优化营商环境，建立健全陕西国际贸易大通道发展的考核机制，积极鼓励主动作为,推动规划责任分工高效落实。将陕西国际贸易大通道建设的重点工作、重点项目纳入各地市区县、各部门绩效考核目标,明确责任分工,落实责任主体,督促检查和阶段评估并举,确保规划各项举措落地见效。充分发挥各类媒体的作用,及时公布陕西国际贸易大通道发展动向,增强市民认同感和参与度,建立市民共同监督推进机制。

(二)财政投资政策方面

陕西需着力吸引一批龙头企业总部落户西安,这样有利于优秀人才、制造技术、管理经验等要素高密度聚集,也是承接产业转移、带动商贸、供应税收的有效举措。未来应聚力引进国内大企业集团的区域性总部或职能型总部入驻西安,在财政投资补贴和税费减免等方面给予适当的政策倾斜。

1. 完善财政支持政策

市级各部门要加强部门预算资金统筹,保障招商引资必要的工作经费。优化商务发展、科技创新等市级相关专项资金支出结构,在保持现有政策的连续性和稳定性的基础上,加大对稳外贸、稳外资、稳外经工作的支持力度。对符合产业政策、诚信经营、发展前景好、产品适销对路但暂时经营困难的企业,在企业生产经营、融资、市场开拓等方面给予适当支持。加强政策资金使用的事前审核,强化流程管理和追踪问效,区县应及时将市级专项转移支付资金按规定分配下达到部门和项目。

2. 减免规范部分涉企收费

严禁在进出口环节违规设立行政事业性收费,继续实施收费目录清单制度,在口岸收费目录清单外不得收费,收费清单内的行政事业性收费和政府性基金,在"十四五"期间按照党中央、国务院决策部署和市委、市政府要求做好减负降费相关工作。推动降低合规费用,2020年年底前实现单个集装箱进出口环节合规成本同比降低100美元以上。规范电子政务平台收费,开展全市电子政务平台检查,坚决取缔依托行政机关、依靠行政权力提供强制服务的"红顶中介",行业商(协)会不得强制企业入会或违规收费。全面落实免除查验无问题外贸企业吊装移位仓储费用等政策措施,将免除费用范围从水运口岸扩大到铁路口岸、保税港区和综合保税区。探索国际贸易"单一窗口",通过省市级财政购买服务方式向第三方购买数据服务,并免费向企业开放,便利口岸通行。

(三)金融支持政策方面

1. 支持金融机构完善金融综合服务

鼓励银行、保险机构紧跟外贸发展趋势,结合宏观经济环境变化、结算方式变化、贸易流程特点、应收账款可控程度,合理利用境内外市场资源,积极开展外贸金融服务,提供支付结算、融资融信、财务规划、风险管理、关税保证保险、出口信用保险等外贸金融产品服务和外贸金融整体解决方案。鼓励银行推动内外贸、本外币、境内外业务融合发展,满足外贸企业国内生产组织需求。

2. 扶持供应链金融发展

鼓励银行在有效把控供应链信息流、物流、资金流和完善交易结构的基础上,围绕核心企业开展面向上下游的境内外供应链金融服务。鼓励融资租赁企业和商业保理企业提供适合供应链企业特点的产品和服务。

3. 支持创新金融产品

鼓励和支持陕西省内商业银行等金融机构在有效把控出口退税账户变更情况等基础上，开展出口退税账户相关融资，未退税款可视同企业应收账款一并进行质押融资。鼓励和支持陕西省内商业银行等金融机构结合企业需求和自身风险管理要求，积极扩大出口信用保险保单融资规模，在开展其他外贸金融服务时，银行可结合企业持有的出口信用保险保单综合考虑授信风险。鼓励银保双方深化互信合作、信息共享、系统对接，围绕更好发挥出口信用保险风险缓释作用和融资功能开展产品服务创新。支持铁路运单（提单）金融化创新，在中欧班列"长安号"常态化、规模化、规范化运营的基础上，强化探索赋予国际铁路运单物权凭证功能，将铁路运单作为信用证议付票据，创新中欧班列"长安号"贸易融资新模式的支持政策。

4. 创新航空枢纽设施建设融资模式

鼓励借鉴国际经验，由地方政府、机场公司、航空物流企业以及社会资本多方合作，采取 BOT（建设-经营-转让）、BOO（建设-拥有-经营）、BOOT（建设-拥有-经营-转让）等多种模式开发建设和管理货运设施，由航空物流企业出资建设适合自身运营发展需要的转运中心、航空货站、仓储设施等，实施专业化运营。

（四）土地保障政策方面

加大土地等政策支持力度，保障通道、枢纽等建设用地。落实相关税收政策、执行相关税收协定，清理不合规的口岸收费，保证口岸的正常建设和运营。

对节约集约用地的国家鼓励类外商投资项目，优先供应土地，在确定土地出让底价时，可按照或参照不低于所在地土地等别相对应的《全国工业用地出让最低价标准》的70％执行。对存量工业用地在符合城市规划和不改变用途的前提下，经批准在原用地范围内扩建厂房及辅助设施用于制造业企业发展而提高容积率的，不再增收土地价款。

在西安市委、市政府出台的《关于加快建设先进制造业强市的实施意见》中，关于土地保障方面的政策如下：

鼓励工业企业通过提高工业用地容积率、调整用地结构等方式，适当增加研发设计等配套服务设施，配套服务设施用地面积不超过工业项目总用地面积的7％，建筑面积比例不超过总建筑面积的15％，可仍按工业用地管理；工业企业利用存量土地改扩建工业厂房增加容积率的，不增收土地出让价款。

（五）市场主体培育政策方面

1. 引入专业化航空运输企业

引入拥有全货机机队的专业化航空运输企业，由其出资建设机场专业化货运设施，并作为主基地航空公司参与运营。航空运输企业与机场签订合资合作文件，共同制定中长期运营发展规划。

2. 培育航空货运企业

鼓励航空货运企业与快递物流企业打破所有制限制，加快培育具有国际竞争力的大型快递物流企业，以大型快递物流企业为主体，以其组建的货运航空公司为主基地航空公司，参与主导西安咸阳国际机场货运枢纽的规划、建设和运营。

3. 引进国内外多式联运经营人

重点引进拥有国际国内物流网络资源的企业，吸收其先进经验，带动中欧班列"长安号"多式联运发展，支持其参与陕西国际贸易大通道的建设与运营，在通道沿线重要枢纽设立区域总部，发展跨区域、跨产业的合作联盟。培育多式联运经营人才，鼓励具有跨多种运输方式并能承担全程责任的货运企业开展多式联运经营活动。鼓励现有物流行业中不同类型的经营企业通过整合各分段运输资源，形成以资本为纽带的利益捆绑，通过跨不同运输方式的协助，构建多式联运完整服务体系，提供门到门运输服务。建立中小多式联运企业联盟，推进多式联运经营集约化、管理组织化发展。

4. 支持招引供应链龙头企业

推动物流枢纽节点向供应链运营服务中心转型发展，大力引进占据全球供应链优势地位的链主企业和平台企业，鼓励在陕西设立研发、运营、配送、结算中心等供应链节点机构，带动上下游协作企业入驻。支持国内外知名的生产服务型、贸易服务型等供应链企业在陕西新设立综合型（区域型）总部或具有重要影响力的功能型总部。

5. 扶持本土供应链企业做大做强

以能源化工、汽车、航空航天与高端装备制造、信息技术、现代医药、新材料等行业为依托，优先支持培育服务重点行业的本土供应链企业做大做强。支持本土供应链企业提升国际化服务水平。对为能源化工、汽车、航空航天与高端装备制造、信息技术、现代医药、新材料等行业提供跨境一体化解决方案的供应链企业通过国际质量体系认证的，按照质量体系认证项目实际投入给予补助。

（六）税收费用政策方面

1. 设立专项资金，降低流通成本

借鉴国内外典型地区的发展经验，并结合陕西的实际情况与未来发展需求，设立货运补贴专项资金，尽快明确细则，制定规范的补贴条件和标准。消除不合理收费，降低服务成本。此外，尽可能地在航空货物的货主方、货运代理、承运商、收货人等各流通环节找出成本可降低的空间，从而解决机场货运成本居高不下的问题。

2. 对航空物流企业技术装备购置给予税费优惠

鼓励航空物流企业购置多式联运装备、自动分拣技术装备等科技手段和设备，并对其进行适当税费优惠，以促使货物进港、出港、库存、分拣、包装、配送、查验、报关及其信息处理更高效、安全、顺畅，降低货物处理的时间成本。政府应大力投资建设5G新基建，在机场及周边地区完善基站建设，助推航空物流业、制造业和商贸业尽早实现智慧化作业。

3．建立灵活的中欧班列全程定价机制

可以采用以下方式确定中欧班列的运费：

（1）采用"一单到底，两段结算"模式。采用这种计费模式，可以使中欧班列境内段运费不计入完税价格，从而帮助进出口企业节省进出口环节产生的税费。

（2）采用"量价捆绑"的协议运价机制。在境外段由国内平台企业分别与境外相应的铁路运输线路代理商谈判确定运价。

4．降低口岸操作费用

规范口岸管理，优化操作流程，加大涉企收费清理，对西安铁路集装箱中心站内短途搬移费、西安综合保税区内作业费等给予减免，切实降低口岸操作费用，营造中欧班列"长安号"成本最低、效率最高的口岸环境。

5．申请启运港退税试点

争取将西安港纳入启运港退税试点，使在西安港开展出口业务的企业享受与海港相同的启运港退税政策。积极协调国家相关部委推动海运提单与铁路运单互认，统筹推进公路、铁路和海运等多种运输方式的运单、提单单据的标准化、统一化，赋予运单物权属性。

6．依托"单一窗口"精简优化出口退税流程

拓宽陕西国际贸易"单一窗口"应用范围，进一步推动"单一窗口"功能向海关特殊监管区域和跨境电商领域覆盖，依托国际贸易"单一窗口"精简优化出口退税流程，加快出口退税进度。

7．清理不合理收费，实行生产企业进口机器设备免税

探索对自贸试验区内的生产企业和生产服务型企业所需的进口机器设备免税，设立保税展示交易平台。继续简化和放宽部分进口管理措施，优化进口通关流程，如考虑取消用于工业生产的粮食进口配额。规范进口非关税措施，清理进口环节不合理收费，降低进口的制度性成本。完善跨境电商零售进口税收政策，进一步扩大享受优惠政策的商品范围，增加跨境电商进口。

（七）贸易便利化政策方面

1．构筑口岸开放新格局

（1）支持优化口岸布局。促成西安港铁路口岸尽早正式成为一类口岸；以延安陆港型国家物流枢纽入选 2020 年国家物流枢纽建设名单为契机，申报延安开放临时铁路口岸；持续推进榆林、延安、汉中申报开放航空口岸。

（2）扶持指定口岸做强。拓展延伸指定口岸增值服务，充分利用国际航线、中欧班列"长安号"的运能，增强口岸的国际物流集散功能，为指定口岸入境产品辐射中西部乃至全国市场提供坚实基础，扩大与周边省份竞争的比较优势。

（3）支持智慧口岸建设。依托云计算、大数据、物联网、人工智能等技术，优化口岸基础资源配置，促进货物流、信息流、资金流交互。建设口岸智能作业场所，实现口岸作业自动化；建设口岸智能查验平台，实现查验工作智能化；建设全过程留痕、全链条追溯的监控体系，实现事中事后全监管。深化大数据技术在口岸运行风险分析、企业信用评估、金融服务、宏观决策等业务环节的应用。利用空间地理信息技术，推进口岸物流链智能化和动态空间展现。

2. 深化国际贸易"单一窗口"建设

拓宽陕西国际贸易"单一窗口"应用范围，进一步推动"单一窗口"功能向海关特殊监管区域和跨境电商领域覆盖，建议由陕西省商务厅会同西安海关、中国人民银行陕西分行等单位共同推进陕西国际贸易"单一窗口""区块链＋"业务，使"单一窗口"数据与银行、保险、民航、铁路、邮政、电商、物流等领域对接联通，使陕西国际贸易"单一窗口"兼具"监管＋服务"的功能。支持陕西国际贸易"单一窗口"基于区块链技术建设针对单一垂直行业进行深度服务的平台；建设保税展示展销智慧监管和服务系统，服务于博览会进口保税展示展销业务。支持对接中欧班列"长安号"货源地主要省（市）国际贸易"单一窗口"，实现更大范围业务协同。依托陕西国际贸易"单一窗口"，推进建设国际贸易物流信息大平台，实现贸易全链条信息共享和业务协同。在国家层面的统筹下，对标国际最高水平，布局国际贸易新一代信息化基础设施。

3. 提供全程物流服务

围绕物流链全流程，强化运输、仓储、配送、检验检疫、通关、结算等环节高效对接，提供一站式综合服务。鼓励公路、水运、航空等运输方式与中欧班列"长安号"有效衔接，打造全程化物流服务链条。建立中欧班列"长安号"客户服务中心，为客户提供业务受理、单证制作、报关报检、货物追踪、应急处置等服务。

4. 推行口岸作业单证电子化流转

推动集装箱设备交接单、装箱单、提货单、码头作业收据、电放保函、换单委托书等港航物流类单证无纸化，提升全流程电子化程度。协调口岸各单位完善信息系统，依托国际贸易"单一窗口"等信息平台，以电子化方式传输和接收货物装卸、仓储理货、报关报检、物流运输等各环节需要提交、申报、交换的单证。

5. 加强与沿线国家海关国际合作

与中欧班列沿线国家海关建立国际合作机制，推进信息互换、监管互认、执法互助的海关合作，扩大海关间监管结果参考互认、商签海关合作协定等，推行中欧"经认证经营者"互认合作，提高通关效率。实现全国通关一体化，企业可以选择任何一个海关申报、缴纳税款。加强重要物流节点的多式联运监管中心建设，实现一次申报、一次查验，对换装地不改变施封状态的直接放行。加快推进物流监控信息化建设，提高多式联运管控的信息化、智能化、规范化水平，建立集约、快速、便捷、安全的多式联运监管模式。

（八）开放合作政策方面

1. 国际合作

加强与国际贸易通道沿线国家海关、贸易、物流等方面的合作。李克强在2020年政府工作报告中强调：扩大跨境电子商务试点，支持企业建设一批出口产品"海外仓"。鼓励商贸模式创新，促进外贸综合服务业发展。推进"海外仓"新基建项目，上升至国家层面。西安国际港务区可以尝试推行"海外仓"模式，配合陆空联运，不但可以解决铁路运输国际物流周期长的问题，还可以展现跨境电商速度快、效率高的优势，提升消费者购物体验。建议由大型平台企业、商贸企业、物流企业联合共建共享"海外仓"，政府给予配套支持。

2. 国内省际合作

国内省际合作主要体现在以下几个方面：

（1）加强与重庆、成都、合肥、义乌、苏州、郑州等地中欧货运班列运行的合作。加强与这些地区政策引导、财政补贴、人才交流、业务整合等方面的合作与互动，与这些地区共商、共建、共享中欧班列运行的有关信息、基础设施条件、货源企业、信息平台与利好政策等。结合国际物流枢纽建设的趋势，大力推进区域之间的国际多式运输、金融保险、供应链业务、财政补贴等部门资源，与西安以东的多地区在各个层级展开创新合作，以合力进一步有效推进中欧班列"长安号"向西经由的国家（地区）的报关、货运、商检、金融等部门的合作对话，争取实现电子化票据一票到底、监管部门信息平台权限约束条件下的相关信息共享，提升单票货物通关的效率，从而提升中欧班列与中东欧地区的高效对接。以国家物联网信息管理与服务平台为基础，积极响应国家 ECODE 体系标准的接入制度，以 NIOT 数据为核心信息标准准则，构建国内中欧班列以中欧班列"长安号"为重要中间节点的国际物流体信息标准化系统，将中欧班列"长安号"的金融业务、保险业务、物流业务、报关业务、集散业务、转运业务等纳入国家物联网信息管理与服务平台。通过现有的互联网产业先进技术的应用，国家编码中心自有核心技术的应用，实现中欧班列"长安号"专属货物的标准化、信息化、追溯化、便利化。通过国家相关部门的政策要求，引导向西国际物流供应链中的成员企业按照规范尽早接入国家物联网信息管理与服务平台，使用相同的编码标准，共享云端数据，打通区块之间的隔阂，保障信息的畅通和共享，并以此为基础进一步推动中欧班列"长安号"上下游国际国内区域中的商检、报关、多式联运、电子化票证、货源企业信息、货源信息等的开放与共享，建设推进中欧班列"长安号"竞争力提升的信息通路。

（2）与国内其他城市中欧班列结成战略联盟伙伴。优先考虑与郑州结为联盟伙伴作为试点，组成"郑欧＋长安号"模式。郑州是全国的铁路枢纽城市，位于西安的东部，便于集中东部货源。同时西安也是郑州与欧洲连接西通道的必经之路，便于二次装货，应考虑联合开行常态化定点运行班列。

（3）整合中欧班列"长安号"沿线货源。与国内沿线城市建立联盟，同时加强与沿线国家政府相关方面的合作，吸引更多货源通过中欧班列"长安号"运输。鼓励区域内企业扩大与中欧班列"长安号"沿线国家的产能合作、贸易往来，增加中欧班列"长安号"货源。与国内外大型物流企业、港口企业、货代公司合作，发挥集货作用，促进优势互补。鼓励区域内企业在境外重点区域设立办事机构，推进合资建立经营网点，提高境外物流经营能力。

（4）加强与东部海港合作。加快推进"内陆港＋自由贸易＋多式联运"的功能叠加，不断增强对国际高端资源要素的吸附力和整合力。以西安国际港务区站场设施、一类开放口岸、自由贸易试验区、国际班列等优势资源为基础，充分发挥西安与东部海港合作优势，特别要整合中欧班列资源，打造铁路国际联运品牌，增强中欧班列的管理机构、外部合作、物流服务种类，加强陕西国际物流业在国际市场和营销中的话语权与参与度。同时，不断加强与相关口岸和港口的联系，建立战略合作关系，巩固国际联运优势地位。可与东部海港加强交流并互设物流集散中心和分支机构，通过公铁联运和海铁联运，实现两地物流服务一体化；东部海港把西安港作为丝绸之路经济带沿线进出口货物运输集散地，西安港的货物进出东部海港享有"优先集疏港、优先装卸船"的便利服务；双方共同推进两地海关和铁路的合作，为铁路运输服务争取更多优惠政策，创造便捷高效的物流服务。

3. 省内地区合作

省内地区合作主要体现在以上几个方面：

（1）加强自贸区与省内产业园区的合作，推动区域整体协同创新。目前，陕西自贸区都是叠加在各种高新区、经济区、综合保税区、国家级新区的基础上设立的，其目的是为制度创新提供可依托的区域产业基础和贸易环境优势。由于过去的各类园区其发展主要定位于经济功能和产业功能，自贸区的定位主要是贸易与投资便利化方面的制度创新功能，因此需要进一步强化自贸区与原有各类园区的协同创新作用，促进自贸区与各类园区协同融合发展。

（2）发展产业链支柱产业，整合全省货源。中欧班列的开行为"中国制造"走出去创造了机会，更为中国与中亚国家开展产能合作搭建了桥梁。同时陕西也是农产品生产大省，陕西的水果名扬中外，可根据国外客户的需求发展与农产品相关的深加工产业，为陕西发展外向型经济做好产业链布局。

（3）加强建设陕西国际贸易大通道相关管理部门的合作。各相关单位要高度重视建设陕西国际贸易大通道的责任和任务，结合自身实际，加强组织领导，落实责任分工，优化政策措施，加强督促检查，扎实推进相关工作，确保取得实效。

（九）产业园区发展政策方面

1. 优化枢纽、园区网络布局，畅通"微循环"

（1）推动形成枢纽节点大格局。以西安为国际性综合交通枢纽，以宝鸡、榆林为全国性综合交通枢纽，以渭南、延安、汉中、安康、商洛为区域性交通枢纽，加密枢纽网络，加强干支相接，织线成网，组小网、入大网。政府应引导和支持大型物流企业和外向型企业在枢纽节点布局设点、办厂、建仓，充分利用枢纽优势，提高货物流转效率。

（2）进一步畅通枢纽园区的"微循环"。尤其是重点枢纽和大型综合性物流园区集疏运铁路、公路的配套建设，要具备铁路专用线，周边要有高速公路出入口，实现基础设施无缝衔接，消除枢纽节点"微循环"中"最后一公里"的梗阻。枢纽建设重点包括服务型公共仓库，对接铁路、公路、航空等干支线转运衔接设施，公路区域分拨配送设施，口岸查验和海关特殊监管设施等。

2. 加强机场、港口与口岸间合作

（1）建议西部机场集团整合省内安康富强机场、榆林榆阳机场、延安二十里堡机场、汉中城固机场等机场的航空时刻和航线资源，共建信息大平台；建议推动"母子"空港物流枢纽协同。依托西部机场集团管理体制优势，实现省内以西安咸阳国际机场为母港，省内其他四个支线机场和青、宁、甘等省外机场为"子港"的空港物流枢纽协同。

（2）建议增加陕西省国际（地区）航线发展专项资金，支持长安航空等航空公司增加客货运运力、加密航线，提高支线机场、客运站、火车站、高铁站、航空公司、货代向西安咸阳国际机场集货的积极性和能力；建议在机场使用费减免、用地保障、融资担保、通关检验、高端人才引进等方面予以一定的政策倾斜。另外，目前没有从西安市区到机场的货运专线，机场与市区的交通衔接不匹配，进场公路仅有两条高速，缺乏直达机场的市政道路，给未来交通拥堵留下隐患。建议西安市政府、西咸新区能够统一规划货运专线，满足国际商贸物流枢纽远期巨大的吞吐需求。

（3）加快口岸信息化建设工作。目前，陕西已形成航空、铁路、公路互联互通的大口岸体系，各口岸信息化建设稳步推进，但信息孤岛、资源浪费、重复建设、信息共享不充分等问题同步存在，造成陕西在口岸信息化方面与发达地区存在一定差距。中欧班列"长安号"作为陕西外向型经济发展的重要平台，对信息化需求度较高，但目前班列发运平台与铁路局、中心站、海关等单位在业务数据上暂未联通，同时缺少与各大物流节点的联动信息平台，应当尽快实现口岸监管、贸易、服务智慧化，打造5G智慧口岸。政府应与异地和国外港口共同组建口岸信息化联盟，共建信息平台并鼓励相关企业注册使用。

3. 推动"三网""三港"协同

以基础设施网络化建设为重点，持续巩固物流枢纽优势，坚持做大铁路网，织密公路网，优化航空网，做强信息网，推动"三网"协调、"三港"联动，着力构建陆空一体、多式联运的综合交通运输体系。抓好"字"形高铁、关中城际铁路、西安咸阳国际机场三期工程等重大基础设施建设；提升西安、宝鸡、延安国家物流枢纽的综合服务能力，加快将枢纽优势转化为主导产业聚集发展的新动能。构建安全快捷的新一代移动信息基础设施，加快推进西安和周边重要城市光纤网络建设能力，持续提升网络连通能力。

4. 在铁路新筑站规划散杂货货场

西安陆港目前设置有集装箱中心站，与陇海铁路相连，但针对散杂货、大宗货的铁路运输渠道分散、效率较低，缺乏统一解决方案。建议在铁路新筑站规划设计散杂货货场（专供散杂货的收、发、临时存放、中转、联运之用），规划足够的货场空间、少量的库房，配备专业的装卸装备，同时预留一定空间余量，留给后期衍生的小园区。

5. 继续开发临港工业区，完善产业配套

西安陆港应在周边增加临港工业产业区和临港工业企业集群，其大产出和大运量可为陆港提供充足的货源，形成"依港设区、以区养港、区港联动"的良性发展模式。增加临港工业区的方法有：一是在区内规划增加临港产业，加强区内的产业产值；二是沟通联系西安其他开发区的工业区，将临港工业区功能外包转移，与其他周边开发区形成有机联系、优势互补和协同发展。另外，在此基础上应大力促进临港产业规模化发展。从国外的临港产业发展实践中，产业聚集已被证明能够降低费用，减少产业集群内部企业的生产及交易成本，有利于提升企业的竞争力。

6. 改善城际配送体系

针对城际物流配送体系不完善的问题，建议政府首先考虑建设西安国际港务区与西部各市、县的公路物流配送体系，实现部分县区跨境电子商务进出口零的突破；其次，完善信息系统，围绕基础设施配套、产业配套开展配套环境的完善工作，实现无线网络主要区域覆盖，建立跨区域资源共享平台，实现数据的快速交换和传递，提升跨区域物流运作效率；最后，把握科技发展的新动向，与时俱进，紧密结合电商网站规模不断扩大、客户群体不断增大的背景，尽快掌握智能化的数据挖掘能力。

7. 选择市场化建设与运营

对于国家物流枢纽建设，可采取政府支持、企业主导的市场化建设模式，政府可在用地保障、财税等方面给予大力支持。物流枢纽的运营可遵循市场主导原则，由单一企业或以战略联盟合作、资本联合等形成的企业联盟，作为物流枢纽整体运作和资源配置的运营主体。

要将西安陆港未来建设成为自由贸易港，没有类似经验可借鉴，因此政府更应一改行行政行为弊端，开创一套自身适用的管理体系。西安陆港的运营模式要由政府主导型向企业主导型转变，政府作为重要管理主体，应更多发挥服务职能。在经贸发展方面，政府应给予高度自由，由市场进行自我调节和运行。

8. 用好航权

政府可利用第五航权与国内外航空公司开展业务谈判与深入合作，积极争取开通"莫斯科—西安—阿拉木图""伊斯坦布尔—西安—中亚国家"等第五航权货运航线，抢抓临空经济发展新机遇，打造西安国际航空物流枢纽。

政府可借鉴海南自贸港的开放举措，试点"第七航权＋中途分程权"，引入国外航空运输企业，增开加密国际航线，把西安咸阳国际机场打造成为东盟—中亚国际航空运输走廊核心支点、向西开放向东集散航空中转基地和"一带一路"国际航空物流枢纽。

9. 加快 5G 通信网络等新基建的建设，打造智慧园区

基础设施是经济社会发展的重要支撑，以 5G、物联网、人工智能、工业互联网等信息技术为驱动，兼具科技和基建双重属性的新型基础设施对改造提升传统产业，培育壮大新兴产业，促进商贸、物流、金融、会展、旅游等多产业融合具有重要意义。

政府应重点补贴基础性、平台型基础设施建设，给予研发支持及应用奖励。例如，投资 5G 通信网络的基站建设，对人工智能方面产品技术研发和商业化应用给予资金支持，扶持企业购置智能物流装备，大力支持新基建企业上市，鼓励企业参与外国项目投标并按中标合同额给予奖励。大型物流园区、商贸园、市场等主体要主动拥抱新技术，建立专班联络电信等通信运营商，积极推进智慧园区的建设。

10. 整合现有园区和专业批发市场

现代商贸物流园区、专业批发市场、工业产业园等是商贸服务型、生产服务型国家物流枢纽城市发展的主要支撑，必须严格审批、规范管理。

政府应整合西安现有的物流园区、批发市场、工业产业园等资源，使其规模分层、分区布局、类别互补、整体协调，并畅通园区、市场与车站、公路的物流衔接。政府对园区和市场的审批力度要提高门槛，规范建设标准，并加强监管，避免重复建设；在基础设施建设方面给予补贴，加强质量检测体系的构建（如食品、海鲜类市场）；敦促和监管信息的发布等，可将质量检测、信息发布等情况纳入对商户的考核，引导西安的园区和市场走向专业化、规范化，以商贸业综合实力增强区域影响力和知名度。

11. 完善延安、榆林能化物流园区功能

陕北地区煤油气资源丰富，每年依托东向通道和南向通道完成能源的输送。陕北能源化工产业已是当地经济的主引擎，亦是全省发展的推动力、增长极。

陕北地区应优化和整合能源化工产业园项目，依据能源和化工种类，分级分类打造，局部互补且整体协调。由于能化类装备体积庞大，对装卸、运输等专业要求较高，故本文建议，在延安、榆林等地的煤炭物流园选址建立一个专业的装备服务站，集中提供装备的选购、拆卸、运输、组装、维修等服务。例如，建立煤炭装备服务站，可为在经济合理范围内的煤矿开采企业提供"倒矿搬家"。煤矿开采企业可在服务站选购适宜的成套装备及配件，并享受服务站提供的专业的拆卸、物流、组装、维修等服务，以此减少煤炭开采成本；贸促会应积极提议并牵线搭桥，以促成各类装备服务站的建立，提高能源化工项目工作效率。

12. 建立飞地园区，承接产业转移

江苏扬州毛绒玩具产业落户安康，帮助安康失地农民再就业的同时实现了较好的经济效益，原料输入依托高速公路通道，成品出口主要依托上海港和海上通道。这种产业转移模式可继续在陕南地区复制、放大。

陕西省市政府、贸促会、商务厅等职能部门应主动与通道沿线城市的政府接洽，联络和吸引更多优质的外向型产业（如深圳电子产品企业群）在陕南地区落户，并在用人、税收、能源使用等方面给予配套支持，为飞地园区的建立牵线搭桥，帮助陕南地区承接产业转移，实现出口创汇。

13. 构建多式联运型物流园区

围绕中欧班列"长安号"构建具有多式联运型物流园区，建设具有海关、检验检疫等功能的铁路口岸，加强与港口、机场、公路货运站以及产业园区的统筹布局和联动发展，形成水铁、空铁、公铁国际多式联运体系，实现无缝高效衔接。在中欧班列"长安号"国外沿线城市通过收购、合资、合作等方式，加强物流基地、分拨集散中心、海外仓等建设，提升物流辐射和服务能力。

14. 扶持发展特色产业

中欧班列的开行为"中国制造"走出去创造了机会，更为中国与中亚国家开展产能合作搭建了桥梁。陕西西接哈萨克斯坦等中亚国家，东连中国东部沿海城市，且通过港口联通全球。西安港2017年已具备进境粮食指定口岸资质，西安国际港务区设立了农产品物流加工园区，主要由爱菊集团和中粮集团承载粮食加工的功能。粮食是人类生存必需

品，如面粉，种类众多，具体可分为面包粉、饺子粉、饼干粉、标准粉、富强粉等，可制成的成品也很多，如面包、饼干、馒头、挂面等各类中式面食和西式食品，不仅与我国北方城市和东部地区百姓饮食习惯契合，也适应欧洲等国际化口味需求。因此，政府应吸引更多的粮食加工企业入驻港务区农产品物流加工园区，形成产业集群，将粮食加工产业做强做大，打造粮食加工产品的输出和出口集中区。

政府应扶持陕西的苹果产业，因为渭北黄土高原地区是中国苹果产区中唯一符合7项气象指标的苹果生态适宜最佳区域，苹果基地多达30余个，不论规模、数量，还是产量、品牌，陕西苹果都稳居全国第一。苹果也是陕西农产品对外出口的龙头产品，苹果产量约占中国总产量的四分之一，世界总产量的七分之一。陕西苹果出口全球85个国家（地区），苹果和苹果浓缩汁的出口量连续多年保持增长态势。因此，推动和壮大苹果产业，对于提振陕西经济有重要意义。

（十）人才政策方面

陕西虽是教育大省，每年输出毕业生数量庞大，但省内人才流失较严重，目前急缺一专多能的高层次、复合型人才。陕西作为内陆省份，与发达地区相比，发展前景、城市生活、薪资水平、生活品质等方面对人才的吸引力不足，导致人才外流。陕西近年正处于"一带一路"和自贸区建设的黄金阶段，缺乏大量针对国际贸易、国际物流及通道经济方面的复合型人才，这类高素质人才对生活条件和未来发展空间需求较高，与人才外流构成恶性循环。人才缺失问题形势严峻，直接制约着陕西外贸工作的进步，因此制定合理的人才"引""育""留"政策非常关键。

1. 加大引进人才力度

引进人才的途径主要有三种：第一，按急需人才类别和层次划分，形成清晰的人才需求结构和数量，针对不同人才，制定契合的引人政策；第二，对于高层次人才，提供有吸引力的岗位薪资、科研启动费、团队津贴等；第三，开通编制、住房、家属子女的户籍、医疗等方面的"绿色通道"，让人才安心、安身、安业。

2. 建立专业化人才培养体系

构建"高校（培训学校）培养＋企业内训＋外派学习"的人才培养模式，其中初级人才以企业内训和职业技能培训学习培养模式为主；中级人才以高校学习培养模式为主；高级人才以外派学习培养模式为主。由西北工业大学、陕西航空学院、西安外事学院、长安大学与西安陆港、空港、铁路部门等开展联合定向人才培养计划，并开展关于物流科技装备、冷链关键技术等联合研发合作。推动"政产学研用"结合，组建由地方政府、高等院校、科研院所、咨询机构、物流企业组成的中欧班列"长安号"智库，完善国际物流视角下的国际物流学科体系建设，尤其是与相关专业的交叉融合，与相关产业、企业的产教融合的推进，着力于培养国际物流专业管理、技术、战略、规划等领域的人才，探索"六卓越一拔尖"、新文科背景下培养国际物流人才的创新模式。打破高层次人才"终身制"，做到人才聘用"有上有下""有进有出"。

3. 强化留人政策力度

留人政策主要包括三方面。第一，通过物质奖励、职称提升、职位晋升留住人才。畅通相关人才的学历、职称晋升通道，分系列推进外贸类、物流类等人才的职称制度改革，修订全省中、高级职称评审标准，克服"唯论文、唯学历、唯奖项"倾向，精准评价专业技术人才；出台职称评审管理实施细则。第二，通过公正的考核与评价指标体系留住人才。对于各类人才建立对应的考核评价指标体系，进行公正的绩效评价。例如，对于中级人才，可使用全方位评价法，即"自评＋领导评＋下属评＋客户评"；对于高层次人才，考核评价周期应适当拉长，以验证决策的正确性。第三，设计多种奖项，如"杰出人才""领军人才"等，以表彰特定行业业绩突出的人才。

参 考 文 献

[1] 裴长洪，刘斌．中国对外贸易的动能转换与国际竞争新优势的形成[J]．经济研究，2019(5)：4-15.

[2] 安礼伟，张二震．新时代我国开放型经济发展的几个重大理论问题[J]．经济学家，2020(9)：23-31.

[3] 李颖慧，李敬．中国内陆开放实践：机制分析与经济增长效应[J]．重庆工商大学学报(社会科学版)，2019(12)：1-12.

[4] 王昌林．新发展格局：国内大循环为主体 国内国际双循环相互促进[M]．北京：中信出版集团，2021.

[5] 陈元，黄益平．双循环：中国经济新格局[M]．北京：中信出版集团，2021.

[6] 周学仁，张越．国际运输通道与中国进出口增长：来自中欧班列的证据[J]．管理世界，2021(4)：52-63.

[7] 李计广，李秋静．我国推进高水平开放：内涵、标准与评估[J]．国际贸易，2020(4)：4-13.

[8] 崔鑫生，郭龙飞，李芳．贸易便利化能否通过贸易创造促进省级贸易：来自中国贸易便利化调研的证据[J]．财贸经济，2019(4)：100-115.

[9] 谢谦．贸易便利化、经贸发展与我国的改革实践[J]．经济学动态，2018(1)：27-39.

[10] 李光芹．贸易便利化对我国出口的影响及贸易潜力分析：基于"中欧班列"沿线国家的实证[J]．商业经济研究，2021(3)：155-158.

[11] 冯一帆，张青青．"一带一路"六大经济走廊贸易便利化测评报告[J]．人民论坛·学术前沿，2019(19)：64-91.

[12] 衷振华．中美贸易战背景下加强陆上贸易通道建设的思考[J]．价格月刊，2020(2)：4-13.

[13] 许英明，邢李志，董现垒．"一带一路"倡议下中欧班列贸易通道研究[J]．国际贸易，2019(2)：80-86.

[14] 王雄元，卜落凡．国际出口贸易与企业创新：基于"中欧班列"开通的准自然实验研究[J]．中国工业经济，2019(10)：80-98.

[15] 于民，刘一鸣．中欧班列、中欧贸易吸引力及前景分析：基于贸易引力模型[J]．经济问题探索，2019(10)：125-133.

[16] 许英明.高质量发展背景下中欧班列发展现状、挑战与对策[J].国际贸易,2020
      (5):28-34.

[17] 贾鹏,赵雪婷,段京铭,匡海波.高质量发展视角下中欧班列运行线路综合评价
      研究[J].大连海事大学学报,2020(9):32-41.

[18] 裴成荣.以建设高水平自贸区为引领打造内陆改革开放高地[J].新西部,2020
      (5):5-6.

[19] 张婷,刘洪愧.以进博会创新发展促进高水平对外开放的对策思考[J].国际贸
      易,2020(05):14-20.

[20] 张晓君,胡劲草.国际陆海贸易新通道跨境铁路运输规则现状、问题与完善[J].
      国际商务研究,2020(3):67-75.

[21] 陆华,王晓平,王鑫."一带一路"沿线物流枢纽网络体系建设研究[J].宏观经济
      研究,2018(11):94-101+138.

[22] 曹允春,罗雨.空港型国家物流枢纽承载城市航空物流关联程度及其网络结构研
      究[J].技术经济,2020(8):174-182+190.

[23] 张三保,康壁成.中国省份营商环境评价:指标体系与量化分析[J].经济管理,
      2020(4):5-19.

作 者 简 介

杜跃平:西安电子科技大学经济与管理学院教授、博士生导师;西北大学经济管理
学院兼职教授、博士生导师;西安外事学院商学院院长、陕西自贸区研究院院长

张慧文:西安外事学院商学院副教授

王慧珍:西安外事学院商学院教授;陕西高校青年创新团队负责人

罗　宁:西安外事学院商学院副教授

西部陆海新通道物流枢纽承载城市物流
竞争力评价及提升对策

郝渊晓　张怡蕾　郝思洁　党智军

一、物流枢纽城市物流竞争力研究背景及文献综述

（一）研究背景与意义

西部陆海新通道总体规划的提出，以及国家物流枢纽布局和建设规划的发布，时间节点均处在我国经济发展的关键时期。经历了改革开放以来的一系列战略的指向、政策的推动，十三五时期我国经济取得了显著的发展成就，但仍面临国际、国内的众多挑战。西部大开发战略和"一带一路"发展都进入了新阶段，急需思考在国际竞争加剧、经济增速放缓的形势下，西部地区如何通过西部陆海新通道的开辟和发展创造新的经济增长点，如何通过物流枢纽的发展带动与促进区域协同发展，深化制度改革和对外开放。物流业对经济支撑作用显著，在双循环背景下将发挥更大推动力，西部陆海新通道区域协同将进一步激发西部经济活力，国家级物流枢纽在西部陆海新通道区域内将发挥更大辐射带动作用。目前，针对西部陆海新通道区域的研究还较少，以国家物流枢纽城市为对象的研究也较少。本文基于西部陆海新通道区域，以新通道内物流枢纽城市为切入点，研究"通道＋枢纽"经济这种强调联动性、协同性的区域经济空间结构，在理论、实践和战略上都具有重大研究意义。

（二）研究现状

国内外学者关于城市物流竞争力展开广泛的研究，并基于各种方法，对不同地区的样本进行了实证分析。国外学者大多从区域经济层面对物流核心竞争力展开研究，鲜少涉及城市层面，对于城市物流竞争力的相关研究较为缺乏，且未形成体系。从国内研究来看，关于物流竞争力的研究多从区域视角，在省级层面或城市群层面展开，但在指标建立和实证研究中，往往以地级市为研究对象。因此，以城市为样本的区域物流竞争力研究对城市物流竞争力研究有较大参考价值。

1. 物流竞争力的评价指标研究

众多学者针对不同区域，用相似方法构建了不同的物流竞争力评价体系。金芳芳从城市物流竞争实力和竞争潜力两个角度出发，对长三角地区物流竞争力进行了评价。江帆提出 4 个一级指标，分别为物流环境、供需、产业规模和产业质量竞争力，并提出 10 个二级指标，选取我国 15 个省市为样本进行了区域物流竞争力评价分析。杨艳萍和刘辉

在物流竞争力评价研究中，构建了包含城市、物流、信息、人才、环境等 5 个一级指标以及 16 个二级指标的体系，运用因子分析法对河南省 18 个城市展开了实证评价。王文铭与高艳艳基于两个维度，即物流竞争实力与物流竞争潜力，对"一带一路"沿线 8 个内陆节点城市物流产业竞争实力和潜力进行了评价。邱志鹏与蔡松林从量化角度研究了珠三角城市群物流产业状况。李明基于粤港澳大湾区，用因子分析法评估了区域内广东省九大核心城市的商贸物流竞争力。王鹏与张茹琪等人构建了物流高质量发展的评价指标体系，从 5 个维度，包括经济发展基础、物流运载能力、物流产业绩效、技术创新能力和绿色发展成效等 20 项具体指标，基于熵值法对 2018 年长三角区域 27 个城市的物流发展水平进行了测度，并用聚类分析法将 27 个城市分为 4 个梯队。

2. 以港口或物流枢纽视角的物流竞争力评价研究

郑丽娟基于灰色关联法，对中国"一带一路"沿途 16 个主要港口城市物流竞争力进行了综合分析，探讨了如何提升"一带一路"沿途港口城市物流竞争力。刘艳等基于产业联动视角，用熵权 - TOPSIS 组合模型从 4 个不同维度层面出发构建了区域物流核心竞争力的评价体系，并在此基础上对我国"一带一路"沿线城市的物流核心竞争能力进行了进一步测度与分析。徐文静从实力和潜力两个方面研究我国沿海港口城市的物流核心竞争能力，进一步构建了其评价指标体系并对其进行了聚类分析与因子分析。张慧从城市规模度等 4 个角度切入，并采用熵权 - TOPSIS 组合模型研究了我国城市物流枢纽的核心竞争能力。

3. 西部陆海新通道区域的政策解读与实证研究

从现有研究来看，针对西部陆海新通道区域的政策解读和实证研究还处于初步发展阶段。目前，相关研究多聚焦于依据当地经济环境因地制宜制定与落实相关政策。例如，赵光辉等人以我国广西壮族自治区为研究对象，将坚持西部陆海新通道发展作为重要战略定位，并在此基础上实现物流行业服务水平、基础设施建设水平及其环境发展。张金萍认为西部陆海新通道建设面临尚未建成交通物流核心枢纽、物流体系不健全、地区间利益冲突等巨大挑战，并从重庆市的角度出发，描述了西部陆海新通道建设的重大意义和影响。马静强调，青海省应借助西部陆海新通道，充分发挥其在资源、特色产业上的优势，走好错位发展道路，促进由传统物流向产业贸易通道转型。丛晓男通过构建全球多区域可计算一般均衡模型，对西部陆海新通道区域整体进行了实证研究，该研究结果表明西部陆海新通道对推动我国西部地区经济增长具有显著作用，对东盟和东南亚各国经贸合作有正向影响。

4. 研究述评

国内外学者采用定性或定量的方法对城市物流竞争力及物流枢纽展开了研究，通过梳理可以发现，外国学者多以区域物流为视角，以物流枢纽为视角的研究还处于初步阶段，因此对物流竞争力的研究鲜有在物流枢纽城市展开。

国内学者在物流竞争力论题上的研究较为丰富和成熟，不同学者针对不同区域和城市群，利用多种研究方法对物流竞争力展开了实证研究。不同学者利用不同指标和评价标准建立竞争力评价体系。由于物流业相关指标在学界还未形成定论，因此在研究侧重上有所不同。在实证研究中，因子分析法常用于物流竞争力的测算。目前还未有成熟客观的以物流枢纽为视角测算城市物流竞争力水平的评价体系。西部陆海新通道的成立时间尚短，因此以该区域为研究对象的文献较少，且较多为特定省市在西部陆海新通道背景下对物流业发展的政策解读，实证研究仍处于初步阶段。

基于以上述评，本文认为研究西部陆海新通道区域物流枢纽城市的物流竞争力具有一定的研究价值。

二、研究方法与指标体系建立

（一）研究方法

1. 因子分析法

因子分析法是通过在众多变量中提取有相似隐藏性质的变量作为公共因子，对公共因子进行进一步分析，从而减少变量的数目，达到实证分析目的。其分析步骤如下：

（1）对数据进行标准化处理：

$$Z_{ij} = \frac{X_{ij} - \overline{X}_j}{S_j} \quad (i = 1, 2, \cdots, n; j = 1, 2, \cdots, m) \tag{1}$$

因子分析法采用 Z 标准化的方法对数据进行标准化处理，X_{ij}、$\overline{X}_j$ 以及 S_j 分别代表第 i 个城市的第 j 个样本值、第 j 个样本均值以及第 j 个样本方差。Z_{ij} 为数据标准化后的样本值，作为因子分析的新变量矩阵。

（2）求相关系数矩阵：

$$\boldsymbol{R} = \begin{bmatrix} r_{11} r_{12} \cdots r_{1n} \\ r_{21} r_{22} \cdots r_{2n} \\ \vdots \\ r_{n1} r_{n2} \cdots r_{nn} \end{bmatrix} \tag{2}$$

（3）获得因子载荷矩阵：

$$\boldsymbol{A} = (e_1 \sqrt{\lambda_1}, e_2 \sqrt{\lambda_2}, \cdots, e_n \sqrt{\lambda n})_{n \times n} \tag{3}$$

（4）获得方差贡献率：

$$B = \frac{\lambda_i}{\sum\limits_{k=1}^{n} \lambda_k} \quad (i = 1, 2, \cdots, n) \tag{4}$$

（5）计算主因子得分：

$$f_i = \sum_{j=1}^{m} C_{ij} Z_j \quad (i = 1, 2, \cdots, n; j = 1, 2, \cdots, m) \tag{5}$$

（6）计算综合因子得分：

$$F = \frac{\sum\limits_{i=1}^{k} f_i A_i}{\sum\limits_{i=1}^{k} A_i} \quad (i = 1, 2, \cdots, k) \tag{6}$$

2. 聚类分析

聚类分析法的运作方法是首先把每一个样本看作一类，将计算后距离最近的样本进行归类，再计算新的归类与其他类间的距离，如此循环往复，直至类的数量为1。本文以欧氏距离平方作为统计量，组间连接法为聚类方法。其分析步骤如下：

（1）对数据进行标准化无量纲处理：

$$Z_{ij}=\frac{X_{ij}-\overline{X}_j}{S_j} \quad (i=1, 2, \cdots, n; j=1, 2, \cdots, m) \tag{7}$$

与因子分析法相同，聚类分析也采用Z标准化的方法，得到Z_{ij}为数据标准化处理后的样本值。

（2）确定聚类统计量：本文的聚类统计量采用欧氏距离平方作为统计量。其计算方法为

$$D=(d_{ij}) \tag{8}$$

$$d_{ij}=\sum_{k=1}^{p}(Z_{ik}-Z_{jk})^2 \tag{9}$$

（3）确定聚类方法：以欧氏距离平方作为统计量，选取组间连接法为聚类方法。其计算表达式为

$$D_{ab}=\frac{1}{N_aN_b}\sum_{\substack{i\in C_a\\j\in C_b}}d(Z_i, Z_j) \tag{10}$$

C_a与C_b合成C_c，C_c与C_n距离递推，至全部变量归成一类。公式如下：

$$D_{cc}=\frac{N_aD_{ca}+N_bD_{cb}}{N_c} \tag{11}$$

（二）指标体系建立

本文在充分结合相关理论和文献研究的基础上，考虑指标及数据的可得性、合理性及适配性，根据科学和客观性、可行与可比性、系统与层次性3个评价指标体系构建原则，在西部陆海新通道区域选择13个内陆（省）市为研究对象，根据因子分析法对数据的要求，选用11个二级指标，并将其归入4个一级指标，得到物流枢纽城市物流竞争力评价指标体系（见表1）。

表1　物流枢纽城市物流竞争力评价指标体系

一级指标		二级指标	单位
物流枢纽城市物流竞争力评价指标体系	城市经贸潜力	人均地区生产总值(X1)	元
		社会消费品零售总额(X2)	亿元
		进出口总额(X3)	亿美元
	物流基础设施	公路里程(X4)	公里
		民用汽车拥有量(X5)	万辆
	物流业务规模	货运总量(X6)	亿吨
		货运周转量(X7)	亿吨公里
		交通运输、仓储及邮电业增加值(X8)	亿元
		邮电业务总量(X9)	亿元
	人力资源与信息化水平	交通运输、仓储及邮政业从业人员数(X10)	万人
		互联网宽带用户数(X11)	万户

（三）评价指标内涵

1. 城市经贸潜力

经济与贸易环境对物流枢纽城市的物流竞争力具有基础性的影响作用，一个城市的经济环境反映了经济活动的复杂和活跃程度。经济水平越高，城市对物流的需求也相应较大，同时也形成较大吸引力，对城市物流业发展起到带动作用。衡量经济环境的指标较多，为保证数据的可得性和可比性，本文选取人均地区生产总值、社会消费品零售总额和进出口总额作为衡量城市经贸潜力竞争力的二级指标。

（1）人均地区生产总值：反映某城市在一年时间内，生产出的全部最终产品和劳务的价值按该城市常住人口数平均到每一个人的价值。由于用人均地区生产总值进行因子分析时，检验信息量损失较大，因此选用地区生产总值指标对其进行替代。

（2）社会消费品零售总额：反映一定时期内某城市范围内的企业（单位）通过交易出售给个人、社会集团，非生产、非经营用的实物商品金额，以及提供餐饮服务所取得的收入金额。因此选用社会消费品零售总额作为地区经济贸易水平的重要指标。

（3）进出口总额：反映一定时期内某城市范围内出口额和进口额的总和，代表该地区对外贸易的总规模。因此选用进出口总额作为地区经济贸易特别是对外贸易规模的指标。

2. 物流基础设施

（1）公路里程：采用公里数为计量单位以此衡量某地区在一定空间范围内符合国家质量检测标准所能实际交付使用的公路里程。该指标的大小代表该地区交通是否具有通达性，其值越大，表明该地区交通运输效率越高。

（2）民用汽车拥有量：一个地区所有经过注册登记，拥有合法拍照的非商用及军用的汽车数量。汽车作为公路运输的主要工具，其数量直接影响公路运输的供给能力，是城市物流基础设施的基本指标之一，因此采用民用汽车拥有量作为衡量区域物流竞争力水平的指标之一是具有现实意义的。

3. 物流业务规模竞争力

（1）货运总量：在一定的时间内，某地区采用不同交通工具所承担的货运总量之和。该指标作为一个基础性指标，能够较为综合的表明一个地区的物流发展情况，是相关部门制定与规划物流业发展的重要参考指标。

（2）货运周转量：作为衡量地区物流业务能力的基础性指标之一，指在一定的时间内，地区货运总量与货运历程的乘积之和。

（3）交通运输、仓储及邮电业增加值：按行业区分的区域内交通运输、仓储、邮政、电信等行业一年内累计的所有生产活动的最终结果。交通、仓储、邮电业是城市物流的主要组成部分，由于我国在 2017 年后仅公布交通运输、仓储及邮电业固定资产投资额的增长率，不公布具体数目，因此本文采用行业增加值作为替代，以行业产出衡量该地区物流基础设施发展水平。

（4）邮电业务总量：以货币形式所呈现出的一个地区各类邮电及邮政类业务的总量。

该指标的大小代表地区物流业发展的信息化程度。本文将该指标作为衡量地区物流业竞争力水平的重要指标。

4. 人力资源与信息化水平竞争力

（1）交通运输、仓储及邮电业从业人员数：某一城市的就业人员按行业分类，所有从事交通运输、仓储及邮电业的从业人员人数，该指标的大小体现该地区物流行业劳动力的参与程度。

（2）互联网宽带用户数：一个地区采用宽带接入方式进行上网的用户数量。本文认为，现代物流业发展依靠的是互联网技术的蓬勃发展，而互联网宽带接入的用户数量一方面可以直接反映一个地区信息通信技术发展的情况，另一方面也可以间接反映地区现代物流业的发展情况。

三、西部陆海新通道物流枢纽城市物流竞争力评价实证研究

（一）数据收集与整理

本文研究对象为重庆、成都、南宁、昆明、西安、贵阳、兰州、乌鲁木齐、呼和浩特、银川、西宁、遵义和柳州等 13 个城市，由于地级市的统计数据公布的指标和口径存在一定差异，因此通过参考该 13 市 2015 年至 2019 年的统计公报，查询 2016—2020 年的统计年鉴，同时参考《中国城市统计年鉴》《广西统计年鉴》《贵州统计年鉴》和《云南统计年鉴》等省级统计数据，以及 Wind 数据库的相关数据，得到实证所需指标的原始数据。由于广西未公布地级市公路里程的数据，因此通过参考个别年份的截面数据，利用省级数据按一定比例和固定增长率估算得到南宁和柳州的部分数据。部分城市未公布货运总量，由公路货运量、铁路货运量和航空货运量加和得出。本文中，物流业指标用交通运输、仓储和邮电业相关指标替代描述，采用内插法进行缺失数据补全。

（二）基于因子分析和聚类分析的物流竞争力评价测度

1. 基于 2015—2019 年数据的因子分析

（1）KMO 检验与巴特利特球型检验判断数据是否适合因子分析。

首先进行 KMO 检验与巴特利特球型检验，在 SPSS 26 软件中导入标准化后的数据，用主成分法进行因子分析，得到巴特利特球形检验结果，如表 2 所示。

表 2　KMO 检验和巴特利特球形检验结果

KMO 统计量		0.661
巴特利特球形检验	近似卡方	188.832
	自由度	55.000
	显著性	0.000

由检验结果得到 KMO 统计量为 0.661，大于 0.6，接近于 1，较适合对选定指标进行因子分析。巴特利特球形检验显著性为 0.000，表示在 0.05 的显著性下拒绝原假设，变量之间是非独立的，因此可以进行降维的因子分析。

（2）根据因子分析碎石图和总方差的解释表判断提取因子的个数。

根据因子分析碎石图（见图 1）可以看出，折线在第二个因子处由陡峭变得平稳；根据总方差的解释表（见表 3）可以看出，前两个因子的特征值分别为 7.421 和 1.764，均大于 1，累计方差解释百分比占到 83.504%，说明能够较好地代表全部解释变量，因此选择 2 个公因子进行模型的进一步分析。

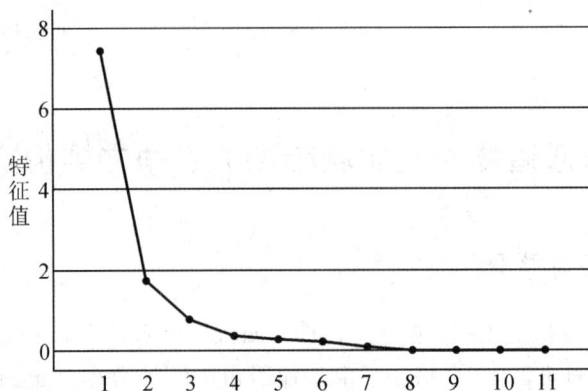

图 1　因子分析碎石图

表 3　总方差的解释表

成分	初始特征值			提取载荷平方和			旋转载荷平方和		
	总计	方差/%	累计/%	总计	方差/%	累计/%	总计	方差/%	累计/%
1	7.421	67.464	67.464	7.421	67.464	67.464	5.273	47.936	47.936
2	1.764	16.039	83.504	1.764	16.039	83.504	3.912	35.567	83.504
3	0.788	7.162	90.665						
4	0.372	3.384	94.050						
5	0.300	2.728	96.777						
6	0.228	2.073	98.850						
7	0.098	0.890	99.740						
8	0.018	0.168	99.908						
9	0.005	0.043	99.951						
10	0.004	0.037	99.989						
11	0.001	0.011	100.000						

（3）主因子提取与命名。

根据最大方差法对因子进行旋转分析，得到因子正交旋转后的成分矩阵（见表4）。

表4 因子正交旋转后的成分矩阵

指标	公因子	
	1	2
人均地区生产总值（X1）	−0.363	0.824
社会消费品零售总额（X2）	0.675	0.716
进出口总额（X3）	0.585	0.747
公路里程（X4）	0.924	0.237
民用汽车拥有量（X5）	0.468	0.857
货运总量（X6）	0.787	0.009
货运周转量（X7）	0.935	0.169
交通运输、仓储及邮政业增加值（X8）	0.318	0.772
邮电业务总量（X9）	0.827	0.447
交通运输、仓储及邮政业从业人员数（X10）	0.594	0.543
互联网宽带用户数（X11）	0.798	0.504

由表4可知，公因子1在公路里程（X4），货运总量（X6），货运周转量（X7），邮电业务总量（X9），交通运输、仓储及邮政业从业人员数（X10）和互联网宽带用户数（X11）6个变量上有较大负荷；公因子2在人均地区生产总值（X1），社会消费品零售总额（X2），进出口总额（X3），民用汽车拥有量（X5），交通运输、仓储及邮政业增加值（X8）5个变量上有较高负荷。由于公因子1负荷较大的指标与物流业基础设施规模、人才与信息化投入和产出相关，因此将公因子1命名为物流规模因子；公因子2负荷较大的指标多与城市经贸发展和物流业发展潜力相关，因此将公因子2命名为物流经济环境因子。

（4）计算各因子得分与综合得分。

由回归法计算因子得分系数矩阵 $f_{kj}(k=1,2;j=1,2,\cdots,11)$，将指标数据进行标准化处理后，得到公因子得分函数：

$$F_k = \sum_{j=1}^{11} f_{kj}Z_j \quad (k=1,2;j=1,2,\cdots,11) \tag{12}$$

各城市的综合得分 F 是以各因子的方差贡献率除以2个公因子总方差贡献率的值为权重，累计求和得到物流综合竞争力得分函数：

$$F = \frac{47.936\% \times F1 + 35.567\% \times F2}{83.504\%} \tag{13}$$

因子得分系数矩阵如表5所示。

表 5　因子得分系数矩阵

指　标	公　因　子	
	1	2
人均地区生产总值(X1)	−0.281	0.408
社会消费品零售总额(X2)	0.052	0.147
进出口总额(X3)	0.018	0.178
公路里程(X4)	0.226	−0.098
民用汽车拥有量(X5)	−0.040	0.247
货运总量(X6)	0.233	−0.162
货运周转量(X7)	0.244	−0.128
交通运输、仓储及邮政业增加值(X8)	−0.067	0.244
邮电业务总量(X9)	0.153	0.006
交通运输、仓储及邮政业从业人员数(X10)	0.064	0.094
互联网宽带用户数(X11)	0.133	0.036

(5) 2015—2019 年的得分与排名结果。

根据各年物流综合竞争力得分函数计算出的得分和排名结果如表6～表10所示。

表 6　物流枢纽城市物流竞争力得分与排名(2015 年)

城市	物流规模因子		物流经济环境因子		综合因子	
	得分	排名	得分	排名	得分	排名
重庆	1.53	2	2.61	1	2.45	1
成都	−1.63	13	1.39	2	0.95	2
西安	−0.28	9	0.49	3	0.38	3
昆明	−0.65	11	0.23	4	0.10	4
南宁	0.76	3	−0.20	5	−0.06	5
贵阳	0.04	7	−0.33	7	−0.27	6
遵义	1.59	1	−0.73	12	−0.40	7
乌鲁木齐	−0.56	10	−0.37	8	−0.40	8
呼和浩特	−1.60	12	−0.21	6	−0.41	9
兰州	0.13	6	−0.56	9	−0.46	10
柳州	0.29	5	−0.70	10	−0.56	11
银川	−0.21	8	−0.73	11	−0.65	12
西宁	0.59	4	−0.88	13	−0.67	13

表 7　物流枢纽城市物流竞争力得分与排名(2016 年)

城市	物流规模因子		物流经济环境因子		综合因子	
	得分	排名	得分	排名	得分	排名
重庆	1.97	1	2.32	1	2.27	1
成都	−1.37	12	1.72	2	1.26	2
西安	−0.64	11	0.56	3	0.38	3
昆明	−0.44	9	0.24	4	0.14	4
呼和浩特	−1.43	13	−0.02	5	−0.23	5
南宁	0.63	3	−0.41	8	−0.25	6
贵阳	0.09	5	−0.41	7	−0.33	7
乌鲁木齐	−0.31	8	−0.38	6	−0.37	8
兰州	−0.05	7	−0.50	9	−0.43	9
遵义	1.68	2	−0.96	13	−0.56	10
银川	−0.46	10	−0.59	10	−0.57	11
柳州	0.03	6	−0.68	11	−0.58	12
西宁	0.30	4	−0.89	12	−0.71	13

表 8　物流枢纽城市物流竞争力得分与排名(2017 年)

城市	物流规模因子		物流经济环境因子		综合因子	
	得分	排名	得分	排名	得分	排名
重庆	3.06	1	0.22	4	2.62	1
成都	0.10	5	2.35	1	0.45	2
遵义	0.42	2	−1.48	13	0.12	3
南宁	0.13	4	−0.37	10	0.05	4
西安	−0.24	8	1.20	2	−0.02	5
乌鲁木齐	0.22	3	−1.39	12	−0.03	6
昆明	−0.14	6	0.44	3	−0.05	7
贵阳	−0.23	7	−0.22	8	−0.23	8
兰州	−0.54	9	−0.10	7	−0.47	9
柳州	−0.60	11	−0.30	9	−0.56	10
呼和浩特	−0.70	12	0.13	5	−0.57	11
西宁	−0.59	10	−0.58	11	−0.59	12
银川	−0.88	13	0.10	6	−0.72	13

表 9　物流枢纽城市物流竞争力得分与排名（2018 年）

城市	物流规模因子		物流经济环境因子		综合因子	
	得分	排名	得分	排名	得分	排名
成都	−0.87	13	2.3	1	1.853238	1
重庆	2.62	1	1.46	2	1.62351	2
昆明	−0.63	10	0.89	3	0.675778	3
西安	−0.76	12	0.51	4	0.331009	4
遵义	0.77	3	−0.19	5	−0.0547	5
乌鲁木齐	−0.54	8	−0.28	6	−0.31665	6
贵阳	0.03	5	−0.43	7	−0.36517	7
柳州	0.15	4	−0.47	8	−0.38262	8
南宁	1.19	2	−0.75	11	−0.47658	9
呼和浩特	−0.21	6	−0.53	9	−0.4849	10
兰州	−0.53	7	−0.61	10	−0.59873	11
西宁	−0.55	9	−0.83	12	−0.79055	12
银川	−0.68	11	−1.06	13	−1.00645	13

表 10　物流枢纽城市物流竞争力得分与排名（2019 年）

城市	物流规模因子		物流经济环境因子		综合因子	
	得分	排名	得分	排名	得分	排名
重庆	2.97	1	0.67	2.97	1.99	1
成都	−0.16	5	2.26	−0.16	0.87	2
南宁	0.63	3	−0.51	0.63	0.14	3
西安	−0.43	8	0.88	−0.43	0.13	4
昆明	−0.74	13	1.02	−0.74	0.01	5
贵阳	−0.10	4	−0.39	−0.10	−0.22	6
乌鲁木齐	−0.47	9	0.07	−0.47	−0.24	7
遵义	0.73	2	−1.57	0.73	−0.25	8
呼和浩特	−0.66	12	−0.11	−0.66	−0.43	9
柳州	−0.42	7	−0.49	−0.42	−0.45	10
兰州	−0.52	10	−0.37	−0.52	−0.46	11
银川	−0.57	11	−0.38	−0.57	−0.49	12
西宁	−0.25	6	−1.09	−0.25	−0.60	13

2. 基于 2015—2019 年数据的聚类分析

（1）基于双因子的聚类树状图。

在 EViews 软件中得到物流规模竞争力、物流经济环境竞争力及物流综合竞争力聚类树状图，物流枢纽城市物流竞争力聚类树状图（见图 2）中的阶梯状折线反映了聚类的情况。

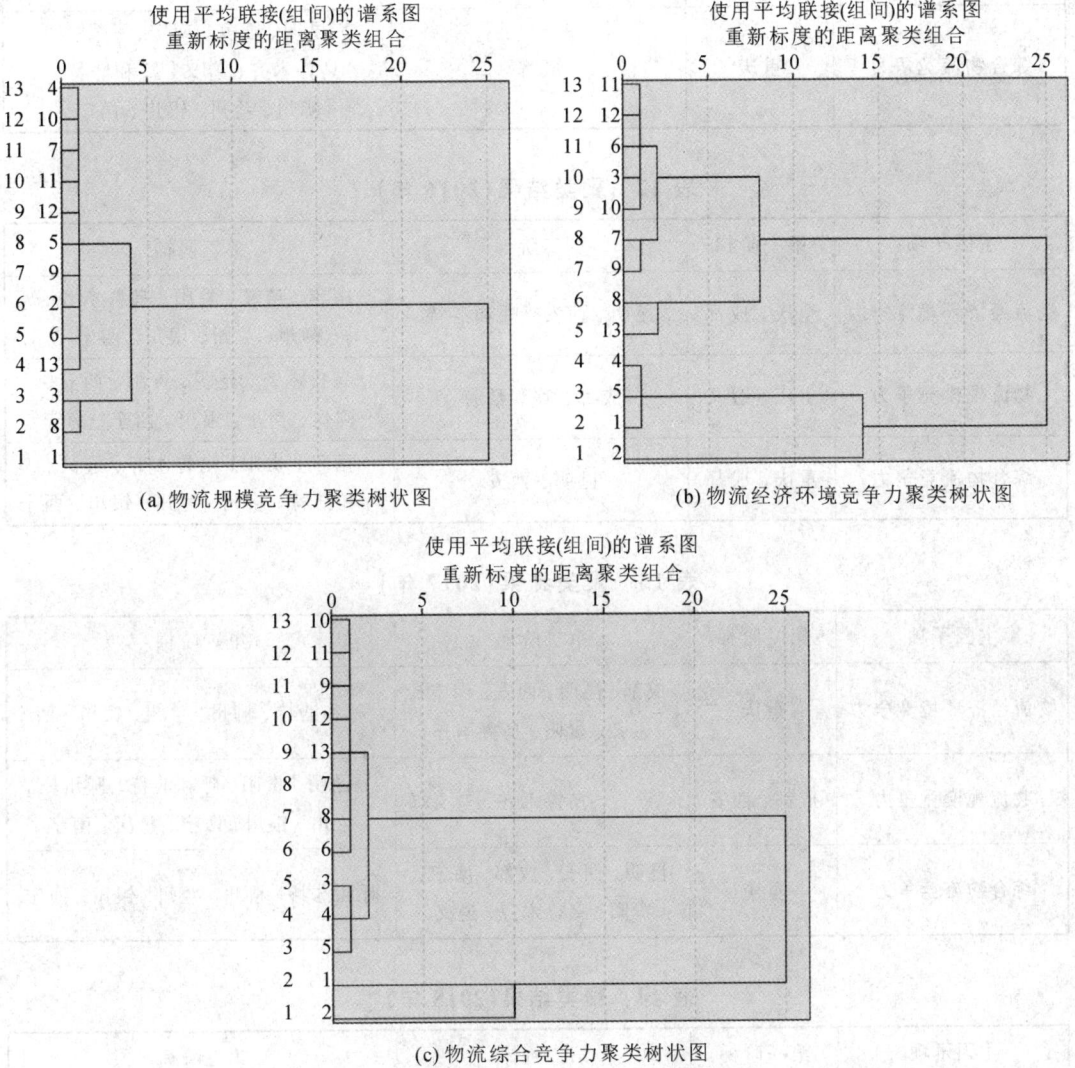

(a) 物流规模竞争力聚类树状图

(b) 物流经济环境竞争力聚类树状图

(c) 物流综合竞争力聚类树状图

图 2　物流枢纽城市物流竞争力聚类树状图（2019 年）

（2）2015—2019 年基于三阶段的聚类结果。

根据各年的聚类树状图可以得到 2015—2019 年 13 个枢纽城市物流规模与物流经济环境两个竞争力因子及综合物流竞争力分别的聚类结果如表 11～表 15 所示。

表 11　聚类结果（2015 年）

主因子项	第一阶梯	第二阶梯	第三阶梯
物流经济环境竞争力	重庆、成都	昆明、西安	南宁、遵义、呼和浩特、贵阳、乌鲁木齐、柳州、兰州、银川、西宁
物流规模竞争力	重庆、遵义	成都、呼和浩特	乌鲁木齐、昆明、贵阳、西安、柳州、兰州、银川、西宁、南宁
综合物流竞争力	重庆	成都	昆明、西安、南宁、贵阳、乌鲁木齐、遵义、呼和浩特、柳州、兰州、银川、西宁

表 12　聚类结果（2016 年）

主因子项	第一阶梯	第二阶梯	第三阶梯
物流经济环境竞争力	重庆、成都	昆明、西安、呼和浩特	南宁、遵义、贵阳、乌鲁木齐、柳州、兰州、银川、西宁
物流规模竞争力	重庆、遵义	成都、呼和浩特	乌鲁木齐、昆明、贵阳、西安、柳州、兰州、银川、西宁、南宁
综合物流竞争力	重庆、成都	昆明、西安	南宁、贵阳、乌鲁木齐、遵义、呼和浩特、柳州、兰州、银川、西宁

表 13　聚类结果（2017 年）

主因子项	第一阶梯	第二阶梯	第三阶梯
物流经济环境竞争力	重庆	成都、昆明、西安、南宁、遵义、贵阳、乌鲁木齐	呼和浩特、柳州、兰州、银川、西宁
物流规模竞争力	成都、西安	乌鲁木齐、遵义	昆明、贵阳、呼和浩特、柳州、兰州、银川、西宁、重庆、南宁
综合物流竞争力	重庆	昆明、西安、成都、南宁、贵阳、乌鲁木齐、遵义	呼和浩特、柳州、兰州、银川、西宁

表 14　聚类结果（2018 年）

主因子项	第一阶梯	第二阶梯	第三阶梯
物流经济环境竞争力	成都	重庆、昆明、西安	南宁、遵义、贵阳、乌鲁木齐、呼和浩特、柳州、兰州、银川、西宁
物流规模竞争力	重庆	南宁、遵义	西安、昆明、贵阳、乌鲁木齐、呼和浩特、柳州、兰州、银川、西宁、成都
综合物流竞争力	成都、重庆	昆明、西安	南宁、贵阳、乌鲁木齐、遵义、呼和浩特、柳州、兰州、银川、西宁

表 15　聚类结果（2019 年）

主因子项	第一阶梯	第二阶梯	第三阶梯
物流规模竞争力	重庆	南宁、遵义	成都、西安、昆明、贵阳、乌鲁木齐、呼和浩特、柳州、兰州、银川、西宁
物流经济环境竞争力	成都	重庆、昆明、西安	南宁、贵阳、乌鲁木齐、遵义、呼和浩特、柳州、兰州、银川、西宁
综合物流竞争力	重庆、成都	南宁、西安、昆明	贵阳、乌鲁木齐、遵义、呼和浩特、柳州、兰州、银川、西宁

3. 因子分析与聚类分析结果动态分析

根据各物流枢纽城市 2015—2019 年的因子分析结果，得到 2015—2019 年物流枢纽城市综合物流竞争力的得分结果，如图 3 所示。

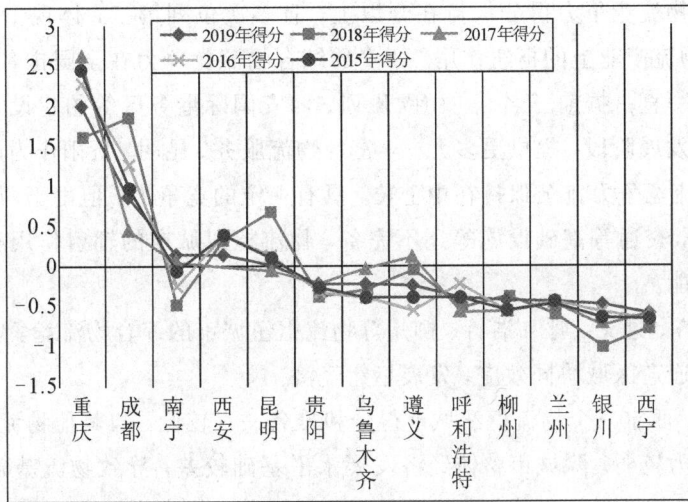

图 3　2015—2019 年物流枢纽城市综合物流竞争力得分结果

结合《中国城市物流竞争力报告（2020）》，从全国范围看，重庆排名最靠前，位于全国城市物流竞争力的第 5 位，也是中西部城市中的第 1 位，体现了较强的物流竞争力，在交通枢纽布局与交通通达性上有较强优势；成都排在全国第 8 位，成渝两市排名进入全国前 10。西安排名全国第 16 位，枢纽布局表现较好，但经济规模和货运量体量较小，物流发展潜力较大；昆明排名全国第 23 位，进入 25 强。结合综合物流竞争力得分折线图，可以得到以下结果：

（1）重庆、成都的综合物流竞争力较强，在区域内将发挥中心枢纽职能。

重庆的综合物流竞争力在 2015 年、2016 年、2017 年和 2019 年均排在首位，仅 2018 年略逊于成都位列第二。成都的综合物流竞争力较强，除 2018 年均保持在第二位，体现了较强的竞争力。2018 年，由于成都在物流业上取得了较显著的发展，一度超越重庆成为榜首。2018 年后，随着西部陆海新通道规划的出台，重庆的物流枢纽建设迈上新台阶，2019 年再次成为榜首。在西部陆海新通道规划的指导下，重庆将承担更大的物流枢纽功能，在资源配置上拥有更强支配力，对区域内具有更强的吸引和带动作用，而成渝两市的密切合作在西部陆海新通道的规划中也将发挥更大作用。作为长江沿线通道的中上游枢纽城市，成渝两市在产业布局和资源配置上拥有更多合作空间，周边成渝城市群的形式也将发挥区域协调效应。

（2）南宁、昆明、西安三个物流枢纽城市具有一定综合物流竞争力，应在区域内发挥更多枢纽功能。

2019 年以前，南宁的综合物流竞争力得分徘徊在 0 分左右，2019 年得分略超过西安，排名第三，体现了广西在西部陆海新通道规划的出台后，物流产业加速发展并取得了显著成果。但结合 2020 年全国各城市的综合物流竞争力排名可以发现，南宁的排名并不靠前，综合实力逊于西安。这表明南宁在物流规模和物流基础设施建设上仍需要加强，争取利用西部陆海新通道的优势，在面向东南亚的物流业务往来中得到更大发展机会。

西安的综合物流竞争力得分保持在 0 以上，且多次位列第三，体现了其作为"一带一路"起点城市在物流产业上的枢纽作用。西安的综合物流竞争力在全国排名处于较前位置，在西部城市中也一直占据前三名。在中欧班列、西安国际港务区等的建设下，西安的物流业也进入高质量发展阶段，提供更多元、丰富的物流服务。昆明、贵阳作为西南地区的省会城市，其综合物流竞争力排名保持在中上位，具有一定的竞争力。但由于西南地区受地形、人口等条件影响，交通等基础设施等还不完备，物流枢纽城市的辐射作用有限，限制了其发挥更多枢纽功能。

（3）乌鲁木齐、遵义、呼和浩特、柳州等物流枢纽城市的综合物流竞争力较低，应充分利用西部陆海新通道区域协同效应，发展枢纽经济。

兰州、银川、西宁三个物流枢纽城市得分和排名一直较低，与其他物流枢纽城市相比，其综合物流竞争力较弱。除城市整体经济发展水平基础较差，导致物流基础设施建设上存在较大发展不足，需补足短板外，应重视加强区域合作，寻求竞争力更强的物流枢纽城市的协助，也应利用好自身产业或资源优势，加强在基础设施和人才引进上的投入，加强特色枢纽经济的培育，以获得更强的综合物流竞争力。

从以上结果可以看出：重庆与成都作为西部陆海新通道区域的两端枢纽，在区域内具有较强的综合物流竞争力，能够承担较强的枢纽功能，但成渝两物流枢纽城市的辐射效应还未能彰显。广西作为通道南向出口，在区域内具有重要战略地位，南宁的综合物流竞争力在 2018 年以后提升显著。由于通道经济发挥效应仍需时间，尤其是西部其他省份的基础设施建设还在进展中，通道经济和枢纽经济对物流产出的影响也未发挥完全，因此在 2019 年未能看出其他物流枢纽城市的综合物流竞争力有显著的增强。

4. 聚类分析结果动态分析

将各物流枢纽城市按三阶梯聚类分析，各阶梯包括的城市在 2015—2019 年间存在动态变化，具体见表16。

表16　2015—2019 年物流枢纽城市按三阶梯聚类分析结果

年份	第一阶梯	第二阶梯	第三阶梯
2019	重庆、成都	南宁、西安、昆明	贵阳、乌鲁木齐、遵义、呼和浩特、柳州、兰州、银川、西宁
2018	成都、重庆	昆明、西安	南宁、贵阳、乌鲁木齐、遵义、呼和浩特、柳州、兰州、银川、西宁
2017	重庆	昆明、西安、成都、南宁、贵阳、乌鲁木齐、遵义	呼和浩特、柳州、兰州、银川、西宁
2016	重庆、成都	昆明、西安	南宁、贵阳、乌鲁木齐、遵义、呼和浩特、柳州、兰州、银川、西宁
2015	重庆	成都	昆明、西安、南宁、贵阳、乌鲁木齐、遵义、呼和浩特、柳州、兰州、银川、西宁

从 2015—2019 年各物流枢纽城市按三阶梯聚类分析结果来看，可以得出以下结论：

(1) 近五年，重庆与成都在综合物流竞争力上的差距有缩小趋势。

2015 年，重庆、成都两市综合物流竞争力显著高于其他城市，分别位于第一和第二阶梯，此时成都在物流规模或是经济总量上与重庆的差距还较大。随着多条高铁线路的开通、交通网络的完善，成都的综合物流竞争力在 2018 年聚类结果中略高于重庆。2019 年聚类结果中，成渝两市稳居第一阶梯，体现了在成渝城市群发展到成渝双城经济圈的过程中，两城市优势互补、共同发展，在物流业共享发展成果。2019 年，重庆在西部陆海新通道规划下，综合物流竞争力高于成都，享受一定的区域中心枢纽的红利，但两城市在未来也存在竞争力差距拉大的可能。

(2) 昆明、西安和南宁脱颖而出，位于综合物流竞争力第二阶梯。

2019 年，南宁首次与其他城市拉开差距进入第二阶梯，标志着自西部陆海新通道规划颁布以来，广西的物流发展受到自西部陆海新通道区域建设的良性带动。西安和昆明在西部区域和所在省内具有较好的经济发展基础，但与成渝两物流枢纽城市相比，还存在较大差距。

(3) 贵阳、乌鲁木齐、遵义潜力较大，有望挤入综合物流竞争力第二阶梯。

贵阳、乌鲁木齐、遵义三个物流枢纽城市在 2017 年被列入第二阶梯，体现了其存在一定的综合物流竞争力，但在物流业务规模或整体环境上仍需提升。贵阳和遵义均位于西部陆海新通道的主通道区域内，对于提升贵州的物流水平具有重要作用。乌鲁木齐作为外贸窗口，其枢纽作用表明未来我国在"一带一路"沿线会发挥更大影响力，服务能力将逐步增强，对外开放更加充分。

四、西部陆海新通道物流枢纽城市物流竞争力水平提升对策

（一）加强物流枢纽城市的物流基础设施建设

1. 针对枢纽功能明确枢纽定位

针对两端枢纽与沿线枢纽的不同定位，按照不同类型国家物流枢纽功能定位，结合本文对综合物流竞争力评价排名和聚类结果，对三个层级不同的物流枢纽城市进行不同重点的定位。

针对重庆即主通道的重要起点，西部陆海新通道区域内核心的两端枢纽，要重点全面抓物流建设、强枢纽辐射作用。建设重庆内陆国际物流分拨中心，与成都陆港相配合，带动全区域提升整体服务能力。重点提升重庆作为物流枢纽城市在国际物流集散、存储、分拨、转运等环节的功能。作为内陆河运的港口型枢纽，还应提升重庆的港口服务能力，加强铁海联运和多式联运的能力，促进与长江沿线的物流资源整合。

针对有一定发展基础，但物流业有一定短板、体系还不健全的物流枢纽城市，如西安、昆明、南宁等，应打造多个物流设施优良的国家级示范物流园区，开展平台建设，依托便捷渠道，发挥园区的规模效应，发挥铁路物流基地和大型货运场站在铁路、公路运输上的基础作用，提高当地的物流供给能力。

针对现有物流基础设施仍不完善、经济基础还较为薄弱的物流枢纽城市，要推进其城市及辐射省份和区域的设施建设。建议结合国家规划的枢纽功能，通过协同运作和功能匹配等方式整合其物流功能，强化现有功能，对部分冗余的物流设施进行整合，达到提升物流设施利用的效率；建设统一平台协作机制，提供物流业务专业化、精细化服务，如专业化仓储、区域分拨配送等；以乌鲁木齐空港枢纽为例，应加设面向东盟、中欧等地的直达线路。此外，还应在骨干网络的建设下，逐步完善物流末端网络的渗透。

2. 构建区域内完善的交通通道

打造西部陆海新通道区域高渗透、强辐射的完善交通网络。针对区域内综合物流竞争力最强的中心城市——重庆与成都，要加强成渝双城经济圈在交通运输建设上的引导。交通网络的构建不仅需要在主干线上稳步推进，更应加强交通支线网络建设，促进交通网络不断向农村地区和偏远地区渗透。各内陆物流枢纽城市应加强在铁路运输、铁水联运、航空运输上的建设，发挥多式联运的效用，优化铁路班列服务，强化西部陆海新通道主通道的输送功能。鼓励其他地区尤其是西部陆海新通道辐射区域，结合发展需求，引导货源向主通道集聚，在主通道形成业务规模经济和范围经济。

（二）加大物流业创新、研发与信息化建设

1. 发展现代化物流业服务园区

物流园区的建设已成为物流枢纽城市建设的重要内容。物流园区作为产业集中区域，可以有效发挥其在区位便捷度的优势，集中利用物资和人力资源，发挥产业集群效应。将

先进物流园区空间规划率先应用到几个条件成熟的重点园区,先进管理经营理念推广到其他物流枢纽城市,有利于推进建设符合当地发展特色的物流园区,服务于当地物流企业;推进物流基础设施在园区内试点,促进各地不同发展重点的物流园区实现信息化、智能化。

2. 提高物流技术装备水平

在物流包装方面,应加强物流包装的循环、回收利用,推广使用新型物流设备和材料,推动设备节能升级。在节能环保方面,应推广节能环保载运工具,各物流枢纽城市的物流园区内部可统一采用新能源汽车、运输车进行园区内的运送。在物流仓储方面,应建设节能环保型仓储设施,降低厂区和园区能耗和排放水平,倡导低碳经济,支持节能环保型设备、材料应用。在物流信息技术方面,应推进物流枢纽在运营管理中应用新技术,加强各枢纽在运用大数据、物联网等新技术的能力。在冷链物流方面,各枢纽应结合当地生鲜、医药等重点产业,合作共建冷链物流基地,重点研发冷藏设备等。

3. 加强信息化物流平台建设

加强信息化物流平台建设具体包括以下内容:

(1)建设公共信息平台,提高服务水平。建设统一开放的新通道物流产业公共信息平台,为各地政府、公共机构、企业和个体提供信息服务,促进全行业线上线下的交流和互动。加强物流业从业者及客户的信息安全教育和管理,结合全国信用体系建设,严惩失信物流企业和个人,优化物流信息化市场竞争环境。

(2)建设市场物流信息平台,加强区域协作。支持物流企业上下游强化协同运作,通过完善不对等信息,加强信息标准对接。建设面向新通道全区域的物流交易平台,针对新通道区域内的企业或政府,简化交易流程,提供多样的、实时的信息,加强仓储配送管理,形成可追溯式流程管理。对于铁海联运、铁水联运等物流业务,提供及时的物流订单、货物追踪等信息。

(三)加强物流专业化人才培育和引进

1. 加强各地物流人才培育

各物流枢纽城市应加强对物流从业人员的物流职业技术培训。通过高等院校培养具备高水平的物流专业素养与先进的管理理念的物流学科高级人才,持续为物流行业内输送人才;鼓励企业定期开展技术比赛、技术交流等,培育物流技术骨干力量;开设从业资格考试,提高物流行业的准入门槛;加强校企合作,提高物流企业高管的专业能力和管理能力,使人才可持续地向物流行业内输送。

2. 大力引进物流人才

在大力发展行业教育的同时,也应完善区域内物流人才的引进机制,由于西部地区尤其是西部陆海新通道辐射区域的物流行业起步较晚,在理论和实践上仍缺乏高端培训人才。各物流枢纽城市的学科建设不完善、人才培养能力较低,对于高级物流专业人才十分缺失的物流枢纽城市,地方政府应加强外部人才引进,通过一定的落户政策、补贴等吸引物流人才的流入;加强对物流企业尤其是民营企业的管理人员的定期考核和业务培训;通过校企对接的方式,促进产学研共同发展,发挥利用物流行业研讨会、物流业学术会议等高端会议的平台，加强中高级物流管理人才对最新物流政策的理解和学习，提升物流理论知识素养。同时物流企业内部应设立有效的激励机制，鼓励中高层管理人员进行相关技能培训、业务培训和管理培训，以更科学的管理体系吸引物流人才的流入，加强人才培育。

（四）促进区域内枢纽经济与通道经济融合发展

各物流枢纽城市应积极发展特色物流业态如冷链物流、电商物流，推动大宗商品物流、现代制造业物流等发展；充分发挥通道竞争优势，打造形成多重要素聚集、流通、交易的枢纽经济；引导各类开发区、产业园区的生产要素向通道沿线更有竞争力的枢纽集聚；鼓励大型生产制造企业服务社会，提供第三方物流服务，提高民用物流设施的利用效率；积极引导东部地区产业向通道沿线有序转移，鼓励东部企业入驻物流枢纽城市，形成特色产业集聚区，发挥各自的枢纽优势，形成产业聚集和规模效应，带动通道内物流、资金流、信息流的全面流动；发挥物流龙头企业的规模效益和辐射带动作用，推动枢纽经济与通道经济融合发展。各物流枢纽城市还应发挥地缘优势与区位优势，结合当地特色产业，在通道内实行统一税费等便捷政策，使产品以最快的时间在通道内流转，从而提高通道的经济效率。

（五）加大对外开放程度

西部陆海新通道作为中国与新加坡"南向通道"发展而来的重要物流战略规划，开启了西部地区与东盟深入合作的新篇章。重庆与新加坡已有一定的合作基础，但西部陆海新通道区域内的其他物流枢纽城市还需进一步加大对外开放程度，完善基础设施，增设各个空港型物流枢纽城市如乌鲁木齐等与新加坡的直航航班，简化商品通关流程，缩减不必要的程序与费用，缩短通关时间。在加强信息共享方面，重庆承担运营组织中心的角色，协同各个物流枢纽城市建设数据通道，以给沿线国家和地区提供便捷的信息资源互联互通服务，促进信息设备和渠道的共享共用。各物流枢纽城市应发挥各类线下大型展会的平台效应，通过进口博览会等平台推广国际物流业务，提高区域内物流相关企业的外贸风险抵抗能力。

参 考 文 献

[1] 金芳芳，黄祖庆，虎陈霞. 长三角城市群物流竞争力评价及聚类分析[J]. 科技管理研究，2013，33(09)：183-187.

[2] 江帆. 基于因子分析法的区域物流竞争力研究[D]. 南京：南京大学，2013.

[3] 杨艳萍，刘辉. 河南省城市物流竞争力的因子分析与评价研究[J]. 物流工程与管理，2016，38(12)：27-29.

[4] 王文铭，高艳艳. "一带一路"内陆节点城市物流产业竞争力评价及建议[J]. 商业经济研究，2016(04)：92-93.

[5] 宋玲，左小明. 基于因子分析的区域物流竞争力实证研究[J]. 西南师范大学学报（自然科学版），2017，42(07)：163-169.

[6] 邱志鹏，蔡松林. 珠三角城市群物流竞争力评价[J]. 物流技术，2020，39(04)：23-28.

[7] 李明.粤港澳大湾区核心城市商贸物流竞争力评价[J].商业经济研究,2021(02):141-143.

[8] 王鹏,张茹琪,李彦.长三角区域物流高质量发展的测度与评价:兼论疫后时期的物流新体系建设[J].工业技术经济,2021,40(03):21-29.

[9] 郑丽娟.我国"一带一路"沿途港口城市区域物流竞争力聚类分析[J].商业经济研究,2016(24):88-90.

[10] 刘艳,曹伟,王晏晏."一带一路"内陆节点城市物流业竞争力评价:基于熵权 TOPSIS 组合模型[J].技术经济,2016,35(11):68-72+104.

[11] 徐文静.沿海港口城市物流竞争力评价与聚类分析[J].商业经济研究,2017(24):85-88.

[12] 张慧.内陆物流枢纽城市竞争力理论与测度研究[D].长安大学,2019.

[13] 赵光辉,谢柱军,任书玉.西部陆海新通道枢纽经济效益分析[J].东南亚纵横,2020(02):94-102.

[14] 张金萍,强宁娟.重庆市在共建"西部陆海新通道"中面临的机遇与挑战[J].对外经贸,2020(04):47-49.

[15] 马静.西部陆海新通道背景下青海省口岸通道建设的对策研究[J].中国管理信息化,2020,23(11):227-228.

[16] 丛晓男.西部陆海新通道经济影响及其区域协作机制[J].中国软科学,2021(02):65-78.

作 者 简 介

郝渊晓:西安交通大学经济与金融学院、西安外事学院商学院教授

张怡蕾:中国邮政储蓄银行审计局天津分局硕士

郝思洁:国家开发银行陕西省分行硕士

党智军:西安外事学院商学院高级工程师

陆港与空港的协同发展路径研究

刘德智

一、引言

陕西陆港和空港是陕西物流网络格局中的重要组成部分,更是陕西经济发展的关键引擎,两者的协同发展至关重要。2018 年国务院批复的《关中平原城市群发展规划》提出:加快将西安打造成为以服务丝绸之路经济带为重点的国际性综合交通枢纽。在上述背景下,陕西应结合现有规划,促进陆港与空港的协调发展。陆港与空港作为国际物流中转站的重要组成部分,两者的协同发展,对实现西安乃至整个西部地区对外货物贸易增长以及现代服务产业的发展具有推动作用。

近年来,诸多学者对陆港与空港的协同发展路径进行了探索与研究。张红彩以京津冀海港、空港、陆港协同发展为背景,研究了京津冀"三港"协同发展的条件、现状及存在的主要问题,最后提出了推进京津冀"三港"协同发展的对策。贾果玲从战略层次、战术层次和业务层次三个角度出发,提出了制定协同管理机制、促进保税物流子系统协同、促进运输业务协同等具体改善措施。杨维霞结合"一带一路"和陕西自贸区发展的大背景,探讨了西安陆港和空港联动中信息共享的重要性,并对西安陆空港信息共享平台的设计和长效发展路径进行了论述。张如云从提升区域竞争力的视角研究了郑州航空港和国际陆港建设的作用机理,探讨了河南如何更好地融入"一带一路"国家战略的路径。张凯依据河南的优势条件,为郑州筹划建立"空港+陆港"型自由贸易港提出了加大赋权力度、强化风险监管、加大政策支持等政策建议。周宝刚等人在辽宁海港整合、陆海统筹发展和空港经济初具规模的基础上,分别从政府宏观规划、港口合作意愿和货源货种协调等三个角度提出了辽宁海陆空港融合发展的主要特征和存在的问题,并系统分析归纳总结了三港融合的基本发展策略。

本项目通过对陕西陆港与空港进行实地调研,从陆港与空港信息平台建设、陆空协同多式联运发展、协同服务流程优化等多个层面探索陆港与空港协同发展策略,实现陆港与空港的齐驱并进、共同发展、相互促进。

二、陕西陆港与空港协同发展现状分析

陆港是沿海港口在内陆经济中心城市的支线港口和现代物流的操作平台,设在内陆经济中心城市铁路、公路交汇处。空港,即航空港,是指位于航线上的、为保证航空运输和专业飞行作业用的机场及其有关建筑物和设施的总称。

（一）国内陆港与空港发展现状

1. 国内陆港现状

北京朝阳陆港主要发展进出口业务，后面发展成为口岸型综合物流中心，并形成集装箱多式联运系统。西安国际港务区是具有运输、物流、海关功能为一体的综合交通枢纽，是我国"一带一路"战略的国际多式联运中心。南宁保税物流中心依托南宁及区内大型产业基地的保税物流需求建设成为"无水港"口岸港区，具有海关、保税物流功能，该保税物流中心后发展成为南宁综合保税区，成为连接我国西南地区和东盟国家的多功能"无水港"。石家庄内陆港可以实现铁路、公路、海运、空运的多式联运，后将港口功能内迁，货主在内陆就可以实现货物进出港。郑州国际陆港是我国一类口岸和中欧班列货运中心，是集"空港、海港、铁路港、公路港"为一体，具备六大功能板块的综合物流枢纽。我国代表性陆港建立运营和业务情况如表1所示。

表1　我国代表性陆港建立运营和业务情况

陆港名称	建立运营情况	业务情况
北京朝阳陆港	1999年，已运营	经营报关、仓储及运输业务
大连陆港物流基地	2003年，已运营	经营普通货运、货运代办业务
西安国际港务区	2008年，已运营	中转量6650万吨/年，305万集装箱/年
平谷国际陆港	2010年，已运营	北京大型海陆联运枢纽
惠农陆路口岸	2011年，已运营	2015年货物吞吐量3万标箱
郑州国际陆港	2013年，已运营	经营基建、多式联运、仓储物流
义乌国际陆港	2014年，已运营	义乌国际贸易主平台
邯郸国际陆港	2015年，已运营	以海铁、公铁、空港为一体的陆运中心站
兰州国际港务区	规划在建	规划发挥保税物流及口岸功能
淄博陆港	规划在建	规划经营化工、钢铁等产品全球贸易

2. 国内空港现状

北京首都国际机场是我国规模最大、最繁忙的大型国际航空港。目前，航空业务和非航业务的比例约为3∶7。广州白云国际机场是我国三大复合型门户枢纽机场之一。广州空港是我国连接世界各地的重要口岸和国际航空枢纽。香港机场在和内陆的货物流通方面，和深圳机场进行无缝对接，通过公路、铁路、跨海大桥等将香港机场同珠三角大部分地区连接起来。郑州新郑国际机场是中国首个国家级航空港——郑州航空港经济综合实验区的核心组成部分，也是中国八大区域性枢纽机场之一。

（二）国外陆港与空港发展现状

1. 国外陆港现状

阿苏克卡德埃纳雷斯港是西班牙的国际陆港，主要处理集装箱货物以及谷物、水泥等散货。科沃拉国际陆港是芬兰最大的铁路调运站，提供的服务包括海关、冷藏以及增值服务。美国的弗吉尼亚内陆港是美国公路和铁路运输的转换地和海关通关口岸，芝加哥港可以开展门到门、门到港、港到门和港到港等国际多式联运，被称为"北美最大的多式联运设施"。

2. 国外空港现状

爱尔兰香农镇依托机场的航空中转站，在航空运输和大量人流、物流的支持下，成立了国际航空港自由贸易区。新加坡樟宜空港是亚洲重要的航空枢纽，在空港周边发展了新加坡空港物流园和樟宜国际物流园等工业园区以及展览中心、物流等相关产业。美国孟菲斯国际机场依托联邦快递，建成全球最大货运空港，使孟菲斯成为全球重要的航空货运中心和全球著名的"航空大都市"。日本成田国际机场，是日本最大的国际航空港，其周边筑波科学城的建立促进了当地知识技术密集型企业的建立和发展。迪拜港、迪拜国际机场、阿勒马克图姆国际机场和杰布阿里自由贸易区通过铁路、轻轨、专用物流廊道等构成的交通系统，降低了货物到达迪拜国际机场的时间成本。

（三）陕西陆港发展现状分析

1. 基础设施

西安国际港务区规划建设范围为 44.6 km²，地处西安市灞渭三角区，西沿灞河，东至西韩公路，北至铁路北环线，南接西安绕城高速与连霍高速、陕沪高速、京昆高速和包茂高速等高速公路相连。

2. 运输通道

西安形成了以西安为中心的"米"字形铁路网，构筑起了"一环十二辐射"的公路网，建成了西安咸阳国际机场。中欧班列"长安号"已开行至中亚、欧洲等地区的 15 条国际货运线路，覆盖"一带一路"沿线 45 个国家和地区。

3. 信息平台

西安陆港所使用的信息平台是"一带一路"西安港口岸信息服务中心，是一个具有内陆港特点的综合性陆港信息平台。

4. 服务流程

（1）出口业务流程：出口业务流程分为两部分，具体出口业务流程如图1所示。

（2）进口业务流程：依托新亚欧大陆桥，将进出新疆和中亚的货物仓储前移至西安陆港。陆港进口业务流程如图2所示。

（3）一般保税流程：集中报关，分批出区。一般保税流程如图3所示。

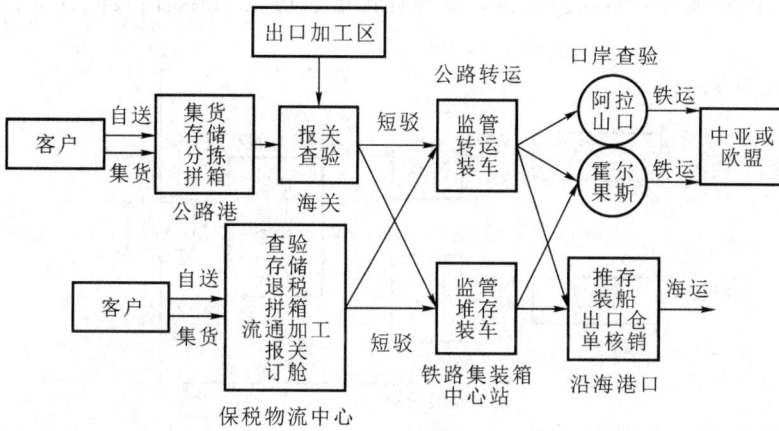

图 1　出口业务流程

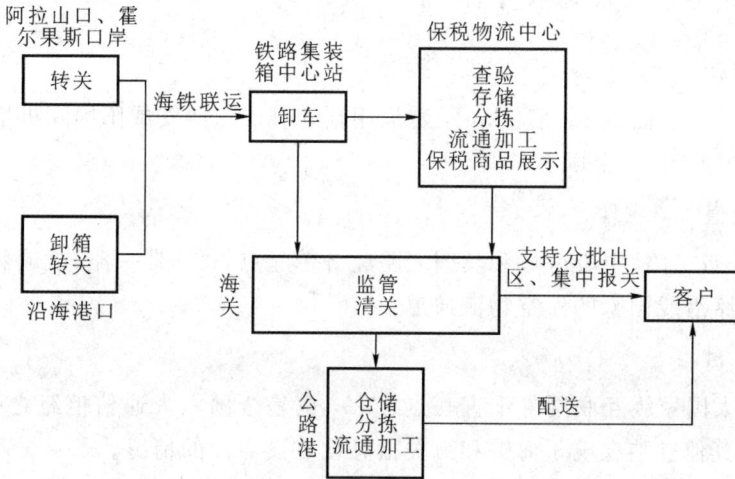

图 2　陆港进口业务流程

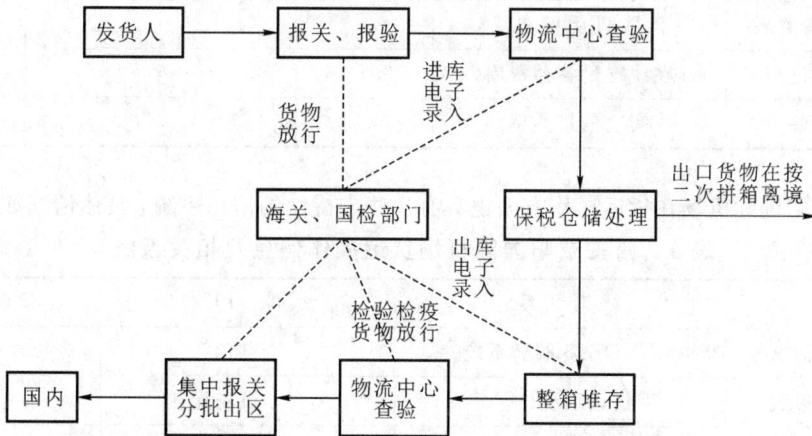

图 3　一般保税流程

（4）陆港内贸流程：建立公路港，提升货物集散功能。陆港内贸流程如图4所示。

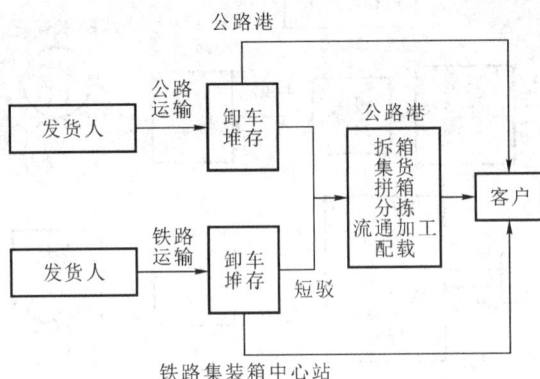

图 4　陆港内贸流程

（四）陕西空港发展现状分析

1. 基础设施

西安国际空港总面积 144.18 km²，建设用地 36 km²。西安咸阳国际机场预计到 2020 年，货机位将扩大到 15 个以上。

2. 运输通道

陕西是"一带一路"中心区域和丝绸之路经济带起点，"一带一路"战略将助力陕西打通至中亚及丝路沿线国家的航空物流通道。

3. 信息平台

西安是七大国家级互联网骨干直联点之一，也是全国六大通信枢纽之一。表2反映了西安与亚洲其他空港在电子海关和海关信息化建设方面的情况。

表 2　西安与亚洲重要航空枢纽海关信息化对比

电子海关	服务项目主要内容	香港	仁川	新加坡	西安
无纸化清关	依靠 IT 系统实现	√	√	√	×
在线支付	在线支付各种费用	√	√	√	×
信息追踪	实现信息共享	√	√	√	×

西安咸阳国际机场在货运操作方面也具有一些支持性的信息系统，具体情况如表3所示。

表 3　西安咸阳国际机场货运操作信息及相关系统

信息	使用系统	部门	是否融通
航班信息	OBCS 航显系统	全部门	是
货物报载	天信达系统、货运系统	货运、机场配载	否
拉货统计	QQ 或电话、对讲机	货运、机场配载	否
查询、收运	无	货运	否

在国际口岸信息平台方面,陕西建立了国际口岸信息平台,主要提供信息服务功能。在货代信息平台方面,部分与空港航空物流合作的货代企业建立起了信息平台或网站,如货代企业西安华翰的网站。在多式联运信息平台方面,陕西建立了航空+多式联运相关信息平台,如西安国际陆港中欧班列"长安号"单一窗口平台。

4. 服务流程

空港新城航空物流的货运操作流程及所需单据如图5所示,中间需要约11道流程,大约需准备或填写20余个单据。

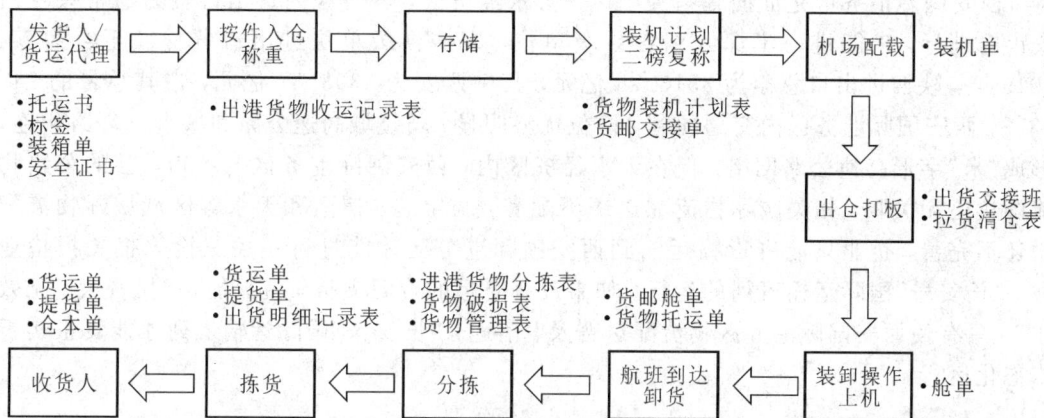

图 5 空港服务流程

三、陕西陆港与空港协同发展的问题分析

陕西陆港和空港是陕西物流网络格局中的重要节点,更是陕西经济发展的关键引擎。西安陆港和空港物流之间的竞争不可避免,更重要的是协作。西安国际港务区按照省、市的要求,搭建陕西对外开放的陆空立体网络桥梁,助力陕西、西安打造丝绸之路经济带新起点。探索陆港与空港物流的异同点和协同机制能够为双方开展更多合作提供理论基础。

(一)陕西陆港发展的问题

西安国际港务区是大型中转海港在内陆地区的支线港口,是国际海洋运输向内陆地区的延伸,是"丝绸之路经济带"、亚欧大陆桥中通道国际运输的中心站点,是陕西铁路、公路运输的中心枢纽,是陕西连接国内、国际市场的货运中心,是中国陆路通往中亚,乃至西亚、欧洲各国的重要节点,但在其发展过程中,存在诸多问题。

1. 产业结构不完全合理

建立西安国际港务区,是要将其作为发展陕西经济的切入点和发动机。西安国际港务区依靠强大的体制机制优势和技术创新力,成为西安工业化和城市化主要载体的先行者。自西安华南城发展成为现代综合商贸物流园区,西安国际港务区的产业功能也发生了转变,使得其只是开发区、商贸区,其产业功能与西北轻工批发市场相似。西安国际港务区依托西安铁路集装箱中心站进行物流集散，距市区中心较远，因此其业务范围与市商贸、工业、外向型服务不配套，未能有效的依托西安市场推动自身业务的发展。西安陆港应以西安国际港务区为平台发展国际贸易，在港口周边地区形成临港产业区，依托临港工业企业集群的大产出和大运量为西安陆港提供充足的货物资源，形成"依港设区、以区养港、区港联动、建港兴市"的良性发展模式。只有商贸区，没有陆港临港产业区是西安国际港务区发展的现状。

2．区域物流水平未普及

西安国际港务区是面向辐射关中——天水经济区，经济区内进出口贸易通常只在西安市内进行，未能进一步深入到各县级单位，有些县级单位进出口贸易额至今为零。2019 年，陕西进出口总额为 3513.78 亿元，其中西安为 3303.87 亿元，占其总量的 94.03％。西安国际港务区内交通便利，区位优势明显，与绕城高速公路和城市三环路相连，形成"米"字形高速公路网络。但在天水经济区内，西安国际港务区与各市、县的公路物流配送还无关联，相关城际物流配送还不配套，与宝鸡、渭南和天水等区域城际物流配送还不完善，企业只能将货物运输到西安国际港务区才能进行一关三检等报关报检业务。"长安号"国际运输班列的运行，如果没有充足的货源支持，就只能是"投资大、见效小"。只有使西安国际港务区物流配送普及、落地，"长安号"国际运输班列才能真正实行常态化运行。

（二）陕西空港发展的问题

1．空港的辐射带动作用不强

从国际空港比较来看，陕西空港航空运输主业与配套产业发展尚未达到国际水平，枢纽性能和带动作用不强；机场航线网络、中转比率、航班波接驳和到港形象等各项指标需进一步提升；航空货运、航空保障和现代服务业发展滞后，且客源单一、集装箱功能尚未完善，与公路的接驳也更逊于陆港。

2．产业的集聚化尚未充分显现

从整体上看，临空经济总体发展水平不高、数量较少，仍以传统工业和初级物流、商贸等传统服务业为主，与临空区位不匹配，上下游支撑作用不强，未形成完整的产业链和有规模效应的产业集群；发展定位普遍比较模糊，产业选择贪大求全、缺乏特色；临空型制造业和现代服务业多处于起步阶段，总部经济、金融保险、商务会展、现代商贸等高端服务功能集聚不明显，临空资源尚未能得到有效利用。

3．信息化不足

西咸新区的建设以"规划同步、功能同构、产业协同"为发展理念，这就需要新区内的五个功能区拥有一个共同的信息平台，以实现建设和发展的同步。由于空港新城还处于建设阶段，部门的设置和架构还只是一个雏形，各部门之间的信息传递机制还不完善，不同部门之间缺乏有效的沟通，信息不能及时有效传递，造成各种业务环节衔接不畅，影响和阻碍空港新城的建设与发展。

4．人才匮乏

人才的引进对于空港新城今后的规划和建设起着至关重要的作用。虽然空港新城在国际上并不算是一种新兴的经济形态，但国内在这方面的建设经验不多，相关人才更是少之又少。关于空港建设方面的专业人才，尤其是高级管理人才的缺乏，是空港面临的亟待解决的问题。

5. 来自周边城市的挑战

西安作为西部大开发的"桥头堡"，已经受到市场和经济总量相对较大的重庆、成都的挑战。同时，西安作为亚欧大陆桥经济带的心脏也受到了郑州的挑战，国务院已将郑州作为带动中西部地区经济快速发展的重要引擎。此外，西安作为亚欧合作的国际化大都市受到了乌鲁木齐的挑战，国务院为把乌洽会升格为中国亚欧博览会，使乌鲁木齐成为我国向西开放甚至是亚欧合作与发展的前沿城市。这些城市的地位提升以及发展对陕西空港新城今后的发展提出了严峻的挑战。

6. 不同运输方式参与航空物流货源的竞争

航空运输虽然具有快速、安全、及时的优点，但其运载成本和运价都比其他运输方式要高。铁路部门为适应货主需求，组建了很多市场化运作的货运公司，如中铁特货、中铁快运等，同时在一些主要和重要的线路上已经开始通过实施客货分离的措施来提高运行速度。近些年来，高速公路发展迅速，公路运输最大的优势在于它是天然的"门到门"服务的实现者，同时也是末端配送最有优势的运输行业。这些都构成了对陕西空港临空经济发展的强有力的竞争。

（三）陕西陆港与空港存在的问题

1. 陆港与空港分散，不利于陆空联运

陆港主要集中于西安保税物流中心，距离空港约 29 km（见图 6）。陕西只有西安国际港务区具有跨境电商出口试点资质，但是与西安咸阳国际机场的直线距离较远。

图 6　西安陆港与空港地理位置

2．通关效率和检验检疫水平低，未与其他部门形成良好的协同机制

西安关区的通关一体化和无纸化启动较晚，关区企业仍未切实享受到"关检合一"，口岸通关存在一些政策性壁垒。以植物提取物的通关和检验检疫为例，商检是前置审批，检验检疫过程需"次次检验、票票拿样品"，海关查验流程复杂、时间成本较高。西安海关通关实行正常工作制，未实现 7×24 小时通关，平均通关时间达 12 小时，为郑州新郑机场通关时间的 4 倍左右。成都、郑州两地的海关目前均已完成关区内通关一体化改革、无纸化通关和电子口岸线上系统，使企业通关时间从原来的 7～8 小时缩短到目前的 3 小时，企业每票进出口货物成本减少 135～160 元，地区间每标箱货物的物流成本降低 500～1000 元。西安咸阳国际机场检验检疫未与机场货站联网，人员编制少，与郑州、成都、重庆相比，目前仍无法实现"一次查验，一次放行"。各地空港货物通关流程和相关费用保障、政策对比如表 4 所示。

表 4　各地空港货物通关流程和相关费用保障、政策对比

	郑州	成都	重庆	西安
是否"一次查验，一次放行"	是	是	是	否
是否和机场货站联网	是	是	是	否
相关费用保障	有	有	有	无
政策优惠	有	有	有	少

3．交通基础设施仍不够完善

西安咸阳国际机场周边的陆运网络现包括福银高速、机场专用线、绕城高速，以及 208 省道、105 省道。与郑州、成都、重庆相比，高速公路、铁路通车总里程数有差距，机场周边的高速铁路、高速公路数量少，基础交通设施不完善（见表 5）。

表 5　各地空港基础设施对比

	郑州	成都	重庆	西安
高速公路数量/条	11	12	15	9
机场高速/条	1	1	2	1
高速公路通车里程/km	5838	751	2525	4473
高速铁路通车里程/km	1375	/	1929	1256

4．多式联运体系尚未形成

陆港与空港间的多式联运体制尚不完善，西安在空港与陆港交通衔接方面的管理措施不够全面，衔接过程缺乏流畅性，多式联运的整个体制尚不完善，还需协调和完善对联运节点的管理和物流用地的规划等方面。各种运输方式之间的互联互通、共享共用等运输信息系统缺乏，现有的运输方式之间没有统一的技术标准，基础设施设备的通用性不强，给陆港与空港间的多式联运的发展造成障碍。

5. 信息化程度低

陕西已建成一个国际口岸信息平台(陕西电子口岸综合服务平台),但使用率不高,造成信息化资源的严重浪费。同时缺少专业的信息化管理部门,已有信息平台无法实现陆港与空港间信息的实时交互,信息处理能力低下。

6. 相关补贴政策不完善

郑州新郑国际机场实行的对卡车和航班的补贴政策,对促进郑州的陆港与空港协调发展具有积极的促进作用。西安咸阳国际机场支持航空、公路物流协同发展的配套性政策体系尚不健全,货运补贴落实不到位,补贴机制仍需完善。

7. 货源问题导致陆港与空港难以协同发展

陕西参与货运的企业大多是客车、工程车等汽车制造企业及改装厂,需求货源偏中低端,主要是产成品及需求零部件(如汽车零配件货源),从运输速度和运价两个方面衡量,往往采用费用支出较低的运输方式,如公路(区内)、铁路(国内)、海运(国际)。除了结构精密、高价值的零部件外,需紧急运输的零部件也是航空偏好型货源,但是在陕西本地,这类零部件货量不大且不稳定。同时,西安咸阳国际机场两个一级货站过度饱和、不能提供 24 小时服务,并且差错率过高,不能给种类繁多的汽车零配件的运输提供良好支持。

8. 口岸服务种类限制发展

西安咸阳国际机场进口口岸种类少,无法满足西北地区日益增长的医药、进口水果需求;机场缺少航空冷链相关设施与操作人员,航空冷链发展滞后,不适应西北地区高速发展的农业电商需求;机场缺少相关检验检疫机构,检验检疫流程复杂、时间成本较高,国际航点缺乏,导致生鲜、生物医药货物向郑州、北京等地流失严重。

(四)陕西省陆港与空港协同发展的必要性

陕西凭借其地缘和交通优势,建设了国内首座国际陆地港口——西安国际港务区。为将陕西打造成为丝绸之路经济带新起点,陆港与空港的联动势在必行。

1. 政策导向

2019 年 1 月,陕西省人民政府印发的《关于大力发展"三个经济"若干政策》指出,要推进综合交通运输体系建立,支持省内铁路、公路、航空枢纽设施有效衔接。从宏观经济政策来看,陆港与空港的协同发展势在必行。

2. 市场竞争加剧

在经济全球化背景下,大量机遇的降临使陕西物流业蓬勃发展,但同时也不可避免地充斥着愈演愈烈的竞争。西安陆港和空港依托于不同的运输方式,同时又需借助公路运输进行港口接驳。西安陆港和空港在本领域内存在很多竞争点,但在新形势下,双方的最佳出路在于立足自身,通过与对方协同合作,将化恶性竞争转变为有序合作,方为长久之计。

3．物流节点之间的内在关联性

西安陆港和空港在"一带一路"战略和陕西物流网络布局中具有举足轻重的地位，二者既有功能和业务的交叉，也有内在的密切关联性。这为西安陆港和空港的协作发展提供了必要的动因。

4．企业的利益驱动

西安陆港和空港通过一定程度的物流资源整合和协同，可以进一步提高客户满意度，提高物流资源利用率，提升物流系统运作效率，实现物流运营成本的压缩，从而提高整体利润率。

四、陕西陆港与空港的协同发展策略

通过对陕西陆港与空港相关方面进行实地调研及资料搜集，已明确陆港和空港的发展现状及存在的问题，识别出陆港与空港协同发展的必要条件和各方需求。本文根据调研访谈、定性和定量分析结果，分别从管理体系协同、业务流程优化、信息平台建设等多个方面探索陕西陆港与空港的协同发展策略。

（一）管理体系协同

西安国际港务区与西咸新区空港新城作为推进陕西省物流产业发展的两大主体，在物流功能方面具有一定的共性，但由于不同物流运输方式的划分，其在具体的物流操作方法也具有一定的差异性。因此，在推进两港物流协同发展的过程中，首先需要从管理体系协同入手，辨析两港在物流协同发展中管理职能的相似性，打造内部管理层面的协同体系，强化管理部门的协同管理意识，以促进两港建立协同意识并推动其协同发展。

1．寻找管理可协同性

1）主管部门职能协同

西安国际港务区与空港分属西安国际港务区管理委员会及西咸新区空港新城管理委员会主管，二者都含有如物流发展、交通运输、港口口岸等与物流发展息息相关的部门，因此两港管委会在相关职能与管理上具有较强的管理可协同性。两港管委会的相似职能和行政权力包括以下几类：

（1）规划职能：各管委会负责确定两港的总体发展方向，明确港口的地位、作用、主要功能与布局等，并指导区域内港口总体规划的编制，主要确定港口性质、功能和港区划分。

（2）招商引资职能：管委会直接负责招商引资工作；负责通过自筹、贷款、发行债券、PPP模式、地主港模式等途径筹集资金。

（3）建设职能：管委会直接负责对两港统一规划中的港域的基础设施，如航道、储位等进行建设；负责对固定资产进行维护和管理。

（4）日常监督管理职能：管委会直接监管港口经营市场，负责审批新港口企业的运营申请；负责对港口经营企业收取费率进行监管；负责对港口经营企业的安全生产情况进行监管；负责监管港口公用设施的使用、维护情况等。

（5）协调多方利益主体：管委会作为两港各方利益主体的协调者和公证人，应从港口发展的方面协调各方利益，创造公平的港口竞争环境，充当港口经营及生产的协调者和公证人。

因此，从管理职能角度划分，可以针对以上具有强共性的职能部门建立协同运作管理体系，如成立西安陆空港协同发展规划建设委员会，两港管委会可共同组建综合港口管理委员会，负责对两港资源统一规划，共同制定行业规范和港口经营收费标准，对两港发展进行统一管理，实现两港的统一规划、统一品牌、统一建设和统一管理，逐步实现各方面的统一管理、协调合作。

2）多式联运管理协同

目前，我国航空、铁路和公路分别属于中国民用航空局、国家铁路局和交通运输部公路局管理，基于民航、铁路、公路的管理体系相对独立的现实情况，需要推进多部门管理协调，从多式联运管理层面入手提高物流多式联运效率。多式联运中的空陆联运还需要得到市政管理公路部门的重视。政府应当争取尽快起草空陆联运货物操作规范，为多式联运的快速发展提供法律依据。除此之外，应成立联合协调工作小组，以港（陆港、空港）、区（各综保区、物流区、海关等）单位和监管部门为主体，促进"港区联动"，共同推动两港多式联运发展。

3）信息管理协同

两港协同发展需要各方面及时准确的信息共享，因此需要建设一体化的港口信息管理系统，特别是加强两港日常生产的港口协同作业业务审批的电子化流程。相关部门及企业应推进两港物流信息的沟通共享，实现统一、公开、透明化管理的目标，为物流参与各方以及相关客户提供随时查询货物运输状态的信息平台。同时，相关部门及企业也应当在争取陆港、空港各自实现货运信息系统统一的基础上，逐步搭建统一的货物空陆、空铁等多式联运信息平台。

2. 制定协同管理机制

1）搭建管理基础平台

搭建西安国际港务区与西咸新区空港新城之间的沟通技术和管理基础平台，建立良好的沟通机制。良好的沟通机制意味着创建出信息流、知识流的最佳运动方式和交互模式，以形成西安国际港务区与西咸新区空港新城协同系统开放的、透明的、高效的沟通环境，有效的沟通将减弱双方之间信息的不对称性。管理平台应充分发挥政策导向作用，在财政补贴、税收优惠、项目审批、项目贷款、专项基金支持、规划用地等方面向积极践行两港协同发展战略的企业及项目开发建设主体大力倾斜。

2）建立科学的利益分配机制

利益分配机制是指各经济利益主体相互影响、相互作用的功能和方式，本质是协调与平衡利益主体之间不同的利益需求和利益关系。西安国际港务区与西咸新区空港新城具有不同的分支利益要求和价值取向，两港的结合需要港口管理部门的深度融合，在管理部门的决策体系中，需要有双方的代表保证双方的利益。决策过程要公平、公开、透明，决策各方应是独立的，同时各方应当以实现一体化港口利益最大化为决策目标。

3）建立有效的风险机制

各个物流节点参与协同的基本目的有两个，一个是利益共享，另一个则是风险共担。协同运作时产生的风险不同于个体节点独立运作时的风险，除了包括系统外部的经济风险、政治风险、社会风险等，还包括系统内部产生的管理风险、沟通风险、道德风险等。由于整体协同系统的复杂性，风险对于协同系统的影响要比对单个企业的影响更大。因此，在关注利益的同时，必须加强成员的风险意识，建立一套合理的风险机制，包括风险防范机制与风险分担机制。

4）建立有效的反馈机制

西安国际港务区与西咸新区空港新城的协同运行是一个动态的、复杂的过程，加之内外部环境的不断变化，因此有必要建立一套积极的反馈机制。反馈包括对内部协同运行过程及状态的反馈以及对外部环境状态的反馈。内部反馈的重要环节是对系统行为及输出进行评价，包括协同绩效评价以及协同行为评价。通过反馈机制，形成动态的协同优化闭环系统，有助于总结两港的协同经验和发现其中所存在的问题。

3. 强化协同管理意识

两港的协同管理涉及行政管理、口岸监管、港口企业经营管理等相关主体诸多层面的利益，往往还伴随着旧有的体制机制的调整与改革，需要全方面协调各方利益，陕西省各级政府、相关行政管理及部门、港口企业要贯彻落实与积极配合，因此需要强化各部门的协同管理意识，加强政府引导。

两港管委会应进行统一规划、资源整合，为了避免重复投资、过度建设，港口规划制定单位需要考虑整个陕西省物流产业乃至经济综合发展的需要，使得港口基础设施、物流信息、交通等资源实现共享。

两港管委会要站在陕西省经济发展全局的高度、核心区发展的定位上，在财政分摊、政策支持、项目审批方面加大协调、深化沟通、强化合作，充分发挥各方优势为两港协同发展打造有竞争力的集疏运网络体系，为服务西部腹地和丝绸之路经济带发展创造重要条件。

（二）业务流程优化

西安陆港和空港是省政府重点扶持的两大物流项目，更是陕西物流网络节点中的关键节点，是陕西经济发展的关键引擎。为更好地发挥两港在陕西经济发展中的带动作用，西安陆港和空港应当在谋求双方合作的同时，也应当关注自身业务水平，积极推动自身业务流程的优化。

1. 优化口岸监管

目前，两港在转关转检方面程序烦琐、成本较高、效率低，外贸进出口货物在省内难以实现物畅其流。空陆、空铁以及其他多式联运效率与海关的转关流程、监管方式、单据处理等密切相关。卡车航班的日益完善得益于海关部门对空陆联运的大力支持。但尚处于摸索阶段的空铁联运需要海关部门对监管业务进行不断创新，需要出台统一的监管规定以及制定监管操作细则。

在进行口岸监管服务优化时，应以海关总署推行无纸化通关为契机，加快推进陕西省内"大通关、大通检"，积极推行"属地申报、口岸验放"监管模式，推进区域海关通关一体化改革，主动加强与省外腹地相关海关国检单位的交流与合作。在具体操作层面可以进行工作流程的优化，推行 7×24 小时工作模式，提高机场的检验检疫能力和效率，保证通关工作快速、高效地完成。如对出口货物实施属地检验检疫，口岸直通放行。通过加强海关队伍建设、完善通关体系及创新审批制度，加强与当地海关部门的合作，提升货运代理企业的通关效率。

2．发展多式联运

针对两港协同发展的多式联运问题，除了推动多方管理协调之外，还需要完善多式联运体制，促进基础设施的标准化并打造好综合交通通道，以实现西咸新区空港新城和西安国际港务区的联动。

1）完善多式联运体制

在两港多式联运的发展过程中，为解决相关法律法规制度建设滞后问题，需要完善多式联运体制。如针对空港、陆港等相关方在运输中的节点布局、物流用地、合理运价等方面，存在制度和规范不统一、没有真正实现"一票到底"的全程物流服务等问题。因此，需要出台相应政策或制定有关规范，明确发展方向，约定行业标准，完善多式联运体制。具体应从以下几点考虑：

（1）合理规划多式联运节点：针对联运节点问题，为促进两港多式联运发展，可以考虑在西安海关驻机场办设立多式联运基地，便于后续联运手续的办理，提高效率。同时，基地应靠近机场货运区，便于货运的空地衔接，避免联运时需要多次换乘或装卸的麻烦。

（2）合理分配物流用地：发展多式联运的前提是要有足够的物流基础用地，包括铁路场站用地，作业车辆停靠、操作的场地空间，多式联运增值服务用地等。为保障物流基础用地，需要在省市用地规划中充分考虑，协调好基础问题。

（3）合理制定联运运价：在运输时效上，空铁联运很难实现"门到门"运输，与空陆联运方式相比，铁路运输环节多，需要花费更多的换装作业时间。考虑到成本与时效的不匹配问题，应通过降低机场、海关收费，加大补贴力度等方式降低来陕发展航空物流企业的经营成本。同时，应根据运输市场淡旺季的运输需求变化和日常运营情况及时、合理地调节运价。

2）促进基础设施标准化

现有的运输方式之间没有统一的技术标准，基础设施设备的通用性不强，给多式联运发展造成了障碍，降低了多式联运的效率并增加了运输成本。需要逐步推进管理标准化，以规范多式联运的行业标准。需要推进基础设施标准化，着力解决以下三点问题：

（1）多式联运运作的标准化：多式联运的主要壁垒在于各种交通运输方式装载设备的尺寸、材料标准不同，统一的多式联运运单尚未出台，安检的要求更是差异明显，货物损坏或丢失的赔偿标准差异较大。民航相关部门要与公路、铁路等管理部门共同协商，争取实现多式联运货运产品在运输设备、单证、安检和赔偿等方面的标准化和一体化，争取打破通用设备性差的障碍，保证物流效率。

（2）信息系统接口的标准化：在统一多式联运信息接口标准的问题上，目标是打破港、区以及物流链各主体的信息孤岛，推动多式联运资源共享，实现物流信息互联互通。例如，将财务管理操作、税控和外部信息接口服务等多方参与的信息平台通过标准化的接口融入系统的信息平台中。

（3）联运器具的标准化：由于不同运输方式对于装载单元和运载器具的要求不一致，导致多式联运各方式互相不兼容，要在操作层面促进多式联运的良好运行，非常需要对联运器具制定统一的标准，集装箱这一重要联运器具的标准化更是重中之重。标准化是一个系统工程，涉及物流单元、装载单元等一系列物流运输工具的标准的制定可以参考世界标准或国家标准。目前，两港的多式联运处于由初级向高级过渡的阶段，空陆联运、空铁联运等联运方式的现行标准还比较杂乱，在推动多式联运发展时应确定阶段性目标，应由初期分段运输实现高效衔接逐步过渡到"一票到底"的高级阶段。

3）打造综合交通通道

为促进两港多式联运的发展，应重点关注空陆联运、空铁联运两大方面（见图7），利用现有发达的陆运网络，如第二欧亚大陆桥、发达的地面交通网，打造适合自身的多式联运通道，形成高效的多式联运综合交通体系，充分发挥多式联运的优越性。

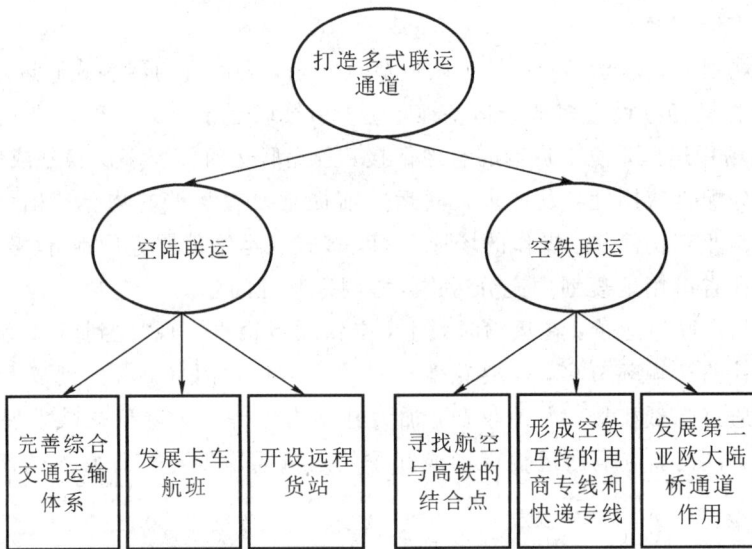

图 7　打造多式联运通道

在空陆联运方面，需要完善两港的货运集疏系统、两港与西安各海关监管区的快速货运通道，强化西咸新区空港新城与西安国际港务区的短驳衔接，加强两港同西安市内重点区域的联系，实现与大西安物流产业的联动。同时需要加强货源地、物流园区、公路港联系，将公路口岸运输业务与航空业务紧密地联系在一起，实现优势互补，加强公路口岸与航空口岸的联合与协作，开展配货交易和通往公路口岸作业区的卡车货运专线业务。大力发展卡车航班，以腹地货源为主，发展卡车航班货运中转，进一步强化陆空交通衔接，有利于构建设施先进、网络完善的航空货运集疏系统。另外，通过开设远程货站，实现异地货邮和区域空港枢纽之间的无缝对接。

与空陆联运不同的是，空铁联运对硬件设施有较高的要求。打造空铁联运通道首先需要寻找航空与铁路的结合点，考虑到省内现有火车站以及与周边其他火车站的连接，通过铁路与航空物流的紧密结合，降低货物转换时间和周转量的比例。同时可以考虑与快递企业合作，形成空铁互转的双向"电商专线"和"快递专线"。

3．推动物流协同

两港在物流功能方面具有一定的共性，因此在运输业务、仓储业务、物流金融业务这三方面存在很大的协同可能性，把握住这三大方面的整合与协调，有利于推动两港物流之间的业务协同，促进整个物流服务过程的优化。

（1）运输业务协同：整合并优化陆港和空港现有运输服务资源，充分开发公路、铁路和航空交通基础设施和运输工具的潜能，形成一个高效调度、运作的协同运输网络。

（2）仓储业务协同：仓储业务是陆港和空港物流网络的重要功能。通过协同运作，可以把分散的仓储孤岛凝聚为一体化的仓储体系。

（3）物流金融业务协同：西安陆港保税大厦已进驻西安陆港大陆桥国际物流有限公司等二十几家物流公司和商贸企业。西咸新区空港新城凭借独特的临空经济战略门户地位带动了商贸物流的发展。此外，西安陆港和空港之间建立了绿色通道，允许货物在其中一方抵押贷款期间提前周转到另一方，从而节省了货物的流转时间。

（三）信息平台建设

按照综合信息平台的建设目标，对信息平台的功能与框架进行设计，可以共享两港协同发展中所需的各类信息，有助于实现两港综合协同发展。

1．确定信息平台目标

建立统一、公开、透明，可供两港各方以及相关客户随时查询货物物流状态的信息平台是两港协同发展的重要环节。为促进两港协同发展，围绕物流产业的实际需要，要建立一个连接从西安国际港务区和西咸新区空港新城到各主要腹地的运输链上所有参与者的信息管理系统。两港综合信息平台应涵盖机场、车站、铁路、公路、航空公司、货代、综合保税区、海关、银行等整个物流链条上所涉及的企业。同时，依靠综合信息平台，使两港之间除物流流程之外的各类信息能够及时地传播，以促进两港实现以物流为关联点的全方面协同发展。

2．信息平台功能设计

通过对两港相关部门、物流企业等用户的实际调研，挖掘各用户对于信息共享平台的功能需求。西安陆港与空港联动信息共享平台应具有以下主要功能：

（1）信息发布功能：通过信息共享平台上发布的信息包括陆港、空港物流企业的运力信息、货物跟踪情况；海关部门的报关、税收政策，最新的相关法律法规，保险、银行等部门的外汇、保险信息及业务跟踪等。这些信息一方面为相关参与方的业务决策提供基础数据，另一方面为相关参与方的业务进展提高透明度。

（2）数据交换功能：货主和物流企业通过信息共享平台将相关审批信息和单证通过数据交换系统传送给海关等相关部门，然后这些部门对收到的申报信息进行审批及反馈。利用 EDI（电子数据交换）传输可以实现电子单证的翻译、转换和通信，方便消息和编码数据之间的交换，同时有利于进行身份识别和保障信息安全。

（3）库存、配送及跟踪功能：港口物流企业通过利用信息共享平台提供的相关信息，一方面可以帮助客户对其库存业务进行整合，保存适当的库存量，从而节约库存管理费用和提高港口物流企业的库存周转率和使用率；另一方面可以帮助客户对货物进行优化配送，将货物完好无缺地送达目的地。另外，港口的物流信息显示在信息共享平台上，客户可以随时查询货物的状态。

（4）财务结算及金融服务功能：两港信息共享平台应具备各主体之间的财务结算功能，实现网上及时结算，加快企业的流动资金周转速度，逐步实现真正意义上的电子商务。保险公司和银行通过信息共享平台可以提供电子联行、外汇和通兑等多种金融业务服务，使其业务办理效率提高，从而加快贸易周转速度，提高市场效率。

（5）智能接口功能：除了基础的数据传输之外，需要强调两港信息共享平台的智能接口功能。信息共享平台应该能有效地实现与电子政务系统、电子商务系统、其他行业物流信息平台等的对接。各企业、部门的 EDI 系统应配备一个智能接口，使各企业、部门既能利用现有 EDI 系统又能跨越行业部门局限，将各种物流数据信息按一定的规范格式进行统一，进而使得物流信息平台具备多种系统功能以提供不同的信息服务内容，成为不同物流经营主体之间信息体系搭建的桥梁和纽带。同时，智能接口应便于与其他新加入的系统连接，实现系统功能的不断扩展。

3. 信息平台框架设计

按照系统模块，两港信息共享平台主要由商务系统、信息服务系统和物流作业系统三个部分组成，如图 8 所示。

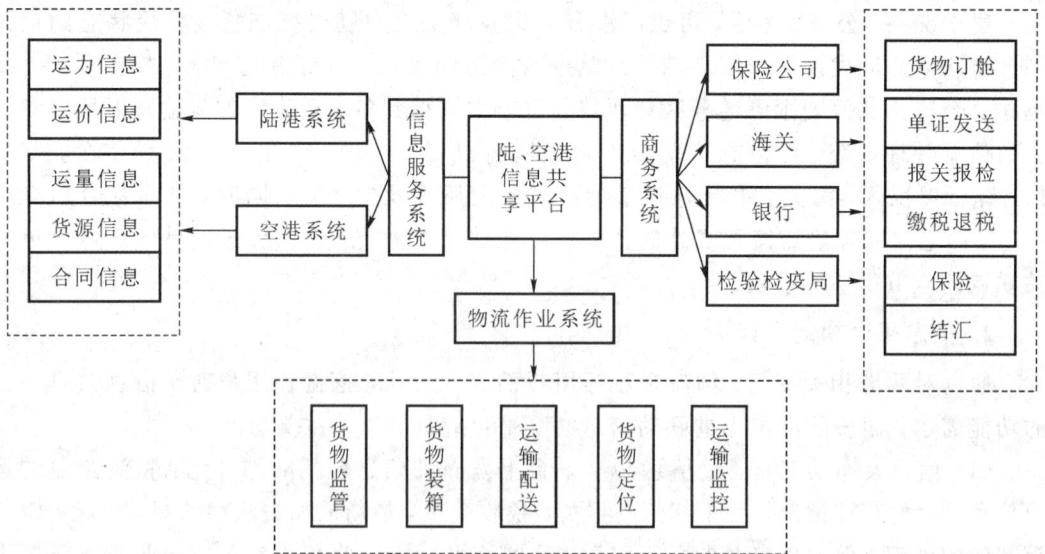

图 8　信息共享平台结构

（1）商务系统：对客户与海关、银行、检验检疫局和保险公司之间业务往来相关信息进行传输、接收和处理，包括单证发送、网上报关、缴（退）税以及结汇等业务。

（2）信息服务系统：为各部门提供相关信息，平台发布的信息主要有运力、运价、运量、货源等，可从平台获取的信息主要有行业动态、物流政策法规、相关新闻信息、运输价格、里程查询、运输班次等。

（3）物流作业系统：主要功能是为客户提供一个供求交易查询市场，物流企业根据客户的需求办理货物装箱、货物监管和放行、货物配送等相关的操作业务。

4. 层次划分

两港信息共享平台的总体架构由 6 个层次组成，分别为感知层、数据层、应用支持层、应用层、前端表现层和用户层。

（1）感知层：对数据进行采集，并捕捉物流的实时状态，然后将捕捉到的信息反馈到平台，为实现两港协同式的物流管理提供基础。

（2）数据层：对数据进行分析，并过滤和存储感知层采集的数据，是数据层的主要功能。数据层还可通过接口，从外部实体获取数据，并将这些数据集中存储，从而构建一个数据库，为数据分析处理奠定坚实的基础。数据层所应用的技术包括数据交换技术、数据仓库技术和数据挖掘技术等。

（3）应用支持层：主要任务是支持整个平台运行的各项支撑技术，包括操作系统、中间件、应用服务器管理系统及其他辅助性软件等。

（4）应用层：融合现有的单一平台所具有的重要功能，如陆港现有平台的在线订舱、集装箱堆存掏箱、代理报关报检等业务功能，还具有基本的 EDI 服务、报文传输查询和网上报文的收发及下载等功能。除此之外，可增加一些增值服务，如为用户提供物流咨询、用户指南及个性化业务。同时，考虑到功能扩充应根据陆港跨境物流信息平台的发展需求设定，预留部分系统接口。

（5）前端表现层：输出和展示数据处理结果，用户通过前端表现层与平台进行直接的信息服务的交互，有助于用户制定决策。同时，这一模块也是用户与信息平台之间进行交流的页面，主要以网站的方式呈现，用户可以通过这一模块使用大数据信息。考虑到跨地域的特点，网站的设计需考虑多语言的界面。

（6）用户层：主要指信息平台使用者集群，为两港交互信息平台的使用者提供适合的功能和端口，便于各方参与主体方便地进行信息查询或发布。一般用户（或称为访客）只具有浏览功能。若需要进一步使用平台的更多功能，如报关检验业务，则须注册并提交公司的营业执照等文件进行资质审核，审核通过方可使用。用户层能够将与陆港、空港协同发展存在关联的用户连接起来，促进不同用户和物流产业的共同发展。

参 考 文 献

[1] 张红彩. 京津冀空港海港陆港协同发展的对策[J]. 综合运输，2014(6)：22-25.

[2] 贾果玲. 西安国际陆港与空港物流协同运作研究[J]. 合作经济与科技，2017(4)：9-11.

［3］ 杨维霞. 西安陆港与空港联动的信息共享平台的构建探析［J］. 经济研究导刊，2017(21)：103 - 104，124.

［4］ 张如云. 河南省空陆两港建设提升区域竞争力的作用机理［J］. 华北水利水电大学学报(社会科学版)，2017，33(4)：21 - 25.

［5］ 张凯. 建设郑州"空港＋陆港"型自由贸易港的主要思路及对策建议［J］. 决策探索（下），2021(12)：17 - 18.

［6］ 周宝刚，干双双，刘岩峰. 辽宁省海陆空港融合发展策略［J］. 港口科技，2020(11)：45 - 49.

作 者 简 介

刘德智：长安大学经济与管理学院副教授

基于国际陆港协作建设的中俄物流合作研究

霍佳颖

随着"一带一路"战略的深入推进，中国与沿线国家的贸易往来越来越频繁，尤其是与中国最大的邻国——俄罗斯贸易往来更是如此。在中俄贸易往来过程中，物流业尤为突出。中俄两国由于边境线较长，有发展物流业的天然优势，而且两国经济互补性强，有物流业合作的经济基础。近年来，中俄两国贸易规模不断扩大，为两国物流业的进一步合作打下了坚实的基础。2018 年，中俄两国贸易额高达 881.6 亿美元。然而，中俄两国物流业在合作发展过程中，还存在着物流运输设施不完善、物流服务能力有限、信息化水平低、物流人才匮乏等问题，已经严重地制约两国物流业的长期合作与发展。为此，本项目通过回顾两国物流业发展现状，分析中俄物流业合作中存在的问题，从国际陆港协作建设给中俄两国物流业合作带来发展机遇的角度出发，提出大力发展国际陆港、促进中俄物流产业合作的构想，对于中俄两国物流业以及贸易的发展具有重要的意义。

一、文献综述

（一）关于中俄两国物流的研究

齐普拉科夫认为，物流业已经成为世界各国在经济交流与合作的基本元素，并发挥着不可取代的重要作用。邓学平等人认为，物流企业在生产效率上存在着非常显著的个体差异，位于港口的各类经营型企业与其他运输仓储型企业相比，前者的平均生产效率远远高于后者的平均生产效率。刘一霖提出：中国与俄罗斯在中俄两国边境物流发展过程中，边境物流及各口岸节点的功能定位具有非常重要地位，物流业作为依托贸易发展的新兴行业，在中俄经济贸易进一步发展的将来，将会逐渐蓬勃地发展起来。克列特认为，俄罗斯远东地区地理位置优越、自然资源丰富，是对俄罗斯扩大对外出口贸易作出重大贡献的地区之一，是俄罗斯与中国不断深化发展经贸合作的基础。欧阳强国等人认为，第三方物流作为一项系统工程，如果仅依靠物流企业自身的努力是不可能实现长足发展的，政府和行业协会需要对其进行适当的推动和调控，为第三方物流发展创造良好的外部环境。陈秋杰认为，黑龙江省开展对俄物流合作的条件优越，但是，黑龙江省对俄物流合作中存在着基础设施不够完善、缺乏高水平的专业性人才、对俄物流市场秩序混乱、投资俄罗斯物流市场风险大等问题。刘家国等人运用扎根理论研究方法构建了中俄跨境电子商务影响因素模型，提出了中俄跨境电子商务发展战略，为推进中俄跨境电子商务发展提供了策略和建议。范恩实认为，中俄两国除了通过建设大通道来节约物流成本，形成产业集聚效应外，还应该充分考虑内部经济发展、外部开放环境、口岸竞争等客观因素，充分考虑铁路、公路运输的优缺点，充分考虑俄方需求，带动俄罗斯远东地区产业发展，与黑龙江省结成互利共赢的发展联盟。景侠等人认为，"一带一路"倡议和"互联网＋"政策为中俄跨境电商提供了发展契机，提出了要培育多层次跨境电商模式，优化跨境支付主体结构，提高跨境物流服务水平，将区块链技术纳入跨境电商公共服务体系，从而突破中俄跨境电商发展瓶颈，实现可持续创新发展。李慧和孙丹认为，俄罗斯是中国最大的毗邻国家，双方的地理位置、资源都存在较大的互补性，发展中俄边贸物流的对策是完善边境物流基础设施建设，促进第三方物流的发展，提升现代物流运行能力、物流服务能力，加强物流人才的培养。

（二）关于国际陆港的研究

近年来，陆港发展迅速，引起了诸多专家学者的关注。席平认为，国际陆港是与国际海港、国际空港相提并论的概念，根据《国际法》的有关规定，陆港是依照有关国际运输法规、条约和惯例设立的对外开放的通商口岸，并且直接融入国际运输网络（间接的不算），方可称之为陆港，如果运营依照的是国内有关法规，那么它只是一个堆场、中转站，是分水岭，也是标志。董千里等人在介绍港口的主要流程和盈利模式的基础上，从宏观角度分析得出政府推动发展国际陆港的动因，对国际陆港存在的主要问题进行了分析，并提出了相应改善措施。朱长征等人从内外两个方面对以集装箱发展为中心的国际陆港形成的动因进行了分析，提出了国际陆港形成的主要途径有在集装箱内陆站、内陆口岸及物流中心的基础上形成。Rahimi 等人基于 GPS 网络模型研究陆港发展问题，提出了陆港节点发展的新思路，通过构造 GPS 网络节点图形，利用数学模型的方法规划陆港地址，为政府和企业提供咨询服务；Dadavar 等人在梳理大量国内外文献的基础上，总结出陆港的基本特征，并且通过调研的形式了解主流思想，分析伊朗陆港的选址特点，为陆港选址提供借鉴；支海军从投资和运营机制两个方面对国际陆港的运作机制进行了研究，提出了"自上而下"和"自下而上"两种协同模式，其中"自下而上"的模式将陆港的发展归结为三个阶段：以港（海港）建港（陆港）、依港（陆港）兴区（内陆地区）和区港（陆港）协同。宋睿琦通过建立无水港竞争力评价指标体系分析影响无水港竞争力的因素，该研究发现，越靠近天津港的无水港竞争力相对越强，随着产业的西移、东部产业结构的升级，经济的发展速度会越来越快，城市对外贸易越来越频繁，对外开放程度越来越高，更需要建立和发展无水港。杨扬和李莉诗采用数据包络分析的方法，构建了国际陆港城市物流能力与社会经济发展协调评价体系，结果表明：目前国内国际陆港城市物流能力与社会经济发展协调程度较高，城市综合发展存在少量资源浪费的情况，货运量是影响两者协调发展的主要因素，且国际陆港城市物流能力在两者协调关系中占据主导地位。徐磊和陆君明认为，加强国际陆港建设，有助于造就内陆地区开放新格局，促进西部地区国际贸易发展，带动国际陆港城市经济增长，推进沿丝路国家国际贸易与国际合作的发展。

由于中国物流业发展较晚，对物流业合作的研究还处在起步阶段。尽管诸多学者研究成果较多，但主要集中在合作的条件、动力和对策等方面，大部分文献都是针对特定领域提出的，从整体上、宏观层面关于中俄物流业合作的研究相对较少。有关国际陆港的研究侧重点主要是概念的界定、功能作用定位、形成机理、选址规划与海港及内陆城市的关系等方面，从国际陆港协作建设的视角研究中俄物流业合作问题的文献较为匮乏。为此，本项目基于国际陆港协作建设的中俄物流业合作开展研究具有重要的理论和实践意义。

二、中俄两国国内物流业发展现状分析

物流业是物流资源产业化而形成的一种复合型或聚合型产业，是集仓储、运输、配送、信息共享于一体的综合性服务产业，是支持国民经济发展的战略性主导产业。

（一）中国国内物流业发展现状

经过三十多年发展，物流业已经成为国民经济的支柱产业和重要的现代服务业。2013年，中国物流市场规模首次超过美国，成为全球第一。2017年，全国社会物流总额达到252.8万亿元。2017年，全国铁路货物发送量36.89亿吨，公路货运量368.69亿吨，水路货运量66.78亿吨，民航货邮运输量705.80万吨。全国铁路货物周转量26 962.2亿吨千米，公路货物周转量62 771.5亿吨千米，水路货物周转量98 611.3亿吨千米，民航货物周转量243.5亿吨千米。全国规模以上港口货物吞吐量126.72亿吨，全国规模以上港口集装箱吞吐量为2.38亿TEU（标箱），全国规模以上快递服务企业业务量完成400.6亿件，快递日业务量突破10 974万件。铁路货物发送量、铁路货物周转量、公路货运量、港口吞吐量、集装箱吞吐量、快递量均居世界第一，民航货运量居世界第二。

1. 物流规模快速扩展，物流能力有很大提升

2017年，全国铁路营业里程达到12.7万千米，其中高速铁路运营里程达到2.5万千米，居世界第一位；全国公路总里程达到477.35万千米，其中高速公路通车里程13.65万千米，居世界第一；全国内河航道里程达到12.7万千米，其中高等级航道1.25万千米；全国规模以上港口万吨级泊位达2366个；全国民航机场达到229个。截至2016年年底，全国营业性通用（常温）仓库面积达近10亿平方米，各种类型的物流园区不断涌现。物流基础设施的大发展为物流能力的提升奠定了坚实的基础。

20世纪八九十年代，先后有联邦快递、敦豪、TNT天地物流、联合包裹、马士基等跨国物流企业在中国建立合资企业。2006年以来，外资企业在中国可自行设立分销网络，独立经营物流业务。凭借规模、资金、技术和管理等优势，跨国物流企业已从原先主要以合资为主逐步走向独资，从单一业务走向综合物流业务，从集中于中心城市物流业务向构筑全国性物流网络展开。例如，联邦快递在广州白云机场设立亚太转运中心，联合包裹在香港、上海、深圳设立航空转运中心，天地物流在上海、北京、香港设立微型转运枢纽，敦豪设立香港转运中心和上海北亚转运枢纽。开放的中国物流市场成为世界物流市场的重要组成部分，也成为跨国物流企业竞逐的焦点。

2014年9月，中国基本全面开放国内包裹快递市场，对符合许可条件的外资快递企

业，按核定业务范围和经营地域发放经营许可。在"引进来"的同时，国内物流企业国际化也迈出一定步伐，加大开拓国际物流业务和海外布局布点力度。

2．物流业发展不平衡

受经济、生产力、基础设施、市场化程度、信息化水平和市场需求等因素的影响，我国物流业呈现东部地区发展快、中西部地区发展慢、城市物流相对发达、农村物流滞后且水平低的局面。以快递为例，2017 年，东部、中部、西部地区快递业务收入的比重分别为 80.9％、10.8％、8.3％，业务量比重分别为 81.0％、11.7％、7.3％。物流企业、物流设施、物流活动高度集中在交通、信息更为发达的大中城市。

从社会物流总额的绝对值构成来看，工业品物流总额占社会物流总额的比重从 2001年的 82.8％增长到 2017 年的 92.8％，工业品物流在国民经济发展中占据主导地位，是推动社会物流总额增长的主要动力。与消费市场紧密连接、竞争激烈、技术水平要求较高的家电、日用化工、烟草、医药、汽车、连锁零售和电子商务等行业物流需求旺盛，特别是快递业呈现超高速发展。但是，居于产业链上游、资本密集型的农产品与农资、钢材、煤炭、矿石等大宗物资物流发展相对滞后。

3．形成多元化物流业发展格局

从所有制来看，物流业发展已形成了国有、民营和外资三足鼎立的局面；从需求来看，物流业发展既有民生需求，也有来自农工商等产业需求；从提供主体来看，物流业发展既有传统企业，也有专业化企业和新兴企业。近年来，物流业的重要性日益显现出来，社会资本纷纷进入物流领域。服务产品和服务模式日趋多样化，第三方、第四方、供应链、平台、联盟、O2O、众筹等多种经营模式加快发展。服务空间分布上有同城、区域、全国、跨境等多种类型。服务时限上有限时达、当日递、次晨达、次日递等多种类型。物流企业不断开拓业务范围，开展代收货款、上门取件、代客报关、代客仓储、代上保险、代发广告、签单返回等时效业务和增值服务。冷链、跨境包裹、社区代收货、智能快递箱、校园快递、农村快递等新兴和专业化业务不断涌现。物流业与电子商务交叉渗透融合进程加快，物流服务竞争方式日趋多样化、差异化，竞争形态发生很大变化。电商物流、快递快运、物流地产、冷链物流、航空物流、物联网等细分市场成为投资关注的重点。一些物流企业开始进军物流电商领域，物流业已经形成多种所有制并存、多元主体竞争、多层次服务共生的格局。

4．物流服务科技水平日益提升

与过去科技含量较低的状况相比较，目前我国物流行业信息化建设有一定进展，物流集成化和自动化水平有较大提升。物流行业自身技术进步较快，信息化程度不断增强。高速铁路、高速船舶、自动化立体仓库、自动分拣设备、智能物流设备等现代物流装备进入快速发展期。物流企业普遍使用手持终端、车辆卫星定位技术、电子条码、无线巴枪等；互联网、车联网、物联网、大数据、云计算等技术加快应用，信息网络技术与物流业进一步加快融合，促使信息网络技术对物流业务的支持能力进一步增强，物流供需匹配APP 系统使用日趋普遍。

5．物流产业组织结构不断优化

截至 2016 年底，按照国家标准，经评估认定的 A 级物流企业超过 4000 家。2017年，中国物流信息中心发布（物联科字[2017]143 号）《关于中国物流企业 50 强排名的通告》，上榜的 50 家物流企业物流业务收入合计达 8299 亿元，50 强物流企业门槛达到 28.5 亿元。快递、电商、零担、医药、物流地产等细分物流市场品牌集中、企业集聚、市场集约的趋势进一步显现。在公路零担市场，加盟型网络依托资本和技术优势，集聚了一批小微物流企业，货运市场集约化步伐加快。

（二）俄罗斯国内物流业发展现状

俄罗斯地域广大，地下蕴含着丰富的矿藏，其中，矿藏的对内以及对外出口在俄罗斯经济体系中占据着重要的地位，大量的石油以及天然气等矿藏被运输至国外，尤其是欧洲。俄罗斯采矿业发达，石油、天然气运输在物流产业方面占比达到 80%；俄罗斯在能源运输方面处于世界领先地位。根据俄罗斯联邦统计局的数据显示，2016 年，俄罗斯货运总量已达 5 万亿公里，其货运总量增长率为 3.4%，其中，俄罗斯内河航运以及公路运输增长率均保持在 10% 以上。铁路运输、航空运输以及管道运输的增长率分别为 4.6%、2.1%、2.6%。

受乌克兰事件的影响，欧美对俄罗斯实行经济制裁，导致 2015、2016 年俄罗斯国民生产总值出现负增长。对此，俄罗斯政府开始调整其发展模式，由依赖能源以及原材料出口拉动 GDP 增长，转变为将贸易合作投向于亚洲，俄罗斯与中国的合作也日渐升温。尤其是在中国政府提出"一带一路"倡议之后，俄罗斯与中国签署了一系列协议，加大与中国的合作力度。随着中俄贸易合作的不断升级，俄罗斯物流业会迎来新的发展阶段。

1．俄罗斯物流业发展不均衡

道路是发展物流业的基础。在俄罗斯西部，物流业比较发达，而远东地区的物流业发展缓慢。究其原因主要是道路等基础设施发展落后。一方面，尽管俄罗斯西部地区道路损毁比较严重，但基础设施建设相对比较完善，为发展物流业打下了坚实的基础。虽然俄罗斯的陆地货运量排名为世界第二，但俄罗斯铁路运输发展还比较滞后，铁路网密度仅为 5.1 公里/千平方公里，俄罗斯北部地区铁路只有几条通往重要城市的主要线路，尚未形成完善的铁路网络，不利于陆地运输的发展。另一方面，俄罗斯西部地区地理位置优势明显，气候条件相对较好。而俄罗斯远东地区气候条件恶劣，冬季气温非常低，人口密度较低，基础设施建设相对落后，致使远东地区物流业发展滞后。

2．物流服务有待完善

物流服务是从接收顾客订单开始到将商品送到顾客手中为止所发生的所有服务活动。物流服务的诸多活动既可以使交易的产品或服务实现增值，又可以更好地满足顾客需求，即保证顾客需要的商品在顾客要求的时间内准时送达，服务能达到顾客所要求的水平等。由于俄罗斯运输网络保养不及时，使得国内物流运输效率大大降低；在仓储以及终端配送等方面发展不完善，第三方物流发展相对滞后，绝大部分工作需要供求双方自行完成。对此，俄罗斯的一些企业开始计划建立属于自己的物流体系，提升物流服务整体水平，不断提高物流各个环节的效率，从而增强自身的竞争力。

3．物流成本较高

在国际上，大型物流企业一般都拥有完善的物流网络以及信息化的操作流程和完善的服务。由于俄罗斯国内物流企业无法形成有效合作，运输与物流服务之间无法进行无缝对接，致使俄罗斯的物流企业无法比较好地为企业提供服务，企业分工不科学，并且信息化进程滞后，最终造成运输以及配送效率低下。不科学的分工以及并不紧密的合作导致俄罗斯物流成本明显高于其他发达国家。2014年，俄罗斯的运输以及物流成本占本国GDP的20%，而美国、欧洲、东南亚分别为8.2%、9.2%、13.5%，中国为18%，世界平均水平为11.7%。在经济全球化背景下，俄罗斯国内需求下降，要想取得经济上的大发展，必须开拓新的市场，将国内的产品销往世界各地。所以，从上述分析来看，在成本方面，俄罗斯物流企业竞争力较弱，唯有政府给企业提供一定的补贴才有可能打开国际市场，俄罗斯物流业的发展将面临巨大的挑战。

三、中俄两国物流合作发展现状分析

俄罗斯是中国最大的毗邻国家，双方的地理位置、资源都存在较大的互补性，为中俄边境贸易以及物流业的发展奠定了坚实的基础。近年来，中俄边境贸易规模不断扩大，为两国经济发展作出了重要的贡献。2018年，中俄贸易额所创新高为1070.6亿美元，比2017年同期增长11.2%，俄罗斯已经成为中国第一大贸易合作伙伴。伴随着中俄两国战略合作关系的建立，也为两国物流业合作带来新的发展契机。

（一）中俄物流合作历史

中俄两国之间具有天然的地理位置优势，有着悠久的合作历史。早在古代"丝绸之路"时期，中国的茶叶以及丝绸就通过俄罗斯地区运往欧洲。1957年，中国与俄罗斯远东地区开始贸易往来，货物运输主要依靠人力进行，尚未形成规模化的物流组织。1962年开始，中国与前苏联关系恶化，贸易往来随之停止。直至20世纪80年代，两国的贸易往来逐渐恢复。近年来，中俄两国签订了一系列协议促进双边贸易的发展，2009年4月21日，中俄两国签订了《中俄石油领域合作政府间协议》，并于2009年9月23日签署了《中华人民共和国东北地区与俄罗斯联邦远东及东西伯利亚地区合作规划纲要》，涉及200多个合作项目以及边境口岸建设计划。这些合作性文件的出台是推动双边合作以及口岸建设的有力保障。2013年，自习近平主席提出"一带一路"倡议以来，中俄两国又签订了多个合作协议，有力地推动了中俄两国贸易和物流产业合作的发展。

（二）中俄物流合作现状分析

1．中俄物流运输合作的主要方式

1）中国西北地区与俄罗斯物流运输合作

一般来说，物流运输主要包括铁路运输、航空运输以及口岸合作三种方式。中国西北地区与俄罗斯物流运输主要采用铁路运输与航空运输两种合作方式。

（1）铁路运输。这种运输方式主要用于中国新疆地区与俄罗斯西西伯利亚的运输。货物从中国新疆维吾尔自治区阿拉山口岸开始，途经哈萨克斯坦，最终到达俄罗斯。在这条线路上运输货物须经过第三国，因此，这条线路上的贸易经常会受到第三国的影响，使物流成本有所上升。

（2）航空运输。中国与苏联于1954年签署航空运输协定，1994年该协定继续由俄罗斯联邦政府继承，至今，中俄民航关系超过了50年的历史，航空运输大大方便了两国之间的贸易往来；一些贵重物品或者保质期较短的物品经过这条航线能够快速地运至目的地。另一条航线是由乌鲁木齐到莫斯科。两条航线的开通大大方便了两国之间的贸易合作以及文化交流，但是航空运输的物流成本偏高。

2）中国东北地区与俄罗斯的物流运输合作

相比起中国西北地区，中国东北地区更加具有天然的地理位置优势。中国与俄罗斯交界的优良口岸使得中国东北地区与俄罗斯的经贸往来更加频繁，同时物流成本大大降低。

中国东北地区主要通过口岸合作实现与俄罗斯的物流运输合作。中国东北地区与俄罗斯陆疆边界一类口岸有21个，占全国陆疆一类口岸的28.3%，其中，满洲里、珲春、绥芬河被称为中国与俄罗斯相连的三大铁路口岸。此外，还有黑河、同江等口岸在不同地理位置上也发挥着不同的作用。

（1）满洲里口岸位于中蒙俄经济带枢纽位置，是中国通往俄罗斯以及欧洲的重要通道，也是目前中国最大的陆路口岸。物流运输能力较强，主要负责中俄两国之间的石油、木材以及蔬菜瓜果的运输。

（2）珲春口岸。2007年，中俄双方建立了珲春——俄罗斯免税区，以此促进双边物流合作。但是，珲春铁路口岸的珲春—俄卡梅绍娃亚—马哈林诺段铁路线路总是开开停停，严重影响着双边物流产业的发展。

（3）绥芬河口岸。绥芬河地处东北亚经济圈枢纽位置，距离俄罗斯波格拉尼奇内16 km，距离海参崴2小时的车程。1987年之后，绥芬河口岸对外贸易额迅速增长，进出口贸易成为该市的支柱型产业。

（4）黑河口岸。该口岸历史悠久，早在清政府时期，黑河口岸就有官方以及民间的物流交易，后来因为政治原因曾经几度中断，直到1986年7月份才开始逐渐恢复物流交易。黑河口岸既可以进行陆运，又可以进行水运。黑河口岸主要与布拉戈维申斯克口岸进行物流合作，两个口岸隔江相望，优越的地理位置使得黑河口岸成为黑龙江规模最大的边界口岸。在明水期，黑河口岸开通船只和轮渡汽车进行物流往来；在封冻期和流冰期，开通气垫船进行货物运输，运期在100天左右。

（5）同江口岸。该口岸与俄罗斯犹太人自治区隔江相望，其运作模式与黑河口岸相同，在明水期，开通船舶以及轮渡汽车进行货物运输；在冰封期以及流冰期，开通气垫船进行货物运输。

其他口岸对中俄两国贸易和货物运输也发挥着不同的重要作用。

2. 中俄物流基础设施建设合作

中俄在物流基础设施建设方面的合作主要体现在航线开辟、运输线路开辟以及边界口岸建设方面。2010 年 3 月 20 日，习近平副主席率团对俄罗斯等欧洲四国进行访问，并召开以加强中俄地方合作为主题的"中俄地方合作座谈会"。在会上，习近平副主席对加强中俄双边合作作出了重要指示，大大鼓舞了中俄两国投资者合作的热情，有力地促进了中俄两国经贸合作。2015 年，俄罗斯在《远东和贝加尔地区社会经济第二阶段发展战略(2016—2020)》中明确指出，实行大型能源项目，包括与外国能源投资涌入相关的大型能源项目，克服日益复杂的基础设施障碍；提高运输潜力，提高过境客运和货运量，完善核心运输网络，包括公路、铁路、机场和港口。2016 年，俄罗斯政府签署并修改了《有关跨越式发展区和弗拉迪沃斯托克自由港区域的法令》，将自由港机制适用范围扩大到远东哈巴罗夫斯克边疆区、萨哈林州、堪察加和滨海(拉佐区)四个地区，充分体现了俄罗斯对于发展跨境物流，尤其是与中国物流业的合作意愿和决心，并且着手进行与中方物流业合作的基础设施建设。俄罗斯政府充分利用绥芬河口岸至纳霍德卡港、珲春至扎鲁比诺港两条线路与中国开展合作，既有利于俄罗斯从中获取巨大的经济利益，同时也有利于中国振兴东北老工业基地计划的实施。

在跨境铁路建设方面，中国新疆地区通往俄罗斯境内的铁路要经过哈萨克斯坦，容易造成物流成本上升。中国东北部的货物只能通过两条铁路，即西伯利亚铁路和贝阿铁路，运输到俄罗斯西伯利亚地区。由于地理位置以及气候的影响，冬季俄罗斯铁路的运行时速只能达到 50 km/h，并且铁路保养情况不佳，铁路损坏程度达 20% 以上。中国的货物要运抵西伯利亚地区不仅费时费力，资金投入也较大。为降低该线路的物流成本，中俄两国计划开辟由中国新疆地区直接到俄罗斯的铁路线路，避免因经过第三国而产生高昂的物流成本。2017 年，同江铁路大桥的竣工结束了中俄界河无跨江铁路桥梁的历史，形成了一个由中国东北铁路网与俄罗斯西伯利亚铁路相联通的国际联运大通道，改善了中俄既有铁路运输的格局。

在跨境公路建设方面，由于绥芬河口岸具有天然地理位置优势，目前已开通哈尔滨—牡丹江—绥芬河—波格拉尼奇内—乌苏里斯克—符拉迪沃斯托克国际运输线路。另外，黑河口岸与阿穆尔高速公路相连接，起点赤塔市，通过别洛戈尔斯克市，终点到达哈巴罗夫斯克市，全长 2100 km，在俄罗斯境内，通过地区有后贝加尔边疆区、阿穆尔州、犹太自治州、哈巴罗夫斯克边疆区，其中，亚洲线路通过别洛戈尔斯克市一直延伸至大连。与绥芬河口岸与黑河口岸相关的铁路目前已经成为中俄贸易往来的重要通道，对加强中俄物流业的发展发挥着不可忽视的作用。

(三) 中俄物流合作发展存在的问题

虽然中国与俄罗斯具有良好的贸易发展趋势，但也存在诸多的问题，某些问题长期存在于中俄两国的贸易中，具体体现在以下几个方面。

1. 物流运输设施不完善

在铁路运输方面，由于中俄铁路采用不同的轨距，在边境站需更换轴线，大大降低了两国物流的转运效率；在公路运输方面，中俄两国公路连接段有些处于较危险的状态，严重影响了物流运输的合理规划；在海洋运输方面，现有的海洋运输船队已经不能满足现代海洋运输对运输工具的需求，部分俄罗斯港口现有的贸易物流设施过于陈旧，口岸以及车站的建设速度缓慢，导致海铁联运以及俄罗斯重点推出的不冻港无法发挥自身的贸易优势。与此同时，中国也存在类似的问题，受到地理位置和天气因素的共同制约，许多水运线路只能在部分季节开通，不能全年通航。

2. 物流服务能力有限

从中国方面来说，虽然中国东北地区承载着中俄边境贸易的重要任务，但是，与内陆地区相比较，东北地区经济发展比较缓慢，绝大多数的物流企业规模较小，服务水平较弱，运输量有限，难以承担中国的边境物流贸易工作，仅有少数几个大型物流企业能够为大规模的边境物流贸易提供综合物流服务。与此同时，第三方物流企业功能较为单一，缺少增值服务，现有的收益主要来自运输和仓储等服务，与现代物流企业应具备的能力还有一定的相差。

从俄罗斯方面来看，俄罗斯物流服务水平较低，在运输设施、专业人才等方面供给不足，导致很多货物运输、库存等工作需要货物公司自己完成。在俄罗斯，涉及物流服务的主要有货运代理服务、仓储管理服务以及供应链服务。据官方统计资料显示，货运代理服务是俄罗斯边境贸易物流的主要服务内容，其收入占55%以上，仓储管理服务收入占13%，供应链服务收入占32%。尽管供应链服务具有较强的利润空间，但俄罗斯的大多数物流公司对供应链服务的重视程度较低。

3. 信息化水平低，相关物流人才匮乏

现今科技朝阳式发展，科技交互、NFT等应用于各行业之间，相应的技术支持及人才培养成为影响中俄两国物流发展最关键的要素，具体体现在以下几个方面。

首先，中俄物流服务信息化水平低，主要体现在两个方面。一是俄方口岸信息化建设滞后，物流信息服务体系并不健全，信息化水平较低，不仅造成中俄边贸物流效率相对较低，还导致中国部分企业在扩展俄罗斯市场时陷入盲目、被动的局面，货物通关效率较低，当来自中国的货物在关口滞留后，中国企业需要为此支付高额的货物保存费用，增加了企业贸易成本；二是中俄边境贸易中缺少高质量的中介对接平台，更没有针对边境贸易物流建立信息共享平台以及物流销售信息公开平台，不仅使中俄物流企业缺乏有效的信息沟通，而且增加了双方物流信息的获取成本。

其次，中俄物流服务人才供给不足。尽管近年来，中国和俄罗斯诸多高校合作开设了物流专业或"国际物流"等相关专业，建立了物流人才培养中心，培养了一大批物流专业人才。中俄边境物流业发展迅速、日新月异，对于人才的需求很大，即便有着源源不断的人才物流业高质量发展不仅有助于更好地发挥市场在资源要素配置中的决定性作用，同时还实现了供给侧结构性改革，在经济高速发展进程中，成为不容忽视的力量之一。中俄双方建立国际陆港，一是实施"全城通港"的国贸通道政务服务的创新模式，在城市中就能够成功办理国际港务区事项，实现自助交取件，方便快捷，让港口贸易整体的外部环境大为改观；二是实现了"关铁通"创新模式，这一模式从根本上提升通关效率，增

强班列跨境运输便捷能力，支持企业选择"一体化"和转关通关模式，从一定程度上，减少了口岸滞留的时间；三是开展中欧班列等专线，实现高频次发运，运输时间大大缩短，运送量大、综合物流成本大幅降低。严重制约着两国边贸物流业务的发展。

四、国际陆港协作建设给中俄两国物流业合作带来的机遇

国际陆港是指在内陆地区，以现代信息技术为主要手段，综合陆路运输方式，依托公路、铁路、航空、海运等多种运输方式的优点，采用国际多式联运，按照国际运输法规、条约和惯例，建立对外开放的国际商港。国际陆港是沿海港口在内陆经济中心城市的延伸和拓展，服务于区域经济发展，并形成了现代生产性服务业聚集区。国际陆港的特征主要有：

（1）国际陆港建立在有着雄厚经济基础和经济腹地的内陆经济中心城市；

（2）国际陆港一般设立在铁路、公路交汇处，便于货物集散与中转，使物流运输畅通、运费降低；

（3）国际陆港是依照有关国际运输条约或法令设立对外开放的国际商港，其功能是国际港口服务；

（4）国际陆港使各沿海港口成为内陆经济中心城市的支线港口和现代物流公共操作平台，具有充分展示物流信息服务功能；

（5）国际陆港具有加工增值功能、商品展示功能、商贸流通功能；

（6）以建设国际陆港为切入点，发展第三方物流服务功能，以改善内陆地区国际物流条件为出发点，促进内陆地区国际贸易发展，从而带动经济的全面发展。

1. 国际陆港为中俄物流合作搭建平台

国际陆港的产生与发展，需要与各个港口进行深入合作，需要中俄双方相关企业依托国际陆港平台，搭建物流合作平台，从而组建成国际陆港物流合作体，使中俄物流企业通过陆港这个国际化大平台走出国门，走向世界。

从现代物流的相关概念及实际运行过程来看，越来越多的港口已经摆脱原有的单一化运作模式，开始着眼于向运输、多式联运、集装箱集散、运输衔接、中转仓储、通关报关、检验检疫、贸易、信息平台、金融等构成的一体化物流平台发展。这种由单一物流节点向物流服务链的转变，不仅改变了港口原有的功能属性，而且使港口服务的范围不断延伸和扩展，向综合物流体系转变，实现了从第一代港口向第三代港口的转变。第三代港口的内在要求是提供一种综合性的物流服务，这种内在要求有力地促进了港口功能向多样化方向发展，是世界经济一体化发展的必然趋势。

国际陆港不仅是海港在内陆地区的延伸，更是基于现代物流理论的第三代港口的扩展。依据第三代港口建设的要求，国际陆港在建设过程中，必须采用立体化的物流组织形式，运用先进的物流技术等手段进行信息共享与传达。国际陆港既拥有第三代港口的基本特性，又代表着未来现代物流行业的发展趋势。所以，中俄两国双方应抓住"一带一路"及西部大开发的重要战略机遇期，积极完善各自国际陆港的各项功能，不断拓展中俄双方物流合作的边界。通过国际陆港的拉动，进一步扩展中俄的物流市场，提升国际陆

港的辐射能力，促进中俄双边贸易和投资的全面发展。

2. 国际陆港有助于中俄物流集成力的形成

物流业属于服务行业，特殊的行业性质使其运作模式具有复杂性和资源有限性。在国际陆港区，对单一的物流企业来说，不予其他企业合作既难以满足国际陆港采用的多式联运，又难以满足国际化物流需求及自身综合发展需要；对国际陆港区来说，物流企业之间的不合作既难以对国际港区内的物流服务水平进行有效的管理与控制，又难以实现物流企业经营活动的最优化和自身价值的最大化。

国际陆港作为一个物流系统，处在不断地变化与发展之中，需要参与部门积极配合和精诚合作。中俄两国的物流贸易合作作为国际陆港建设的有机组成部分，在国际陆港形成、维持和发展中发挥着不可或缺的作用。物流企业之间的合作既是国际陆港形成物流集成力的基础，又是物流集成力体现的微观经济活力源泉，还是促进国际陆港形成合力的重要因素。

国际陆港区内的物流企业之间进行合作，一是可以扬长避短，发挥企业各自的特点，不断完善自身的服务体系，提升自身的品牌价值，降低企业运营成本，提升企业的竞争力；二是有助于资源互补，协同运作，利用国际陆港区内优势明显企业的资源，不断拓展自身资源的边界，不断开拓市场，提升市场份额，降低企业竞争的风险，提高企业收益率，从而提高自身的竞争能力；三是有助于中俄双方在合作中形成一种集成力，提升各个物流企业在国际陆港区的竞争力，为其他企业之间开展合作树立典范。

3. 国际陆港有利于推进物流业高质量发展

物流业是国民经济基础性、先导性和连通性行业，涉及领域广、发展潜力大、带动作用强。物流业高质量发展不仅有助于更好地发挥市场在资源要素配置中的决定性作用，而且是深化供给侧结构性改革，推动经济高质量发展不可或缺的重要力量。中国政府高度重视物流业发展，改革开放以来，我国物流业发生了根本性变革，建立了现代物流服务体系，国际物流功能逐步拓展。2019年，国家发展改革委、交通运输部等部门联合发布《关于推动物流高质量发展促进形成强大国内市场的意见》，对推动物流高质量发展作出全方位部署，具体提出了二十五个方面的政策措施。物流业高质量发展不仅有助于更好地发挥市场在资源要素配置中的决定性作用，同时还实现了供给侧结构性改革，在经济高速发展进程中，成为不容忽视的力量之一。中俄双方建立国际陆港，一是有助于实现"全城通港"的国贸通道政务服务的创新模式，在城市中就能够成功办理国际港务区事项，实现自助交取件，方便快捷，让港口贸易整体的外部环境大为改观；二是有助于实现"关铁通"创新模式，这一模式能够从根本上提升通关效率，增强班列跨境运输便捷能力，企业选择"一体化"和转关通关模式，从一定程度上能够减少口岸滞留的时间；三是开展中欧班列等专线，能够实现高频次发运，运输时间大大缩短，运送量大、综合物流成本大幅降低。

总而言之，国际陆港广泛应用多式联运、甩挂运输等先进运输方式，使各种运输方式衔接得更加紧密，联运换装转运效率得到显著提高，集疏运体系更加完善，有助于降低物流成本，提高物流效率，进一步提高物流一体化运作、网络化经营、专业化服务能力，从而推动中俄两国物流业的高质量发展。

五、促进中俄物流产业合作的构想

1. 加强国际陆港建设，发展多式联运，构筑中俄物流大通道

（1）积极推进铁路口岸建设，增强口岸核心能力。

铁路口岸是陆港的核心，口岸通关效率和服务水平是陆港竞争力的集中体现。以中欧班列为载体，加快建设以多式联运海关监管中心为核心的国际陆港国家铁路口岸，不仅有利于充分发挥国际陆港在中俄双方的区位交通优势，而且有助于提升国际陆港在中俄物流中的枢纽地位。加强口岸基础设施建设，完善包括"海铁联运"整箱进出口、"海运—铁路—公路"进口转关等货物的申报、清关及相关的装卸、堆存、运输及配合联检单位查验等服务。以"口岸大通关"为契机，加强国际陆港与海港等沿海港口的合作，加快实现港口内移、就地办单、海铁联运、无缝对接。借助各地区国际贸易"单一窗口"平台，通过简化单证格式、统一数据标准，优化口岸监管、执法、通关流程，探索"互联网＋易通关、制度通关"等改革，不断提高中俄双方国际陆港货物通关效率和货运周转率。

（2）打造国际资源配置枢纽，打通国际物流通道。

通道建设是参与对外开放的前提和基础，更是国际经贸合作的先行条件。利用中俄各地区参与区域经济合作的独特优势，开展国际合作和深度协同联动，形成通道便捷高效、陆海内外联动、整体联动振兴的发展格局。以各自国家重要城市作为中俄重要的综合交通和物流节点，从打通海铁联运通道和整合铁路联运通道两方面入手，进一步畅通中国东部、西部和北部地区和北亚国际物流通道，打造中俄物流资源配置枢纽。

加快中国乌鲁木齐、兰州、西安、哈尔滨、沈阳等国际物流中转枢纽中心建设，建立国际贸易分拨、集散、加工、结算的新型物流中心，利用国际陆港集散分拨、中转枢纽的物流优势，大力发展外向型货物中转贸易和流通加工业，以物流中转贸易平台优势吸引出口加工业等外向型高附加值产业落地新疆、甘肃、陕西、黑龙江和吉林，实现通道经济产业发展。

在铁空联运通道建设方面，加快乌鲁木齐、兰州、西安、哈尔滨、沈阳等国际陆港（乌鲁木齐、兰州、武威、天水、西安、沈阳）与国际空港（乌鲁木齐、兰州、敦煌、嘉峪关、咸阳、哈尔滨、沈阳）物流节点基础设施和配套服务能力建设，依托铁路货运编组站、铁路综合货场、国际陆港及国际空港、自贸区综合保税区、铁路口岸等基础设施，整合中俄空铁联运货运班列，增强货运集结通关能力，构建中俄多式联运物流通道。

在海铁联运通道建设方面，一是以整合中俄双方已有的国际陆港为契机，加快对接大连、营口、盘锦、青岛等港口，形成海运与铁路运输无缝对接的物流大通道；二是充分发挥重要城市在中俄物流综合交通网络中的作用，运用中欧班列"集拼集运"模式，整合中国西北和东北地区中欧班列的运输资源，充分发挥中欧班列集零成整、中转集散的功能和作用，大力发展外向型货物中转贸易和流通加工业，实现通道经济产业发展。

2. 加强边境物流基础设施建设

目前，在中俄边境贸易中，中国的物流基础设施建设要明显优于俄罗斯。俄罗斯边

境物流主要以铁路运输方式为主，公路运输以及水路运输为辅，物流基础设施建设较为落后，网络结构单一。与此同时，俄罗斯物流节点，如仓储中心、中转中心等机构的设置与中国也有较大差异。为了完善中俄边境物流基础设施建设，需要从以下几个方面入手。

（1）加强仓储中心建设。

中国的仓储中心占地面积较大，数量也比较多，但是，大多数仓储中心的功能单一，只能发挥简单的仓储功能，且分散在各个企业内部，不利于货物的存放以及配送，致使中国货物在物流环节消耗的时间占到整个生产时间的90％。俄罗斯在仓储中心建设规划方面也存在一定的缺陷。例如，俄罗斯在远东地区的仓储中心，无论是在数量上还是在功能上，都无法满足该区域货运的需求。因此，中俄双方加强各自仓储中心建设就显得尤为重要。中俄双方应加强合作，整合两国现有的仓储中心，仓储中心的建设标准要向世界先进水平看齐；升级仓储中心的功能以及规模，不仅要增加仓储中心的数量，解决过量货物存放问题，而且还要增加仓储中心的功能，提高货物的配送效率，不断满足中俄双方贸易物流合作大发展的需求。

（2）加强边境口岸建设。

目前，现有的货运枢纽无论是数量还是容量，都无法满足中俄两国经贸物流需求。例如，中国的满洲里和俄罗斯滨海边疆区的马尔科沃等口岸，货物积压现象较为严重。由此可见，口岸容量小已成为中俄双方物流合作的瓶颈。解决这一问题的基本思路主要体现在两个方面。一是挖掘现有口岸潜力。中国西北和东北地区的几大对外口岸，无论是对于中国还是对于俄罗斯来说，都是十分难得的口岸，甚至对于亚洲地区的发展都有着极其重要的作用。因此，中国与俄罗斯应该积极合作，合理挖掘现有口岸的潜力，不仅有助于推进两国物流业的发展，而且有助于推进两国双边贸易的发展。二是开辟更多的运输通道。中国与俄罗斯应该通过修建公路网络、铁路网络以及航空运输线路等方法开辟更多的运输通道，在中国西北地区通往俄罗斯的铁路以及航空运输线路方面，双方应该打破地理上的障碍，避免由于货物经过第三国引起物流成本的上升。

（3）建立统一的物流信息平台。

物流信息平台是指基于计算机通信网络技术，提供物流信息、技术、设备等资源共享服务的信息平台。一方面，通过构建统一的物流信息平台，有利于中俄两国商品流、物品流、信息流在信息平台的支持下实现互动，从而为中俄两国提供准确、及时的信息服务、管理服务、技术服务和交易服务等物流服务；另一方面，通过构建统一的物流信息平台，有利于发挥物流系统的整合优势，合理配置中俄两国的物流信息、物流监管、物流技术和设备等物流资源，实现中俄两国物流资源共享，降低物流成本，提高物流运行效率。构建中俄两国统一的物流信息平台，首先应从基础设施、管理信息平台、交换信息平台做起，随后建立行业信息平台和企业信息平台。一是基础设施建设，即"新基建"。主要依靠两国边境口岸的信息网络基础设施为基础。所以，中俄两国应大力加强电信交换网、光纤宽带网、无线通信网等通信网络基础设施建设，为物流信息平台提供支撑作用。二是物流管理信息平台建设。物流管理信息平台主要承担中俄两国边贸城市或口岸物流信息资源门户、物流信息发布、社会物流资源整合、两国政府相关政务职能提供以及面向企业的信息服务等功能，既是连接两国相关行业、企业和物流运作设施的物流信息系统，又是两国物流行业、政府部门及其企业进行物流信息查询和办理相关物流业务的窗口。所以,加强物流管理信息平台建设能够为中俄两国物流合作提供保障。三是物流信息交换平台建设。物流信息交换平台主要用来实现中俄两国不同行业和企业之间、政府各职能部门与企业之间进行各类数据信息交换,支持不同行业、不同格式数据的相互交换与分享,真正实现物流信息无障碍交换与传输。所以,中俄两国应从物流信息的采集、加工、中转、发送,以及不同用户之间信息交换数据的规范性、格式化转换入手,加强物流信息交换平台建设,实现信息资源的共享和整合。

3. 大力发展第三方物流,提升现代物流运行能力

第三方物流是现代化物流体系的新模式,与企业自营物流体系相比,具有专业水平高、提供"一揽子"优化解决方案、整合物流资源、降低物流成本的功能和优势。所以,在推进中俄物流合作发展过程中,第三方物流是中俄边贸不可或缺的内容,大力发展第三方物流是促进中俄物流合作又一条途径。

首先,第三方物流作为一种新的物流运作模式,不仅有助于降低中俄边贸物流成本,提高物流服务水平,获得更大的市场竞争优势,而且还能提高中俄两国物流资源的合理利用和配置效率。所以,增强第三方物流的包装、加工、供应链服务等综合化管理能力,形成完整的物流供应链,能够使第三方物流为中俄两国企业提供优质、高效的物流服务。

其次,发挥第三方物流在降低客户成本方面的独特优势,直接减少运输费用、配送费用,减少库存,降低客户资金成本与风险成本。一方面,第三方物流能够收集多数客户的采购需求,整合这些需求,然后向供应商进行联合采购,从而获得规模经济优势;另一方面,第三方物流为多个连锁企业提供存储、分拣、运送服务,库存资金占用率也会相应比较低。另外,第三方物流实行货品有效期管理,并结合货位管理、批次管理等,提高工作效率,有助于减少库存损耗率。所以,把先进的管理思想融入中俄物流信息系统、自动化仓库作业流程之中,同时加大中俄两国第三方物流公司的信息系统投资、自动化设备投资、仓库库房投资与设备投资等,有利于实现中俄物流能力和水平的进一步提高。

最后,以现代信息技术应用为核心,充分发挥现代网络信息优势,提供全方位的、差异化的第三方物流综合服务。如果仅仅局限于独立的物流系统为特定的区域提供服务,不仅不利于中俄物流业的合作,而且不能形成良好的、可持续发展能力。现代信息技术冲破了独立的物流系统服务于区域的藩篱,已经渗透到第三方物流的整个业务流程的各个环节和链条上,形成了良好的、可持续的发展能力。所以,中俄两国依靠第三方物流,通过信息采集,及时正确地把握客户需求、反映运作状况,对现有的物流网络体系进行改进与优化,依据客户需求增加物流功能,有利于促进第三方物流体系的调整与发展,发挥第三方物流在中俄物流合作中的积极作用。

4. 加强物流人才培养,提高物流服务能力

中俄物流合作与发展离不开专业人才的智力支持和推进。在目前新的国际形势下,推动中俄物流合作,物流人才是关键。现代物流的综合性很强,涉及有管理学、运输学、经济学、社会学、工程技术、计算机科学等学科,物流人才必须具备解决物流中经济、管理、工程、信息、外语甚至于法律政策等方面的问题的能力。因此,为了培养既系统完整

地了解和掌握这些学科知识又能将其应用于现代物流实践的专业人才，必须在教育的各个层次设置专门的物流专业，培养大批专门的物流人才，才能适应现代物流业发展的需要。

一是树立跨境物流培养目标。学校作为人才培养的基地，学校管理者的教育理念直接影响实际教育的开展，在物流人才培养中，必须要以跨境物流观念为支撑。跨境物流是一个科学而系统的业务领域，涉及的领域的规模性与丰富性是任何一个流通行业无法比拟的。因此，高校应该努力培养应用型、复合型、创新型人才。在教学中，必须把知识传授与能力培养相结合，理论学习与实践操作相结合，业务能力与人文素养相结合，使学生真正成为适应跨境需要的物流人才。

二是优化专业课程设置，完善课程体系。由于物流学学科的综合性，在其课程设置中应将经济学、国际贸易、工程学、管理学、运输学、社会学、工程学以及计算机科学等学科内容融入专业教育之中，使学生在全面掌握物流基础知识的基础上，既能适应市场需求，又能提升学生跨境物流的能力。在课程设置中，以基本知识的传授为基础，如运输、包装、配送、制单结汇等；以能力提升为发展方向，如在进行专业知识学习过程中，引进物流系统的规划设计课程，运用 IT 技术能力的培养等；针对中外国情充实新课程，如国际贸易、国别经济学、电子商务、供应链流程、物流成本分析等，以保证跨境物流专业学生的专业化能力与基本知识得以提升。

三是充实师资力量。教师素质的高低直接关系到教学的成败，直接影响学生能力的培养。高校一方面应提升教师的专业素质。通过教师跨境物流专业培训，加强教师间交流与合作，吸纳先进教学的经验，提升教师的专业技能；另一方面应加强教师思想建设，以传统文化、人文培训等方式提升教师的人文素养，建设一支数量相当、结构合理、业务精湛的跨境物流教师队伍。通过教师的身体力行，率先垂范，对学生潜移默化，不断提升学生的专业素质和思想道德素质。

四是加强实践教学。高校应该鼓励跨境物流专业学生在完成基础教学后，积极参与跨国公司、海外公司的物流实践，积累解决实际问题的能力，提高学生的物流综合水平，更好地参与到边境贸易物流的建设规划中来，实现理论知识与实践经验的融合，培养一批具有较强动手能力以及综合理论认知能力的边贸物流人才。

参 考 文 献

[1] 齐普拉科夫，等. 近年来俄中经贸关系与边境流通业的发展[J]. 中国流通经济. 2009(6)：37-38.

[2] 邓学平，等. 我国物流企业生产效率发展分析[J]. 系统工程理论与实践，2009(5)：27-36.

[3] 刘一霖. 基于中俄贸易发展的边境口岸物流体系研究[D]. 辽宁师范大学. 2008.

[4] B. B. 克列特. 拓展俄中合作的新机遇和条件[J]. 西伯利亚研究，2009(4)：33.

[5] 岳萍. 俄运输部长畅谈中俄货运状况[J]. 中亚信息，2005(9)：2.

[6] 欧阳强国，程肖冰，王道平. 对中国第三方物流的发展及方向的思考[J]. 中国社会科学院研究生院学报. 2010(1).

[7] 陈秋杰. 黑龙江省开展对俄物流合作研究[J]. 西伯利亚研究, 2015(2): 15-20.

[8] 刘家国, 刘巍, 刘潇琦, 等. 基于扎根理论方法的中俄跨境电子商务发展研究[J]. 中国软科学, 2015(9): 27-40.

[9] 范恩实. 利用黑龙江跨境新桥推动中俄沿边区域合作发展的初步研究[J]. 中国边疆学, 2017(1): 152-167.

[10] 景侠, 王馨桐, 梁颖. "一带一路"视域下中俄跨境电商发展面临的挑战及实现路径[J]. 哈尔滨商业大学学报(社会科学版), 2019(3): 85-95.

[11] 李慧, 等. 中俄边贸物流发展问题研究[J]. 商场现代化, 2020(9): 22-23.

[12] 席平. 国际陆港基础概念与运作[J]. 中国储运, 2007(1): 71-72.

[13] 董千里, 等. 国际陆港基础理论研究与探讨[J]. 物流技术, 2009(1): 17-19.

[14] 朱长征, 等. 国际陆港形成机理研究[J]. 企业经济, 2010(7): 1341-133.

[15] 支海军. 国际陆港规划理论及运作机制研究[D]. 长安大学. 2010.

[16] 宋睿琦. 无水港竞争力评价研究: 以天津港腹地无水港为研究对象[J]. 港口经济, 2011(5): 19-21.

[17] 杨扬, 李莉诗. 国际陆港城市物流能力与社会经济发展协调评价: 以昆明市为例[J]. 北京交通大学学报(社会科学版), 2019(3): 129-137.

[18] 徐磊, 陆君明. 西部国际陆港建设与丝绸之路经济带发展[J]. 开发研究 2020(5): 63-69.

[19] 王胜男, 杨琼, 官宏宁. 浅析黑龙江省中俄跨境公路、铁路运输现状及几点问题[J]. 中国标准化, 2016, 25: 9-10.

[20] 光昕, 李沁, 光昭. 基于国际陆港协作建设的丝绸之路物流与经济[J]. 开饭研究, 2017(5): 73-82.

[21] 门云云. 西部国际陆港发展对区域经济的影响[J]. 开发研究, 2020(5): 55-62.

[22] 李燕, 刘雨佳. 东北亚国际枢纽陆港: 沈阳的机遇与发展策略[J]. 国际经济合作, 2019(3): 95-104.

[23] 赵磊. 甘肃国际陆港协作发展背景下的中新南向通道物流发展研究[J]. 兰州交通大学硕士学位论文, 2018.

[24] 阿尤沙. 基于一带一路的中俄物流产业合作研究[J]. 沈阳理工大学硕士学位论文, 2018.

[25] 2009年12月28日第2094-号俄罗斯联邦政府明令. 关于2025年以前远东和贝加尔地区社会经济发展战略[EB\OL]. http://www.garant.ru/products/ipo/prime/doc/6632462/,2010.02,05.

[26] 普京签署法令. 扩大远东自由港区域[EB\OL]. http://www.ru.mofcom.gov.cn/artical/jmxw/? 50,2016,07,06.

[27] 戈佳威, 等. 海港与陆港"双港"联动发展[J]. 中国港口, 2016(4): 25-27.

作 者 简 介

霍佳颖: 西安外事学院国际合作学院副教授。

打造"高速公路智慧 CBD"
加快陕西商品贸易流通研究

罗　宁

　　当前,以国内大循环为主体、国内国际双循环相互促进的新发展格局正在形成,陕西要用足用好"双循环"新发展格局带来的新机遇,找准找实新定位,凭借自身禀赋优势,挖掘现有资源,以创新驱动展现更大作为,力争成为国内大循环的重要支点。本研究提出将 5G、物联网接入陕西高速公路服务区(以下简称服务区),打造"高速公路智慧 CBD",在促进商品流通、繁荣商贸活动的基础上,拉大城市发展骨架,为经济内循环发展增添动力,提振地方经济。

一、打造"高速公路智慧 CBD"的优势条件与预期效益

1. 优势条件

　　(1) 数量多、分布广。截至 2020 年 12 月,陕西省高速公路通车里程超过 6000 km,目前已实现县县通高速。省内服务区共计 110 对,平均 50 km 设置一对,这些服务区遍布全省高速公路沿线,具有极大开发潜力。省内服务区分归陕西省交通建设集团公司(负责管理 62 对)、陕西高速集团(负责管理 46 对)、陕西省交通投资集团有限公司(负责管理 2 对)三家集团管理。

　　(2) 区位优、客流大。陕西省内服务区距离市区较远,坐拥巨大的人流量和车流量,具有应急和服务的基本特性,且能够连通相邻城市的人流与物流,车辆出入方便,具有得天独厚的交通区位优势。在服务区创建"高速公路智慧 CBD",可宣传和营销陕西优质工农业产品;"高速公路智慧 CBD"内的智慧物流功能区还可为商贸交易后续的跨城物流运输提供便利,减少无效的运输等待时间,加快货物周转。以服务区为物流节点,进行货物存储、周转、配送都非常便利和高效。

　　(3) 空间足、潜力大。陕西省内每个服务区占地面积约 50～300 亩不等,场地宽敞,用地储备充足,且周边地价相对低廉。目前,服务区周边土地开发不足,使用中存在闲置、荒废和利用率低等问题,亟待进一步开发和利用。

　　(4) 技术新、应用快。我国主导的 5G 技术世界领先,2019 年 6 月已正式投入商用。5G 技术是万物互联的"土壤",是"智慧化"的加速器。5G 技术目前已经快速应用于车联网、智能制造、无线医疗、云 VR/AR 等方面,未来应用领域还会继续拓展,不仅可以赋能工业,在服务业也可大有作为,它是在服务区设立智慧展馆、智慧购物中心和智慧物流服务站要依托的重要基础设施。

　　(5) 有经验、可借鉴。国外高速公路建成早,公路网相对完善,现代流通业起步早,

如伦敦、巴黎等地的服务区早已发展成为集物流、休闲、商务于一体的综合性服务区。近年来，国内也有一些城市的高速公路服务区开始探索创新发展之路，吸引了巨大人流、车流并取得不菲成效。如阳澄湖服务区的非遗展示馆、芳茂山服务区的恐龙主题乐园、绍兴服务区的黄酒展示厅与鲁迅文化广场等。国内独具特色的优秀服务区都存在一个共性，即当地经济发达，民营资本融入较多，资本的逐利性催生了创新，服务区创新发展来源于经济发展的内在动力，它们先试先行的成功经验，为陕西服务区的发展提供了启发和借鉴意义。陕西应利用好这种后发优势，借鉴他山石并充分结合自身优质资源，打造出更优秀的服务区。

（6）较独立，易管理。2022 年 1 月新冠肺炎疫情防控期间，田东、渭南西、乾县、武功、三原等服务区均按要求设置了转运场地，在出入口建立检查口，并设置了明显的标志牌，严格按照有关要求查验货车司机健康码和 48 小时内核酸阴性证明，同时为广大司乘人员提供独立的餐饮和住宿。在新冠肺炎疫情防控期间，相比城区内转运站，服务区转运站具有空间独立、方便封闭管理的优势。

2. 预期效益

1）经济效益

"高速公路智慧 CBD"未来将吸引优质的物流、商贸、会展企业入驻，这些企业将和服务区产生互促效应。一方面，服务区稳定的车流、人流给企业带来初始消费群体，服务区亦是企业开枝散叶、对外宣传的窗口。陕西拥有众多优质产品、特色产品，而"高速公路智慧 CBD"是陕西产品的对外展销新平台，是陕西工农业产品与全国消费市场的桥梁，"高速公路智慧 CBD"的运行能够有力促进产品的跨区域流通，提升陕西产品的知名度，促进经济内循环。另一方面，企业的优秀产品和优质服务会给服务区带来可观的创收，提升服务区的综合服务水准，远期会促使服务区土地资产增值。从宏观上看，不同路段服务区各具特色的"高速公路智慧 CBD"将成为高速公路网上的一颗颗璀璨明珠，整体呈现一张点亮陕西的"高速公路智慧 CBD"网，是加快经济循环、提振陕西经济的强劲动力。

2）社会效益与生态效益

"高速公路智慧 CBD"具有良好的社会效益和生态效益，具体体现在以下几个方面：

（1）在服务区打造"高速公路智慧 CBD"发展商贸和物流可以缓解城区的用地问题，减少重型货车进城给当地交通带来的影响，有效缓解交通紧张的状况。进出车辆的信息和货源信息均可汇总至服务区智慧物流信息平台。根据物流需求，货物与车辆自动匹配。这样不仅能够减少人为主观不可控因素，而且能够充分利用现有运力，提升物流效率。

（2）"高速公路智慧 CBD"具有展览、商贸、物流等丰富的职能，未来将建设智慧展馆、智慧购物中心、智慧物流服务站等实体，需要大量相关行业的规划设计和施工人员，投运后长期需要足够的服务人员。因此，"高速公路智慧 CBD"的建设和运行，有利于促进相关行业优秀人才聚集，为陕西经济的持续发展提供源源不断的人才支撑。

（3）"高速公路智慧 CBD"内及来往车辆产生的废弃物可在服务区集中回收处理，有利于减少对城区环境的污染。另外，重型货车在服务区内的物流中心卸货，可缩短其行驶路程，有利于减少碳排放，提高生态效益，助力"碳中和"。

综上，"高速公路智慧 CBD"的预期效益显著，经济效益、社会效益、生态效益俱佳。

二、其他城市服务区创新发展优秀案例

就目前我国其他城市的高速公路服务区创新发展情况来看，以下几个服务区特色明显、成绩显著。

1. 阳澄湖服务区

阳澄湖服务区以"梦里水乡、诗画江南"为总体设计理念，以最具苏州特色的"一街三园"元素（苏州观前商业街及苏州最负盛名的拙政园、留园、狮子林）作为设计蓝本，将传统与现代结合、文化和科技交汇，最终实现"不入苏州城，尽览姑苏景"。阳澄湖服务区打造了一个 3000 m² 的非遗展示馆，展示包括苏绣、木雕等多种非物质文化遗产的精湛工艺和匠心神韵。改造后的阳澄湖服务区自开业以来，因"交通＋旅游"的设计和经营理念，吸引了成千上万的旅客前来观光游览，迅速成为"网红"服务区和旅途"打卡地"，车流量增长了 40％以上，新增的休闲娱乐和文化服务类的非餐饮类业态占比超过 65％。阳澄湖服务区的成功改造，为全国高速公路服务区高质量发展树立了标杆，对全国高速公路服务区升级转型有极大的借鉴意义。

2. 芳茂山服务区

芳茂山服务区是世界首个以恐龙为主题的高速公路服务区，以"恐龙主题、文化体验"为总体立意，紧紧围绕恐龙元素精心打造，在功能建筑、园艺景观、室内装潢、商业展陈上都与恐龙主题交相呼应。芳茂山服务区综合楼主体建筑采用美式乡村风格，外观造型呈现出欧美城堡的线条之美，将恐龙主题文化融入饮食、购物、娱乐等各种经营业态中。芳茂山服务区以建筑之美、主题之显、品牌之精、体验之乐、设计之巧的鲜明特点，赢得了各方好评，在微信朋友圈刷屏不断，抖音视频纷纷袭来。改造后的芳茂山服务区，日均入区车流量 1.33 万辆，日均接待旅客 6.3 万人次，同比增加 47％，小客车停留时间同比延长 8.2 分钟。

3. 天福服务区

天福服务区以"服务区＋旅游"的经营理念进行规划布局，将服务区与"唐山过台湾"石雕园、观光茶园、皮定均将军纪念园、天福党性教育基地有效融合在一起，旨在打造一个综合性、多功能的闽台文化交流平台。以"服务区＋旅游"的创新举措，有利于拓宽服务区单一经营模式，创造集基础服务、旅游、休闲、会议于一体的综合型服务区。进入天福服务区的驾乘人员不仅可以短暂休息，放松心情，还可以参观石雕园、茶园等景区，充分了解海峡两岸的历史渊源。毫无疑问，天福服务区对促进海峡两岸文化交流融合，增进两岸同胞情谊和凝聚力，推动中华民族茶文化的发展起到了良好的促进作用。

4. 潞江坝服务区

潞江坝服务区从文化元素展现与经营指标实现结合入手，除了为广大驾乘人员提供优质的服务外，还设置有民族风情浓郁的特色餐饮街、潞江坝特色水果专供市场及名优特旅游商品超市，旨在为广大驾乘人员提供综合旅游服务，为"美丽富饶的潞江坝"锦上添花。同时，潞江坝服务区具有丰富的文化内涵，在服务区内不仅可以感受云南交通的历史变迁，更为重要的是，可以追忆滇缅抗战"血线"的建设壮举和滇西抗战的悲壮历史。

5. 绍兴服务区

绍兴服务区为了向四海宾朋展示当地酒文化，特地在服务区内开设黄酒城。黄酒城展厅内播放着介绍黄酒制作工艺的短片，能够让游客更加透彻地了解黄酒的酿造手法。游客还可以在这里免费品尝到塔牌、古越龙山、会稽山、女儿红、唐宋等著名品牌的黄酒，如果有喜欢的，还可以购回珍藏于家中，或与亲朋好友把酒言欢。绍兴服务区内还建有鲁迅文化广场，将鲁迅先生的生平简介刻于石板之上，并配有先生的墨宝，颇有文化气息。此外，绍兴服务区还是一个美食的聚集地，它是浙江省内首家引入麦当劳的高速公路服务区。服务区内设有"佰里庭"美食街，可以品尝到诸如绍兴臭豆腐、咸亨腐乳、绍兴霉干菜等独具特色的当地美食，让入区游客不虚此行。

综上对比可见，陕西的服务区较之其他优秀的服务区而言，发展相对落后。陕西的服务区经营模式单一，服务区的规划定位传统而保守，创新性发展不足，未将城市的产业特色、旅游特色、人文特色与服务区的规划和经营理念深度融合。无论对服务区自身走内涵式发展道路而言，还是对外与其他服务区竞争而言，陕西的服务区要努力打破传统经营理念转型发展。因此，本研究提出在陕西的服务区打造"高速公路智慧CBD"，将陕西的地方产业与特色融入"高速公路智慧CBD"，对外树立陕西名片，彰显陕西实力。

三、陕西重点服务区的实地调研情况

为准确和直观掌握陕西服务区目前的发展状况，为确保本研究符合陕西服务区的实际情况，课题组在查阅相关文献的基础上，开展了实地走访调研工作。

（一）调研筹备

1. 确立调研目标

此次调研的目标分三个方面：第一，掌握特定服务区的真实状况，包括占地面积、服务人员、服务项目等基本情况；第二，验证服务区是否具有建设"高速公路智慧CBD"从事展览商贸及物流活动，或者走其他创新性发展道路的需求和意愿；第三，了解服务区目前发展的痛点，在掐准痛点的基础上，研究解决方案。

2. 选取调研对象

陕西高速公路服务区目前共计110对，非均匀分布于陕西"米"字形高速公路网上，本次调研拟从中选取2个重点服务区进行现场走访调研。

（1）临潼服务区。临潼位于关中平原东部，历史遗产众多，包括有"世界八大奇迹"之称的秦始皇陵兵马俑、华清池、兵谏亭等，是来陕游客必去的"打卡景点"。临潼服务区在西安的12个服务区中，旅游、人文特色最为突出，加之临潼产业发展相对较好，工农业产品颇具优势，故课题组选定临潼服务区为调研第一站。

（2）高桥服务区。该服务区地处西咸新区沣西新城行政区域，沣西新城是未来西安国际化大都市综合服务副中心和战略性新兴产业基地。高桥服务区北侧的"中国第一帝都"咸阳是秦汉文化的重要发祥地。由高桥服务区继续向西前行 24 km 可到达兴平,兴平旅游资源丰富,包括马嵬驿民俗文化村、黄山宫、杨贵妃墓等,故高桥服务区是一个位于良好旅游资源线路上的服务区。另外,该服务区于 2019 年 10 月刚刚开业正式运营,场地空旷,除基本的车辆和人员服务外,暂无其他明确的规划和定位,未来蕴藏无限的开发潜力。因此,调研第二站选定为高桥服务区。

3. 拟定调研提纲

课题组拟亲赴服务区现场,开展实地走访式调研,通过与陕西高速集团和服务区管理人员访谈获取所需信息。通过课题组查阅资料和研讨,确定调研提纲如下:

(1)陕西高速集团和服务区是否有意愿提升高速公路服务区的服务内涵,由运输服务型向商贸物流型转换,以促使资产升值,并为促进经济内循环作出积极贡献?过去是否有过相关尝试?有什么效果?有哪些障碍?

(2)服务区的建设和开业时间、占地面积、地表建筑物规模及限高、商用房与仓库租金价格,有无拓展或挖潜空间?

(3)服务区现有哪些盈利项目?运营收入数据及各类收入占比情况。

(4)服务区平均过往车流量及每日入区车流量数据。

(5)服务区的具体服务项目、就业人员、服务效益等。

(6)该服务区与其他服务区比较,有哪些方面的独特的优势或短板?还有哪些优势未充分发挥?目前创新发展的痛点是什么?

(7)若在服务区打造"高速公路智慧 CBD",会有哪些方面的益处?会面临哪些障碍?应如何突破?

(8)就目前服务区发展现状和管理体制而言,若阶段性向"高速公路智慧 CBD"转化,当前第一阶段可取得支持、可着手实施的是哪些工作?

(二)临潼服务区调研

2020 年 7 月 28 日上午,课题组亲赴临潼服务区现场开展走访调研。调研流程分三步:首先,在服务区讲解员的陪同下,课题组成员参观服务区各类室外服务设施,并了解服务区周边的外围空间环境;接着,进入服务大厅,了解和感知服务区的各种室内服务项目;最后,陕西高速集团领导、临潼服务区经理、课题组成员在服务区接待室召开座谈会,一同研讨服务区未来的发展方向。

1. 临潼服务区现状

临潼服务区位于连霍高速西潼段 K1027 处,距西安市中心 25 km,距临潼区出口 2 km。临潼服务区于 2017 年 10 月 1 日投入运营,占地面积 167 亩,总建筑面积 8867 m²,绿化面积 42 800 m²,服务人员 196 人。目前主要提供停车广场、公共洗手间、帐篷露营、高速公路信息查询、开水供应、电子阅读角、旅游咨询等免费服务,设立加油站、新能源充电桩、汽车维修、房车补给、车辆加水降温等便民服务,经营餐饮、24 小时便利超市、客房、水果、工艺品等服务项目,提供 24 小时免费服务 12 项,是集休闲、文化、商业于一体的综合性服务区。

临潼服务区在车辆补给方面已引入中国石油、国家电网，为入区车辆提供加油站、充电桩等基础功能；在经营业态方面已引入老潼关肉夹馍、美国加州牛肉面、左岸咖啡、绝味鸭脖等知名餐饮品牌；在走廊经济方面引进了共享按摩椅、充电宝、健康体检机等健康生活服务设施；在智慧化发展方面已树起智慧交通导向标，实现了融合"互联网+"的线上高速云驿站电子商务平台、线上陕西高速服务区公益管理平台和养护管理月报平台，形成了系统的公益管理质量体系，全面上线了支付宝、云闪付人脸识别等支付方式；引入了数字化"云上客"商业监管平台，形成了数字化经营分析系统。

2. 临潼服务区对"高速公路智慧 CBD"的需求

座谈会上，课题组先对"高速公路智慧 CBD"项目进行了介绍，提出"高速公路智慧 CBD"的顶层设计是站在服务地方经济高度的，不同于其他服务区通过增加经营服务项目去创收的行为，因此在特定服务区打造"高速公路智慧 CBD"必须紧密结合陕西地方产业，深度融入地方文化。

临潼服务区经理表示"高速公路智慧 CBD"是非常好的项目，可以引车入区，增加服务区人气，通过展览和商贸活动，在商户和服务区创收的同时，又为地方经济繁荣贡献力量，可谓一举多得。服务区经理拿出 2019 年临潼服务区的入区车流量数据，经过计算，得知每日平均入区车流量约为 1466 辆，这与前文所述的芳茂山服务区日均入区车流量 1.33 万辆的数据相去甚远，每日入区车流量的巨大差异反映了服务区人气差异。临潼服务区位于"一带一路"交通大动脉连霍高速的西潼段，这个路段是西安与东部其他城市往来车辆必经之路，加之该路段八车道的超大车流承载力，增加入区车流量存在巨大潜力。

临潼服务区目前服务对象仅限车辆与司乘人员，对企业客户并不提供展览商贸或物流等业务，因此对企业客户不产生吸引力。未来"高速公路智慧 CBD"将吸引企业客户入区参加展会或参与交易，区内客户也必须是经过甄选的当地知名企业。知名企业、优质企业的商业活动往往规范而自律，它们的入区会减轻服务区的管理压力。对于临潼服务区，除了常规的餐饮、购物服务外，可以考虑吸引陕鼓集团、银桥乳业等知名企业入区设立销售窗口，对外展示优质产品。

3. 临潼服务区的发展痛点

通过与临潼服务区三位经理分析探讨，发现临潼服务区目前存在以下痛点：

（1）服务区的设计者（设计院）与使用者（服务公司）分离，设计者不参与使用，使用者无法介入设计。设计者设计时往往立足于传统的服务区定位（仅为司乘人员服务）来进行规划和设计，设计方案保守，其设计余量和改扩建空间较小。设计者更在意的是要对建筑的技术质量负责，而非站在使用者立场或者地方经济发展的顶层设计者立场去进行创新性和前瞻性的规划与设计，未考虑服务区未来商贸和物流发展前景，也缺乏服务区创新发展的敏锐性。

（2）在原先设计的区内建筑环境打造"高速公路智慧 CBD"，增加展览、商贸或物流活动，存在很多障碍：一是空间有限；二是建筑加层扩建得不到上级部门的批准；三是周边场地征地难度大。如果全面翻新重新规划建设，更是困难重重，一方面难以得到主管部门批准，另一方面无法解决重建期间区段的交通问题。临潼服务区目前处于"绑着腿参加赛跑"的困局中。

（3）对服务区的考核及评级评优的指标均为公益服务类指标，并未列入经济指标。例如，在《全国高速公路服务区服务质量等级评定办法（试行）》中，全国高速公路服务区服务质量等级评定内容主要包括公共卫生间、公共场区、餐饮、便利店、加油（加气、充电）站、车辆维修站、客房、综合服务和基础管理的服务质量，并不评定服务区的其他经济活动，也没有要求服务区要服务地方经济。

（三）高桥服务区调研

2020年8月12日上午，课题组前往高桥服务区进行走访调研。调研流程与临潼服务区相同，分三步：首先，在服务区讲解员的陪同下，课题组成员参观服务区各类室外服务设施，并了解服务区周边的外围空间环境；接着，进入服务大厅，了解和感知服务区的各种室内服务项目；最后，陕西高速集团领导、高桥服务区经理、课题组成员在服务区接待室召开座谈会，一同研讨服务区未来的发展方向。

1. 高桥服务区现状

高桥服务区位于G30连（江苏连云港）—霍（新疆霍尔果斯）高速公路西安至宝鸡段，是西宝高速新线西安至宝鸡方向的第一个服务区，总占地约220亩，以高速公路为中心，分为南北两区。高桥服务区距西安市区25 km，距西安绕城高速8 km，往西安方向距汉城服务区17.5 km，距曲江服务区26 km，距中国西部创新港3.8 km，距地铁5号线"高桥站"150 m，距诗经里13 km，距昆明池18 km，距咸阳市区8 km，往宝鸡方向，距武功服务区38 km。

高桥服务区始建于2016年2月19日，于2017年8月17日竣工，2019年9月26日正式开业运营。高桥服务区区内的建筑比较完善，包括办公楼、宿舍楼、餐厅、超市、锅炉房、水泵房、配电房、汽修房、加油站等。目前，服务区免费服务项目有停车、如厕、临时休息等，经营项目主要有餐饮、超市等，所有项目均为24小时营业。

2. 高桥服务区对"高速智慧CBD"的需求

高桥服务区自正式开业运营以来，各类服务项目日趋完善，服务设施安置有序合理，服务大厅装潢装饰大气华贵，但相比临潼服务区将兵马俑元素融入室内外装饰和产品中而言，高桥服务区虽显得华丽，但缺乏灵魂。高桥服务区只提供加油、如厕、用餐等基本服务项目，现场环境使我们很难将服务区与地方经济或繁荣的商贸活动联系起来。

高桥服务区经理表示，打造"高速公路智慧CBD"的想法很有新意，未来服务区内可以引入很多西安当地的知名企业和产品，以供游客和企业客户参观、了解和购买，使服务区升级为西安的"精神地标"。

3. 高桥服务区的发展痛点

高桥服务区的发展痛点主要有：

（1）服务区投入运营时间不长，定位暂不清晰。据了解，陕西国际旅行社有限责任公司与陕西省自驾游及房车露营协会正在联手拟将高桥服务区打造成"房车营地",并委托设计院出台了一套设计方案,目前正在与陕西高速集团洽谈合作。当前对于高桥服务区有仓储物流、房车营地和"高速公路智慧 CBD"三种不同的发展定位备选。

(2) 高桥服务区车流、人流相对稀少,每日入区车辆平均 200 辆,相比其他繁华的服务区,冷清又尴尬。即使到了中午饭点,餐厅摆满了各种小吃和自助,仍是人迹寥寥,其主要原因有两点:一是该服务区距离西安绕城高速只有 8 km,来往的车辆要么刚刚出城,要么马上进城,入区停车或吃饭的必要性不强;二是高桥服务区附近的旅游资源和商业综合体稀缺,对车流、人流的吸引力较弱。

(3) 如若在高桥服务区打造"高速公路智慧 CBD",对于刚刚开业不久的服务区而言,意味着停业和改扩建,这重大决策面临的障碍和后续引发的交通问题是不易解决的,因此很难得到上级主管单位的批准。在当前,管理者能够有权限做的就是尽力优化服务区现有的少量餐饮商户。对于重新规划设计、建设、招商、运营,需要得到上级主管单位的批准。

课题组认为,在当前情况下,高桥服务区应尽快明确定位,靠特色引人、靠服务留人。

(四) 调研总结

此次调研总结如下:

1. 服务区定位层次较低、较保守

据调研和查阅资料,陕西的服务区立足于为车辆和司乘服务的基本定位,与地方产业的联系较弱,仅限于超市中陈列数种特产而已,销量也非常有限,而且对于异地的企业客户吸引力不足。未来应该挣脱保守思想的束缚,借鉴其他城市优秀服务区的创新发展经验,大胆寻找适合陕西服务区自身实际的发展之路,打造"高速公路智慧 CBD",定位于服务地方经济。

2. 以公益性服务项目为主导

目前,陕西所有的服务区都提供如厕、加水、餐饮、购物、住宿等司乘人员服务和停车、加气、加油、(电动汽车)充电等车辆服务,并以这种基础性、公益性服务为主导,商品批量展销或企业经贸洽谈等经济性和盈利性的服务较少,服务区的经营未与服务地方经济链接。

3. 各服务区条件不同且特色各异

陕西高速公路各服务区的地理位置各异,周边的产业和空间建筑环境差别颇大,服务区的区位人文特色互不相同,每日的车流量、人流量多少不一,故打造"高速公路智慧CBD"时应因地制宜,体现各自特色,发挥各区优势。

4. 服务区盈利空间巨大

每个服务区都有每日稳定过往的车流量,消费的基础群体是具备的。有些服务区附近旅游资源丰富,承载异地游客的客车川流不息,是展示和出售当地特色产业和优势产品的绝佳窗口,同时也有利于对外展示和宣传地方特色产业。陕西的特色产业和工农业

产品不在少数，若能布局在服务区"高速公路智慧 CBD"对外宣传展示，未来盈利空间广大。

5．对"高速智慧 CBD"需求强烈

在对临潼服务区和高桥服务区进行实地调研期间，通过与高速集团领导和服务区经理交流，了解到服务区未来发展之路必然是内涵式发展，单纯提供简单的人员和车辆方面的公益服务，是对服务区众多优势资源的一种浪费。陕西与其他城市服务区的创新发展模式相比，显得保守和落后，应找到自身的特色和定位延伸服务链。

四、"高速公路智慧 CBD"的功能、类型与定位要点

（一）"高速公路智慧 CBD"的功能

陕西省内大多数服务区已具备较完善的人员服务和车辆服务两项基本功能，包括人员的就餐、接水、如厕、应急救援、住宿、信息查询等；车辆的加油、加气、充电、停泊车等。

服务区的服务属性决定了它未来必须保留原有的人员服务和车辆服务这两项基本功能。本研究提出在保留两项基本功能的基础上，增设展览功能、商贸功能和物流功能，借助服务区优越的交通区位优势和场地优势，将商品的供应、展示、销售、物流全供应链服务在"高速公路智慧 CBD"得以实现。

1．展览功能——智慧展馆

以智慧展馆作为"高速公路智慧 CBD"展览功能的载体，馆内有序陈列陕西优势产品、特色产品，以产品类别划分区域，由产品的厂家或商家进行现场产品宣介和展示。自观展者进入展馆那一刻，自动签到、实时位置跟踪、观看轨迹记录等智慧化服务自动开启，厂家或商家也可实时、准确获得观展者信息，适时开展无缝营销，如指定距离内自动向观展者手机发送商家信息、产品目录和操作演示视频等。通过商家现场的产品宣介和馆内多种智慧化服务，最大程度提升客户体验，增强客户黏度，使入区观展的客户对陕西省内的服务区留下深刻认知和美好印象。

2．商贸功能——智慧购物中心＋电商直播间

在"高速公路智慧 CBD"内投建智慧购物中心和电商直播间，以承载"高速公路智慧 CBD"的商贸职能。当顾客进入"高速公路智慧 CBD"区域内，手机连接上 wifi，就可以享受一系列智慧化服务，如智能引导寻找停车位、刷脸进入购物中心、智能查找喜欢的商品、购物后支付宝自动结账扣款、智能预约就餐等。另设电商直播间，定期采取厂家直播宣传、商家直播营销、网红直播带货等多种模式，可以为陕西优秀企业和特色商品营销引流、打造知名度。

3．物流功能——智慧物流服务站

智慧物流服务站主要承载"高速公路智慧 CBD"的物流职能。在智慧物流服务站，稳定的 5G 网络将使智慧仓储走上快车道。无人分拣传送带、机器人、智能叉车可将操作、监控、预先维护等集中在电脑端完成，大大节约物流成本，提高物流效率。5G 网络配合大数据、人工智能技术，可实现对货物的全程实时可视化追踪，并能计算、分析和自动报

警,保证物流运输畅通无阻。5G 技术可以给物流机器人提供实时的通信支撑,使得无人设备运行更加安全可靠。目前,菜鸟、京东、顺丰、苏宁都在试用 AGVS(自动导向搬运车系统)无人车技术,积累无人车的运营经验,而"高速公路智慧 CBD"的智慧物流服务站将加速无人运输的落地和推广。另外,5G 低延时网络传输能够将与物流活动相关的信息更迅速地传达到设备、作业、管理等环节,环环相扣,使物流活动更流畅高效。智慧物流服务站未来将是一个巨大的物流信息港,为物流车货自动匹配提供支撑。

因此,"高速公路智慧 CBD"内的智慧物流服务站一方面担当物流服务的主体,对外塑造服务区的物流服务品牌,另一方面作为物流服务的对象,由物流企业为服务区进行食品、日用品等各类商品的补给配送。

(二)"高速公路智慧 CBD"的类型

特定服务区在打造"高速公路智慧 CBD"时,需紧密结合当地产业特色、优势产品、人文环境和旅游资源,在不同区域的服务区打造差异化的"高速公路智慧 CBD",发挥各自优势,避免同质规划和重复建设。可考虑打造"农副产品 CBD""工业产品 CBD""文化 CBD""旅游 CBD""定向扶贫 CBD",并设计网红打卡地吸引流量。服务区可以是单一类型 CBD,也可以是两三种 CBD 类型的综合。

临潼服务区可考虑打造"农副产品 CBD",将当地的银桥乳业等知名企业引入服务区设立展示和销售窗口。除提供银桥乳制品展示外,还推出产品品鉴、销售、冷链保鲜和配送等一站式服务,以此吸引消费者。

西安曲江服务区可主打文化产业,打造"文化 CBD",在服务区建设智慧化特色展区,展示陕西本土的特色文化作品,如字画、篆刻、古董等艺术作品,以及电影文化作品和图书作品,并引入相关企业,定期邀请名人名家,适时举办画展、书展、文学作品宣介会等,另结合建筑的艺术风格设计,将西安曲江服务区同时塑造成网红打卡地,增强吸引力。

蓝田服务区可打造"工业产品 CBD",可考虑建造一个智慧化、可视化的玉石展览馆,将传统与现代结合,向游客和商户展示与介绍蓝田玉器的原材料形态、品种、鉴定方法、制作过程和制作工艺,同时出售玉枕、玉雕、玉佩饰等成品,区内聚集相关企业,实现玉石产品的展、销、运一条龙服务。另外,在餐饮服务方面,可主推蓝田的特色水果小吃,如杏、柿子、饸饹等。

(三)"高速公路智慧 CBD"的定位要点

1. 各区体现特色、避免重复建设

陕西的 110 对服务区在地理区位、产业特色、空间建筑及人文环境等方面均存在较大差异,故打造"高速公路智慧 CBD"时应因地制宜,有效利用各自优势资源,体现各自特色,避免同质规划和重复建设。

2. 宏观互补协调

陕西的 110 对服务区在打造"高速公路智慧 CBD"时一定会时空错落,因此在最初顶层设计时,就要把握好这 110 对服务区的宏观互补协调关系。通过对 110 个服务区的不

同定位和差异化规划,力争使陕西大多数特色产业和产品能够合理布局,共同对外展销,工业、农业、服务业应有尽有,农产品、普通消费品、高端产品、工业产品、文化产品、服务产品一应俱全。

五、打造"高速公路智慧 CBD"的建议

(一)对省、市政府的建议

长远看,无论从全国经济发展还是区域经济建设,对新型基础设施建设均有广阔需求,政府应从政策层面引领新基建,如 5G 基站建设、新能源汽车充电桩、人工智能等方面。政府可通过顶层布局、项目引领、平台建设、企业引进等全方位发力,携手龙头企业共同引领新基建发展,领跑城市经济。

另外,政府应转变观念、着眼未来,积极探索和支持高速公路服务区的发展。为了满足"高速公路智慧 CBD"未来建设的用地需求及远期项目改扩建等发展需求,建议政府在征地、拆迁等方面给予配套支持。项目实施中,政府可从以下几方面提供支持和保障。

1. 精心设计,分步实施

陕西"高速公路智慧 CBD"可以按照两个阶段推进建设。

(1)探索试点阶段(2021—2023 年)。到 2023 年,在省内选取 3～5 个场地宽敞、区位优越、车流较大且周边产业特色突出的服务区,确定恰当的"高速公路智慧 CBD"类型,打造出鲜明风格,试点运营,树立标杆,发挥示范作用,引领其他服务区创新发展。

(2)全面建设阶段(2024—2030 年)。到 2030 年,完成省内所有具备条件的服务区的建设,所有服务区均有明确的发展方向,能够紧密结合和突显地方产业,无场地资源浪费;未来全省"高速公路智慧 CBD"网形成且联动效应显现,服务区内的"高速公路智慧 CBD"成为外省游客来陕必去的打卡地,对外树立陕西服务区品牌,提振陕西地方经济的新动力。

2. 政府部门牵头、组建策划团队

由陕西省交通厅牵头,在全面深入调查研究的基础上,与陕西省工业和信息化厅、省自然资源厅、省农业农村厅、省商务厅、省文化和旅游厅等部门配合,协同制定"高速公路智慧 CBD"建设规划,在土地指标、建筑加层、改扩建、招商等方面给予配套支持政策措施。

由陕西交通建设集团、陕西高速集团牵头,联合相关高等院校、中国电信和中国移动(5G 主要运营商),以及设计院单位等组建专家团队,深入调研并论证"高速公路智慧 CBD"项目的规划实施问题,对于陕西不同地区的服务区提出有针对性的"高速公路智慧 CBD"规划方案、建设思路和实施安排。

3. 严格遴选招商、体现差异化特色

"高速公路智慧 CBD"的定位是服务地方经济,因此应以精准和长远的眼光,严格招商遴选各区周边支柱产业、主导产业的知名企业,另需引驻一批大型会展企业、有实力

的物流企业、金融等配套企业等，使其尽早成为入驻签约企业，参与智慧展馆、智慧购物中心等实体的规划和建设。

陕西省内各服务区在打造"高速公路智慧CBD"时，应选择适宜的类型进行差异化建设，在最初顶层设计时，要把握好这些服务区的宏观互补协调关系。通过不同类型划分和差异化规划，力争使陕西优势产业、特色产业能够合理布局，共同对外展销，让陕西优势特色的工业、农业、文化、旅游等产品在不同服务区聚集。

4．提供资源保障、创新考核指标

"高速公路智慧CBD"建设的用地需求应视服务区现有面积而定。若服务区原始可用面积充足，直接规划开发即可；若面积略有不足，可通过建筑加层扩建得以解决；若面积缺口较大，则需开发周边土地。

在服务区的考核与评级评优指标中，除了公益性指标外，应适当添加经济性指标，以反映服务区服务地方经济的成效；增加示范引领指标、品牌建设指标等，鼓励服务区强化特色、走创新发展之路。评级评优核算时，应将定性指标与定量指标相结合，这样才能全面反映各区"高速公路智慧CBD"的建设水平、服务质量、运营绩效等。通过指标导向，引导服务区服务地方经济，创新发展，参与竞争。

（二）对陕西交通建设集团、陕西高速集团、陕西交通投资集团的建议

陕西的110对高速公路服务区分归陕西交通建设集团、陕西高速集团和陕西交通投资集团管理。陕西高速集团是承担陕西省高速公路项目建设和运营管理特许经营职能的大型企业，负责高速公路收费还贷项目的资金筹措、建设项目招投标，以及高速公路养护等。课题组建议以陕西高速集团为主，联合西安外事学院、长安大学、西北工业大学、中国电信和中国移动等组建专家团队，深入调研并论证"高速公路智慧CBD"项目的规划实施问题，对于陕西省内的不同服务区提出有针对性的"高速公路智慧CBD"规划方案、建设思路和实施安排。

（三）对5G通信运营商的建议

2019年6月6日，工信部正式向中国电信、中国移动、中国联通、中国广电发放5G商用牌照，中国正式进入5G商用元年。作为5G网络的主要四家运营商，中国电信、中国移动、中国联通、中国广电未来应在高速公路服务区加大加强5G通信网络密度，使5G通信网络能够适应"高速公路智慧CBD"未来巨大用户群和相关商贸和物流活动运行的需求。

（四）对会展、商贸、物流、金融等相关企业的建议

陕西工农业支柱产业的知名企业，如曲江国际会展（集团）有限公司、西安绿地笔克国际会展有限公司等大型会展企业；沃尔玛、华润万家、汽车超市等商贸零售企业；第三方物流、专线物流等物流企业；银行、保险公司等金融机构应积极关注"高速公路智慧CBD"项目，尽早成为入驻签约企业，参与智慧展馆、智慧购物中心等实体的规划和建设。

六、结语

本研究立足陕西实际，首先分析了打造"高速公路智慧 CBD"的优势条件和预期效益；其次对国内其他城市服务创新发展的优秀案例进行了概括；接着在陕西重点服务区实地调研的基础上提出了"高速公路智慧 CBD"的功能、类型与定位要点；最后针对省市政府、归属集团、5G 运营商和相关企业分别提出了建议。希望本研究能够点亮陕西高速公路服务区未来创新发展之路，为地方经济发展贡献微薄之力。课题组在未来将继续延伸此研究，不断探索和完善，也有意愿参与"高速公路智慧 CBD"项目后期的实施。

参 考 文 献

[1] 赵昕，石琼. 开展高速公路服务区物流服务的制度可行性研究[J]. 中国物流与采购，2018，(16).
[2] 张尚勇. 基于市场化的高速公路服务区经营开发[J]. 交通企业管理，2022.3.
[3] 吕家琦. 辽宁省高速公路智慧服务区建设模式探讨[J]. 北方交通，2022.3.
[4] 杨武. 高速公路智慧服务区建设与发展思考[J]. 交通企业管理，2020.1.
[5] 王先知. 基于"街区开放"规划理念的中央商务区建设：以济南市 CBD 为例[J]. 城市住宅，2020.2.
[6] 郑欢欢，冀功贤，吴穹，等. 河南省高速公路服务区发展第三方物流的 SWOT 分析[J]. 创新科技，2018.10.
[7] 谭钰珍. 江西高速服务区功能拓展形象提升[N]. 中国交通报，2021.12.22.
[8] 李源鑫. 高速公路智慧服务区系统设计[J]. 中国交通信息化，2019.3.
[9] 田金龙. 浅谈 5G 技术对物流与供应链管理的影响[J]. 商讯，2019.9.

作 者 简 介

罗宁：西安外事学院商学院副教授。

"双循环"新发展格局下西安国际陆港与空港物流耦合协调发展研究报告

贾果玲

一、绪论

(一)研究背景

我国已进入高质量发展新阶段,处于新型工业化、信息化、城镇化、农业现代化快速发展阶段,多方面优势条件更加凸显,国内需求潜力巨大。习近平总书记站在"两个一百年"奋斗目标切换的历史交汇点,面临国际大循环动能明显减弱、国内大循环活力日益强劲的新形势,适时提出"以国内大循环为主体、国内国际双循环相互促进的新发展格局"的战略。"内循环"的迫切任务是构建现代流通体系,为扩大内需、稳定优化产业链、满足人民群众对美好生活的需要提供强力支撑;"双循环"的主要任务是在外部环境高度不确定的情况下,利用内部市场规模、产业链条完整、战略空间回旋大的优势,逐步摆脱过去过度依赖传统国际大循环模式,形成新的国际大循环模式。

2020年9月9日,中央财经委员会第八次会议指出,建设现代流通体系对构建新发展格局具有重要意义。习近平总书记在此次会议上强调,流通体系在国民经济中发挥着基础性作用,构建新发展格局,必须把建设现代流通体系作为一项重要战略任务来抓。由此可见,构建现代流通体系是顺应"双循环"战略,融入创新发展、高服务质量发展和美好生活需要的必然要求。

落实"双循环"长期战略部署,构建现代流通体系要建立立体化干线物流枢纽网络,打造全球要素集聚流转的综合枢纽和战略纽带。物流是连接生产与消费的桥梁和纽带,是经济发展的先行官,也是决定经济运行效率与效益的引导性力量,为打通产业链、创造价值链提供重要保障。据测算,我国社会物流总费用占GDP的比重每降低一个百分点,就可节约7500亿元。据国家统计局数据显示,自2018年到2020年上半年,我国社会物流总费用占GDP的比值分别为14.8%、14.7%和14.2%,如图1所示,而美国、日本等发达国家该比值则稳定在8%~9%左右。这反映出目前我国经济运行中的物流成本依然较高,但有相当的优化空间。《国家物流枢纽布局和建设规划》提出,到2025年,布局建设150个左右国家物流枢纽,枢纽间的分工协作和对接机制更加完善,社会物流运行效率大幅提高,基本形成以国家物流枢纽为核心的现代化物流运行体系,同时随着国家产业结构和空间布局的进一步优化,以及物流降本增效综合措施的持续发力,推动全社会物流费用 CDP 的比率下降至 12％左右。经过 40 余年的发展，中国依托交通网络、枢纽节点、配送终端构成的多层次流通体系基本形成，但从结构功能看，干线物流枢纽网络结构体系仍不完善，存在科技含量低、联动性不高、区域发展不平衡等问题。特别是 2020 年受新冠肺炎疫情影响，国内外物流受阻，物流费用上升，加重了企业原本就高的物流成本负担，造成国内大循环过程中生产和消费之间形成堵点。从物流体系看，物流网络分布不均衡，各种运输方式衔接不畅、融合不够，物流效率仍有较大提升空间。

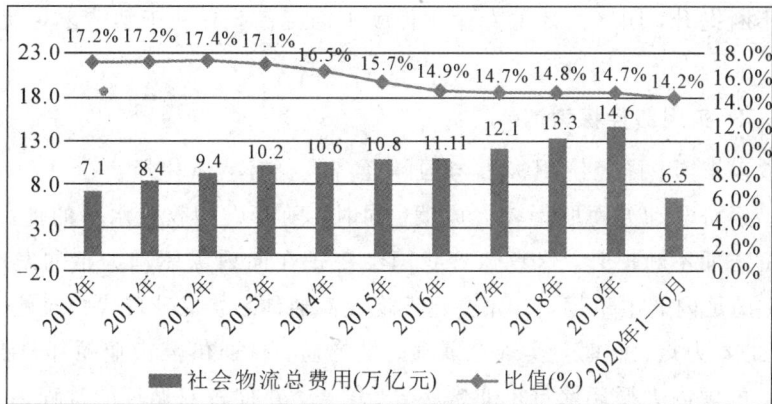

图 1　2010—2020 年上半年中国社会物流总费用及占 GDP 比重

　　国际陆港能够有效带动内陆经济发展，提高沿海港口物流运输能力和港口竞争力，尤其对推动内陆物流行业发展具有至关重要的作用。为构建全国性综合交通枢纽，聚集相关优势产业，建设西部地区的重要内陆港区，当前陕西正在建设的陆港和空港新区有宝鸡陆港新区、宝鸡凤翔空港物流园区和榆林陆港新区，已建设并投入运营的有西安国际陆港和西咸新区空港新城。西安国际陆港以现有铁路、公路等运输手段为依托，以与沿海国际港口合作为基础，是最早在国内内陆地区形成的海陆联运的聚集地和结合点。西咸新区空港新城是国家级新区西咸新区的五大功能组团之一，2018 年获批西安临空经济示范区，成为国家级临空经济示范区之一，依托"临空、自贸、保税、口岸、跨境、航权"等开放平台优势，大力发展临空先进制造业和航空枢纽保障业、临空高端服务业三大主导产业，航空进出口货值约占全省的 75％。西安国际陆港与西咸新区空港新城已共同形成较为完善的区域性现代物流服务体系，完善现代物流网络，成为公铁联运、海铁联运和空铁联运的物流基地。

　　应用大流通观理解和构建现代流通体系，大力发展西安国际陆港和空港物流，培育物流运营主体，不仅可以适当提高内陆地区产业集中度，提升物流业的国际竞争力，还能引导东西部地区合理配置产能，促进整体社会劳动量的合理分配。

（二）国内外研究现状

　　纵观国内外关于"双循环"和物流主题相关的研究可知，在"双循环"新理念提出时间较短的时间范围内，目前的研究主要关注以下四个方面。

1."双循环"催生新机遇

"以国内大循环为主体、国内国际双循环相互促进的新发展格局"是习近平总书记在面对蔓延性新冠肺炎疫情冲击，世界经济将进入3%以上的衰退，全球经济大循环陷入相互牵扯式下滑威胁的背景下提出的"于变局中开新局"的战略构想。"双循环"新发展格局可以推动区域经济合作向更高层次，实现全局供应链安全和稳定，国际物流园区在"双循环"背景下也将迎来新发展机遇；园区规划和建设的合理性、完备性不断完善，园区的信息化水平不断提升，园区人才的专业化程度不断提高，有利于塑造出更优越的国际发展环境。

2."双循环"实现路径探索

改革开放以来，中国经济积极参与国际经济大循环，抓住经济全球化的重大机遇，在实施外向型经济驱动方面取得较大成就。同时，随着人均收入水平的提高，消费者需求水平在质的方面不断提升，这意味着我国经济正在向内需驱动为主的发展战略转变。在此背景下，满足内需主市场，首先要建设现代流通体系。提升现代物流能力成为"双循环"路径实现的着力点；同时，实现全联通、全畅通，打通供需产业循环、要素循环、空间循环等维度的国内大循环堵点也非常必要。第二，在促进双循环的过程中，新产业、新平台、新基础建设将扮演重要角色，并成为构建"双循环"新发展构局的必要路径。第三，坚持科教兴国也有利于促进我国"双循环"新发展格局的形成。第四，数字经济催生新发展动能，为"双循环"新发展格局注入新动力。数字经济通过对国内传统行业赋能，有利于加快产业转型升级，同时还有助于提升我国全球价值链地位。

3.区港联动、两业联动发展

在联动研究领域，制造业与物流业联系密切，两业联动、有机融合是达到二者共赢的有效途径，是推动经济发展的重要力量，也是目前联动研究的重要领域。常见的研究模型有系统动力学、灰色关联模型和格兰杰因果检验法。从研究结论来看，物流业与制造业的联动呈现出阶段性特征。联动机理和数字化策略的应用有助于促进两业联动，推进产业链治理能力的现代化转变。

4.跨境电商与跨境物流协同

与联动研究相近的研究思路是协同。目前的协同研究更多聚焦在跨境电商与跨境物流。由于跨境电商和跨境物流的协同对于促进电商物流供应链的优化发展具有重要的现实意义，因此，部分学者深耕于此领域以期获得具有实践指导意义的成果。目前来看，主要研究内容包括协同机理和协同模型。扎根理论模型和点协同共生模式下的委托—代理模型是现有的研究模型。"双循环"新发展格局下跨境电商和跨境物流的协同发展也是目前学者们关注的热点。

综上，"双循环"新发展格局的形成是具有战略前瞻性的决策，也是我国经济发展的必经阶段。现有学者研究对现代流通体系在新形势下的作用给予了充分的肯定，并提出了一些相对宏观的指导建议。在推动形成"以国内大循环为主体、国内国际双循环的新发展格局"中,需要重点推进流通体系载体建设、流通产业发展等。从中观和微观维度来看,西安如何把握双循环发展机遇,构建高效、快捷、便利的综合交通运输体系还有待更深入的实证研究。作为内陆区域来说,西安已具有相对成熟的陆港和空港物流体系,并已成为国内物流枢纽重要节点。如何利用陆港和空港的区位优势,形成一体化的综合物流体系和网络结构,加强物流集聚效应,打通流通大环节,还没有具体的可操作性强的研究成果来指导。既有研究更多关注的是物流业与制造业的联动,少数研究侧重于对物流业内部子系统之间的联动进行定性分析。因此,有必要构建二者耦合协调发展的评价指标体系,通过客观定量研究,评判协调发展成效,为促进陆港物流和空港物流协调发展,有力提高"双循环"新发展格局下物流业的服务水平提供参考意见。

(三)研究内容

作为承载物流功能、促进国际国内循环的重要载体,内陆地区的以国际陆港和空港为主的现代化物流体系是建立"双循环"新发展格局的一项重要任务。对于内陆改革开放新高地的陕西而言,如何贯彻"双循环"新发展理念,厘清西安国际陆港和空港物流发展现状,统筹推进陆港物流和空港物流基础设施建设,加强二者的耦合协调度是重要的科学问题,具有较强的理论意义和实践价值。基于此,本文拟开展以下研究内容。

1."双循环"对现代物流体系的要求

探寻"双循环"新发展格局对内陆地区现代物流体系构建的新导向,挖掘西安国际陆港和空港物流发展的内需潜力。

2.西安国际陆港和空港物流发展水平评价

基于"双循环"新发展要求,参考相关评价指标体系的文献,构建国际陆港物流子系统和空港物流子系统发展指数序参量评价指标体系,采用层次分析法和熵值赋权法定义两个子系统各指标权重,构建综合发展水平评价函数对二者综合发展水平进行评价。

3.西安国际陆港和空港物流耦合协调度评价

以系统协同理论为基础,以构建"双循环"新发展格局为驱动力,基于评价结果,借鉴物理学容量耦合系统模型构建西安国际陆港物流和空港物流耦合度模型,为弥补耦合度模型的不足,进一步引入耦合协调度评价模型度量二者之间的协调程度。

4.西安国际陆港和空港物流耦合协调发展策略

根据西安国际港与空港物流内在相关性和协调性量化评价结果,提出二者协调发展策略,为两个系统之间的协调、稳定、高质量发展提供理论参考。

(四)技术路线

本项目研究技术路线:首先,进行文献阅读和专家访谈确定研究目标、研究内容和研究思路;其次,根据理论分析框架,构建西安国际陆港和空港发展水平评价指标体系;

然后，应用耦合协调度评价模型进行西安国际陆港和空港耦合协调度的评价；最后，根据评价结果，提出西安国际陆港物流和空港物流耦合协调发展策略（见图2）。

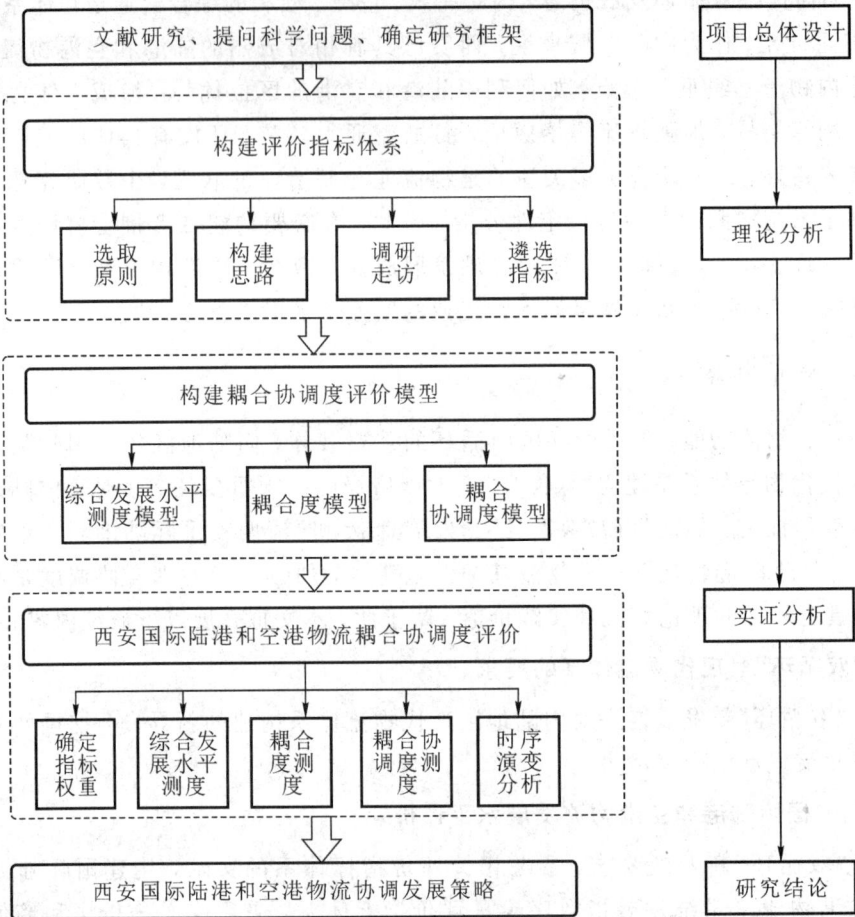

图 2　项目研究技术路线

二、"双循环"对现代物流体系的要求

"双循环"新发展格局的提出主要基于对我国所处发展阶段、发展基础和发展趋向的判断。目前中国经济增长态势总体较好，经济发展的韧性、空间、潜力突出，比较优势和集成优势独特。中国有超大规模市场的可持续发展红利，不仅能实现国内市场的大循环，也能实现与国际市场的对接。我国是全球产业配套体系最完备的国家，这为我国保持良好发展态势奠定了基础。我国是出口大国，即将成为进口大国，且具有转口贸易以及数字贸易方面的先发优势，正在成为要素禀赋流通速度最快、效率最高的全球性贸易中心。我国与"一带一路"沿线特别是周边国家的经济联系日益紧密，最有可能形成紧密的产业链连接。

在"双循环"新发展格局下，为尽快形成"双循环"发展局面，促进经济发展可持续性，构成协同发展的经济循环系统，现代物流体系应满足以下几点要求。

（一）强化供应链思维

循环的本质是互联互通，通达通畅。在整个社会化大流通中，在商流、物流、信息流、资金流等要素禀赋流通中，只有物流不能被互联网替代，物流效率的提高有赖于物流技术的提升和物流网络的优化。"双循环"新发展格局的实现，关键在于构建顺畅的现代物流体系。国内物流体系必须高速顺畅，通向国际大物流的体系也要如此。当前我国要走出困境，实现稳中求进和高质量发展，必须解决"通"的问题。为构建顺畅的现代物流体系，需要建立合作协同的理念，改变无序竞争、分散化和粗放型发展格局，充分利用供应链合作的思维重构物流体系。

（二）重视空间网络属性

在"双循环"新发展格局下，作为连接生产与消费的重要桥梁和纽带，现代物流体系对打破市场分割、完善国内统一市场具有重要影响。现代物流体系能够消除空间限制，扩大交易范围，既有助于供方在市场中获取有效需求，也能够支撑供需活动的实现，提高供给与需求之间的匹配度和适应性，在产品和服务供给方面，不断化解企业结构性过剩产能，以市场需求来引导生产供给向高质量发展，对供给侧结构性改革有着直接的推动作用，且能支撑新业态、新模式、新经济和新型消费。现代物流体系具有基础设施属性和空间网络性两大特征。基础设施属性主要通过基础设施建设吸引投资、扩大内需。空间网络性是在经济循环发展中使要素和产品实现空间位移的重要载体和渠道。现代物流体系的空间网络性有助于产品和要素打破区域交流阻碍，改善空间联系，以更便捷、更快速的方式实现产业和要素在更大空间范围内的流通与交换。

（三）加强区域协调发展

产业协作分工是提高经济效率的重要手段，是培育产业集群、增强区域联系、进行效率改革的重要基础。以高效率为主要特征的现代物流体系能够实现劳动力、资本、技术等生产要素的跨区域流动和自由配置，以及各类商品的统一销售，实现要素和产品价值的最大化，形成从要素生产到产品消费的经济循环。故此，"双循环"新发展格局下的现代物流体系应更有利于促进区域协调发展。在当前全球市场萎缩的环境下，国内各区域之间应通过产业分工协作来实现协调发展，使生产、分配、流通、消费更多依托国内市场，形成"双循环"新发展格局。从区域层面来看，我国东西部地区的发展情况、资源禀赋等存在一些差异，但各区域之间具有良好的经济循环发展基础，具有巨大空间为产业转移提供支撑，利用各城市干线物流枢纽网络体系的高效联通和协同作用，可以促进城市产业的优化布局和协同创新，进而构建区域经济发展的"引擎"。

（四）促进西部地区尽快融入"双循环"新发展格局

我国西部地区在不具备水路运输的先天条件下，陆地运输和航空运输得到了充足发展。尤其是近年来陆港物流基地的蓬勃发展，使得这一优势更加突出。西部地区发展空间广袤、战略纵深绵长、资源优势突出、市场潜力巨大。从国内大循环来看，西部地区是我国重要的战略资源接续地和产业转移承接地。从国际大循环来看，西部地区是我国面向"一带一路"沿线国家开放的战略前沿和重要支点。作为内外双循环连接点，特殊的地理区位决定了西部地区在嵌入"双循环"新发展格局中将发挥举足轻重的作用。陕西作为西部地区与国内外其他区域连接的纽带和枢纽，现代物流基础设施建设较为前沿和完备，承载着带动西部地区融入"双循环"新发展格局的使命。

2019 年，陕西社会物流总供给持续扩大，物流业的运作能够满足生产、消费、固定资产投资等经济社会发展的需求。现代型物流企业初露端倪，物流行业发展的连接纽带、物流供应链延伸促进产业链升级作用得到部分地区重视。但与全国相比，陕西物流行业的发展仍存在总额小、物流业运营效率不高、所属行业占全省生产总值份额较少、省内省际流动经济、外向型经济发展动能发挥不够等问题。自 2018 年一季度起，陕西外部流入（含进口）货物物流总额占比持续大于工业品物流总额，外向型经济发展稍有滞后。故此，以陕西现代物流体系为支点，加强物流基础设施之间耦合和互联互通尤为重要，既是维护国内供应链产业链稳定的务实之策，又是重构价值链的战略之举。

在当前陕西陆港和空港中，由于宝鸡陆港、榆林陆港、汉中陆港等尚未完全建成，很难反映出经济效应和运行效果，因此本文选取运行稳定且成熟的西安国际陆港和空港作为主要研究对象，探寻西安国际陆港与空港物流的耦合规律和效果，试图揭示陕西陆港和空港物流发展的一般性规律。

（五）"双循环"新发展格局对西安国际陆港与空港物流的影响

1. "双循环"新发展格局对西安国际陆港物流的影响

在"双循环"新发展格局下，我国外贸依存度和加工贸易比重持续下降，依托国际市场的国际外循环地位下降。但交通基础设施供给能力和服务水平显著提高，全国综合交通运输网基本建成。在我国经济高质量发展阶段，为更好地服务于国内市场，需要进一步提高资源配置效率，优化内需消费结构，畅通国内循环，这对地处内陆的西安国际陆港将会产生新的影响。

从外循环维度而言，在我国当前产业链布局现况下，区域失衡问题明显，技术型和服务型产业主要分布在沿海城市，内陆城市第三产业的规模明显不足，且"技术链"与"产业链"在内陆城市产业布局中存在"自我断裂"与"相互脱离"现象。据此，西安国际陆港需要更加注重与生产制造、商贸金融和智慧物流等行业的跨界融合，以服务企业终端和消费者为中心，构建海外货源供应网络，保障中欧班列的常态化运营。

从内循环维度而言，内陆城市与沿海城市相比更加强调重型工业布局，外贸型特征不够显著，以第三产业为重点的内销型服务产业布局也较弱，因此，为构建"双循环"新发展格局、强化内需供应，西安国际陆港需要全力保障扩大内需的产业布局战略的实施，畅通我国社会经济内部大循环，保障民生之需，注重海铁联运和干支线配送衔接，汇聚海陆双向生产和资源要素，吸引高价值产业临港集聚。

2. "双循环"新发展格局对西安空港物流的影响

2021年，《西咸新区空港新城国民经济和社会发展第十四个五年规划和二○三五年远景目标纲要》正式发布。在国内国际双循环背景交织下的空港新城，新战略定位为陕西对外开放示范引领区，设定的新发展目标为打造"内外循环新通道、创新发展新策源、临空产业新高地、港城融合新示范、人文交流新门户"五新功能区。由此可知，"双循环"新发展格局对西安空港未来的发展将产生重要影响。

2021年11月获批西安空港型国家物流枢纽的西咸新区空港新城是西北地区唯一的国家级临空经济示范区，航空枢纽优势明显。

从外循环维度而言，"双循环"新发展格局对于西安空港开放能级提出了新要求。首先要拓宽开放对象范围，西安空港已累计开通全货运航线41条，覆盖首尔、东京、洛杉矶、莫斯科、曼谷等欧亚及北美13个国家的20余个城市，年货运吞吐量突破38万吨。在"双循环"新发展格局下，到2025年，西安空港国际航线预计达到150条，货邮吞吐量突破80万吨，机场规模将进入全国前五。其次要加大开放领域，西咸新区空港新城拥有"临空、自贸、保税、跨境、口岸和航权"六大开放平台。首单飞机进境维修、保税航油和航空设备保税融资租赁等已实现零的突破，未来将寻求在服务贸易和离岸金融等新领域打造服贸开放示范区和金融新特区。

从内循环维度而言，西安空港应积极打造国内协同开放示范区，要充分发挥枢纽流通优势和开放政策优势，加强各空港新城之间的产业创新联动，并着重加强各重点产业板块与国际港务区的联动。在与陆港联动时，需要建设"两港"快速通道，并积极促成通关机制、物流组织、物流金融和多式联运等各方面的有效互动和无缝对接。同时要围绕重点产业布局，聚焦高端功能集聚，进一步培育物流产业、高端服务和科技创新产业，导入高端科创资源。

三、西安国际陆港和空港物流发展水平评价指标体系构建

（一）选取原则

国际陆港物流系统和空港物流系统具有复杂性和开放性，评价指标的选取决定了二者耦合程度的有效性和合理性，因此，在构建指标体系时，应充分考量并遵循下述几项原则。

1. 科学客观原则

指标体系的建立要以科学的理论为基础，严格遵循国际陆港和空港物流的相关概念，指标要能够客观真实地反映国际陆港物流系统和空港物流系统的发展现状并进行耦合评价，对今后国际陆港和空港物流的发展提供指引。

2．全面性原则

全面性原则是指选取的国际陆港和空港物流的评价指标既要有内部评价指标，也要有外部评价指标，不仅包含国际陆港和空港物流的规模、设施设备情况及当地物流业发展水平，还要参考当地的经济发展水平、政策扶持力度等。

3．系统性原则

系统性原则是指评价指标体系能够系统地反映国际陆港和空港物流各方面的发展水平，各指标之间相互作用补充，上下维度之间涵盖关系明确，通过分层将整体分解成若干个小的组成部分，使研究更加条理清晰，确保评价结果的可靠性。

4．可观测性原则

可观测性原则要求各指标数据能够准确获取或者量化，避免获取数据不准确或不权威，并且所得结果能够应用于实践。

5．定性分析和定量分析相结合原则

在构建指标体系时，指标的选取要遵循定性分析与定量分析相结合的原则。定量指标呈现的结果清晰、直观，可通过统计年鉴以及统计公报获取数据，使评价结果更加客观可靠。对于不能或不适宜使用定量指标进行计算的，应采用定性指标，用来补充定量指标无法涉及的方面，再通过专家打分，将定性指标转化为数值来表达，确保研究的全面性。

（二）构建思路

为确保构建的指标体系符合和满足上述原则，拟分两个阶段选择指标。

第一阶段：初选指标。通过查阅相关文献，选取与国际陆港和空港物流评价有关的指标，采用专家咨询、综合问卷调查等方法。在初选阶段，指标内容力求全面性，通盘考虑国际陆港和国际空港物流服务能力的衡量角度，确保将重要因素考虑在内。

第二阶段：筛选指标。首先进行相关性分析，对存在高度相关的指标进行筛选，避免出现重复；其次进行差异度分析，剔除分辨能力弱的指标，提取分离样本较好的指标；最后进行因子分析，筛选出少数公共因子，根据正交因子载荷矩阵，挑选每个公因子中载荷较大的指标，构成高载荷指标的指标体系。

（三）构建指标体系

本课题组通过查阅陆港物流服务水平和空港物流竞争力水平等相关文献，借鉴已有研究成果，同时对西安国际港务区与西咸新区空港新域的实地走访，与该领域的专家和学者进行电话和当面访谈，经过谨慎甄别和筛选，基于"双循环"新发展格局需求，最终从自身基础评价指标和合作基础评价指标两个方面分别确立能够全面、科学、客观反映西安国际陆港和空港物流发展水平和耦合度的指标进行测度，建立国际陆港和空港物流耦合度评价的指标体系，如表1和表2所示。

表1　西安国际陆港物流发展水平评价指标

一级指标	二级指标	三级指标	选用参数	变量
自身基础指标	投入指标	港区规模	规划面积/公顷	X_{11}
		港区设施设备水平	固定资产投资/亿元	X_{12}
		港区仓储能力	仓库面积、集装箱堆场面积/m²	X_{13}
		固定资产投资	港区年度固定资产投资	X_{14}
		引进外资	港区年度引进外资	X_{15}
		引进内资	港区年度引进内资	X_{16}
	产出指标	货运量	货物吞吐量/t	X_{21}
		集装箱货运量	集装箱吞吐量/TEU	X_{22}
		承运人服务水平	物流产业增加值/亿元	X_{23}
		客户满意度	第三产业增加值/亿元	X_{24}
		口岸能力	海关税收总值/亿元	X_{25}
		辐射范围	货运线/条	X_{26}
		周转效率	装卸线/条	X_{27}
		货运里程	全年货运里程/km	X_{28}
		货运品类	货运品类	X_{29}
合作基础指标	综合交通体系	航空交通条件	距机场距离/km	X_{31}
		公路交通条件	过境高速公路/条	X_{32}
		铁路交通条件	过境铁路/条	X_{33}
	经济腹地	内循环经济基础	城市社会消费品零售总额/亿元	X_{41}
		外循环经济基础	城市进出口总额/亿美元	X_{42}

表2　西安空港物流发展水平评价指标

一级指标	二级指标	三级指标	选用参数	变量
自身基础指标	投入指标	货机数量	货机数量/架	Y_{11}
		航线	国内航线＋国外航线/条	Y_{12}
		仓储能力	港区仓储面积	Y_{13}
	产出指标	货运量规模	货物吞吐量/万吨	Y_{21}
		口岸能力	海关税收总值/亿元	Y_{22}

续表

一级指标	二级指标	三级指标	选用参数	变量
合作基础指标	综合交通体系	交通通达状况	空港快线/条	Y_{31}
		辐射范围	辐射城市数量/座	Y_{32}
		联运体系	联运线路/条	Y_{33}
		转运效率	平均转运时间/天	Y_{34}
	临空经济	战略层级	空港战略层级	Y_{41}
		产业发展	临空产业发展规模	Y_{42}
		临空功能	临空经济产业功能区	Y_{43}
	经济腹地	生产总值	城市 GDP/亿元	Y_{51}
		内循环经济基础	城市社会消费品零售总额/亿元	Y_{52}
		外循环经济基础	城市进出口总额/亿美元	Y_{53}
		城市人口规模	城市常住人口总量/万人	Y_{54}

四、构建西安国际陆港和空港物流耦合协调度评价模型

(一) 综合发展水平测度模型

为准确构建西安国际陆港和空港物流的耦合协调模型，计算西安国际陆港物流子系统和空港物流子系统的协调发展程度，需要先计算这两个子系统的综合发展水平。为消除数据的数量级不同以及量纲不同造成的影响，采用归一法对原始数据进行标准化处理。

$$U_1 = \sum_{i=1}^{m} a_i x_i \tag{1}$$

$$U_2 = \sum_{j=1}^{n} b_j y_j \tag{2}$$

式(1)和式(2)分别代表西安国际陆港和空港物流综合发展水平评价函数，a_i 和 b_j 表示权重。x_i 和 y_j 分别为归一法求得的西安国际陆港和空港物流子系统内指标的无量纲化值。

由于各项指标的计量单位并不统一，因此在计算权重前，先要对它们进行标准化处理，即把指标的绝对值转化为相对值，从而能够解决各项不同质指标的同质化问题。另外，由于正向指标和负向指标数值代表的含义不同（正向指标越高越好，负向指标越低越好），所以，对于高低指标采用下列方法进行数据标准化处理。

对于正向指标：

$$x'_{ij} = \frac{x_{ij} - \min\{x_{ij} \cdots x_{nj}\}}{\max\{x_{1j}, \cdots, x_{nj}\} - \min\{x_{1j}, \cdots, x_{nj}\}} \tag{3}$$

对于负向指标：

$$x'_{ij} = \frac{\max\{x_{ij} \cdots x_{nj}\} - x_{ij}}{\max\{x_{1j}, \cdots, x_{nj}\} - \min\{x_{1j}, \cdots, x_{nj}\}} \tag{4}$$

本文采用层次分析法（AHP）构造判断矩阵确定一级指标和二级指标权重，采用熵权系数法确定三级指标权重，具体计算步骤包括 4 个步骤：首先计算第 j 项指标下第 i 个评价样本占该指标的权重[式（5）]；其次计算第 j 项指标的熵值[式（6）]；然后计算信息熵冗余度[式（7）]；最后计算各项指标的权值[式（8）]。

$$p_{ij} = \frac{x_{ij}}{\sum_{i=1}^{n} x_{ij}} \tag{5}$$

$$e_j = -k \sum_{i=1}^{n} p_{ij} \ln(p_{ij}) \tag{6}$$

$$d_j = 1 - e_j \tag{7}$$

$$w_j = \frac{d_j}{\sum_{j=1}^{m} d_j} \tag{8}$$

（二）耦合度模型

耦合度模型源于物理学中的容量耦合概念及容量耦合系统模型，作为分析复杂要素间相互作用关系的重要方法，现已广泛应用于经济管理和社会学等领域。西安国际陆港物流子系统和空港物流子系统耦合度函数为

$$C = \left(\frac{U_1 * U_2}{(U_1 + U_2)^2}\right)^{1/2} \tag{9}$$

式中：C 为系统的耦合度，U_1 和 U_2 为两个子系统的综合发展水平评价指数。

当 $C=1$ 时，耦合度最佳，表示两个子系统之间完全关联且有序发展；当 $C\in(0\sim0.3)$ 时，属于低水平耦合阶段；当 $C\in(0.3\sim0.5)$ 时，属于耦合颉颃阶段；当 $C\in(0.5\sim0.8)$ 时，属于耦合磨合阶段；当 $C\in(0.8\sim1)$ 时，属于高水平耦合阶段。

（三）耦合协调度模型

耦合度模型存在一定缺陷，即当各子系统综合发展水平得分均处于较低水平时，测算出的耦合度也较高。为了体现西安国际陆港和空港物流各子系统之间的协调性，本文参考前人研究成果，进一步构建了两个子系统的耦合协调度模型。耦合协调度取值范围为 $[0,1]$，耦合协调度取值越大，表示耦合协同度发展程度越高，取值为 0 表示并不存在任何协调，取值为 1 表示各子系统实现了完全协调。耦合协调度的等级划分及其标准（见表 3）。

表3 协调度等级划分及其标准

取值范围	协调类型	协调等级	取值范围	协调类型	协调等级
[0, 0.1]		极度失调	[0.5, 0.6]		勉强协调
[0.1, 0.2]		严重失调	[0.6, 0.7]		初级协调
[0.2, 0.3]	失调	中度失调	[0.7, 0.8]	协调	中度协调
[0.3, 0.4]		轻度失调	[0.8, 0.9]		高度协调
[0.4, 0.5]		濒临失调	[0.9, 1]		优质协调

经过对耦合协调度的计算，构建西安国际陆港和空港物流耦合协调度函数，以便衡量两个子系统之间的协调状态。具体公式为

$$T = \alpha \times U_1 + \beta \times U_2 \tag{10}$$

$$D = \sqrt{C \times T} \tag{11}$$

式(10)中：D 为两子系统的耦合协调度；α 和 β 代表两个子系统的重要性，两者之和为1。

五、西安国际陆港和空港物流耦合协调度评价

（一）数据来源

本文数据选自 2016—2020 年《国民经济和社会发展统计公报》《西安市统计年鉴》《中国物流统计年鉴》以及西安国际港务区 2016—2020 年全区主要经济指标完成情况。枢纽机场及综合交通体系的相关数据比如航线和地理位置等信息由机场网站以及民航业相关网站获取；临空经济相关数据由西咸新区空港新城政府官网和统计公报获取，综合采用统计数据和采样评估两种方法评价。

（二）确立指标权重

使用归一法对各项指标进行归一化处理后，在指标体系中，由于各指标的重要程度不同，无法将指标直接进行衡量，需要对指标权重进行赋值。确定指标权重的方法包括客观赋值法和主观赋值法。客观赋值法包括层次分析法、模糊评价法、熵权系数法、多元回归分析法等；主观赋值法主要有德尔菲法、强制打分法等。客观赋值法依据指标之间的关系确定权重，避免了主观判断的随意性；主观赋值法通过向专家发放调查问卷并统计结果，具有较大的主观性，当指标之间具有强相关性时，主观赋值法难以保证其测量结果具有较高的科学性和客观性。因此，根据本文研究的实际情况，采用客观赋值法确定指标权重。经计算，西安国际陆港和空港物流发展水平指标权重分别如表4和表5所示。

表 4 西安国际陆港物流发展水平指标权重

一级指标	权重	二级指标	权重	三级指标	权重	综合权重
自身基础指标	0.60	投入指标	0.39	港区规模	0.21	0.05
				港区设施设备水平	0.27	0.06
				港区仓储能力	0.29	0.07
				固定资产投资	0.11	0.03
				引进外资	0.06	0.01
				引进内资	0.06	0.01
		产出指标	0.61	货运量	0.12	0.04
				集装箱货运量	0.17	0.06
				承运人服务水平	0.10	0.03
				客户满意度	0.07	0.02
				口岸能力	0.12	0.04
				辐射范围	0.16	0.06
				周转效率	0.07	0.02
				货运里程	0.12	0.04
				货运品类	0.10	0.04
合作基础指标	0.40	综合交通体系	0.67	航空交通条件	0.21	0.06
				公路交通条件	0.33	0.09
				铁路交通条件	0.46	0.12
		经济腹地	0.33	内循环经济基础	0.69	0.09
				外循环经济基础	0.31	0.04

表 5 西安空港物流发展水平评价指标权重

一级指标	权重	二级指标	权重	三级指标	权重	综合权重
自身基础指标	0.60	投入指标	0.48	货机数量	0.42	0.12
				航线	0.40	0.12
				仓储能力	0.18	0.05
		产出指标	0.52	货运量规模	0.71	0.22
				口岸能力	0.29	0.09

一级指标	权重	二级指标	权重	三级指标	权重	综合权重
合作基础指标	0.40	综合交通体系	0.43	交通通达状况	0.33	0.06
				辐射范围	0.28	0.05
				联运体系	0.31	0.05
				转运效率	0.09	0.02
		临空经济	0.37	战略层级	0.42	0.06
				产业发展	0.26	0.04
				临空功能	0.33	0.05
		经济腹地	0.20	生产总值	0.20	0.02
				内循环经济基础	0.44	0.04
				外循环经济基础	0.22	0.02
				城市人口规模	0.35	0.03

（三）综合发展水平测度

2008年西安国际港务区正式成立，2013年11月，首列"长安号"国际货运班列开行，2014年"西安港"国际代码、国内代码正式启用。由于西安国际陆港和空港建成初期发展不成熟，数据不具有代表性，因此选取2016—2020年度的指标体系数据作为评价数据来源，根据综合发展水平评价函数式（1）和式（2）求得西安国际陆港和空港物流综合发展水平，如表6所示。

表6　西安国际陆港和空港物流综合发展水平

年　份	2016	2017	2018	2019	2020
陆港物流综合水平值 U_1	0.11	0.21	0.36	0.52	0.65
空港物流综合水平值 U_2	0.23	0.26	0.33	0.54	0.59

西安国际陆港从2013年第1列"长安号"国际货运班列开行到2020年，累计开行突破10 000列，构建了一条连接中亚、西亚、南亚，辐射欧洲腹地的国际物流大通道，一站式在线服务能力居全国前列。运输的货物品类由最初的钻井设备增加至纺织制品、橡胶制品、电子产品、汽车整车及配件等九大类。目前西安国际陆港拥有17条到发线、6条调车线、19条货物线、4条集装箱中心站配置装卸线和15台门吊的一等站，集装箱年吞吐量最高可达90万标箱，运输能力与2013年相比提升了280.37%。

西咸新区空港新城成立于2011年，近年来，紧抓"两个枢纽"建设机遇，更加聚焦实体经济，向做强做优丝路临空产业的目标迈进，货运航线从 2016 年的 8 条增至 37 条，其中国际航线 22 条，形成了"向西开放、向东集散、辐射全球"的航空网络格局，通达全国 15 个城市及境外 10 个国家。西安咸阳国际机场货邮吞吐量增速抢眼，货邮吞吐量从 2015 年的 23.3 万吨增长至 2020 年的近 38 万吨，实现井喷式增长。2021 年 1—7 月，西安咸阳国际机场货邮吞吐量 25 万吨，同比增长 35.1%，位列全国十大枢纽机场首位。

（四）耦合度测度

根据式(9)耦合度模型，将表 6 中计算所得的西安国际陆港和空港物流综合水平值代入公式，可求得西安国际陆港和空港物流耦合度，如表 7 所示。

表 7　西安国际陆港和空港物流耦合度

年份	2016	2017	2018	2019	2020
耦合度 C	0.16	0.24	0.34	0.53	0.62

由表 7 可知，西安国际陆港和空港物流耦合度由低水平耦合阶段(2016—2017 年)向耦合颉颃阶段(2018 年)和耦合磨合阶段(2019—2020 年)不断提升，但是尚未达到高水平耦合阶段[$C \in (0.8 \sim 1)$]，说明还存在很大提升空间。

（五）耦合协调度测度

根据式(10)和式(11)耦合协调度模型，将表 7 计算所得耦合度代入公式，可求得西安国际陆港和空港物流耦合协调度，其中两个权重参数 α 和 β 未知，其取值大小根据陆港物流和空港物流的重要性确定。考虑到两者同等重要，本文以中间值对其赋值，则 $\alpha = 0.5$ 和 $\beta = 0.5$。按照耦合协调度的计算值，西安国际陆港和空港物流耦合协调度如表 8 所示。根据耦合等级分类标准，耦合度判断结果如表 8 所示。

表 8　西安国际陆港和空港物流耦合协调度

年份	2016	2017	2018	2019	2020
耦合度 C	0.16	0.24	0.34	0.53	0.62
综合评价指数 T	0.17	0.24	0.34	0.53	0.62
耦合协调度 D	0.17	0.24	0.34	0.53	0.62
耦合等级	严重失调	中度失调	轻度失调	勉强协调	初级协调

（六）时序演变分析

根据西安国际陆港和空港物流耦合协调度年度变化绘制出耦合协调度时序演变图，如图 3 所示。由图 3 可看出，西安国际陆港和空港物流耦合协调度等级演变趋势总体向好，从初始的失调等级（严重失调、中度失调和轻度失调）逐渐扭转为协调等级（勉强协调和初级协调），但是还没达到高度协调和优质协调的程度。西安国际陆港和空港物流耦合协调度等级的提升反映了近年来"一带一路"倡议的实施效果、陕西自贸区建设成果和陕西"三个经济"战略的效果凸显。

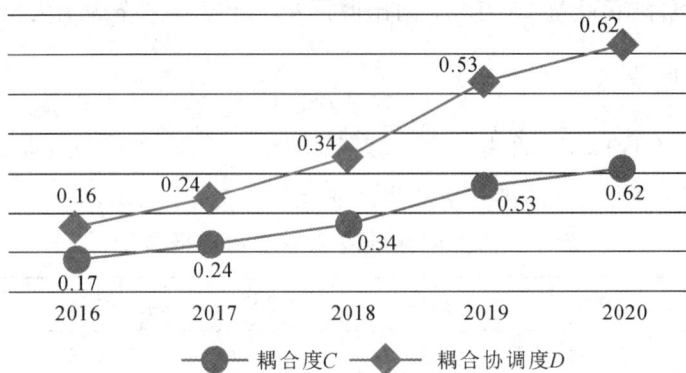

图 3　耦合协调度时序演变图

六、西安国际陆港和空港物流协调发展策略

　　加快构建"以国内大循环为主体、国内国际双循环相互促进的新发展格局"是以习近平同志为核心的党中央根据我国新发展阶段、新历史任务、新环境条件提出的一项重要战略举措，是实现"十四五"时期经济社会发展目标的一项具体举措。

　　近年来，西安国际陆港以现有铁路、公路等运输手段为依托，以与沿海国际港口合作为基础，在内陆形成海陆联运的聚集地和结合点。依托西安区位优势、交通优势、产业基础和物流市场需求，形成以 B 型保税物流中心为核心、以国际物流区为支撑、以国内综合物流区和物流产业集聚区为两翼的物流体系战略格局。西安国际空港以打造"一带一路"向西开放的国际航空物流枢纽战略为总抓手，积极开拓航线，拢聚资源，增强产业，为陕西打造内陆改革开放新高地注入动力，全力推动陕西追赶超越，实现高质量发展，并融入"双循环"新发展格局。

　　综合以上研究结果，虽然西安国际陆港和空港物流的耦合协调发展水平总体上呈现逐年增长的态势，但仍未实现高度协调，耦合等级还有待进一步提高。据此，本文提出下列针对性发展策略，以促进西安国际陆港和空港的耦合发展，为陕西正在建设的其他陆港和空港提供参考，助力提升陕西现代物流体系的服务水平和供应链整合竞争力。

　　1. 重视和扩大物流网络优势，加快带动内外区域双循环

　　"双循环"新发展格局是打造以内需体系为主导的内生型动力引擎，是着力扩大内需主体潜力，把满足国内需求作为推动高质量发展的出发点和落脚点，打通影响国内需求的各个节点，使内生型动力引擎在国内大循环中得以运转并壮大。因此，应加快推进新型多式联运网络建设，进一步完善具有运输成本较低且运输量大的铁路运输、灵活机动的公路运输、快速便捷的航空运输等多重优势的立体式综合运输体系，形成由完整的物流产业带动贸易聚集的系统，带动大量新增贸易，激发内需潜能，通过物流系统内部的耦合带动物流产业和区域经济发展的耦合协调。然而，当前陕西与东部沿海发达地区产业规划未形成有效互动，加之存在软硬件环境发展不协调、营商环境有待提升和法制法律体系不完善等一系列有待解决的问题，导致陕西现代物流主体培育不优，制约了物流网络的扩量增效。尤为重要的是，陆港和空港物流通达省份出于对各自经济利益的考量，设置了不同程度的贸易保护壁垒，形成了程度不一的市场分割，阻碍了商品和生产要素在各参与方之间的双向流动以及国内整体市场规模经济效应的功效。因此，应进一步扩大陕西物流网络体系优势，将其转化为市场和合作优势，探索其余周边省份和东部发达地区产业互补、共商投资、共建基础设施、共享合作成果的新路径，共同参与内外双循环，促进实现更高水平的合作共赢。

2. 深化包容性发展理念，加强陆港和空港物流合作深度

西安国际陆港和空港物流的发展不能追求一家独大，因而需要秉持协调发展理念，统筹平衡发展，促进城市内部功能的有效整合并带动周边地区发展。重视平等工商和合作互惠，打造陕西物流资源集聚优势。西安国际陆港与空港应秉持"共建、共享"原则，在整体供应链体系的框架内，以目标协调为主，倾听彼此不同诉求，保持一定弹性和灵活性。此外，还应重视战略对接和优势互补，促进多式联运发展，通过陆港和空港快运专线加深二者之间的联系，加强彼此合作的深度。

3. 深化体制机制改革和创新，充分发挥物流企业的市场主体作用

西安国际陆港和空港应深化体制机制改革和创新，充分发挥物流企业的市场主体作用。改革是"双循环"新发展格局下最关键的动能。以制度改革和创新为切入点，破除束缚陆港和空港物流发展进程中的体制障碍，确保技术、模式等创新要素充分发挥作用。深化制度改革和创新主要有两大方向。一是打造高效高质的供应链体系。培育一套能够满足产品由世界各地供应、生产和分销的供应链，确保通道运输链畅通，设施衔接顺畅，运力资源高效交易；确保运输规则统一，信息共享；各物流节点实现联动，运营主体一致，单证互认；空箱资源共享，产品运输网络稳定。二是进行运营主体营商环境改革。企业是物流网络体系的实施主体，通过制度创新和改革，不仅要突出龙头企业参与的主要作用，还要优化企业营商环境，降低运营成本，提升通关效率和服务水准，充分发挥市场活力和潜能。

4. 提高信息技术应用水平，提高西安国际陆港和空港联动水平

西安国际陆港和空港物流的耦合联动过程是信息流、物流、资金流的流动过程，高效畅通的数据交换和信息共享，可以使物流资源得到更加合理的配置，提高物流效率，增加收益，从而提升西安国际陆港和空港的联动水平。在彼此物流运作过程中，数据量的快速增长、数据处理能力的提升能触发企业运营模式、社会资源配置的改革。因此，首先应该以数据融合为抓手，建立物流大数据综合信息平台，消除物流运作模式中的隔阂，实现西安国际陆港和空港在物流领域的全面覆盖，促进互联互通和数据共享；其次要构建与政府部门（如海关、运输部门）的电子政务系统以及与货主等的对接，基于运输数据实现各个物流环节无缝衔接，缩短货物运输时间，提升对货物的安全监管能力，加强物流过程透明化程度，降低物流成本。

5. 加强政府政策支持，积极与相关部门配合

政府作为主要宏观调控者和引导者，除了投资建设西安国际陆港和空港外，还要对其有合理的规划，避免重复建设、盲目投资；推动物流标准体系建设，填补西安国际陆港和空港在相关法律、法规方面的空白，为西安国际陆港和空港物流高度耦合和优质耦合营造良好的政策环境。此外，政府还要统筹协调口岸、铁路、航空、海关、检验检疫等部门，优化多方联动，形成多方长效合作机制，共同推动"信息互换、监管互认、执法互助"的一体化通关模式，建立"一次查验、一次放行、一次申报"的监管模式。

参 考 文 献

[1] 陈文玲. 当前国内外经济形势与双循环新格局的构建[J]. 河海大学学报（哲学社会科学版），2020，22(4)：1-8.

[2] 王先庆. 新发展格局下现代流通体系建设的战略中心与政策选择[J]. 中国流通经济，2020(11)：18-32.

[3] 邓良. 中国制造业与物流业联动发展实证分析[J]. 中国流通经济，2013(07)：29-36.

[4] 李瑞君. 区域物流与区域经济的联动发展[D]. 北京：北京交通大学，2014.

[5] 杨耀源. "双循环"新发展格局下推进西部陆海贸易新通道高质量发展的关键路径[J]. 商业经济研究，2021(7)：145-150.

[6] 张倩肖，李佳霖. 构建"双循环"区域发展新格局[J]. 兰州大学学报（社会科学版），2021，49(1)：39-47.

[7] 王雪峰，荆林波. 构建"双循环"新格局，建设现代流通体系[J]. 商业经济与管理，2021(2)：5-15.

[8] 朱民，郑重阳. 关于相互促进的国内国际双循环思考[J]. 经济与管理研究，2021(1)：3-15.

[9] 荣晨，盛朝讯，易宇，等. 国内大循环的突出堵点和应对举措研究[J]. 宏观经济研究，2021(5)：5-18.

[10] 刘瑞，戴伟，李震. 降低流通成本，畅通国民经济循环[J]. 上海经济研究，2021(2)：25-35.

[11] 廖毅，汤咏梅. 双循环新发展格局下现代物流业促进区域经济协调发展研究[J]. 理论探讨，2021(1)：88-93.

［12］ 舒畅. 双循环新发展格局下我国跨境电商与跨境物流协同发展研究［J］. 党政研究，2021(2)：121 - 128.

［13］ 葛扬，尹紫翔. 我国构建"双循环"新发展格局的理论分析［J］. 经济问题，2021(4)：1 - 6.

［14］ 张欣，崔日明. 西部地区嵌入"双循环"新发展格局的策略研究［J］. 云南民族大学学报(哲学社会科学版)，2021(5)：128 - 135.

［15］ 曹允春，连昕. 现代流通体系支撑新发展格局构建的理论逻辑与实践路径［J］. 学习论坛，2021(1)：106 - 114.

［16］ 张夏恒，张荣刚. 跨境电商与跨境物流符合系统协同模型构建与应用研究［J］. 管理世界，2018，(12).

［17］ 何江，钱慧敏. 跨境电商与跨境物流协同关系实证研究［J］. 大连理工大学学报(社会科学版)，2019，(6).

［18］ 张夏恒. 跨境电商物流协同模型构建与实现路径研究［D］. 长安大学，2016.

［19］ 张晓娜. 我国服务业与城镇化的灰色关联度实证考察［J］. 统计与决策，2020，(19).

［20］ 孟庆松，韩文秀. 复合系统协调度模型研究［J］. 天津大学学报，2000，(4).

［21］ PLACZEK E. New challenges for logistics providers in the e-business era［J］. Electronic scientific journal of logistics，2010，6(2).

［22］ 王先柱，刘彩珍. 城市竞争力与房地产业耦合协调度发展的时空特征分析：基于我国 35 各大中型城市的实证研究［J］. 华东经济管理，2018，32(5)：(76 - 83).

作 者 简 介

贾果玲：西安外事学院商学院副教授。

西安都市圈创新网络空间优化策略研究

王乐乐　辛宇　郑端

一、绪论

（一）研究背景与意义

都市圈的建立既是有利于优化人口和经济的空间结构，激活有效投资和潜在消费需求，增强经济内生发展的动力，也是推进新型城镇化的重要手段，成为区域经济发展最大的潜力所在。《陕西省国民经济和社会发展第十四个五年规划和二〇三五年远景目标纲要》明确提出推动城市群培育西安都市圈。由此可以看出，西安都市圈的建设和发展是推动关中平原城市群发展的基础。从波特的协调竞争理论和熊彼特的区域创新系统理论可知，区域协调发展由集聚与分工基础上的知识溢出和创新推动，又根据国内外发展成熟的都市圈的发展经验来看，发展良好并且影响力日趋增强的都市圈都表现出较强的创新能力，成为区域乃至世界的创新中心，而创新能力低下的都市圈却无法实现良性发展，导致区域发展资源不能合理配置，甚至会拖累核心城市走向衰落。从理论和实践经验可以判断：西安都市圈乃至关中平原城市群未来发展的主要驱动力是创新，西安都市圈创新网络空间的演化会极大影响西安都市圈未来的形成和发展。

（二）西安都市圈

"都市圈"的概念最早由日本学者木内信藏提出并被日本政府认可和采用。日本政府在界定都市圈时采用的主要指标一是人口规模，二是物理空间范围。比如，1954年日本行政管理厅将"都市圈"的概念界定为人口规模达10万以上、在一日之内可达的区域。随着城市人口规模越来越大，交通工具越来越普及，都市圈的两个界定指标也随之增大。由于现代城市交通的快速发展，都市流动人口数量增多，日本又将都市圈分为大都市圈和都市圈两个层级，并采用通勤指标来界定都市圈。

我国相关领域学者直到20世纪80年代后期才开始研究都市圈，学者们对都市圈概念的界定很多，目前为止仍没有形成统一的认识，在这些概念中，衡量都市圈的几个主要指标分别是人口规模、城镇化率、物理空间范围（200～300 km）以及核心城市。2019年2月19日国家发展改革要发布的《国家发展改革委关于培育发展现代化都市圈的指导意见》（以下简称《指导意见》）对都市圈的概念做了界定：都市圈是城市群内部以超大特大城市或辐射带动功能强的大城市为中心、以1小时通勤圈为基本范围的城镇化空间形态。

根据《指导意见》中对都市圈概念的界定，对西安都市圈空间范围的界定存在两个困难：

（1）1小时通勤范围的标准难以界定，比如起点、终点的确定，以及通勤交通工具的确定。近几年，西安行政区范围越来越大，导致从西安东西南北周边地区到中心城区的通勤时间日渐加长，多为1小时以上。

（2）都市圈以城市群为基础进行界定，而西安是西安都市圈唯一的中心城市和特大城市，且西安都市圈内的大多数城市到西安的最快通勤时间均在1小时以内。那么，西安都市圈是否和关中平原城市群的空间概念相重叠？

根据都市圈概念的发展和在实践中的应用可知，都市圈是大都市通过扩散辐射效应与周边地区发生相互作用的产物，都市圈的概念强调大都市与周边城市之间所形成的产业协作功能分工，更像是一个以大都市为核心的分工协作的城市组织。由此，本文在界定西安都市圈时，将西安都市圈界定为以西安为中心，包括铜川、宝鸡、咸阳、渭南和商洛所形成的行政区域。从区域协作和发展的角度来看，通过创新引导形成能够协调发展的创新网络，推动都市圈内各区域之间的产业和资源的合理分配是西安都市圈未来发展的基础。

（三）创新网络

本文所研究的创新网络指区域创新网络，阿尔恩特（O. Arndt）和斯特恩博格（R. Sternbeng）认为区域创新网络是一个系统，该系统内的创新主体通过正式和非正式的组织关系实现紧密连接。连远强认为区域创新网络是创新主体在地理和战略方面实现的合作，致力于创新的产生。

创新，尤其是在重大领域的创新，往往需要多领域资源的有序配合，以及面临着巨大的潜在风险和需要大体量市场以实现其经济价值，因此创新的顺利实现往往需要政府、高校、企业与科研院所的高效协同。政府、高校、企业与科研院所在致力于区域创新产生的过程中所形成的创新主体之间的关系和连接就形成了创新网络空间。根据当前国内外学者的研究，区域创新网络要素可划分为创新行为要素、创新资源要素和创新空间要素三个层次，即企业、高校、科研机构和政府、人才等创新活动等行为要素通过区域空间的各种空间要素实现人才、技术、资金、信息等创新资源要素的流动、配置、整合等（见表1）。

表1　区域创新网络要素

划分类别	内　　容
创新行为要素	企业、大学、科研机构和政府、人才等
创新资源要素	人才、技术、资金、信息等创新资源
创新空间要素	空间层级结构、区域交通网络、企业区位等支撑体系

创新网络是一种多层次、循环式、网络状的开放创新系统，对于区域创新网络系统来说，在区域内外各创新节点之间实现要素之间的关联互动和信息交流，才能不断推动区域创新网络的发展。

二、西安都市圈各城市空间分布概况

对于区域创新网络来说，城市是区域中最主要的创新节点，各创新节点之间的创新能力的差异构成了区域创新网络空间分布的基本形态。因此，本文首先对西安都市圈中各主要城市的创新能力进行分析，勾画出西安都市圈创新网络空间的基本形态，继而对西安都市圈创新网络要素进行详细分析。

从城市创新的角度来看，创新并不仅仅是企业的职能，而是城市所有创新主体共同作用的结果。城市中各组织为创新投入并实现产出，因此可从效率的角度研究区域内各城市的创新能力，从而发现都市圈内资源分布的差异和成果转化的情况。

技术知识创新的动力来源于市场需求，科学技术的发现发明创造从基础研究到应用研究，再通过实验与发展形成新的科学技术，推动技术知识创新。从这个角度看，创新经历了两个阶段，即技术研发阶段和经济成果转化阶段。在技术研发阶段，基础研究的重点是知识研究，这部分研究通常形成论文、著作等成果，是形成专利和科技项目实施的基础。专利以及科技项目实施等对创新的推动主要体现在能够将其应用到实际生产中并产生经济效益，因此需要测度第二阶段即经济转化阶段的最终成果。经济转化阶段是对技术研发阶段成果的具体运用过程。将技术研发阶段的成果通过对技术的消化、吸收或者引进的方式应用到产品生产过程中，使得创新成果最终可以转化为经济效益。在技术研发阶段，高等学校和科研院所是技术研发阶段的主体和知识、技术的主要产出者，而企业则作为技术应用的主体完成技术的市场化应用。企业消化吸收知识、技术、专利等成果，实现产品生产或服务的创新，增强企业的综合竞争力以提高企业效益以及产业效益，促进经济的不断发展。

因此，城市创新主要分为技术研发阶段和经济转化阶段两个阶段。在技术研发阶段，城市创新能力由知识类产品衡量；在经济转化阶段，由创新驱动的后果即企业创造的社会效益来衡量。对于创新系统的投入，主要是资金和人员的投入。资金投入体现在全社会对生产资料的投入，而人员投入由参与知识技术成果创造和转化的人员构成。由此，城市创新能力的测度指标可分为投入和产出两大类，本文中涉及的投入指标为固定资产投资和科研人员数（科学研究、技术服务从业人员数量与普通高等学校教师数量之和），产出指标为专利申请数量、专利申请授权、科技项目实施数量和规模以上工业企业下一年度工业增加值。

三、西安都市圈各城市创新能力测算

根据《中国城市统计年鉴》和各城市统计公报公布的数据，分别测算西安都市圈内的6个城市从2010年到2019年的创新投入和产出指标值，并计算10年间平均的投入产出比（见表2）。其中，a_1、a_2、a_3和a_4分别代表专利申请数量、专利申请授权、科技项目实施数量和规模以上工业企业下一年度工业增加值；b_1和b_2分别代表固定资产投资和科研人员数。a_1/b_1表示各市每亿元固定资产投资带来的专利申请数量，a_1/b_2表示各市平均每位参与创新活动人员申请专利的数量，a_2/b_1 表示各市每亿元固定资产投资能够实现的专利申请授权，a_2/b_2 表示各市平均每位参与创新活动人员能够实现的专利申请授权，a_3/b_1 表示各市每亿元固定资产投资带来的科技项目实施数量，a_3/b_2 表示各市平均每位参与创新活动人员能够推动的科技项目实施数量，a_4/b_1 表示各市每亿元固定资产投资最终产生的规模以上工业企业下一年度工业产值增加值，a_4/b_2 表示各市平均每位参与创新活动人员对规模以上工业企业下一年度工业产值增加的贡献。在以上八种指标中，其中 a_1 和 a_2 两大类四个指标代表各城市各年在技术研发阶段的创新活动投入产出比，而 a_3 和 a_4 主要体现创新活动的结果，属于经济转化阶段的成果。因此，a_3 和 a_4 两大类四个指标代表各城市各年经济转化阶段的创新活动投入产出比。

表 2　2010—2019 年西安都市圈各城市创新活动平均投入产出比

城市	指标							
	a_1/b_1	a_1/b_2	a_2/b_1	a_2/b_2	a_3/b_1	a_3/b_2	a_4/b_1	a_4/b_2
西安	9.6907	0.2711	4.3103	0.1206	0.1081	0.0029	0.1013	0.0001
宝鸡	1.1449	0.1803	0.6618	0.1803	0.0605	0.0165	0.0764	0.0015
咸阳	1.3003	0.1863	0.7168	0.1027	0.0473	0.0068	0.0952	0.0019
铜川	0.9793	0.9793	0.4511	0.0731	0.0536	0.0087	0.0651	0.0009
渭南	0.9729	0.1605	0.4344	0.0717	0.0544	0.0090	0.0235	0.0006
商洛	0.3700	0.3122	0.1572	0.1327	0.0163	0.0137	0.0118	0.0009

将 2010—2019 年西安都市圈各城市创新活动平均投入产出比进行排名，分别对技术研发阶段、经济转化阶段以及都市圈各城市的创新活动投入产出累加计算总分，得到各城市创新能力排名(见表 3)。总分排名是一种逆指标，总分越低，排名越靠前。由总分排名可看出，在技术研发阶段，西安创新能力最强，其次是宝鸡和咸阳；在经济转化阶段，最强的是宝鸡，其次是西安和咸阳，渭南是西安都市圈内创新能力最差的城市。

表 3　2010—2019 年西安都市圈主要各城市创新能力排名

城市	a_1/b_1	a_1/b_2	a_2/b_1	a_2/b_2	技术研发阶段	a_3/b_1	a_3/b_2	a_4/b_1	a_4/b_2	经济转化阶段	总排名
西安	1	3	1	3	1	1	6	1	6	3	2
宝鸡	3	5	3	1	2	2	1	2	2	1	1
咸阳	2	4	2	4	2	5	5	2	1	2	3
铜川	4	1	4	5	4	4	4	3	4	4	4
渭南	5	6	5	6	5	3	3	5	5	5	6
商洛	6	2	6	2	4	6	2	6	6	6	5

为进一步检测西安都市圈各城市的创新能力情况,需要对创新活动投入产出指标进行显著性测算。首先将 2010—2019 年分为两个阶段:第一阶段为 2010—2014 年,此阶段为基期;第二阶段为 2015—2019 年,此阶段为对比期。将对比期的八种投入产出指标平均值与基期投入产出指标平均值进行对比,计算差额,得到每个城市差值出现正数的个数,并用 * 标记,* 的数量越多,代表 2015—2019 年创新活动投入产出指标值中有显著性提高的程度(见表 4)。

表 4　2015—2019 年西安都市圈主要城市创新活动投入产出指标显著性

城　市	显著性	显著性排名
西安	＊＊＊＊＊＊	1
宝鸡	＊＊＊	4
咸阳	＊＊＊＊＊	2
铜川	＊＊	5
渭南	＊	6
商洛	＊＊＊＊	3

从创新活动投入产出指标的显著性变化可看出:近 5 年来,西安都市圈各城市中,西安的创新能力提升最大,其次是咸阳,商洛创新活动发展情况也比较好,而渭南变化最小,仅有一项指标有显著性提高。相对于对创新资本和人力的投入,西安近 5 年在专利申请数量方面的投入产出效率有所下降,说明西安近年来在专利申请数量方面的产出没有与不断加大的创新投入相匹配,存在相对不足。

从西安都市圈各创新节点城市创新能力测算的结果来看,西安都市圈创新能力空间分布的典型特点是:中心凹陷,西强东弱。中心城市西安的创新能力弱于西部工业城市宝鸡,都市圈内各城市之间创新能力不平衡,东部地区明显落后于西部地区。西安都市圈内各城市空间分布形态是典型的东西狭长,中心城市西安的创新能力偏弱,严重影响区域内创新网络各要素的流动,最终导致区域发展缓慢。

四、西安都市圈创新网络要素分析

(一)西安都市圈创新网络要素空间分布整体情况

西安都市圈包括西安、铜川、咸阳、宝鸡、商洛和渭南。根据《中国城市统计年鉴》和各城市统计公报公布的数据,统计得出 2020 年西安都市圈创新行为要素、创新资源要素和创新空间要素空间分布情如表 5 所示。

表 5　2020 年西安都市圈创新网络要素空间分布

城市	创新行为要素			创新资源要素		创新空间要素		
	工业企业/个	科研人员数/万人	高等院校	专利申请量	财政科技拨款占财政支出比例/%	城市流强度/亿元	城镇化率/%	交通可达性
西安	1631	107 385	63	72 377	2.79	514.675	74.61	39.320
铜川	218	442	1	226	0.31	−86.061	66.07	99.306
宝鸡	782	7349	3	2912	2.33	−7.367	54.26	64.975
咸阳	698	6485	11	5417	0.39	−149.492	52.14	28.869
渭南	600	13 553	1	2092	0.64	−236.034	50.39	33.893
商洛	290	2390	2	883	0.28	−44.626	49.37	139.382

（二）西安都市圈创新行为要素空间分布情况

从西安都市圈创新行为要素空间分布来看，中心城市西安的垄断地位突出，集中了都市圈全部国有及规模以上非国有企业单位数的 37%、科研人员的 78% 及高等院校的 78%。根据表 5，进一步测算出西安都市圈各城市固定资产投入和科研人员创新效率，2010—2019 年西安都市圈各城市固定资产投入和科研人员平均创新效率排名如表 6 所示。

表 6　2010—2019 年西安都市圈各城市固定资产投入和科研人员创新效率排名

城　市	固定资产投入	科研人员和高校
西安	1	3
宝鸡	2	1
咸阳	2	2
铜川	3	2
渭南	4	4
商洛	5	1

在固定资产投入方面，西安的创新效率最好，远高于其他城市，说明西安作为西安都市圈中唯一特大中心城市和省会城市，固定资产投入对创新效率影响显著；宝鸡和咸阳固定资产投入情况较好，得分相同。结合西安都市圈工业企业分布情况来看，西安都市圈内各城市的创新能力和工业企业数量直接相关。从工业企业数量与固定资产投入对创新活动影响的对比来看，咸阳的创新能力优于宝鸡，铜川的工业企业创新能力较强，渭南和商洛的工业企业创新能力最差。

在科研人员投入方面，创新效率最高的是商洛和宝鸡，商洛科研人员平均数仅有3700 多人，科研人员总人数不足省会城市西安的 1/5，但却以较少的创新人员投入获得的专利申请和专利申请授权居于西安都市圈前列。咸阳、铜川在科研人员投入方面的创新效率几乎一样，而中心城市西安在科研人员投入方面的创新效率则排在倒数第2位。结合西安都市圈创新行为要素空间分布情况（见图1），更说明在创新行为要素方面，西安的科研院所和高校存在效率低下、浪费资源等问题。

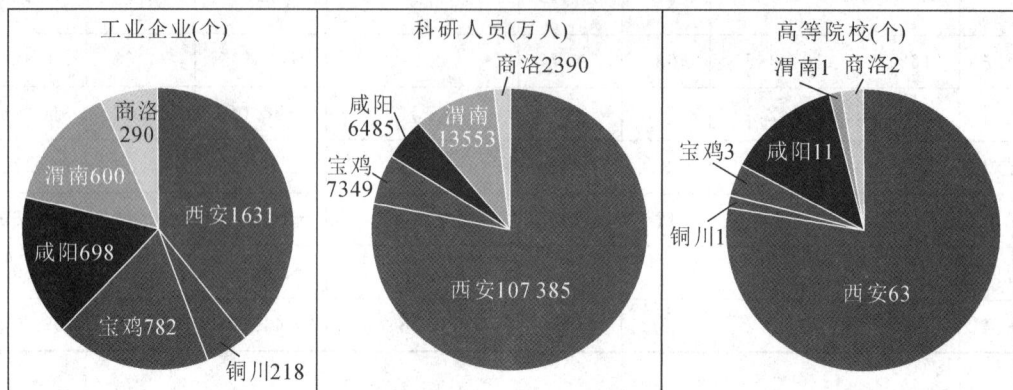

图1　西安都市圈创新行为要素空间分布情况

（三）西安都市圈创新资源要素空间分布情况

从西安都市圈创新资源要素空间分布来看（见图2），在专利申请量方面，西安的科研专利申请量约占西安都市圈的86％，其他城市中，咸阳占比较高，西咸一体化战略实施后，西咸在专利申请量方面占比高达90％以上，处于绝对的垄断地位。宝鸡是其余4个城市中占比较大的，其次为渭南。根据创新行为要素空间分布情况可知，西安都市圈中西安的科研人员和高校数量远远高于其他各市，但从科研人员平均专利申请数量占比来看，西安却落后于咸阳。其他城市中，渭南的科研人员平均专利申请数量最低。从财政科技拨款占财政支出比例来看，除西安外，宝鸡的财政科技拨款占财政支出比例较高，渭南略高于其他三市。西安和宝鸡的资金供给优势对城市创新能力的提升有利，而渭南虽然享有较高的资金供给条件，但创新能力最差。不难看出，西安都市圈的创新资源要素和都市圈创新节点网络空间分布形态较像，仍然呈现出西强东弱的局面。

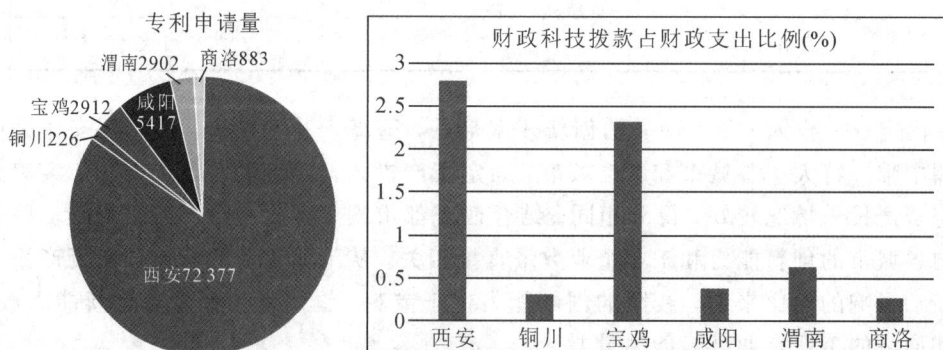

图2　西安都市圈创新资源要素空间分布情况

（四）西安都市圈创新空间要素分布情况

西安都市圈创新空间要素可通过城市流强度、城镇化率和交通可达性三方面进行分析。

根据测算数据，城市流强度仅有西安为正数（见表7），高达514.675亿元，这与西安在西安都市圈的核心和主体地位相一致，其他5市的城市流强度均为负数，这说明在西安都市圈范围内，缺乏副中心城市。通过进一步分析西安都市圈各市的总外向功能量和城市流倾向度发现，西安都市圈除核心城市西安外，其他城市之间彼此的联系交流较差。结合创新能力的两阶段分析，间接说明在西安都市圈内，虽然在技术研究阶段西安的实力最强，但在研发阶段的成果转化较差的原因是西安都市圈内各城市之间的联系交流不足，导致西安的科技溢出受到影响，未能带动西安都市圈创新能力的提升。

表7　西安都市圈城市间空间联系概况

城　市	城市流强度/亿元	总外向功能量	城市流倾向度
西安	514.675	116 678.489	0.055
铜川	−86.061	−28 539.822	−0.243
宝鸡	−7.367	−1333.038	−0.003
咸阳	−149.492	−29 125.678	−0.068
渭南	−236.034	−61 688.992	−0.129
商洛	−44.626	−10 305.383	−0.053

根据我国第七次人口普查结果显示，我国城镇化率平均水平达到63.89%，从西安都市圈各城市城镇化率来看（见图3），仅有西安和铜川两个城市超过全国城镇化率平均水平，说明西安都市圈整体上经济发展程度不高。

交通可达性主要测量到各创新节点城市的便利程度，本文所测算的指标是逆向指标，指标值越小，说明可达性越好。从交通可达性上看，在西安都市圈内，咸阳、渭南和西安交通可达性较好。咸阳交通可达性好，有利于西咸一体化发展；渭南交通可达性好，对渭南的未来发展是有利条件。

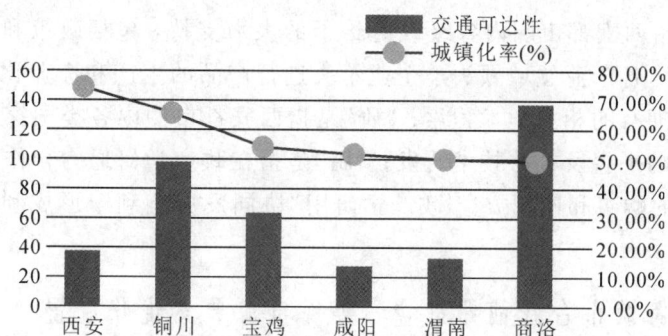

图3　西安都市圈各城市城镇化率和交通可达性

从西安都市圈创新空间要素分布情况看，西安都市圈发展面临的主要困境是创新网络空间集聚方向不明、互补性不强，各区域联系松散、发展相对独立。总体来说，都市圈内各城市之间在经济、政治、文化与社会等方面沟通交流不足，导致很难形成资源配置合理、高效发展的都市圈创新网络空间。

五、西安都市圈创新网络空间优化策略

通过前文分析可以看出，西安都市圈内各城市因资源禀赋、政策引导、区位战略等的差异性，导致各城市的发展水平及创新水平参差不齐。从空间上看，西安都市圈缺乏副中心城市与唯一中心城市西安联动协同发展。通过对西安都市圈各城市间发展的均衡考量，本文特提出构建"一中心三支点"的西安都市圈创新网络架构，作为解决西安都市圈创新网络空间分布不均、创新行为要素过度集中且存在浪费、创新资源要素投入效率低以及网络空间集聚方向不明，互补性不强的问题。

（一）构建高质量发展架构，加强空间集聚

构建以西安为中心，宝鸡、渭南、商洛为支点的一体化高质量发展架构，使西安都市圈由单中心模式向"一中心三支点"模式转变。作为西北唯一的国家中心城市，西安需要成为西北地区前进的桥头堡和发动机，因此，应以西安为中心引领西安都市圈发展，使西安成为西部超速的战略支点，进一步推进西咸一体化进程，打造西安都市圈，辐射带动铜川及杨凌示范区，构建西安都市圈的中心区域。

同时，以陇海铁路和连霍高速公路为主轴，打造宝鸡、渭南、商洛三个副中心支点城市，分别形成以宝鸡为中心进一步辐射关中平原城市群的西进区域，以渭南为中心向山西进一步辐射的东展区域，以商洛为中心的南突区域，这三个区域与西安都市圈的中心区域交织成网，以点带面，构建创新网络空间。由此，在空间上，形成具有明确空间集聚方向的、互为补充支援的创新网络空间形态，降低东西狭长、西强东弱的空间形态的影响。

（二）推进"政产学研用"协同发展，促进行为要素提升

"政产学研用"是指政府、高校、科研机构、企业之间协同配合、优势互补，以实现协同。其中"政"是指西安都市圈内各级政府给予的大力支持，包括政策和财政支持；"产"是指西安都市圈内各产业领域领头羊企业牵头进行产品的生产和产业化；"学"是指西安都市圈内各高校拥有的相关学术积累；"研"是指西安都市圈内各类国家重点实验室和专业实验室所搭建的平台及核心技术研发；"用"是指在政产学研通力合作取得技术创新突破后，项目成果的购买和使用方。"政产学研用"协同发展有利于形成利益分享、风险共担的协同创新体系。

（三）构建跨城市合作战略联盟，实现资源要素优化配置

通过构建跨城市合作战略联盟，加强西安都市圈对内对外的沟通和协调能力，推进

城市间政府合作机制的形成，发挥政府部门的综合协调作用，构建跨区域的协同创新系统。

在构建跨城市合作战略联盟的过程中，一是要充分调动各类社会组织、企业、公众的积极性，鼓励各类区域性社会组织跨区域合作，通过提供跨区域合作课题和研发项目，促使西安以外都市圈内其他城市的研发机构和研发人员参与西安都市圈发展过程中一系列重大问题的研究和论证，实现更大范围内的创新资源的配置；二是要鼓励和提供机会给西安以外都市圈内其他城市的专家学者，让他们能够积极参与西安乃至陕西的政府决策咨询，加强都市圈内智力资源的联系和交流；三是打造西安都市圈以及城市群智库联盟，由中心城市西安牵头，以西安交通大学为依托，联合西安都市圈内外研究力量建立智库联盟，设立都市圈协同创新研究中心，打造一支在全国有影响力的都市圈发展建设研究队伍，做到"上懂天气"（领会中央大政方针），"下接地气"（掌握西安都市圈实际情况），中间有"自由空气"（了解都市圈发展规律）。

（四）加强交通互联，实现综合交通一体化，提高交通可达性

为了进一步实现西安都市圈综合交通一体化，中心及各节点城市应进一步加强交通互联，实现西安都市圈内各城市的互联互通。以西安为例，应立足已有的铁路网、航空网、公路网，构建一体互联、高效通达的国省交通骨架网，加快云计算、大数据等现代信息技术的集成创新与应用，推广建设"智慧交通"。以节点城市宝鸡为例，可以进一步做好高速公路、铁路、支线机场的建设工作，构建全国性综合交通枢纽，加快宝坪等六条高速公路的建设，推动鄠邑经周至到眉县高速、北绕城高速等项目前期工作，完善宝鸡高速公路网的布局。抓好西安经法门寺至西安咸阳国际机场城际铁路建设；推进宝汉巴南铁路、宝麟铁路北延，法门寺到宝鸡城际铁路和宝鸡到中卫铁路扩能，城市轻轨建设等前期工作，力争平凉到宝鸡到汉中高速铁路项目列入中省规划。

总体而言，在交通建设方面，西安都市圈将以高速铁路、普速铁路、国家高速公路为骨干，在区域内加快城际铁路、省级高速公路、国省干线建设，推进单中心放射状公路网格局向多节点网络化格局转变，在区域外加快构建"四纵四横"的对外运输大通道。

西安都市圈应进一步推进"四港"联动，陆空运优势互补，推动物流枢纽的智能化发展，发挥西安国际港务区陆港和西咸新区空港优势，加快区块链、物联网等技术应用，促进公路港、铁路港、航空港、信息港"四港"联动发展，构建陆空互动、多式联运的综合交通运输体系，提升口岸服务水平。

六、优化西安都市圈创新网络空间的保障措施

（一）形成双城互动、其他城市辅助的协同创新格局

在西安都市圈西强东弱的空间形态中，渭南的创新能力较差，因此，应将渭南作为西安都市圈创新网络空间优化的重点，快速提升其创新行为要素和创新资源要素，快速提升渭南技术研发阶段和经济转化阶段的创新能力是当务之急。另外，宝鸡和渭南在创

新要素集聚、技术水平提升、产业结构优化等方面相对优于其他城市,具有良好的发展基础。渭南和宝鸡从空间位置上分别位于西安东西两侧,在空间分布上靠近这两个城市的其他各城镇要首先分别强化与渭南、宝鸡的产业联系,依托区域内优势产业,打造产业集群,形成以二级中心为核心的区域协同创新共同体,然后进一步分别加强与西安和咸阳的联系,最终实现西安都市圈范围内合理的产业空间分布和资源分布,实现西安都市圈范围内的高度协同创新,形成"一中心三支点"的创新网络格局。

(二)发展数字智能经济,提升行为要素效率

新的数字经济时代已经来临,为了占据新的经济增长点,攀登新动能的爆发点,各城市需要大力发展数字经济,尤其应积极布局以大数据、人工智能、云计算为代表的新的数字智能经济,为这些新技术、新产业的加速成长提供制度创新方面的支撑和保障。

西安都市圈各创新主体应重点完成以下三项工作:一是整合西安都市圈范围内各大高校的智力资源,形成联合培养和培训体系,设计培养层次和培养标准,为数字智能经济培养各类工作人员;二是指导西安都市圈内的龙头制造业率先实施和强化数字化建设,获得完善的智能化制造工作经验,加速实现创新数据资源共享和协调发展机制,以更好地促进数字技术和信息技术的快速迭代,补齐传统短板,实现区域内产业快速融入互联网环境;三是在西安、咸阳、宝鸡和渭南几个发展条件较好的城市,建立数字化技术示范区。在数字化技术示范区,应将智能化、数字化技术深度融合到服务行业中,提升老百姓的生活质量;加快传统金融行业的数字化转型,有效提高金融服务工作的质量,进一步促进智能化建设工作的顺利推行;将数字技术应用到其他相关产业中,提升都市圈内企业、高校、政府和社会的联系沟通效率。

(三)充分发挥政策设计与系统动力的合力,提升资源要素效率

在政策设计中,政府应紧紧把握西部大开发和"一带一路"外部环境的重大变化,使政策推动与产业系统的自适应性相结合,强化西安都市圈创新网络各要素协同创新的动力,引导要素结构、产业结构、价值结构向有利于协同创新的方向调整。政策设计要能与技术动力形成合力,联合制定跨区域协同创新政策,建立常态化的政策沟通与协调机制,培育创新动力,不断提高创新效率,实现协同有序、优势互补、区域联动和资源共享。

在产业布局方面,西安都市圈各城市的产业布局、资源禀赋及要素配置存在差异化,政府在创新空间网络优化过程中不能过度追求 GDP 的高速增长等短期目标,应重视第三产业尤其是生产性服务业的发展,因地制宜结合城市自身的产业基础,合理吸收东部地区及中心城市的转移产业,将产品及技术研发放在中心城市或支点城市,产品加工等中低端制造业可以放在周边拥有一定工业基础的城市,形成业集群化发展。

在经济发展方面,政府要整合资源,建成军民融合的创新型产业体系,增强科技成果落地及转化能力,建成国家创新高地。与此同时,还可以结合要素资源,打造一批特色小城镇,促进产业升级,优化产业格局;整合西安都市圈内丰富的文化旅游资源,破除壁垒,共同建设精品旅游路线,成为地区文化对外宣传的重要门户。

（四）构建综合交通一体化，提升都市圈内城市流强度

以"一中心三支点"为核心，从各中心城市之间开始加强交通互联，然后逐步向中小城镇扩散，最终实现都市圈内城市、乡镇之间的互联互通。在立足已有的交通体系方面加强中小城镇高速公路、机场和铁路网的建设，形成"核心城市—中心城市—小城市—乡镇"高效的交通体系。

参 考 文 献

[1] ARNDT O，STERNBERG R. Do manufacturing firms profit from intraregional innovation linkages? An empirical based answer[J]. European Planning Studies. 2000，8(4)：465 - 485.

[2] 连远强. 国外创新网络研究述评与区域共生创新战略[J]. 人文地理，2016，31(1)：26 - 32.

[3] 刘和东，陈雷. 区域协同创新效率测度及关键影响因素[J]. 科技管理研究，2020(12)：55 - 62.

[4] 牛秀红. 西部典型城市创新效率及其提升路径研究[D]. 徐州：中国矿业大学，2018.

作 者 简 介

王乐乐：西安外事学院商学院副教授
辛　宇：西安外事学院商学院副教授
郑　端：西安外事学院商学院教授

西安都市圈核心城六区产业协同发展研究

张旭起　　王敦海

一、绪论

（一）研究的背景和意义

都市圈往往是以一个中心城市为核心、以发达的联系通道为依托，由核心城市及外围社会经济联系密切的地区所构成的城市功能地域。我国已经初步形成 8 地区 24 个都市圈（见表 1）。

表 1　全国 8 地区 24 个都市圈

地　区	都　市　圈　名　称	数量
东北地区	沈阳都市圈、长春都市圈	2
华北地区	首都都市圈、太原都市圈	2
华东地区	上海大都市圈、南京都市圈、杭州都市圈、宁波都市圈、苏锡常都市圈、徐州都市圈、合肥都市圈、南昌都市圈、济南都市圈、青岛都市圈、厦门都市圈	11
华中地区	武汉都市圈、郑州都市圈、洛阳都市圈、长沙都市圈	4
华南地区	广州都市圈、深圳都市圈	2
西北地区	西安都市圈	1
西南地区	成都都市圈、重庆都市圈	2
合　计		24

2022 年 2 月 22 日，国家发展改革委发文（发改规划〔2022〕298 号）同意《西安都市圈发展规划》，西安都市圈成为国家层面批复同意的第五个都市圈规划，也是我国西北地区唯一一个都市圈。《西安都市圈发展规划》的出台实施，对于提升西安国家中心城市发展能级、支撑关中平原城市群建设，以及推动陕西省新型城镇化建设和优化区域经济布局具有重要意义。

西安肩负带动西北五省经济发展的重大历史使命。西安都市圈是关中平原城市群的核心区域，是西部地区重要的经济中心、文化中心、科技创新中心、对外交往中心。培育发展西安都市圈，发挥其引领带动作用，有利于加快关中平原城市群建设，有利于带动陕北、陕南地区发展、引领和支撑西部地区开发，有利于纵深推进"一带一路"建设，对于西安国家中心城市建设具有重大意义。

《西安都市圈发展规划》的核心内容是围绕构建"一核、两轴、多组团"的空间发展格局，着力推动都市圈基础设施互联互通、创新协同高效、产业分工协作、改革开放协同推进、生态环境共建共治、公共服务共建共享、文化传承发展、城乡深度融合。其中，"一核"是指西安主城区、咸阳主城区和西咸新区组成的都市圈核心区；"两轴"是指东西方向依托陇海线、南北方向依托包茂高速等交通大动脉形成的都市圈两条经济发展轴；"多组团"是指着眼于都市圈整体性功能布局，推动一体化协同发展，打造产城融合、功能完备、生态宜居、交通便捷的都市圈特色功能组团。因此，加快西安都市圈核心的西安城六区建设，实现产业一体化协调发展，成为当下紧迫的任务。

（二）西安都市圈

1957年，法国地理学家戈特曼首次提出"大城市连绵区"（Megalopolis）的概念，后日本学者提出"都市圈"概念并被广泛认可。2019年，国家发展改革委在《关于培育发展现代化都市圈的指导意见》中明确了都市圈的概念：城市群内部以超大特大城市或辐射带动功能强的大城市为中心、以1小时通勤圈为基本范围的城镇化空间形态。

陕西省建设厅组织编制的《陕西省城镇体系规划2006—2020年》第二十三条指出：西安都市圈包括西安市行政辖属的9区4县和咸阳市行政辖属的2区1市4县，是人口和产业密集，大型基础设施建设和城镇建设一体化发展的地域。该文件首次明确了"西安都市圈"的概念。

西安都市圈发展规划范围主要包括西安市全域（含西咸新区），咸阳市、铜川市、渭南市部分县（区）和杨凌农业高新技术产业示范区，面积约20 000 km²，常住人口1800多万，生产总值约1.3万亿元。2022年3月22日国家发展改革委发文《国家发展改革委关于同意西安都市圈发展规划的复函》（发现规划〔2022〕298号文件），"西安都市圈"空间格局就此尘埃落定。

（三）产业协同发展

国民经济作为一个开发系统，各个产业作为子系统，存在着相互影响而又相互合作的关系，其相互协调、配合、分工协作以及重构和协作合力的联动过程称为产业协同。

产业协同发展是指产业要素在同一个区域内的有效整合，区域内产业的合理分工布局、重新确定产业定位，共享信息和技术等方面的资源，构建产业间的相互联系和分工协作，提升整个区域的产业层次和质量。产业协同发展能够发挥区域内各个产业的特色和优势，优势互补，减少无序竞争和资源浪费，优化资源配置，形成产业结构的优化效应。

二、西安都市圈核心城六区产业发展概况

"西安都市圈"的主城为西安中心城市，辅城为咸阳中心城市。在具体职能上，西安中心城六区包括新城区、碑林区、未央区、莲湖区、灞桥区、雁塔区（位置见图1），是高新技术、新型制造业、现代化服务业的最大综合中心。在西安其他区县中，阎良以航空航天为主；临潼以旅游、交通、居住为主；长安以高新技术、科技教育、旅游为主；鄠邑区以新型制造业和旅游业为主；其他郊县以旅游、工业和现代化农业为主。

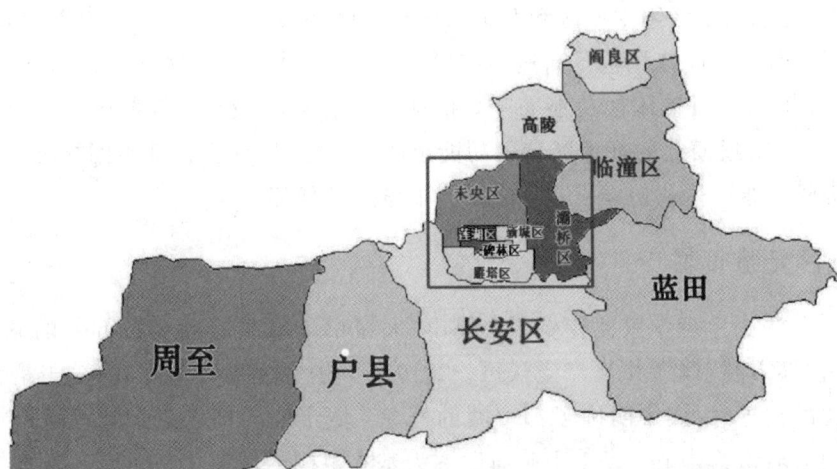

图 1　西安都市圈中心城六区位置示意图

（一）西安都市圈核心城六区经济发展情况

2020 年西安市 GDP 总量 10 020.39 亿元，比 2019 年增加 699.20 亿元，增速 7.50%，位居全国城市排名第 18 位，比 2019 年上升了 6 位。城六区产值占西安都市圈总产值的比重 2020 年为 72.82%，2019 年为 73.30%，2018 年为 71.12%，三年平均占比达到72.41%（见图 2）。

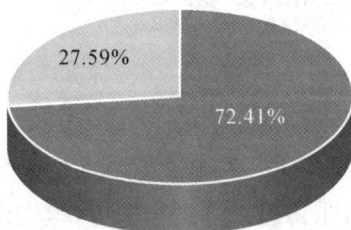

■城六区产值占西安都市圈总产值比例 ■周边七区

图 2　城六区产值占西安都市圈总产值三年平均占比

城六区是西安都市圈经济发展的核心力量，根据西安统计局统计年鉴数据，2018—2020 年，城六区（除新城区外）近三年产值稳步提高（见表 2），但雁塔区、未央区、灞桥区、莲湖区和碑林区经济增长速度均比 2018 年有所回落（见图 3）。

表 2　2018—2020 年西安各区县生产总值(GDP)及增速

区县	2020 年			2019 年			2018 年		
	总量/亿元	增速/%	排名	总量/亿元	增速/%	排名	总量/亿元	增速/%	排名
雁塔	2510.72	10.56%	1	2271.01	29.18%	1	1757.98	15.57%	1
未央	1319.43	5.31%	2	1255.07	30.08%	2	964.83	14.24%	3
灞桥	542.06	10.81%	7	489.19	1.57%	7	480.78	12.24%	7
莲湖	814.95	3.28%	5	789.05	−3.86%	5	820.73	9.51%	5
碑林	1060.47	4.59%	4	1013.97	5.05%	3	965.26	10.51%	2
新城	579.05	−4.44%	6	605.93	−6.87%	6	650.64	5.61%	6
长安	1136.25	13.49%	3	1001.21	10.13%	4	909.11	14.93%	4
鄠邑	253.61	29.62%	9	180.23	−17.04%	11	217.26	10.06%	11
高陵	374.49	0.01%	8	374.44	−1.06%	8	378.45	0.36%	8
临潼	252.53	4.05%	10	242.69	2.18%	10	237.52	8.20%	10
阎良	249.10	−2.34%	11	255.06	5.90%	9	250.10	4.12%	9
周至	139.44	1.67%	13	137.15	−6.24%	13	146.27	8.95%	13
蓝田	142.96	−4.20%	12	149.23	−1.06%	12	151.67	5.70%	12

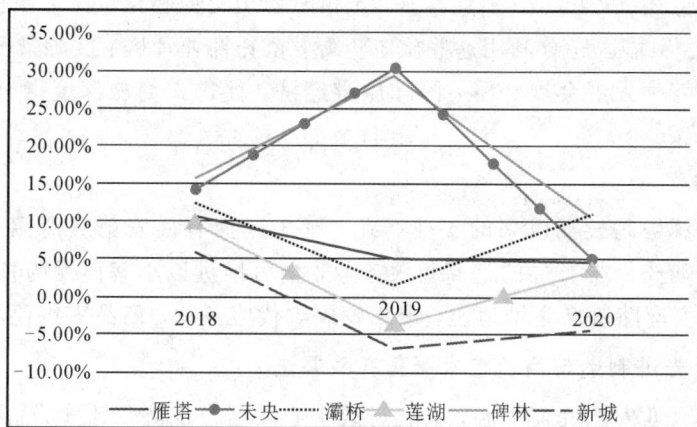

图 3　2018—2020 年西安城六区 GDP 增速变化

(二) 西安市城六区主要产业比较分析

1. 雁塔区:教育科创服务是产值的主要贡献

雁塔区是西安市中心城区内最大的核心区,地处陕西省西安市南城板块,是陕西省经济第一强区,雁塔区西有西安高新技术产业开发区,东有以生态建设为核心的曲江新区，南邻国家级航天研发基地，北邻城市中心，地理位置优越。区内拥有西安市最好的文化教育资源，是国家知识产权工程试点区。雁塔区在《2018 年中国百强区发展白皮书》中位列第 29 名。雁塔区的发展目标是努力打造蓬勃发展的"高能之城、创新之城、文化之城、宜居之城"。

2020 年，雁塔区第一、二、三产业占比为 0∶22.93∶77.07，对生产总值的贡献率分别为 0、24.3% 和 75.7%。工业总产值 691.93 亿元，服务业、建筑业、金融业、工业和房地产业共实现增加值 2046.99 亿元，占第一、二、三产业总值的 81.5%。服务业中表现突出的一是信息传输、软件和信息技术服务业，实现增加值 423.38 亿元，增速 14.0%，拉动服务业增加值增长 6.7 个百分点，拉动全区生产总值增长 2.3 个百分点；二是教育科学研究和技术服务业，实现增加值 344.60 亿元，增速 24.1%，拉动服务业增加值增长 8.1 个百分点，拉动全区生产总值增长 2.7 个百分点。教育科学研究、文化旅游和商贸服务是雁塔区的优势特色产业。

1）教育科学研究

雁塔区是陕西的政治中心。省委、省军区、省政协等一大批省级首脑机关驻扎雁塔区，高校、科研院所众多。近年来，雁塔区依托高校和科研院所优势发展高端产业、院士经济、校友经济，促进产学研紧密结合、集成创新、就地转化，大力建设以西京工业园为核心的研发设计板块、以西安美院为核心的文化培训板块、以雁塔未来产业城为核心的未来制造板块、以雁南公园为核心的生态宜居板块和以交大科技园为核心的智慧科技板块，推动雁塔区由"全国科教大区"迈向"丝路科创强区"。

2）文化旅游

雁塔区历史悠久、文物古迹蕴藏丰富，包括陕西历史博物馆、青龙寺遗址、明德门遗址、天坛遗址等。雁塔区充分利用这些旅游资源，依托商业片区、旅游景区、文创园区和国际会展中心等着力发展会展经济、国际旅游经济，促进文商旅深度融合发展，开发多元化旅游产品体系。

3）商贸服务

商业消费是雁塔区长期以来的支柱产业，雁塔区拥有西安第一商圈——小寨商圈，全区围绕小寨东西路一带布局的是商贸服务业，全力推进以小寨商圈为核心的现代商业服务，以突出长安南路雁塔主轴地位，聚集发展现代服务业、商品零售业。

2. 未央区：先进制造与商贸技术服务齐头并进

未央区处在大西安的几何中心，具有行政中心的区位优势、"世遗"品牌的文化优势、高铁枢纽的交通优势和与周边开发区融合等多轮驱动的发展优势，优势产业为先进制造业、商贸服务业、文化旅游业、现代物流业、金融业。未央区以提升"区域经济新中心、科技创新新中心、文化交流新中心、生态宜居新中心、交通枢纽新中心"五大功能为重点发展目标，加快建设国家中心城市中心城区、创新之区、人文之区、生态之区、平安之区，以及具有全国影响力的核心引领城区。

2020 年未央区第一、二、三产业占比为 0.12∶43.97∶55.19（见图 4）。第一、二、三产业分别完成产值 1.61 亿元、580.10 亿元和 737.72 亿元。其中，物流营业收入 136.29

亿元，软件信息服务收入同比增加 119.4％。第二产业中的先进制造业与第三产业中商贸、物流与信息技术服务以及旅游业为全区产值作出主要贡献。

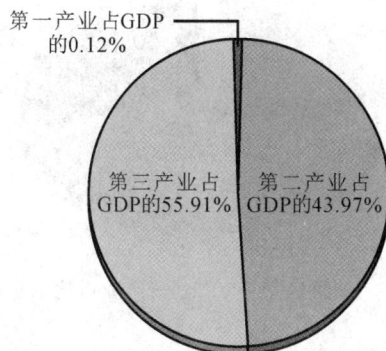

图 4　2020 年未央区第一、二、三产业占比示意图

1）先进制造

未央区构筑以高技术、高端链节为主体的精深加工产业链，做大做强优势特色产业集群；积极吸引国内外知名企业来区设立地区总部，打造西北总部企业聚集区；大力扶持创新型企业发展，打造"硬科技"之区；聚力培育新材料、人工智能、大数据等产业集群，打造战略性新兴产业聚集高地。

2）商贸、物流与信息技术服务

未央区因地制宜发展特色商业街区、多种社区商业模式，巩固未央路、北二环、太华路和西安北站等四大商圈建设；着力引进国内外高端时尚产品、品牌及企业，探索地下立体商业综合体的新模式，将四海唐人街等打造成全国有重要影响力的特色品牌商业街区；按照"一楼宇一产业"要求，推动形成以现代商贸、信息技术、时尚创意等为产业主题的特色楼宇；促进互联网和实体经济深度融合，推进传统商圈功能优化及转型升级。

3）文化＋旅游

未央区拥有汉城湖国家水利风景区、大明宫国家遗址公园、汉长安城遗址、建章宫遗址、感业寺、薛家寨汉墓群等历史遗迹，着力打造"吃、住、行、游、购、娱"全要素旅游产业链，形成"丝路未央""趣创未央""智慧未央""学游未央""书香未央""食尚未央"六大文旅品牌，形成文化创意之区和旅游新目的地。

3. 灞桥区：发力会展商贸和传统制造转型

灞桥区土地面积 332 km²，在西安主城区中，灞桥区面积最大、可供开发土地空间潜力最大，主攻先进制造业与军民融合、生物医药、运动健康、文化旅游、会展经济等产业，区内布局浐灞生态区、国际港务区、灞河新区三大开发区，形成先进制造、生态旅游、体育健康、会展经济"四轮驱动"的发展格局。

2020 年，灞桥区第一、二、三产业构成 3.5：29.1：67.4（见图 5）。第一产业增加值 19.94 亿元，同比下降 6.3％；第二产业增加值 157.90 亿元，同比增长 13.4％；第三产业增加值 365.22 亿元，同比增长 6.8％。近年来，灞桥区重点对传统制造业进行改造和产业转型升级，发展会展商贸和文化＋旅游产业。

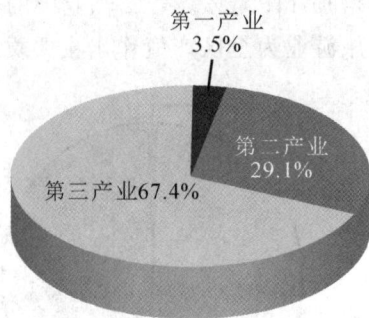

图 5　灞桥区第一、二、三产业占比示意图

1）传统制造业转型升级

灞桥区具有科研优势。坐拥航天四院、火箭军工程大学等 8 所军工单位和院校，聚集各类科技人员 7 万余人，是西安市军工科技力量和智力资源最密集地区之一。丰富的科研技术平台、技术和人才优势，为科技成果就地转化、传统制造业转型升级提供有力支持。灞桥区一是传统纺织业转型升级为新型纺织产业，依托纺织城发挥纺研院研发实力雄厚优势，推动研产融合；二是装备制造业转型升级为先进装备制造业，以驻地军工企业建设主导发展高端装备产业，推动"军转民"科技成果就地转化，形成一体协同、增值扩链的高端装备产业链条；三是依托国家分子医学转化中心，发展新型医药及器械产业，发展精准医疗产业，依托博鸿生物、盘龙药业等配套产业入驻，实现医药制造融合发展。

2）会展商贸

2020 年初，曲江国际会展中心正式拆改，西安会展业的重心转移到位于浐灞生态区的西安国际会展中心。围绕生态化、国际化、智能化为一体的西安国际会展中心，重点发展与会展业匹配的旅游、金融、文化、商贸、涉外商务、体育等商贸服务产业，逐步完善与会展产业配套的酒店、餐饮、交通、旅游、高端商贸业等业态，提高生产性服务业占比，拓展配套功能。依托堡子村商圈和新市商圈全力发展现有楼宇的双创服务、总部经济、品质酒店等业态，引导商贸、餐饮、娱乐、金融等服务业加速聚集，加快交通走廊向商业聚集带转变。

3）文化＋旅游

灞桥是中华文明的发祥地之一，区内半坡遗址、米家崖遗址、隋汉灞桥遗址、汉文帝霸陵等历史文化遗产驰名中外，省、市、区级非物质文化遗产 50 余项。区内旅游资源丰富，拥有 4A 级景区白鹿原·白鹿仓景区及 3A 级西安白鹿原葡萄主题公园等 10 余家都市农业旅游观光示范园，还有西安世博园、西安浐灞国家湿地公园等丰富旅游资源。"十四五"期间，灞桥区计划全面提升文化旅游产业综合竞争力，使旅游业成为灞桥区经济新的增长点和战略性支柱产业。

4. 莲湖区：先进制造与金融、商贸服务三足支撑

莲湖区作为西安市中心城区，位于西安市城区西部和北部，是西安城区经济社会发展五强区之一。东以北大街、北关正街、龙首村与新城区接壤，西以西户铁路、北以龙首北路、梨园路与未央区相连，南以护城河、南二环南沿、昆明路防洪渠南沿与碑林区、雁塔区毗邻。莲湖区交通发达，唐、明、清历史遗迹众多，是历史上著名的"丝绸之路"起点，区内建有多处丝路旅游景点。2020 年莲湖区第二、三产业结构为 34.0：66.0，全区地区生产总值（GDP）实现 814.95 亿元，占全市比重为 8.1%，第二产业产值实现 276.99 亿元，同比增长 10.7%；第三产业产值实现 537.96 亿元，同比下降 0.8%。其中：批发和零售业产值实现 72.19 亿元，同比增长 1.0%；物流运输、仓储和邮政业产值实现 22.83 亿元，同比下降 15.3%；住宿和餐饮业产值实现 23.62 亿元，同比下降 11.6%；金融业产值实现 195.86 亿元，同比增长 6.5%；房地产业产值实现 57.36 亿元，同比下降 5.9%；其他营利性服务业产值实现 71.47 亿元，同比下降 10.2%；非营利性服务业产值实现 94.38 亿元，同比增长 1.7%（见表 3）。

表 3 2020 年莲湖区第三产业产值贡献

项目	批发和零售业	物流运输、仓储和邮政业	住宿和餐饮业	金融业	房地产业	其他营利性服务业	非营利性服务业
产值/亿元	72.19	22.83	23.62	195.86	57.36	71.47	94.38

到 2035 年，莲湖区要实现全面建成西北地区具有较强影响力、辐射力的国家中心城市典范城区。莲湖区的主要特色产业有以下几类。

1）先进制造

制造业产值占莲湖区总产值三分之一，且增长率较高，达到 10%，发展势头较好。区内有庆安宇航集团、远东机械公司、延光机械厂、西安电力机械制造集团所属 8 个大型生产厂及 40 多个企事业单位所组成的"电工城"，还有工业自动化行业中被称为"亚洲第一大厂"的西安仪表厂（陕鼓集团），冶金部最大的冶金专业设备制造企业西安冶金机械厂，西安市最大的面粉加工企业西安人民面粉厂，全国最大的胶印印刷企业之一的五四四厂，西北最大的综合印刷企业新华印刷厂等大中型企业近 200 家。同时，还拥有莲湖工业园区、大兴工业园区两个具有现代化水平的工业区。第二产业为全区经济发展奠定了坚实的基础。十四五期间，莲湖区的工作重点是硬科技产业创新。依托西电集团、庆安公司等工业企业，发展硬科技产业和都市工业载体建设，扶持西电、法士特等知名企业发展智能制造、现代科技产业。

2）金融和商贸服务

由表 3 可知，金融、批发和零售业是莲湖区的两大经济支出。全区拥有上市挂牌企业 3 家，其中新三板挂牌企业 1 家。区内已逐步建成金融广场、金融小镇、金融服务街区；依托太奥广场、龙湖星悦荟、鑫苑大都汇、老城根 Gpark 等一批商业综合体，以及新汉风建筑群，重点发展商贸服务业、休闲娱乐业，打造西安新兴商贸服务业聚集区，重点推进皇城现代商贸等 7 个试点聚集区建设，稳抓钟楼等 4 个重点商圈、北院门风情街等一批特色街区建设；西大街、西关正街、沣镐东路、沣镐西路商业区加速业态调整提升，促进商贸服务业优化升级；莲湖路、大庆路加快工业企业搬迁，转型发展现代服务业；依托君诚、恒佳好世界、古都、金海等一批大酒店，发展酒店餐饮等商贸旅游服务业；依托西控十八街坊、水滴 Uhone、兰辉佳苑等项目，重点发展商务办公、综合商贸服务和休闲娱乐业。

3）文化＋旅游

莲湖区文物古迹众多，旅游资源丰富。区内有 13 个王朝遗留下的古建筑、古墓葬、古石刻等文物古迹 125 处（件），其中属国家、省、市级重点保护古迹、纪念地 19 处。化觉寺、广仁寺国内闻名，文化旅游基础雄厚。区内发挥莲湖作为古丝绸之路起点区的优势，加强含光门、西门、玉祥门、北门之间环城墙景区建设和"街、巷、墙、路、林、河"六位一体综合改造，打造都市休闲旅游走廊；依托大唐西市、历史文化街区，发展历史文化旅游、文化创意产业，搭建丝绸之路国际文化交流平台；打造城墙内全域旅游示范区、国际一流旅游目的地。

4）康养医疗

依托沿线丰富的医药医疗资源，发挥怡康、利君、陕西制药厂等龙头企业带动作用，以及汉城路医药批发街区建设集医养结合、智能健康为一体的健康小镇。

5. 碑林区：主打商贸和文化旅游两张牌

碑林区历史悠久、地理位置优越，使其不但成为西安市政治、经济、文化中心，而且成为西安市商业最繁华的地方，是全省"五强区"、全国"百强区"，是西安市商贸、科技、文化、教育大区，也是西北地区面积最小、人口密度最大的城区，具有"文旅融合""产业升级""城市有机更新""现代服务业""营商环境"五大发展领域的突出优势，重点发展文化体验、书法品鉴、休闲娱乐、旅游购物、特色餐饮等业态，成为彰显古都历史文化特质、最具国际影响力的文商旅融合发展聚集区。2020 年，碑林区第二、三产业结构为 24.2：75.8，全区地区生产总值（GDP）1060.47 亿元。其中，第二产业 256.13 亿元，占全区总产值的 24.15%；第三产业 804.34 亿元，占全区总产值的 75.85%。

碑林区主打商贸服务和"文化＋休闲＋旅游"两张牌，"十四五"期间利用区内大学、科研院所优势重点发展科技服务产业。

1）商贸服务

碑林区地处西安市中心黄金地段，商贸服务是其主打产业。区域内有金融机构 110 多家；有大、中型购物中心、连锁服务机构、专业、批发市场等商贸单位 27 000 多家，以及西安市最繁华的商业街——东大街、南大街，聚集开元商城、中大国际、世纪金花和长发祥等一大批国际品牌的高端零售、餐饮大厦和名店、老店，是西安市的网红打卡地。"十四五"期间，碑林区重点建设钟楼——东、南大街城市商业带，打造钟楼国际消费中心，建设国际化大西安商贸服务新窗口；重点发展商贸服务、金融服务、商务服务、文化旅游等产业，建设集高端商业、商务办公、文化旅游等核心功能为一体的西安国际化大都市高端服务业聚集区。

2020 年，受新冠肺炎疫情影响，碑林区社会消费品总额同比略有下降，其中化妆品类下降 8.6%，体育、娱乐用品类下降 11.9%，服装、鞋帽、针纺织品类下降 14.2%，粮油、食品类下降 14.6%，石油及制品类下降 18.4%，烟酒类下降 21.8%。但通信器材类比上年增长 105%，金银珠宝类比上年增长 30.6%，汽车类比上年增长 17.2%，五金、电料类比上年增长 3.3％，网上商品零售额 13.92 亿元，比上年增长 181.9％。

2）文化＋休闲＋旅游

碑林区历史悠久，古迹众多。区内有被誉为"东方文化的宝库"的西安碑林博物馆、小雁塔、道观八仙庵、明城墙和全国著名的关中书院，以及独具风格的书院门文化步行街、西安城墙、宝庆寺华塔、卧龙寺等旅游景点；书院、寺院、城墙、街坊、牌楼以及仿古建筑各具风格；儒教文化、佛教文化、道教文化、民俗文化、金石文化相互辉映，是西北地区最具有旅游发展潜力的城区。文化旅游以"传承与创新"为主题，重点打造大南门迎宾厅文脉底蕴与现代文明交相辉映的古城历史文化展示"新窗口"、"两宫一市"盛唐文化体验区；恢复老西安特色街区风貌，保存盛唐特色文化基因；引入道教文化养生休闲业态，建设现代都市休闲区和历史文化传承区。

3）科技服务

区域内有西安交通大学、西北工业大学等 17 所高校，有科研院所 130 余家，各类科研人员 3 万多人，有 8 个国家重点实验室，是西安最重要的科研教育基地；各类文化经营单位 630 家，陕西省歌舞剧院、西安市群众艺术馆、唐乐宫等专业演出团体云集，是名副其实的文化大区，动漫产业发展迅猛，已成为区域经济发展的新亮点。

"十四五"期间，碑林区计划发挥陕西动漫产业平台、西安交通大学"中国西部文化创意产业研究中心"的资源优势，打造创意设计产业聚集区；以西部工程设计中心为核心，带动整合西安建筑科技大学、西安科技大学、长安大学及其周边建筑设计、工程设计单位的技术和产业资源，打造工程科技服务产业聚集区；以环西工大军民融合创新带为支撑，西安创新设计中心为核心，聚集创新创业、研发服务、软件研发、电子信息等产业，打造研发服务"双创"产业聚集区。

6. 新城区：发展金融、商贸业有独特优势

新城区位于陕西省西安市城区东北部，跨越城墙内外，是陕西省政府和部分省市机关的所在地。新城区地理位置优越，交通发达。辖区以城墙为界分为城中、城北和城东三大区域，城中区域为包括东大街、解放路、北大街在内的商贸、金融业聚集区；城北区域主要包括大明宫国家遗址公园等休闲旅游地区；城东以专业批发市场和军工企业为主。2020 年，新城区生产总值（GDP）579.05 亿元，比上年增长 0.4％。其中，第二产业产值164.41 亿元，比上年下降 6.6％；第三产业产值 414.64 亿元，比上年增长 3.8％。第二、三产业结构比 28.4∶71.6。第三产业中批发和零售业产值 59.13 亿元；交通运输、仓储和邮政业 11.30 亿元；住宿和餐饮业 8.64 亿元％；金融业 136.03 亿元；房地产业 30.38亿元％；其他服务业产值 169.03 亿元（见表 4）。

表 4　新城区 2020 年第三产业产值贡献

项目	批发和零售业	交通运输、仓储和邮政业	住宿和餐饮业	金融业	房地产业	其他服务业
产值/亿元	59.13	11.30	8.64	136.03	30.38	169.03

《西安市新城区产业发展规划（2021—2030 年）》明确指出新城区要构建以总部经济形态为引领，以商贸商务、金融服务、文化＋旅游三大产业为主导，以大健康、科技服务

两大产业为特色的"1＋3＋2"现代产业发展体系。服务业作为新城区经济增长"主引擎"，有力支撑全区经济发展，其中商贸业、文旅业、金融业有着相对较好的产业发展基础，主导地位日益突出，科技服务业、大健康产业稳步发展。新城区的发展目标是打造集总部经济、现代服务、宜居休闲于一体的西安新地标。

金融服务、商贸服务、文化＋旅游与文化创意是新城区的主打产业，既有多年的积淀，也有创新发展，已成为新城区的特色和亮点。

1）金融服务

金融业是新城区主打产业，新城区是西北地区金融机构最为集中的区域。辖区内拥有人民银行西安分行、工商银行陕西分行、中国银行陕西分行、交通银行西安分行、西安银行等大型金融、证券机构西安总部。坐落在民乐园区域的金融小镇，是以"金融＋"为主线、民间金融为主导、互联网金融和消费金融为核心的西部民间金融资本聚集高地、流转高地、创新高地。丝绸之路民间金融中心是西北地区首个集资金借贷、融资担保、股权投资、中介服务、信息发布为一体的西安民间资本聚集流转高地，也是西北首个"西安民间金融街"。"十四五"期间，新城区通过注入"创新金融、文化金融、普惠金融"元素，打造以民间金融产业为核心，以商贸住宅、酒店餐饮、文化旅游为配套的特色小镇。

2）商贸服务

商贸服务是新城区三产中的第二重点。新城区商业基础雄厚，辖区拥有民生、万达等现代商业综合体，索菲特人民大厦、万达广场、希尔顿等星级酒店，聚集轻工批发市场、西北商贸中心、胡家庙批发市场等80多个专业市场，形成了解放路、长乐路等著名商圈，是西北最重要的商贸中心和资源要素集散地。

3）文化＋旅游

新城区曾是周秦汉时的京畿重地、辖区大明宫是盛唐号令全国的权力中心、宋元明清西北的行政指挥中枢、清代八旗军操练的"八旗校场"和满人居住的城中城……新城区拥有众多历史遗迹遗存，如大明宫丹凤门、含元殿遗址、八路军办事处、永兴坊等。作为中心城区，新城区大力实施"文化＋"战略打造了户外休闲、冰雪运动、草原风情、生态观光、历史文化、民俗体验六大旅游品牌，形成了历史文化旅游片区和自然观光、文体体验旅游片区，同时加快推进文化资源的转化运用，打造了一批可感知识别、有内涵价值、在国内叫得响、在国际立得住的知名文化品牌

4）文化创意

新城区一方面充分保护、利用、开发辖区内的西光厂、华山厂等工业遗存，延续军工文化，传承军工精神；另一方面为区内注入文化创意、科技创新等产业业态，建设设计创意、文创产业集群、华清科技园、新城建科大创新创业中心四大功能板块，努力将其打造成为西部乃至全国具有影响力的文化创意科技产业集聚区。

三、西安都市圈核心城六区产业协同现状分析

（一）城六区产业发展不均衡，东部产出较弱

据西安市统计局发布的《西安市第七次全国人口普查主要数据公报》数据显示，至

2020年，西安市常住人口数为 12 952 907 人，占全省人口比重为 32.77％，是陕西唯一一个人口超过千万的城市。全市常住人口近十年共增加 4 485 070 人，增长 52.97％，年平均增长率为 4.34％，2020 年西安中心城六区常住人口、面积、人均 GDP 如表 5、表 6 所示。

表 5　2020 年西安中心城六区常住人口及占全市比例

地　区	常住人口/人	占全市人口比例/%	新区隶属
全市人口	12 952 907	—	
雁塔区	1 202 038	9.28	
未央区	733 403	5.66	
灞桥区	593 962	4.59	
莲湖区	1 019 102	7.87	
碑林区	756 840	5.84	
新城区	644 702	4.98	
高新技术产业开发区	958 333	7.40	雁塔区境内
曲江新区	399 872	3.09	雁塔区境内
经济技术开发区	550 411	4.25	未央区境内
浐灞生态区	550 015	4.25	灞桥区境内
国际港务区	135 930	1.05	灞桥区境内

表 6　2020 年西安中心城六区人口集中度比较

地　区	雁塔区	未央区	灞桥区	莲湖区	碑林区	新城区	合计
面积/km²	152	263	324	39	23	30	831
面积占比/%	18.29	31.65	38.99	4.69	2.77	3.61	100
常住人口/人	1 202 038	733 403	593 962	1 019 102	756 840	644 702	4 950 047
人口占比/%	24.28	14.82	11.99	20.59	15.29	13.03	100
人均 GDP/万元	18.12	15.95	7.70	10.40	15.42	8.90	

　　西安中心城六区近三年经济稳步增长，其中雁塔区、未央区、碑林区连续三年稳居前三，且远超新城、灞桥两区，主城六区经济产出差异较大。

　　2020 年西安人均 GDP 约为 7.918 万元。雁塔区人均 GDP 约为 18.12 万元，在全市高居第一位；未央区人均 GDP 约为 15.95 万元、碑林区人均 GDP 约为 15.42 万元，分列二、三位(见图 6)。

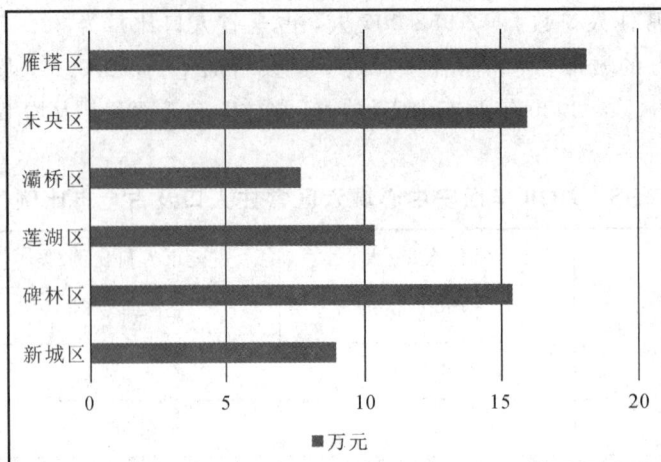

图 6　2020 年西安中心城六区人均 GDP

根据以上统计分析可以看出，西安中心城六区发展极不平衡，雁塔区、未央区经济产出 2019—2020 年来均位于第一、第二的位置，人口和经济要素高度集中，经济增长速度均高于其他四区。灞桥区占地面积最大、可发展空间最大，但人口最少、经济产出最少，经济发展水平最弱；新城区虽位于中心城六区核心三区之中，但经济产出相对较弱。总的来说，西安东部与南北部经济产出差异巨大，发展极不均衡。东部灞桥区、新城区地区发展的潜力与实力有望进一步提高。

（二）中心城六区产业高度重合，同质化严重

西安中心城六区产业存在分工协作不足、同质化严重现象，资源有限、客流争夺明显等问题制约了各区的功能互补、资源有效配置与产业链融合发展。西安目前的支柱产业为军工制造业、半导体集成电路产业、汽车制造业、手机制造业、高新技术产业、互联网产业、能源矿业、旅游业、商贸业、物流业。西安中心城六区三产在商贸服务、文化旅游等产业高度重复。各区均把旅游作为产业发展的侧重点，大多为文化旅游，缺乏特色，同质化程度高，竞争激烈；商贸服务的业态、模式、层次几近雷同，缺乏亮点和竞争力，导致经济增速下降。西安中心城六区主导产业类型如表 7 所示。

表 7　西安中心城六区主导产业类型

地　区	雁塔区	未央区	灞桥区	莲湖区	碑林区	新城区
教育科创	√					
旅游	√	√	√	√	√	√
商贸服务	√	√	√	√	√	√
先进制造		√	√			
科技创新				√		
科技服务		√			√	
金融服务				√		√
文化创意						√

碑林区、莲湖区、新城区三区均是以消费品零售、旅游为主导产业，产业同质化严重。碑林区、莲湖区、新城区面积小，三区均位于西安市中心地带，地理位置相互接壤，商圈重合，商圈内有限的人口和购买力被三区相互争夺，竞争激烈，零售业已呈现负增长（见表8）。

表8　2018—2019 年西安中心城六区社会消费品零售总额增速

	雁塔区	未央区	灞桥区	莲湖区	碑林区	新城区
2018 年社会消费品零售总额/亿元	847.50	615.17	260.53	544.95	670.40	739.79
2019 年社会消费品零售总额/亿元	1162.36	904.20	448.66	553.76	622.29	293.11
增速/%	37.15	46.98	72.21	−20.05	−7.17	−60.37

（三）产业升级改造任务繁重，发展动力不足

西安都市圈肩负着容纳大量产业和人口，带动关中平原城市群及陕西发展的历史使命，但核心城六区的发展动力不足，具体体现在以下几个方面：

（1）第一产业只有灞桥区和未央区少量保留，且优势产业不多，产品附加值不高；第二产业受老工业布局影响，加之地理位置在城市核心区域，无法扩张规模，只有迁出和改造、转型升级为先进制造业和智慧制造、创业工业园区，改造搬迁任务繁重，主导产业无法形成集群效应；第三产业同质化严重，虽然各区服务业产值占比超过50%，但主要集中在传统的旅游、商贸服务等产业类型，金融服务、科技服务模式陈旧，缺乏创新，经济增长内生动力有待加强。

（2）西安中心城六区老旧小区多，城市改造更新任务艰巨。区域基础设施标准低、容量小、配套差，承载能力滞后于经济社会发展需要，基础设施承载能力不足。

（四）服务业态重合，缺乏整合转化

西安中心城六区的商贸服务层级低，业态均为传统百货商店、零售店、品牌店，未能总体规划业态和分层设置聚集区，缺乏亮点和特色。新型商业业态如智慧商店、体验店、VR体验站、商业综合体、高端零售店、专业店、特色购物街区、国际消费中心、保税街区等特色、地标性购物聚集区有待按照各区优势规划建设。

西安中心城六区的文化旅游资源整合转化质量不足。城六区均有历史文化遗迹，但景区的建设缺乏统一规划，文化旅游资源整合、开发、利用程度低，各区的旅游资源缺乏特色，多为文化旅游、休闲旅游，同质化严重，未带来应有的经济效益和社会效益。文化资源转变为文旅产业缺乏催化加速，文化优势还未转化为发展优势。

四、西安都市圈核心城六区产业协同发展思路

（一）加强顶层设计，总体布局定位

西安是国际一流的旅游目的地、国家重要的科技研发中心、全国重要的高新技术产业和先进制造业基地以及区域性商贸物流会展中心、区域性金融中心，未来将逐步建设成为国家中心城市之一、富有东方历史人文特色的国际化大都市、世界文化之都。为此，西安市人民政府办公厅 2020 年 10 月 21 日发布了《西安市现代产业布局规划》，提出大力实施先进制造业强市战略，着力推动特色鲜明、布局合理、要素集聚的"6＋5＋6＋1"现代产业体系，建设具有重要影响力的国家中心城市战略目标。在空间布局方面，按照"地域相邻、产业相近、属性相融、优势互补、资源共享、做大做强"的原则，加大产业发展的统筹协调力度，使各区从产业聚集向能级提升转变，形成"定位明确、产业明晰、优势互补、错位发展"的态势，在空间上逐步形成"一核、三带、一通道、多板块"的产业空间布局。

"一核"指位于城市空间中心的文旅商贸核心；"三带"指高新技术产业带、先进制造产业带和文化旅游产业带；"一通道"指从空港新城连接高铁新城到国际港务区的国际物流大通道；"多板块"指各区县、开发区立足自身资源禀赋和现实需求，明晰发展的重点方向（对文化旅游、现代商贸、健康服务及房地产业等全域性产业不做限制），形成各具特色的产业板块。

根据"做大主导产业、做强优势产业、培育新兴产业"及"一体化布局，差异化发展"的思路，城六区产业布局一要立足各区发展中自然形成的产业集聚优势，淡化行政区划界限，加强不同行政区的同类产业、企业的联合，同类或相关企业形成有机整体，关联产业集群协同发展，发挥产业集群间互补强化作用，确立在整个城市范围内的增长极地位；二要兼顾各区产业功能的基本均衡配置，在经济基础相对薄弱、主导产业有待突出的区，尤其是灞桥区和新城区，政策助力扶持并引导市场力量填平"洼地"，打造区域特色的经济增长极。借助西安都市圈发展战略，科学定位，合理布局，缩小西安都市圈核心六区内部差距，实现一体化均衡发展。

（二）实现资源整合，凸显区域特色

西安都市圈中心城六区应整合历史资源，挖掘文化内涵，保护包括自然生态环境及历史文化环境、城市历史格局、都城遗址、非物质文化遗产等内容，统一进行资源规划，错位发展：莲湖区、碑林区可开发利用历史名城资源发展旅游；未央区可开发利用历史地貌、河湖水系发展旅游；雁塔区发展自然与人文景观融合的文化旅游；灞桥区古遗址、古陵墓与生态资源融合开发旅游。通过开发融合建设，突显传统格局、特色空间的整合以及文化环境的营造，延续各区域历史文化特色，促进历史文化和现代文明的有机结合，体现"古代文明与现代文明交相辉映，老城区与新城区融合发展，人文资源与生态资源相互依托"的各区域特色。

优化主城区布局结构，把不适合在主城区发展的城市功能逐步向外围地区疏散，各区域之间以交通轴、大遗址、生态林带、楔形绿地等为间隔，形成功能各异、虚实相当的九宫格布局模式。重点建设设施完善、环境优美、功能各异的城六区发展格局，包括未央新城、北客站地区、曲江国际会展产业园、大兴新城、大明宫地区、纺织城地区等，完善基础改施建设，改善人居环境，提升城市品质。

（三）缩小西安中心城六区差距，实现一体化发展

未来西安的发展格局是"一城多心、一体化发展"。在西安都市圈城市规划区范围内，实行统一规划管理，完善城市功能，强化主城区与周边区域的经济联系，形成布局合理、功能明确、结构完善的产业体系。整个西安市区呈"一城多心"空间形态。"一城"指主城区（中心城六区＋长安区），是西安城市发展的主中心，集商贸、文化、科教、旅游、居住等功能为一体；"多心"指4个组团（六村堡、常宁、新筑、洪庆）、3个新城（临潼、阎良、泾渭）、4个城镇（鄠邑区、高陵、周至、蓝田），是城市发展的副中心，承担主城区向外疏解的部分人口和功能。

西安"一城"建设强调区域协调发展，因此需要调整生产要素的流动方向与社会资源的配置方式，从而实现缩小差距，均衡发展，达到转变经济发展方式、推进产业布局合理化的目标。城六区要整合资源优势，重点发展高新技术产业、现代装备制造业、旅游产业、文化产业、现代服务业等五大优势产业，加快建设高新技术产业开发区、经济技术开发区、曲江新区、浐灞生态区；加快高新区世界一流科技产业园区、浐灞会展城等项目建设；加快推进新筑、六村等物流园区建设。

西安中心城六区旅游产业要协同发展，要科学规划旅游资源、一体化治理、跨区融合，采取新旧分治的理念，淡化行政区域的划分。城墙以内的老城继续实施"唐皇城复兴计划"，疏解老城功能，降低人口密度，恢复历史街区、人文遗存，整合历史资源；景点以城墙景区、大唐不夜城、大唐西市、楼观台道文化展示区、光中影视基地等重点工程为龙头，培育文化产业品牌，完善城市旅游服务体系。

在商贸服务方面，城六区实施碑林区东大街、新城区解放路改造；提升莲湖区西大街、碑林区骡马市、雁塔区小寨等特色商业街区的人气和购物环境；老城内发展"商贸＋旅游"服务业，建设国际化游客集散中心。

（四）错位发展、弥补不足，抢占空白点

科技、旅游和商贸是西安的优势产业。根据西安都市圈产业错位发展、优势互补的原则，建设西安现代产业体系，继续壮大优势产业，进一步优化城六区产业布局，提高城市服务功能，合理利用城市经济要素，错位发展，抢占经济发展的制高点和空白点。各区要突出特色、联动协调发展，努力建设支柱产业明确、错位发展、优势互补的新型产业。

根据2019年统计年鉴数据分析，第三产业产值在西安中心城六区各区全年的生产总值中占比超过一半（见表9），服务业在很大程度上支撑起了整个西安都市圈核心地带的经济发展，并起到带动辐射作用。

表 9　2019 年西安中心城六区三产产值

项　目	雁塔区	未央区	灞桥区	莲湖区	碑林区	新城区
总产值/亿元	2271.01	1255.07	489.19	789.05	1013.97	605.93
第一产业产值	0	0.28	19.23	0	0	0
第二产业产值	522.79	562.45	137.73	257.36	232.79	212.93
第三产业产值	1748.25	692.33	332.23	531.69	781.18	393.00
第三产业产值占比/%	76.98	55.16	67.91	67.38	77.04	64.86

西安的第三产业主要包括批发和零售业、旅游业、住宿和餐饮业、金融业、房地产业、租赁和商务服务业、物流业、信息服务业、IT业、技术服务和其他教育与研究业、医疗卫生服务业、社会保障和社会福利业、体育和娱乐业、公共管理业。面对日益激烈的社会竞争，西安中心城六区应该依托各自优越的区位优势、资源优势与产业优势，充分发挥西安都市圈经济区建设中的主导和核心作用，寻找经济发展的空白点、做出差异化，形成各区特色产业。

制造业要强化错位布局，各区域应立足自身资源禀赋合理定位，城市中心的莲湖区、碑林区、新城区要打造高端产业，强化辐射带动作用；城市周边的未央区、雁塔区、灞桥区要夯实产业基础，增强产业承接能力。

商贸服务城中心发展传统零售业，在业态和商业模式上力争做出特色和不同；周边结合新建规划发展综合商业体、批发中心、购物中心、高端消费中心、购物城等，在业态、业种和信息技术上突出特色和创新。

各区应根据资源禀赋，发展唐文化旅游、汉文化旅游、休闲旅游、康养旅游、生态旅游、体育旅游、历史文化旅游、自然景观旅游、夜游、度假游等，细分市场和客户，挖掘客户需求，扩大旅游需求。

此外，灞桥区、未央区应着力引进人口，发展商贸服务新业态，建设物流、电商、国际商务、金融服务、科技创意、新兴产业聚集区，从而实现整体上的产业错位布局，填补空白，避免资源争夺、客源争夺的同质化、低水平竞争。

五、西安都市圈核心城六区产业协同发展对策

西安都市圈核心城六区存在产业同构现象严重、产业梯度差距过大、极化效应明显的问题，实现城六区产业一体化发展是西安都市圈产业协同发展的目标，应充分利用当地人才、资金和创新优势，进行产业整合、分工协作，构建产业新型分工格局，不断推进产业分工模式转化来推动西安城六区一体化发展，从而达到产业协同发展、共荣共赢的目的。

（一）打破壁垒，完善协同发展协调机制

西安中心城六区的产业发展水平存在巨大差异，且部分产业同质化严重，不利于一体化发展。政府应发挥经济职能，成立超越各区行政级别的产业协同机构，打破各区行

政壁垒，制定统一的城六区协同发展规划，根据各区的产业基础和特色优势，整合资源，促进生产要素在各区的合理流动，形成特色鲜明、优势互补的合理产业分工和产业结构，建立长效的协同合作机制，形成城六区整体的竞争优势和一体化的发展格局。

政府在成立跨行政区的产业协同机构后，应从上层统一产业的协同规划，明确产业协同发展目标，构建利益协调机制，出台相关保障政策；搭建平台引导各区产业合作、政策调整，发挥产业协同效应；监督、评估各区协作和一体化发展的成效。

（二）分工协作，明确各区产业定位

按照2022年2月22日国家发展改革委批准的《西安都市圈发展规划》（发改规划〔2022〕298号）文件，西安都市圈应着力构建"一核、两轴、多组团"的空间发展格局。

"一核"指西安中心城区、咸阳主城区以及西咸新区沣东新城、沣西新城构成的都市圈核心区，国土面积1923 km²，占都市圈规划面积的9.3%。都市圈核心区是都市圈的人口、经济和创新平台、科教资源密集区，是引领都市圈高质量发展的动力源。

"两轴"指东西方向依托陇海铁路、南北方向依托包茂高速公路等交通大动脉形成的都市圈两条经济发展轴，既聚集了都市圈主要的产业集群，也贯穿了横纵两条城镇带，构成了都市圈人口经济分布的主要形态。

"多组团"指以高陵、临潼、三原为主体的渭北先进制造业组团；以富平、阎良为主体的航空产业组团；以临潼、蓝田为主体的旅游休闲组团；以武功、周至为主体的现代农业示范组团；以乾县、礼泉为主体的农产品加工组团。各区域应着眼都市圈整体性功能布局，推动重点毗邻板块一体化协同发展，打造一批产城融合、功能完备、职住平衡、生态宜居、交通便捷的都市圈特色功能组团，形成都市圈经济、生活、生态、安全等单元特色功能区和产业发展承载区，多点支撑都市圈的发展。

作为"一核"的西安中心城区，位于西安都市圈中心位置。其发展总体目标是采取统一规划、科教兴市、文化名市、产业强市、环境优市的发展对策，努力扩大对外开放力度，建设国际旅游城市、枢纽中心城市、科教创新城市、产业集群城市、生态人居城市、商贸中心城市，总体发展对策为：坚持统筹协调发展，优化产业结构，完善城市服务功能，加强社会保障，促进经济、社会、环境的协调发展，增强城市综合竞争力，推进城镇化和城乡一体化进程。

依据各区资源禀赋和优势产业，碑林区、莲湖区的城墙内地域以人文旅游、文化服务、商业零售业为主；雁塔区重点发展高新技术产业；新城区和灞桥区重点发展文化、旅游、物流等产业；未央区重点发展出口加工、现代制造业。各区具体产业分工如下：

（1）西安二环内区域包括碑林区、莲湖区东部、新城区西部，该区域应加快老城区功能的调整：老城内将以商贸业和旅游业为主导产业，行政办公单位逐步外迁；引导教育产业向外围新区转移，构筑中国科技教育的高地。

（2）新城区东部、灞桥区依托现状发展国防军工产工业区。灞桥区东北部结合浐灞河道整治建设居住、旅游生态区和配套设施完备的大型居住区，创造西安最佳人居环境。

（3）雁塔区的曲江新城和杜陵保护区发展旅游生态度假区，南部为文教科研区；继续拓展高新技术产业区；西部发展成居住和无污染产业的综合新区。

（4）未央区西北部为汉长安城遗址保护区，重点发展文化旅游产业；北部构建现代物流园区，依托区位和交通优势，加快物流产业发展。

（三）整合资源，形成一区一特色的协同发展优势

1. 灞桥区聚集要素，发展新兴特色产业

灞桥区土地面积最大，但目前人口最少。因此，灞桥区应借助境内良好的生态宜居环境，实现人口的聚集；根据可拓展空间和发展潜力，力争在未来3—5年人口增加到100万以上，形成具有潜力的消费市场。

灞桥区境内拥有浐灞生态开发区和国际港务区两个开发区，因此可借助港务区国际交流、浐灞新区国际会展城的建设契机，实现经济要素的聚集；开发中高端人才住宅生活区，发展生态旅游、竞技体育、休闲康养、医疗卫生服务、国际商务等新兴产业；利用两个开发区的优势，吸引企业和财团落户灞桥区，发展总部经济中心、国际金融和国际商务中心，高端国际消费中心、全省保税、免税商品交易中心，"一带一路"国际商务中心发展；加快"自贸国际、自贸中心"的建设，带动出国服务、跨境旅游、国际经贸、商务往来等相关产业的发展，推动国际合作往来优化升级，为灞桥区经济的快速发展积蓄力量。

灞桥区应实施差异化发展战略，加速创意科技与会展产业发展，做大做强体育产业，填补空白的康养医疗、特色农业板块。

1）创意科技与会议会展产业

灞桥区主推欧亚创意设计产业园、丝路会展产业园、世博文旅产业园、西安金融商务区、西安数字经济园区等产业先行聚集区、示范区建设；重点推动腾讯小镇、腾讯云大数据、新天地金融中心、亚马逊AWS等的建设；推动研发设计、信息服务、会议会展生产性服务业向专业化和价值链高端延伸。

2）体育产业

体育产业是名副其实的朝阳产业。20世纪90年代中期，美国体育产业的总产值已经超过3000亿美元。在体育产业发达的北美、西欧等国家和日本，体育产业的年产值已经进入国内十大支柱产业之列，并以平均每年20%的速度增长。我国体育产业虽然起步较晚，在西部地区属于新兴产业，但在社会主义市场经济发展中，已经构成一个独具特色的产业门类，对其他产业的拉动作用不可小觑。灞桥区发展体育产业有先天的生态环境优势，也是其错位发展的一大特色和亮点。

灞桥区内新建的西安奥体中心承担西安全运会的田径、游泳、跳水、花样游泳等比赛项目，紧邻的浐河、灞河也是开展水上运动和游乐项目的良好资源。灞桥区应借助全运会和残奥会的东风，乘势而上发展竞技体育产业（包括体育用品、体育器材、体育服务、体育比赛、体育参观旅游、体育广告、体育建筑、体育博彩、体育场地出租、体育培训、体育竞赛表演、体育健身、体育娱乐、体育咨询等产业）。

3）医疗康养产业

与西安其他五区相比，灞桥区有两个优势。一是医疗优势明显。全区医疗机构达416家，为带动生物医药、医疗服务、保健品、康养产业发展带来了重要契机。二是生态优

势。区内东有白鹿原、洪庆山丰林秀景，西偎浐河半坡聚落，南临鲸鱼沟碧水修竹茂林，北依渭河沃野平川，山、水、塬地形地貌特色鲜明。灞河得浐入渭、纵贯全域，年过境客水总量达 64.02 亿立方米。被誉为"陕西最美城中湿地"的灞河生态湿地占地 7.6 km²，森林覆盖率 48.97%，是城区的天然后花园和自然氧吧，也是西安生态环境最美的宜居之地。因此，灞桥区应大力发展医疗康养产业；积极推进医院周边购物、餐饮、住宿、停车等基础设施的配套建设，加快席王村改造；积极推进贝斯特物流外迁、硅酸盐厂改造提升，将腾退的土地用于引进和培育医疗、康养等项目，建设康养小镇、健康小镇，促成"康养＋医疗""康养＋运动"等融合互动局面，实现多元化、多层次、全链条的康养产业发展，从而推动大健康产业的发展。

4）都市农业、农旅融合

西安中心城六区仅有未央区和灞桥区保留有第一产业，且灞桥区发展第一产业具有独特优势和增值潜力。灞桥区应依托区内资源禀赋、比较优势和空间规划，全面推进第一、三产业融合发展，围绕狄寨原樱桃、葡萄等特色农业，建设休闲农业与乡村旅游精品线；依托白鹿原区位条件和功能需求，建设"农业经济开发区""现代农业产业示范园""创客田园"，探索生态、高效、高附加值的农业新模式，形成"一线一区多点"的都市农业新格局。

2. 新城区制造业军民融合，服务业模式创新

新城区应注重原有的军工制造业的转型升级、特色金融产业的模式创新，加快服务产业的融合创新。

1）发展军民融合企业，制造业升级转型

新城区应根据区内军工企业聚集的特点，发挥西北工业集团、军工龙头企业带动作用，做强实体经济；加快推动产业转型，提高发展质量和效率；探索军民融合新路径，拓展创新发展新领域；发展综合效益高、核心竞争力强的军民融合企业，加快新城区军民融合创新发展中心、陕西黄河集团军品电子产品研发平台建设，实现信息共享、资源共享，从而促进传统制造业升级转型。

2）商业模式创新，金融模式升级

新城区应坚持"互联网＋商贸＋商务"的发展理念，引入现代科技及先进经营理念，突破传统批发零售贸易概念限制，发展为商贸、金融、文化旅游等产业配套的商务服务，实现产业融合，加快推动由传统商贸大区向商贸商务服务强区的转变；实现传统商贸企业创新商业模式，在解放路、长乐路、火车站等重点商圈打造首店经济、夜间经济、月光经济等消费新场景、新模式。

新城区应推进大数据、云计算等5G新技术在商贸商务业中的应用，引导民生、万达、悦荟等商业综合体逐步形成线上线下相结合的产品市场，实现"双店"一体化运营，以新技术应用为基础，推进"传统商贸批发业"向"智慧批发市场"的转型，打造特色商圈、网红商圈、智慧商圈。

新城区应加速金融机构聚集发展，扩大解放路金融产业规模，迅速提升民间金融小镇企业聚集度，发挥聚集效应；建立金融改革开放试区、数字金融试验区，吸引律师事务所、会计师事务所、税务咨询等中介服务机构聚集，形成完备的第三方机构服务网，打造完整的监管体系。

3）大健康＋旅游，服务产业融合

新城区应围绕辖区医疗优势资源，打造西京医院医疗服务核、长乐路健康服务带、幸福林带生命健康城三大片区，依托大健康产业孵化器创建国家健康旅游示范基地、医疗康养小镇等，强化"1＋X"创新创业服务体系，推动健康旅游加速发展；充分依托工业遗存、茶贸交易、非物质文化等优质资源，促进旅游业与健康养生融合发展；将文旅资源优势转化为大健康产业发展的强势，打造具有区域特色的健康旅游产业链；借用金康路茶文化街区知名度和影响力，发展茶文化旅游养生、大健康＋旅游、大健康＋养生大健康＋养老、大健康＋体育、大健康＋互联网、智慧健康管理等新业态发展，加速医疗技术转化应用，驱动健康产业全方位融合发展。

3. 雁塔区创新驱动高质量发展，传统商贸与新零售融合

雁塔区高校、国家级实验室、科技人才云集，创新资源富集，坐拥西安高新区、曲江新区和航天基地等国家级开发区，是名副其实的西部科创第一区。雁塔区可以创新驱动战略为特色和发展重点，打造区域科创高地，打造一流创新之城；用创新激发活力、增强动力，全方位推动技术创新、管理创新、模式创新，打造引领西安、辐射西北的高新技术产业策源地，实现经济的高质量发展；全力助推科技体制改革，在知识产权保护、标准化建设、维护法制公平、改善金融环境、强化激励机制、集聚优秀人才等方面重拳出击，有机整合教育、科技、金融、产业、管理等资源，完善产学研协同创新体系，保持区域的持续创新活力。

雁塔区应优化营商环境，打造营商环境示范区，增强核心商圈的消费吸附力、区域辐射力和国际影响力，稳定小寨商圈、赛格商业综合体等特色鲜明的商贸集聚区和特色商业街，打造新型商贸发展带；围绕小寨东西路，东至西影路，西至科技路，以大数据、云计算等互联网新技术为依托，构建"4大商圈、8个商业组团、多条特色商业街"的发展格局，精准匹配客户消费变化趋势，加快培育直播电商、无人售货等数字新零售业态，推进形成传统商贸与新零售深度结合、线上线下多元互动的新型商业模式；加快培育街区经济、月光经济、社区经济，不断优化商贸服务业网点布局，着力建成立足西安、服务西北的商贸服务业高地。

雁塔区应联动"五区"融合发展，与周边区域建立合作共赢、共建共享的发展关系；以产业互融为主题，实施平台与载体共建、品牌与资源共用、招商与服务共享，就文化、旅游、会展、商贸、金融等业态与其他五区对接；打造多点串联的旅游专线，用隐性融合带动显性融合，共创国家全域旅游示范区。

4. 未央区新兴产业填补空白，抢占经济发展新赛道

未央区具有很难代替的商贸优势，一是发展建材家居、房地产、汽车销售等传统优势产业；二是继续以大宗商品交易、大型批发品交易带动未央区商贸业发展；三是发展楼宇经济，打造西北总部企业聚集区；四是推进未央路、北二环、太华路和西安北站等传统商圈功能优化及转型升级，着力引进国内外高端时尚产品、品牌及企业，将四海唐人街等街区打造成特色品牌商业街区、高端零售商业服务区；旅游业发展以"汉文化＋旅游

＋商业"的模式，建设文化主体演绎集群、汉博物馆、汉文化风情商业街三大板块，建设未央区新地标。

未央区可利用区域优势，找准经济发展的空白点，侧重发展电子商务、物流、养老服务、新材料、咨询业等新兴产业，打造西北电子商务枢纽，推动互联网、物联网、大数据、人工智能等技术与各产业深度融合，形成多功能、多样化的电子商务和产业生态圈、养老服务产业集群、新材料产业集群。

5. 莲湖区打造东部特色街区，西部现代都市工业

莲湖区应立足区域产业发展基础，做精文化旅游产业，做强都市工业、现代商贸和现代金融三大主导产业，做大科技服务、健康养老和国防科工三大特色产业，创新发展适合中心城区发展的新经济形态，推进产业基础高级化、产业链现代化，构建"1＋3＋3＋1"现代产业体系。

莲湖区要依托现有工业资源，优化升级产业链、供应链，加快推动都市工业绿色化、集约化、智能化转型，打造中心城区都市工业体系；构建都市工业"生态圈"，促进产业集聚发展，推动全产业链供应链优化升级，实现价值链、创新链、供应链、服务链"四链协同"；推动制造业数字化转型，积极推进"机器人＋""数字化＋""互联网＋""标准化＋"行动计划，探索大数据、人工智能、云计算、数字经济、5G和物联网等新一代数字技术的应用与集成创新，促进产业链供应链多元化。

有别于新城区的夜经济模式、未央区的高端零售模式、雁塔区的智慧零售模式，莲湖区在商业模式上主要发展商业综合体和特色街区建设。依托太奥广场、龙湖星悦荟、鑫苑大都汇、老城根等一批商业综合体以及新汉风建筑群，莲湖区应重点发展综合商贸服务、休闲娱乐业；加快商圈与特色街区建设，推进钟楼、大唐西市等特色化、差异化发展；鼓励培育个性化、主题性、体验型新兴业态，增强消费吸附力和影响力，打造西安都市圈商贸业聚集高地。

莲湖区东部老城区为少数民族聚集区，应依托鼓楼、北院门发展特色清真美食餐饮街区、休闲风情特色街区；西部是国家布局的老工业基地，玉祥门外由东向西依次是陕鼓集团、西电集团、庆安集团、远东集团、利君集团、法士特集团、光华制药等都市工业，应对产业链进行升级改造，创新驱动产业集群，稳步增加产值。

莲湖区应鼓励文旅与商贸、体育、文艺、科技、研学等领域跨界融合发展，加强与国内外头部企业合作交流，打造一批衔接率高、经济价值高的"文旅＋"新项目，搭建"文旅＋"新场景，促进文化旅游提档升级。

莲湖区应采取措施吸引金融产业聚集；鼓励金融模式创新，构建科技金融服务平台，实现创新链与金融链有机结合；引导消费金融、文化金融、绿色金融、金融安全产业等新金融业态集聚发展，服务区域经济发展；积极招引国内外有影响力的银行、保险、证券、基金、信托、金融中介服务等金融机构驻区设立功能型总部、专业子公司等；鼓励发展民营金融，助力金融业高质量发展。

6. 碑林区保持商贸旅游优势，拓展"专精特新"商务服务

碑林区位于西安城市中心的黄金地带，地理位置优越、文化底蕴深厚，是经济高密

度产出地区。

商贸是碑林区的支柱产业。碑林区要紧抓西安建设国际消费中心城市、国家文化和旅游消费试点城市机遇，以满足新兴多元化的消费需求为导向，创新商业发展模式，建成消费活跃、现代贸易功能发达的国家级商贸流通节点城市核心示范区和时尚消费目的地；推动钟楼—大南门国际消费中心商业高端化、品牌化发展，提高零售业复合度和知名品牌集聚度；鼓励多元资本参与，推动传统商贸打造业态高端、模式新颖的国际化消费新场景；重点做好钟楼、南门等核心商圈的国际化、品牌化、多元化精品街区；发展创新无接触消费模式等新型消费业态，促进线上线下融合消费双向提速；实施名品进名店、名店进名街战略，发展买手制百货、体验型购物中心、主题概念店、AR/VR体验购物店等新型业态；建设"智慧商店""智慧街区""智慧商圈"，促进线上线下互动、商旅文体协同。

依据碑林区的旅游资源禀赋和发展基础，应重点做好博物馆、南门、环城墙、朱雀大街等唐文化旅游；加快智慧景区的建设，提高景区的服务能力；发展壮大市场主体，引进、扶持一批文化旅游企业，加快培育文化旅游龙头企业，推动文创产品市场化。

除此之外，碑林区应依托长安国际、中铁第壹国际等重点商务楼宇，大力发展投入产出比高的国际都市商务、工程咨询、产权交易、资产评估、投资咨询以及会计、审计、税务、法律、高端人力资源服务业等专业服务，提升生产性服务业的品牌影响力和国际竞争力。

碑林区要大力发展大数据信息技术咨询、信息集成、信息系统运维等服务，促进信息系统集成服务向产业链前后端延伸，推动系统集成、测试、数据处理等业务向高端化发展；引进落户有实力、有品牌、有信誉的中介机构向综合型、规模化、国际化、"专精特新"方向发展，建设具有持续影响力的知识型专业服务业集群；整合行业资源，推动跨界融合发展。

（四）创新引领，实现产业协同效应

协同创新是指创新资源和要素有效汇聚，突破创新主体间的壁垒，充分释放彼此间"人才、资本、信息、技术"等创新要素活力而实现深度合作。协同创新是实现西安中心城六区产业协同发展的重要途径，有利于形成城六区的经济倍增效应。通过协同创新达到产业协同效应需要满足以下几个条件：

一是协同机制、环境创新。构建城六区政府协同体制，聚集城六区创新要素，组织和集成城六区优势资源，营造良好的协同创新环境；完善无障碍、无壁垒的共同市场机制以及相应的产业协同规则，包括加快出台培育城六区优质企业和产业集群的政策举措，引导各区良性互动、协同目标统一；建立区域创新合作机制，以企业为主体，高校、科研院所为依托，以市场为导向，通过政策规划和宏观激励，调控和引导企业进行技术创新协同活动，形成优势互补、互惠互利、风险共担、整体规划、有序推进的格局，促进协同创新的有序开展。

二是协同合作创新。城六区的产业主管部门、相关企业、科研院所之间要进行深度合作、协同互动以及资源的整合调配，利用各区优势，实现跨区域、跨部门、跨企业、跨

行业的大跨度合作和资源整合与协调，产出创新成果，加快推广利用。

三是产业交叉创新。城六区要以战略性产业集群为重要抓手和主要推动力，加速产业交叉创新，构建协同发展的产业链；通过构建跨区域的产业集群，实现大、中、小企业融通，形成产业交叉的协同创新优势，促进城六区的产业协同发展；针对具有主导力的产业链核心企业、制造业领跑企业、服务业"专精特新"企业，分别实施专项培育工程，推动优质企业数量规模和质量、效益的提速增效，同时应不断做大做强产业链，增强辐射带动作用，夯实支柱产业的基础，加快创新型产业开辟新的领域，实现经济效益倍增的协同创新效应。

六、总结

西安中心城六区的经济产出在西安都市圈中占据举足轻重的比例，但产业趋同、产业同质化的竞争制约了经济增长，造成了西安都市圈的发展不均衡。只有基于微观层级的地区比较优势、明确区域的着力点，实施更加精准的区域差异化战略，探索不同的细分产业门类或产业链细分环节，构建特色产业聚集、结构合理、优势突出、竞争力强的现代产业格局，形成优势互补的功能结构，错位发展，跨区融合专业化的特色产业集群，才能扭转目前的差距，打造"一核一轴、两翼三区、多组团"多元互补的西安都市圈格局。

参 考 文 献

[1] 何尔琦. 产业转移与区域创新耦合协调度分析：以广州都市圈为例[J]. 科技和产业. 2021 - 08 - 25.

[2] 潘兆炎. 错位发展才能融入都市圈[J]. 浙江经济. 2019 - 12 - 10 王筱.

[3] 姚永玲. 王雅蓁. 立足缩小都市圈内部差距，促进区域一体化. 上海城市管理[J]. 2021 - 05 - 24.

[4] 王雪娇. 都市圈中小城市协同发展对策研究：以绥化市为例[J]. 中国经贸导刊，2021 - 05 - 21.

[5] 王筱. 苏锡常都市圈协同创新的机理与发展策略研究[J]. 现代营销（学苑版），2021 - 07 - 15.

[6] 西安城六区各区国民经济和社会发展统计公报.

[7] 西安城六区各区《国民经济和社会发展第十四个五年规划和二○三五年远景目标纲要》.

作 者 简 介

张旭起：西安外事学院商学院教授

王敦海：西安外事学院商学院讲师

陕西数字经济发展评价与对策研究

郭 敏

一、引言

当前，世界正在爆发一场以数字化、智能化、信息化为特征，嵌入在技术、业态、模式、监管、制度等多维系统的技术经济范式的深刻变革。因此，不少发达国家把数字经济作为经济转型、技术创新、产业变迁的战略重点。据《2016 年 OECD 数字经济展望》报告显示，80％的 OECD(经济合作与发展组织)成员国实施了数字经济发展战略。美国 2015 年实施《数字经济议程》，德国 2016 年发布"数字战略 2025"，英国 2015 年出台《数字经济战略(2015—2018)》，日本 2009 年制定"I—Japan 战略"，新加坡 2014 年启动"智慧国家 2025"工程。2016 年在杭州召开的 G20 峰会上，全球多国领导人共同签署通过了《G20 数字经济发展与合作倡议》，这标志着发展数字经济作为一项行动战略的国际认可度越来越高。

中国作为 G20 重要成员，近年来积极响应合作倡议要求，从多个方面支持数字经济的发展。据图 1 数据显示，中国数字经济增加值从 2005 年的 2.6 万亿元上升到 2019 年的 35.8 万亿元，占 GDP 比重从 14.2％上升到 36.2％。按照可比口径计算，2019 年我国数字经济名义增速 15.6％，高于同期 GDP 名义增速约 7.85 个百分点，数字经济在国民经济中的地位进一步凸显。总体上，我国数字经济规模不断扩张、贡献不断增强。

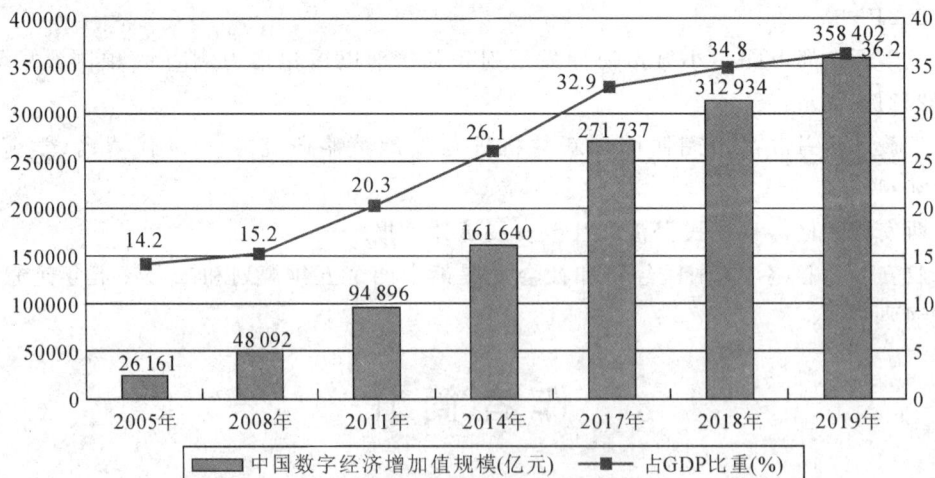

图 1　2005—2019 年中国数字经济增加值规模及 GDP 占比重变化情况

资料来源：中国信息通信研究院

2021 年 5 月 14 日，中国社会科学院数量经济与技术经济研究所、社会科学文献出版社发布《数字经济蓝皮书：中国数字经济前沿（2021）》，据测算，2020 年中国数字经济增加值规模超过 19 万亿元，总量占 GDP 比重约为 18.8％。蓝皮书预计，"十四五"期间，中国数字经济整体延续快速增长势头，年均名义增速将达 11.3％，到 2025 年，中国数字经济增加值规模将超过 326 724.0 亿元（名义）。其中数字产业化增加值为 155 185.7 亿元，产业数字化增加值为 171 538.3 亿元。中国虽已与美国构成全球数字经济的"双子星"，但与美国、日本等发达国家 45％～60％ 的比重相比差距较大，可以说，中国经济既要应对"前有标兵、后有追兵"的全球竞争格局，还面临着从中高速增长向高质量发展的动能转换态势。为了排解"内忧"消除"外患"，中国必须抓住世界经济数字化的机会窗口，加速从"跟跑者"向"领跑者"发起冲击，实现数字经济弯道超车，助推中国经济高质量发展。

在区域发展方面，全国数字经济发展规模呈现从东南沿海向西部内陆逐渐降低的趋势，基本符合胡焕庸线格局。根据中国信息通信研究院（简称中国信通院）统计数据，2019 年数字经济增加值超过 10 000 亿元的省市包括广东、江苏、浙江、上海、北京、福建、湖北、四川、河南、河北、安徽、湖南等；辽宁、重庆、江西、陕西、广西等省市数字经济增加值规模超过 5000 亿元。从数字经济增加值在 GDP 中的占比看，北京、上海超过 50％；广东、浙江、江苏、福建超过 40％；重庆、湖北、辽宁、河北、广西、四川、江西、贵州超过 30％。

陕西地处我国向西开放的前沿位置，拥有多个知名高校、科研院所和科技园区，是"一带一路"的重要节点，具有良好的数字经济发展条件。中国信通院统计数据显示，至 2019 年年底，陕西数字经济增加值已经突破 7000 亿规模，对 GDP 贡献率为 27％，位于全国、西部地区中游水平。西部大开发战略的深入实施，"一带一路"建设的深入推进，《关中平原城市群发展规划》的获批等多重政策利好的叠加，特别是陕西自贸区这一内陆开放平台的挂牌，为陕西数字经济的发展迎来了良好的机遇。因此，如何抓住机遇，发展陕西数字经济，如何在陕西自贸区建设的重要支点下，促进陕西数字经济的长足发展，对加快"数字陕西""数字丝绸之路"的建设，充分发掘陕西自贸区政策红利，助推陕西追赶超越，已成为亟待研究的现实课题。

二、数字经济的内涵及其评价研究概述

（一）数字经济的内涵

"数字经济"一词虽已提出多年，也被社会各界频频应用，但至今尚未形成一个社会普遍认可、并在学界有严谨定义的概念。为了研究需要，本文从其内部构成、宏微观特征、作用机理、发展框架等方面的文献分析厘清其内涵。

数字经济的内涵最早局限于"电子商务"，数字经济的核心被认为是使用信息通信技术（ICT）基础设施及互联网实现交易、交流、合作的数字化。这意味着数字经济不仅是技术，也是商业结构和相关流程的挑战与机遇。按其内部构成，可将数字经济分为数字产

业化和产业数字化两部分，前者是数字技术的供给部门——信息产业，后者是数字技术的需求部门，即传统产业中的数字技术应用情况，二者不断融合构成数字经济。从其特征来看，微观层面上，数字经济强调新产品和新活动，为资产、用户、业务功能等提供强连接、强平台、强数据、强智能等多重移动性，促成产业融合的催化效应；宏观层面上，数字经济具有知识驱动、高附加值、高渗透性、边际成本递减性、价值链增值性、外部经济性、创新性、集成化、全球化等特征。从其作用机制来看，数字经济通过融合"规模经济"与"范围经济"颠覆传统企业的盈利模式；通过机制创新改变市场结构，营造近乎完全竞争的市场交易环境；通过大数据应用拓展经济资源配置的边界，促进政府与市场的融合。从其发展框架来看，数字经济包括基础型、技术型、资源型、融合型、服务型五大类，其发展前期侧重于技术层面，基本属于基础性和技术型；新一轮科技革命和产业变革的推进，促使人类生产方式变革、社会生产关系再造以及经济社会结构全方位变迁，催生资源型、融合型和服务型数字经济。

可见，学者们根据自己的理解，从不同的视角丰富着对数字经济的认识，但对数字经济内涵的界定分歧还比较大。

（二）数字经济发展评价研究

尽管"数字经济"一词在 20 世纪 90 年代已被欧美国家提出，但目前为止，国内外关于数字经济的发展评价还没有制定统一的标准，对数字经济发展的测度研究，多以定性说明为主。国际视角下，广受认可的数字经济评价指标有三类：一是美国普查局的三大维度——电子业务基础设施、电子业务、电子商务；二是经济学信息部的六大指标——个人消费和商务应用、网络连接能力及技术基础设施、商务经营环境、社会和文化环境、政府和规划、法律环境；三是 OECD 从信息供应和效果两端同时出发对比分析的三十八个指标。我国在有效反应数字经济规模大小、行业渗透、分类影响等因素的前提下，基本形成了包括信息通信基础设施、产业融合状况、宏观经济发展等指标在内的数字经济评价体系。国内的研究机构或互联网公司等主要采用指数法测算数字经济的发展。到目前为止，仅张雪玲等人创建了中国数字经济发展评价体系，并运用熵权法对中国近十年的数字经济发展进行了测算。尚未发现对单个省份数字经济发展进行测度的文献。

通过梳理相关文献，可以看出学者们从不同角度对数字经济的内涵进行了界定，但在数字经济的测算方面并没有形成国际上统一的体系和标准，且本文的研究对象与以往各研究主体的经济实际又存在较大差异，所以本文从中国及陕西经济实际出发，从"量"的角度构建数字经济发展评价指标体系，试图准确评价陕西数字经济发展水平，从而进一步拓展有关数字经济发展领域的研究，对推动国民经济实现高质量发展有着重要的现实意义。

三、数字经济发展评价体系构建

（一）数字经济发展特征分析

从相关研究文献来看，数字经济的定义可以分为广义和狭义两种，狭义的数字经济包括信息通信产业、电子商务、数字媒体等直接以数字资源为生产要素的经济活动，也称基础数字经济。广义的数字经济，除基础数字经济以外，还包括数字信息技术与传统产业融合带来的产业溢出部分，也称融合数字经济。但从现有技术来看，融合数字经济部分很难界定和测量，传统产业利用数字技术的产业溢出部分，可以看作是传统产业在数字经济下的红利，但不应算做数字经济的一部分。本文认为数字经济是以数字资源为核心生产要素，以信息技术为基础的一系列的经济活动，包括信息通信产业、软件信息服务业、电子商务、数字媒体、大数据产业等。数字经济具有以下四方面的特征。

1. 数字基础设施成为新的基础设施

在数字经济时代，只要有人的活动，数据的生产就是无穷尽的，加之数字化技术可复制和共享，从根本上打破了稀缺性生产要素的制约，成为推动经济持续发展的根本保障。因此，数据成为推动经济发展的关键生产要素，这也改变了基础设施的形态，使数字基础设施成为新的生产要素建设项目。发展数字基础设施，一方面需要加大资金的投入，推动无线网络、云计算、宽带、云储存等信息基础设施的普及和推广，加大对劳动者数字素养的培训；另一方面必须利用数字化技术，对传统的基础设施进行数字化改造，通过在传统基础设施上安装传感器，实现数字化转型。

2. 外部经济性

数字经济的外部性主要体现在两个方面。一方面是数字产品在使用时自身存在外部经济性特点。例如，计算机芯片的处理能力每 18 个月翻一翻，而其价格以减半数下降。另一方面是数字经济中的电子商务、数字交付服务等提供的服务产品均以数字化的形态存在，并不像工业产品一样会有实物产品相对应。受梅特卡夫法则的支配，数字产品的价值等于网络节点数的平方，数字产品的使用者越多，每个用户从使用该产品中得到的效用就越大，其"增值"以指数关系不断变大，这说明网络产生和带来的效益随着网络用户的增加而呈指数形式增长。

3. 高渗透性

从 20 世纪 90 年代中后期开始，迅速发展的信息技术、网络技术具有极高的渗透性功能，信息与通信技术迅速向三次产业渗透，特别是第二产业与第三产业，数字经济已经深刻地影响到第二产业与第三产业的经营与发展模式。

4. 高附加值与高创新性并存

根据达维多定律，进入市场的第一代产品能够自动获得 50% 的市场份额，因此，从传统经济学的视角来看，数字经济具有很高的价值附加性。但与此同时，任何企业在进入本产业时，必须淘汰自己的传统产品，进行技术改进与创新。数字经济这一附加价值的高低与其投入技术的尖端程度成正比，即越是高科技产品，其附加价值越高。

（二）数字经济发展评价模型的选择与指标体系的构建

本文基于对数字经济的内涵和特征的理解，选取四个维度对数字经济发展进行评价。这四个维度分别是数字基础设施、数字产业、数字应用和数字创新。数字基础设施提供信息传输和数据交换，是数字经济发展载体和关键支撑，在推动网络信息技术和实体经济深度融合等方面发挥重要作用。数字产业是数字经济的重要内容，是数字经济发展的先导产业，为数字经济发展提供产品、技术和服务，数字产业是数字基础设施建设的基本保障。数字应用是数字技术对经济渗透程度的体现，也是数字经济重要的表现形式，比如平台经济、电子商务等。数字创新提供引领性技术成果支持，是数字经济发展的持续动力，推动数字产业和数字应用创新发展。本文通过对陕西及全国四个维度的发展进行考察，进而评价数字经济的发展水平。

1. 评价模型的选择

本文选取层次分析法（Analytic Hierarchy Process，AHP）模型。层次分析法的特点是在对复杂决策问题的本质、影响因素及其内在关系等进行深入分析的基础上，利用较少的定量信息将与目标总是有关的元素分解成目标、准则、方案等层次，使决策的思维过程数学化，进行定性和定量相结合、系统化、层次化的分析，从而为多目标、多准则或无结构特性的复杂决策问题提供简便的决策方法。层次分析法适合用于对决策结果难于直接准确计量、具有多层次结构的多指标决策问题。利用层次分析法确定数字经济发展评价指标权重，可以减少主观赋权的影响，提高评价的客观性。应用 AHP 模型剖析问题大体上分为三个步骤：第一步，建立层次结构分析模型；第二步，构造判断矩阵；第三步，层次排序与一致性检验。

2. 基于层次分析法的数字经济发展评价指标体系构建

数字经济发展的内涵很丰富，需要通过建立一套科学、系统的统计指标体系来全面反映，该指标体系的构建原则主要包括以下五方面。

1）科学性

从数字经济发展的丰富内涵出发，结合中国国情和发展实际，根据研究目的进行科学设计，所选统计指标应该是最具代表性、典型性的，最能客观反映数字经济发展本质与内涵的。

2）全面性

数字经济发展涵盖多个方面，建立指标体系时应该全面考虑每个方面的内容及研究区域各种地质环境因子，构成较完整的评价指标体系，从而能对数字经济发展水平进行综合全面的评价和分析。

3）系统性

统计指标体系之间要有严密的逻辑关系，层次分明，既相互独立又彼此联系，共同组成一个有机整体。

4）可比性

为了后续研究数字经济发展水平的时序性和地区差异，须对不同时期、不同地区的统计指标以及统计指标体系进行相互比较，因此必须注意不同时期、不同地区统计指标以及统计指标体系的可比性。

5）可操作性

指标的选取一定要在现阶段较容易获得，需要通过现场观测或者是试验的方法来获得，要尽可能利用第一手资料，才能保证指标体系的真实、客观。鉴于我国统计制度等原因，因此在建立统计指标体系时，既要考虑统计指标数据的可获得性，又要便于整理、计算和评估。

本文基于对数字经济内涵的理解，运用层次分析法的思路构建指标体系。首先，将要剖析的问题进行预处理，构造出有条理的结构分析模型；其次，选取数字基础设施、数字产业、数字应用和数字创新四个维度对数字经济发展进行评价。数字经济发展评价指标体系如表1所示。

表1 数字经济发展评价指标体系

A 目标层：综合指标	B 准则层：一级指标	C 子准则层：二级指标及计量单位
数字经济发展	B1 数字基础设施	C11 域名数量/(个/万人)
		C12 网站数/(个/万人)
		C13 网页数/(个/万人)
	B2 数字产业	C21 电子商务交易额占 GDP 比重/%
		C22 软件和信息服务业收入占 GDP 比重/%
	B3 数字应用	C31 人均移动互联网接入流量/(GB/人)
		C32 人均互联网宽带接入端口/(个/人)
		C33 互联网宽带入户率/%
		C34 有电子商务交易活动企业比重/%
		C35 每百家企业拥有网站数/个
	B4 数字创新	C41 R&D(研究与试验发展)人员全时当量/人年
		C42 R&D 投入占 GDP 比重/%
		C43 技术市场成交额占 GDP 比例/%
		C44 国内专利数量/(个/万人)

数据来源：根据 2015—2020 年《中国统计年鉴》、陕西省历年统计年鉴和国民经济和社会发展统计公报数据整理。

第一层为目标层为数字经济发展，记作 A；第二层为准则层，包括数字基础设施、数字产业、数字应用及数字创新，分别记作 B1、B2、B3 和 B4；第三层为子准则层，分别记作 C11、C12、C13、C21、C22、C31、C32、C33、C34、C35、C41、C42、C43、C44。

数字基础设施采用域名数量、网站数以及网页数三个二级指数反映发展数字经济的基础状况，分别记作 C11、C12 和 C13。

数字产业采用电子商务交易额占 GDP 比重、软件和信息服务业收入占 GDP 比重两个二级指标反映地区数字产业发展状况。电子商务是数字产业的重要表现形式，用电子商务交易额占 GDP 比重反映地区电子商务发展水平。数字产业产值在国民经济中占的比重越高，表明该地区数字先导产业发展较好，为该地区数字经济发展奠定了良好基础。

数字应用涉及经济社会的很多方面，如线上支付、在线教育、网络游戏以及商业数据库使用等，由于缺乏地区统计数据，很难准确计量，但数字应用都是需要以互联网为平台，因而选取人均移动互联网接入流量、人均互联网宽带接入端口、互联网宽带入户率、有电子商务交易活动企业比重和每百家企业拥有网站数五个二级指标具有很好的代表性。

数字创新采用 R&D 人员全时当量、R&D 投入占 GDP 比重两个二级指标衡量地区科技创新的人员和资本投入情况，资本和人员的投入是科技创新的基础和保障；采用技术市场成交额占 GDP 比例、国内专利数量两个二级指标体现地区科技创新的成果情况。

（三）指标权重的确定

在确定各层次之间的权重时，如果只是定性的结果，则不容易被人轻易接受，因此萨蒂等人提出一致矩阵法。萨蒂等人认为不需要把所有的因素放在一起进行比较，而是将元素两两相互比较，对比时采用相对尺度，尽可能减少不同因素相互比较的困难，以提高准确度，即每次取两个元素 X_i 和 X_j，用 A_{ij} 表示 X_i 和 X_j 对 N 的影响大小之比，全部比较结果用矩阵 $A = (A_{ij})$ 表示，A 被称为成对比较判断矩阵。判断矩阵中的值一般使用 1-9 标度作为相对比较的准则，具体见表 2。

表 2 矩阵标度含义

序号	含 义	标度 a_{ij}
1	i，j 两个元素同等重要	1
2	i 元素比 j 元素略重要	3
3	i 元素比 j 元素较重要	5
4	i 元素比 j 元素非常重要	7
5	i 元素比 j 元素绝对重要	9
6	为以上相邻判断之间的中间状态所对应的标度值	2，4，6，8
7	若元素 j 与元素 i 比较的判断值为 $a_{ij} = 1/a_{ij}$，$a_{ij} = 1$	倒数

为了保证专家评分的公正性，本文采用随机抽取的方式在学界和业界各选择了 5 位评分专家。为了避免因面对面评分而出现的屈从权威心理和碍于面子等问题，因此实行匿名答复、背靠背打分的方式，按照特尔菲法分别进行 3 轮访谈评分，最终可得总目标 A 对准则层（B1、B2、B3、B4）各指标即 A—Bi（$i = 1 \sim 4$）的判断矩阵如下：

$$R = \begin{bmatrix} 1 & \frac{1}{2} & \frac{1}{2} & \frac{1}{2} \\ 2 & 1 & 1 & 1 \\ 2 & 1 & 1 & 1 \\ 2 & 1 & 1 & 1 \end{bmatrix}$$

当 $a_{ij} > 0$，$a_{ji} = 1/a_{ij}$ 且 $a_{ii} = 1$ 时，则该矩阵是正互反矩阵。然而，经过重要程度相比取得的判断矩阵 R 不一定满足其在一致性方面的要求，因此，层次分析法另定义了一个标准来权衡判断矩阵 R 的不一致性，具体操作步骤如下：

（1）计算判断矩阵的最大特征值：

$$\lambda_{\max} = \sum_{i=1}^{n} \frac{(AW)_i}{nw_i} \tag{1}$$

通过使用 MATLAB 软件进行数据分析，可得判断矩阵 R 的 $\lambda_{\max} = 4$。

（2）计算一致性指标：

$$CI = \frac{\lambda_{\max} - n}{n - 1} \tag{2}$$

所以

$$CI = \frac{4 - 4}{4 - 1} = 0$$

由于问题分析的复杂性与多变性，以及个体对问题认识的片面性，仅仅凭借 CI 作为矩阵 R 是否具有完全一致性是不严谨的。为此，本文设计了平均随机一致性指标 RI。

（3）进行一致性检验：将一致性指标与平均随机一致性指标的比值设为检验矩阵是否具有一致性的判定式，记为一致性比例 CR，即

$$CR = \frac{CI}{RI} \tag{3}$$

其中，RI 是平均一致性指标，可通过表 3 查得。

表 3　RI 系数表

阶数	1	2	3	4	5	6	7	8	9
RI	0	0	0.58	0.90	1.12	1.24	1.32	1.41	1.45

注：二阶判断矩阵不需要进行一致性检验。任意二阶判断矩阵都是一致性矩阵，且最大特征值 $\lambda_{\max} = 2$。

当 CR $<$ 0.1 时，称该矩阵通过一致性检验，具有完全一致性，否则应当对矩阵进行一定修正。通过 MATLAB 软件对数据进行处理，可得当 RI $= 0.9$ 时，CR $= 0 < 0.10$，即证该矩阵 A 通过一致性检验。

（4）计算权重向量 ω。判断矩阵 A 通过一致性检验，经过 MATLAB 的分析处理，可得层次分析法下其权重为

$$\omega = (0.12, 0.3, 0.3, 0.28)$$

这样，即总目标数字经济发展目标 A，对准则层 B1 数字基础设施质量的权重为 0.12；对准则层 B2 数字产业质量的权重为 0.3；对准则层 B3 数字应用质量的权重为 0.3；对准则层 B4 数字创新质量的权重为 0.28。

同理，按照以上介绍的步骤，对各个指标进行计算、合成，最终可得到数字经济发展每个子准则对总目标的综合评价权重，详见表4。

表4 数字经济发展评价因素权重

评价准则	各准则对目标的权重	评价子准则	每个子准则对对应准则的权重	每个子准则对目标的综合评价权重
B1	0.12	C11	0.30	0.04
		C12	0.33	0.04
		C13	0.37	0.04
B2	0.3	C21	0.50	0.15
		C22	0.50	0.15
B3	0.3	C31	0.25	0.08
		C32	0.23	0.07
		C33	0.21	0.06
		C34	0.18	0.05
		C35	0.13	0.04
B4	0.28	C41	0.23	0.06
		C42	0.22	0.06
		C43	0.30	0.08
		C44	0.25	0.07

四、陕西数字经济发展评价

（一）陕西数字经济发展综合评价

1. 数据及描述性统计

本文以2014—2019年为样本的时间区间，选取陕西和全国作为初始样本，使用该样本所形成的面板数据来评估陕西数字经济发展水平。从理论上讲，要客观评价数字经济发展水平，应将时间区间尽量延长，之所以将样本区间确定为2014—2019年，主要是限于数据的可获得性以及数据的及时性。引入全国数据是为了给陕西数字经济发展评价提供参考。原始数据除参照各年《中国统计年鉴》外，还选取了陕西省历年统计年鉴、国民经济和社会发展统计公报的部分数据加以补充，各主要指标的描述性统计结果见表5。

表 5 主要指标的描述性统计

指标名称	样本数	平均值	标准差	最小值	最大值
域名数量/(个/万人)	12	195.05	100.97	52.82	361.27
网站数/(个/万人)	12	24.49	10.43	9.91	38.09
网页数/(个/万人)	12	1 052 955	770 936.9	130 230.5	2 112 149
电子商务交易额占 GDP 比重/%	12	16.54	7.74	7.45	27.43
软件和信息服务业收入占 GDP 比重/%	12	7.02	1.53	5.09	11.12
人均移动互联网接入流量/(GB/人)	12	30.19	35.53	1.50	99.71
人均互联网宽带接入端口/(个/人)	12	0.49	0.12	0.28	0.65
互联网宽带入户率/%	12	7.58	3.98	0.38	12.10
有电子商务交易活动企业比重/%	12	9.72	1.92	5.30	12.20
每百家企业拥有网站数/个	12	55.38	3.52	48.30	61.00
R&D 人员全时当量/人年	12	1 426 650	1 450 356	39 315	3 151 828
R&D 投入占 GDP 比重/%	12	1.52	0.62	0.90	2.24
技术市场成交额占 GDP 比例/%	12	3.06	1.53	1.33	5.69
国内专利数量/(个/万人)	12	11.76	3.54	5.96	18.38

数据来源：根据 2015—2020 年《中国统计年鉴》、陕西省历年统计年鉴和国民经济和社会发展统计公报数据整理，下同。

2. 指标数据标准化

对陕西数字经济发展进行综合评价，首先要对指标进行分类，对逆指标进行正向化处理，本文中选取逆指标的倒数形式对其进行处理，其次要对原始指标数据进行无量纲化处理。考虑到标准化的指数无量纲化处理无法反应各指标变异程度的差异，不适合做多指标的综合评价，因此，本文选择均值化法指标数据进行无量纲化处理。这样不仅可以保留指标变异程度的信息，又包含指标间相互作用程度的信息。本研究组运用 SPSS19 软件对原始数据进行无量纲化处理后，数据的描述性统计结果见表 6。

表 6 无量纲化数据的描述性统计

指标名称	样本数	平均值	标准差	最小值	最大值
域名数量/(个/万人)	12	−8.21	0.95	1.59	1.91
网站数/(个/万人)	12	−8.52	0.95	−1.76	0.97
网页数/(个/万人)	12	8.38	0.95	−1.74	1.24
电子商务交易额占 GDP 比重/%	12	−8.39	0.95	−1.29	1.35
软件和信息服务业收入占 GDP 比重/%	12	−9.31	0.95	−0.77	1.73
人均移动互联网接入流量/(GB/人)	12	2.48	0.95	−1.47	1.74
人均互联网宽带接入端口/(个/人)	12	3.41	0.95	−1.69	1.07

续表

指标名称	样本数	平均值	标准差	最小值	最大值
互联网宽带入户率/%	12	8.37	0.95	−1.74	1.07
有电子商务交易活动企业比重/%	12	8.31	0.95	−1.86	0.98
每百家企业拥有网站数/个	12	−2.48	0.95	−1.70	1.23
R&D人员全时当量/人年	12	1.67	0.95	−1.45	1.63
R&D投入占GDP比重/%	12	−1.27	0.95	−1.18	1.70
技术市场成交额占GDP比例/%	12	−8.32	0.95	−1.08	1.79
国内专利数量/(个/万人)	12	−1.24	0.95	−1.59	1.33

3. 陕西数字经济发展综合评价

本文运用层次分析法模型对陕西2014—2019年数字经济发展进行综合评价,得分见表7。

表7 2014—2019年陕西数字经济发展综合评分表

年份	2014年	2015年	2016年	2017年	2018年	2019年
综合评分	−0.91	−0.49	0.17	−0.02	0.31	0.94

由表7可知,自2014年以来,陕西数字经济发展总体上呈稳步提升趋势,2014—2019年陕西数字经济发展综合得分增长1.85分,平均每年增长0.31分。从各年度的情况看,除了2017年相对于2016年评分有所下降之外,其余年度均逐年递增,特别是2019年,相对于2018年评分增加0.63分。这说明陕西数字经济发展在2019年有明显提升。

为了更客观地评价陕西数字经济发展,本文引入2014—2019年全国同类数据,运用以上指标体系对全国数字经济发展进行评价,据以参考和对比,具体见图2和见图3。

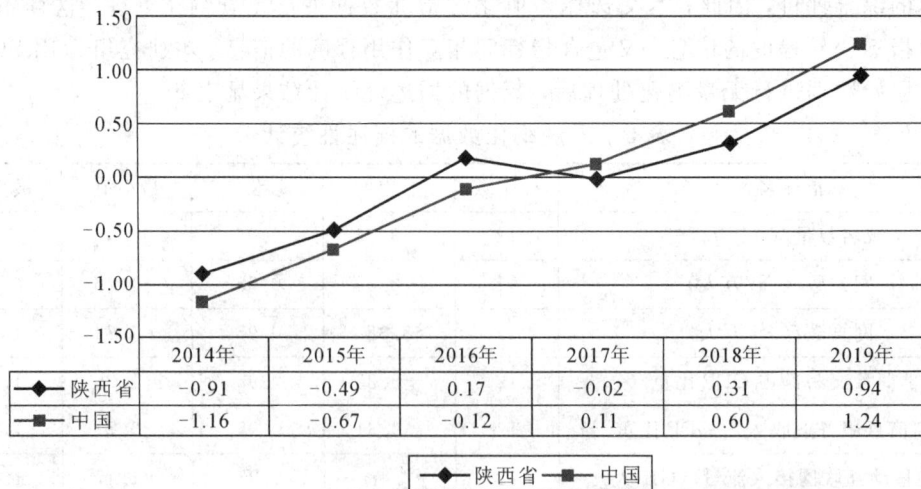

	2014年	2015年	2016年	2017年	2018年	2019年
陕西省	-0.91	-0.49	0.17	-0.02	0.31	0.94
中国	-1.16	-0.67	-0.12	0.11	0.60	1.24

图2 2014—2019年陕西与全国数字经济发展综合评分对比图

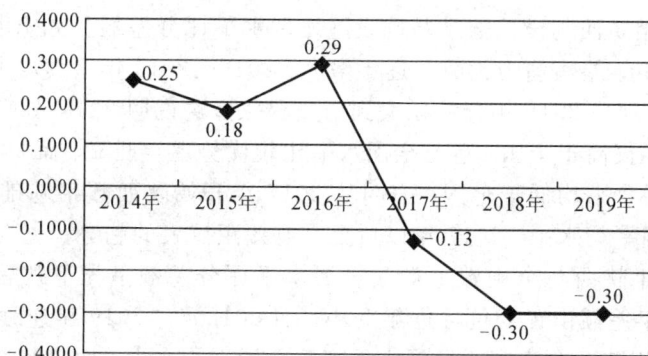

图 3　2014—2019 年陕西与全国数字经济发展综合分差变动图

由图 2 可见，2014—2019 年陕西和全国数字经济发展均呈平稳上升态势，从涨幅来看，陕西涨幅小于全国，涨幅分差为 0.55，陕西平均每年比全国数字经济发展评分少增加约 0.09。

由图 3 可知，2016 年以前，陕西数字经济发展水平高于全国，特别是 2016 年陕西数字经济发展综合评分高出全国 0.29 分。从 2017 年开始，陕西数字经济发展水平反而低于全国，2017 年低于全国 0.23 分，2018 年差距拉大到 0.30 分，2019 年比 2018 年差距再增加 0.0002 分，可见，陕西数字经济发展水平与全国的差距在逐渐拉大。

（二）陕西数字经济发展分项评价

1. 数字经济发展水平分项分差分析

由于数字经济发展水平的综合评分由数字基础设施、数字产业、数字应用和数字创新四个维度的评分组成，所以，为了进一步分析陕西与全国数字经济发展水平综合评分差额的成因，需要从以上四个维度进行分项分析。2014—2019 年陕西与全国数字经济发展分项评分差额如图 4 所示。

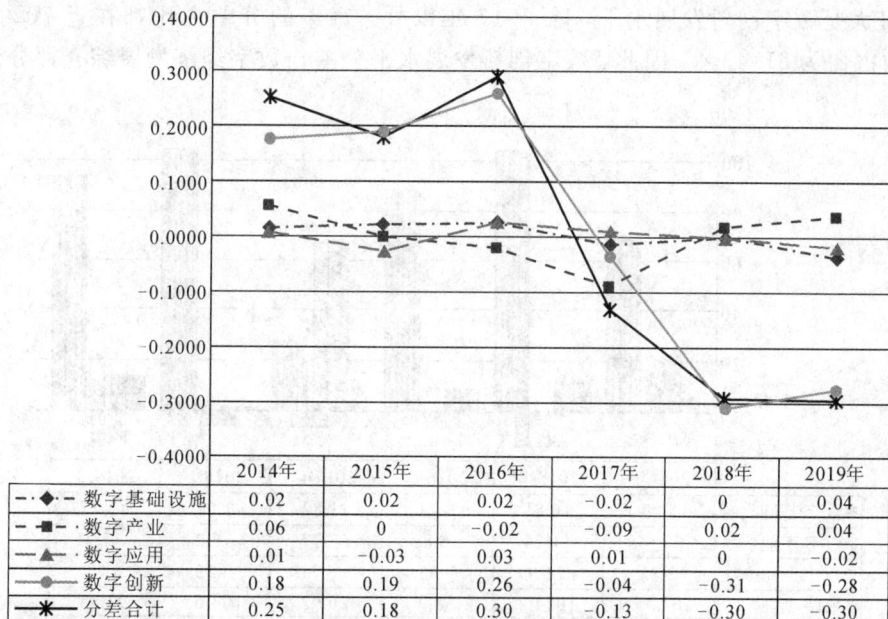

	2014年	2015年	2016年	2017年	2018年	2019年
数字基础设施	0.02	0.02	0.02	-0.02	0	0.04
数字产业	0.06	0	-0.02	-0.09	0.02	0.04
数字应用	0.01	-0.03	0.03	0.01	0	-0.02
数字创新	0.18	0.19	0.26	-0.04	-0.31	-0.28
分差合计	0.25	0.18	0.30	-0.13	-0.30	-0.30

图 4　2014—2019 年陕西与全国数字经济发展分项分差图

2014—2019 年陕西与全国数字基础设施发展水平评分差额呈先上涨后下跌的趋势，其中，2014—2016 年差额均为正数且逐年增大；2017—2019 年差额均为负数，且绝对值有变大的趋势，特别是 2019 年分差拉大到历史最大。这说明 2014—2016 年陕西数字基础设施发展水平不仅高于全国，且与全国水平比较优势逐年凸显，而 2017—2019 年陕西数字基础设施发展水平均低于全国，表明从 2017 年开始陕西数字基础设施发展水平的提升力度小于全国平均水平，2017 年以后更是有差距拉大的趋势。

2014—2019 年陕西与全国数字产业发展水平评分差额呈先下跌后上涨的趋势。其中，2014—2017 年差额由正变负且逐年变小，而 2018 年、2019 年连续两年差额由负转正，这说明 2014 年陕西数字产业发展水平高于全国平均水平，而自此之后的四年，陕西数字产业发展水平相对于全国的优势不仅转为劣势，且劣势逐年凸显，到 2017 年与全国平均水平拉到最大，而 2018 年、2019 年陕西数字产业发展水平相对于全国的劣势又转为优势，表明近期陕西数字产业发展水平提升改革效果显著。

2014—2019 年陕西与全国数字应用水平评分差额有正有负，其中，2014 年、2016 年和 2017 年差额为正，其余年度为负，说明这三年陕西数字应用水平略高于全国平均，而 2015 年、2018 年和 2019 年陕西数字应用水平却低于全国水平，进一步表明近两年陕西数字应用水平提升速度慢于全国平均水平。

2014—2019 年陕西与全国数字创新发展水平评分差额变动较大。其中，2014 2016 年差额均为正数，且逐年增大，2017 年差额由正转负，2018 年差额大幅下降，2019 年虽有所提升，但仍为负数。这说明 2014—2016 年陕西数字创新发展水平远远高于全国平均水平，且比较优势逐年显明，而 2017—2019 年陕西数字创新发展水平远低于全国平均水平，表明从 2017 年开始陕西数字创新发展水平的改革力度小于全国平均水平，近期还需再追赶超越。

2. 数字经济发展水平分项分差占比分析

从数字经济发展水平分项分差占比来看（见图 5），对陕西数字经济发展综合评分影响程度最大是数字创新发展水平，除 2017 年以外，每年的分差占比都在近 70% 以上，6 年平均占比为 81.45%，因此，数字创新发展水平分差与数字经济发展综合评分分差的

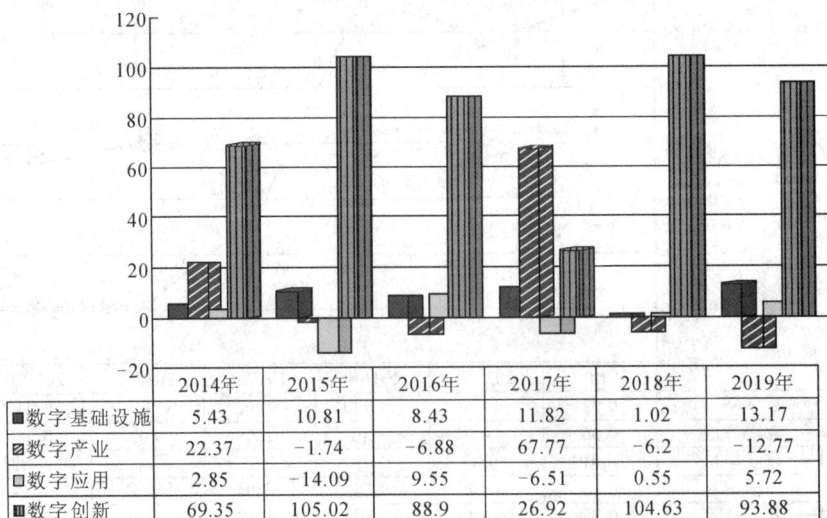

	2014年	2015年	2016年	2017年	2018年	2019年
■数字基础设施	5.43	10.81	8.43	11.82	1.02	13.17
▨数字产业	22.37	-1.74	-6.88	67.77	-6.2	-12.77
□数字应用	2.85	-14.09	9.55	-6.51	0.55	5.72
▦数字创新	69.35	105.02	88.9	26.92	104.63	93.88

图 5　2014—2019 年陕西与全国数字经济发展分项分差占比图

变动趋势最为接近；其次是数字产业发展水平分差占比，6年最高可达67.67%，平均占比为10.42%；接着是数字基础设施发展水平分差占比，最后是数字应用水平分差占比。可见，对陕西数字经济发展影响最大的是数字创新发展水平，从2017年后的数据来看，导致陕西数字经济发展水平偏低的主要影响因素是数字创新发展水平、数字基础设施发展水平和数字应用水平。

五、陕西数字经济发展的对策

数字经济是信息技术革命的产业化和市场化，是新一代信息技术在经济活动中的扩散、应用和引发一系列以大数据处理为主要特点的新产业、新业态、新商业模式。数字经济在陕西虽已有一定的发展基础，但要使其更好更快发展需要不断地更新理念，持续地深化体制改革。因此，本文基于陕西数字经济发展的评价，提出提高陕西数字经济发展的路径。

（一）聚焦数字网络化，推进新型基础设施建设

以5G、物联网、人工智能为代表的数字化基础设施已然成为新型基础设施的重要组成部分，要满足企业对网络的高可靠、低时延、广覆盖的需求，应加强云计算、工业互联网等新型基础设施布局，加快5G等新一代信息网络升级，推动传统基础设施的智能化改造。

1. 做好新型基础设施建设的顶层设计

陕西应抓住新型基础设施建设的发展契机，加快制定适用于新型基础设施建设的战略规划；推进"数字强国"战略，大力发展"数字陕西"；把"新基建"作为"十四五"基础设施建设的重点任务，做好"新基建"的顶层设计，制定"新基建"的发展规划，加大"新基建"各领域的投入，加快数据中心、5G等新基础设施的建设步伐。

2. 处理好传统基建与"新基建"的关系，构建新型基础设施建设体系

在很多场景中，"新基建"是建立在传统基建基础上的一个系统。"新基建"与传统基建在很多领域内的交叉融合，这就要处理好"新基建"与传统基建之间的关系，发挥好"新基建"与传统基建的协同作用，构建协同融合、标准兼容的现代化基础设施体系。

（二）加快数字产业化发展步伐，提升数字产业优势

1. 巩固优势产业，提升产业集聚效应

数字经济的发展加速了软件产业、电子信息产业、芯片产业等高新技术产业的转型升级，为大数据、云计算、人工智能等技术带来的高精尖科技产业发展提供了有力支撑。陕西首先应巩固优势产业，支持企业加强核心技术攻关，在实现软硬件核心技术突破的同时，建立起安全可靠的产品体系；其次，应引导企业研发面向重大行业领域且具有信息安全保障的数字产品，抢占数字产业的技术制高点，尽快形成高新技术产业集群与示

范区，提升产业集聚效应。

2. 依托现有产业基础及研发优势，持续加强数字产业基地建设

陕西应当根据已有的卫星导航产业、大数据产业、电子商务产业等产业园的发展定位，提升产业园区配套服务水平；以产业园区主业为基础，通过引进国内外知名企业、领军人才科研团队、数字技术研发机构等，引大聚小、以大带小，从而提升创新水平与产业集聚度；加快硬件设施配套建设，着力提升各产业园区以及各产业基地的管理与服务水平，重点加快北斗导航应用、物联网、人工智能、区块链、虚拟现实、移动通信及数据服务等产业项目的引进和建设。

（三）推动产业数字化转型升级，强化一、二、三产业的深度融合应用

1. 以数字经济渗透融合为导向，加快传统产业数字化转型

在农业领域，陕西要加快移动智能手机、互联网等在农村地区的普及，深化物联网等数字技术在农业生产中的应用，推广农村电子商务在偏远地区的发展，建设"数字乡村"，通过数字技能培训提升农民数字化素养。在工业领域，陕西要推进数字技术深度渗入制造业，深化数字技术在制造业中的创新应用，加快智能终端制造等重点领域的数字化水平。另外，要积极引导企业使用"云用平台"，推动信息技术在生产、管理、销售等重要环节的渗透应用。在服务业领域，陕西要提升服务业的智慧化程度，着力发展新零售、智慧文旅、数字交通、智慧金融等新型服务业态。

2. 促进企业数字化转型升级，为产业数字化注入动力

由于新冠肺炎疫情的影响，使企业纷纷认识到数字化转型的紧迫性与重要性，陕西要抓住这一契机，鼓励企业在充分考虑自身情况与市场需求的基础上，灵活实施数字化转型战略。一方面，对于企业内部来说，要推动企业组织结构和管理流程的数字化转型，转变企业生产运营模式。另一方面，要对接客户的个性化需求，通过互联网等信息技术建设数字化、网络化、智能化的企业定制平台，企业能够利用平台对接用户需求，把握市场消费动态，开展商业模式和服务模式的创新应用。

（四）完善治理数字化，推进智慧社会建设

1. 大力发展电子政务，加快数字政府的建设

陕西应从建立标准规范、健全法律法规、完善体制机制等方面加以完善，促进电子政务健康稳步发展。在政务数据整合与开放共享方面，陕西应加快政务信息资源整合与共享步伐，建立政务信息资源共享平台，推动各部门完善政务信息共享机制；加大资源整合与监管力度；加快完善公共数据开放制度，建设政务数据开放门户网站，助力数据开发和再使用，实现数据的按需、依法、共享。

2. 以推动社会治理现代化为导向，加快智慧社会建设

陕西应以实现各类运行系统互联互通为主线，推进软硬件设施共建、共享、共用，着眼于社会治理现代化，完善统筹协调治理措施，加快形成跨区域、跨部门的协同运行体

系；聚焦智慧社会建设，重点关注养老、医疗、教育、文旅等重点领域的数字化、智慧化转型；要注重城乡融合发展，将智慧城市建设与"数字乡村"建设同步规划，形成开放包容、互动共进的新发展格局；在坚持"数字乡村"与智慧城市融合共建的基础上，支持有条件的小城镇规划先行，因地制宜培育"互联网＋"特色产业，形成一批融合创新、要素集聚的"互联网＋"产业群，辐射并带动乡村产业融合发展。

（五）加强数字化培训，提升国民的数字修养

数字经济条件下的产业发展基于新的架构体系、技术体系、安全体系、业务流程和商业模式，给各方既带来了机遇，也带来了挑战。由于传统的思维习惯和工作方式影响着人们对数字化转型发展的认识，因而，面对变革，各方是否愿意"拥抱"改变、敢于尝试，并且愿意为改变付出实际行动将成为推动数字经济高质量发展的关键所在。为此，需要提升国民的数字修养，加强各方对数字化转型发展必要性、紧迫性的认识，将着力点放在理解"为什么"以及如何营造各方"拥抱"数字经济的良好环境和氛围上，具体建议如下：

一是要加强对政府相关部门责任人关于数字技术的培训，通过增强对数字技术的了解程度，构建以数据为中心的文化，引导政府相关部门、相关责任人充分意识到新一代信息技术与传统行业融合发展的重大意义。

二是要积极组织企业开展传统产业与互联网融合创新的深度培训，通过传统行业与互联网融合发展的典型示范案例的介绍，引导企业明晰新一代信息技术与传统行业融合发展的现实需要和趋势要求，不断推广数字技术。

三是要提高公众的数字素养水平，通过为劳动者提供良好的终身教育，包括为弱势群体、低收入群体等在内的所有人提供均等的接触互联网的机会，提高公众的数字技术素养和数据综合分析能力，确保公众紧跟数字经济飞速变革的步伐，创造有利于数字化转型发展的外部环境。

参 考 文 献

[1] 裴长洪，倪江飞，李越. 数字经济的政治经济学分析[J]. 财贸经济，2018，(9)：5-22.

[2] 杨新铭. 数字经济：传统经济深度转型的经济学逻辑[J]. 深圳大学学报（人文社会科学版），2017，34(4)：101-104.

[3] 钟春平，刘诚，李勇坚. 中美比较视角下我国数字经济发展的对策建议[J]. 经济纵横，2017，(4)：35-41.

[4] OECD. Measuring the digital economy: a new perspective[M]. OECD Publishing, 2014：45-49.

[5] 世界银行. 世界发展报告：数字红利（2016年）[M]. 北京：清华大学出版社，2017：24-27.

[6] 张雪玲，陈芳. 中国数字经济发展及其影响因素研究[J]. 生产力研究，2018(6)：67-71.

[7] 中国信息通信研究院，中国数字经济发展白皮书[R]. 2017-7-26.

[8] 逢健，朱欣民. 国外数字经济发展趋势与数字经济国家发展战略[J]. 科技进步与对策，2013，30(8)：124-128.

[9] 徐鹏远，苑博，冯晓琳. 我国数字经济高质量发展的路径研究[J]. 财经界（学术版），2019(8)：10-11.

[10] 张鸿，薛舒心，侯光文. "三个经济"助推陕西数字经济高质量发展对策研究[J]. 西部学刊，2019(2)：86-88.

[11] TAPSCOTT D. The digital economy：promise and peril in the age of networked intelligence[M]. New York：McGraw Hill，1996.

[12] 黄启才. 自贸区政策溢出效应的个案研究[J]. 经济纵横，2017(5)：92-98.

[13] 刘秉镰，吕程. 自贸区对地区经济影响的差异性分析：基于合成控制法的比较研究[J]. 国际贸易问题，2018(3)：51-66.

[14] 姜悦，黄繁华. 中瑞和中澳自贸区经济效应及比较[J]. 世界经济与政治论坛，2017(4)：145-158.

[15] 林毅夫. "一带一路"与自贸区：我国改革开放的新举措[J]. 新经济，2016(34)：5-9.

[16] 王利辉，刘志红. 上海自贸区对地区经济的影响效应研究：基于"反事实"思维视角[J]. 国际贸易问题，2017(2)：3-15.

[17] PEDRO G A，JANAINA M. Eco：innovationsin developing countries：the case of manaus free trade zone（Brazil）[J]. Journal of Cleaner Production，2017，(168). 30-38.

[18] 陈林，罗莉娅. 中国外资准入壁垒的政策效应研究：兼议上海自由贸易区改革的政策红利[J]. 经济研究，2014，49(4)：104-115.

[19] 张军，闫东升，冯宗宪，等. 自贸区设立能够有效促进经济增长吗？基于双重差分方法的动态视角研究[J]. 经济问题探索，2018(11)：125-133.

[20] ZHENG W，YANG Z，WANG X. policy and politics behind Shanghai's free trade zone program[J]. Journal of Transport Geography，2014，(34)：1-6.

[21] YAO，D Q，WHALLEY J. The China（Shanghai）Pilot Free Trade Zone：background，developments and preliminary assessment of initial impacts[J]. The World Economy，2016，39(1)：2-15.

[22] 赛迪顾问. 中美人工智能市场的概况与对比[J]. 电子产品世界，2017，24(7)：20-23.

[23] 康铁祥. 数字经济及其核算研究[J]. 统计与决策，2008(5)：19-21.

作者简介

郭敏：西安外事学院商学院教授

陕西数字乡村发展评价与对策研究

胡一波　牛文博　汤荣丽　张雅婷　赵舰波　徐玉妃

党的十九届五中全会明确提出，优先发展农业农村，全面推进乡村振兴。在乡村振兴全面启动、数字经济成为我国经济社会发展的重要推动力下，数字乡村建设既是乡村振兴的战略方向，建设数字中国的重要内容，也是驱动乡村振兴和农村经济高质量发展的重要路径。《陕西省加快数字乡村发展三年行动计划（2020—2022年）》的颁布，明确了陕西数字乡村发展的战略部署和具体目标任务。为了落实相关任务，加快陕西数字乡村健康发展，需要在进一步调查研究的基础上，把握陕西数字乡村的发展现状与存在的不足，提出创新发展的对策措施。本文通过开展关于陕西数字乡村发展水平的评价，提出了一些建议，为相关决策者提供参考。

一、乡村振兴背景下陕西数字乡村发展现状

2021年2月，陕西省人民政府发布的《陕西省国民经济和社会发展第十四个五年规划和二〇三五年远景目标纲要》指出，坚持新发展理念，把新发展理念贯穿发展全过程和各领域，积极融入双循环新发展格局，最大限度挖掘创新潜力，迎接数字时代、建设数字陕西，加快转变发展方式，推动质量变革、效率变革、动力变革，实现更高质量、更有效率、更加公平、更可持续、更为安全的发展。

（一）数字乡村基础设施发展现状

近年来，陕西农村基础设施建设稳步推进。陕西连续4年实施通信基础设施建设行动，截至2020年年底，陕西国际互联网数据专用通道总带宽达到870G，全省4G基站建成19.3万个，4G用户达到3733万户，5G基站建成1.9万个，5G示范应用场景达到16个，5G用户达到1027万户。根据陕西统计年鉴的数据，从2011年以来，陕西每百户村民的电脑拥有量稳步增长，从16.6个增长到25.2个，2017年达到峰值；陕西每百户村民的移动电话拥有量从221.5个增长到260.6个，2020年达到峰值（见图1）。

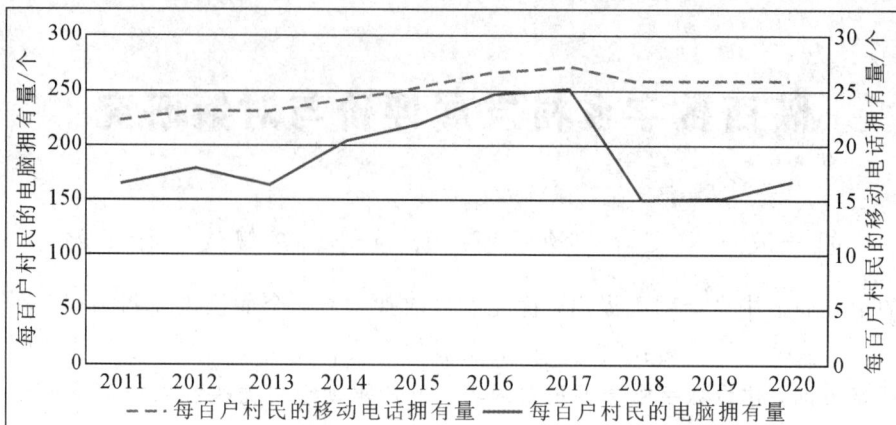

图 1　2011—2020 年陕西每百户村民电脑及移动电话拥有量

（二）数字乡村产业发展现状

数字乡村产业兴旺、乡村产业的融合发展是数字乡村的重要内容，也是提升乡村居民收入的重要手段。近年来，陕西在农村农业信息化建设服务发展上取得了较为显著的成效，先后建立了陕西生态农业信息网、陕西省果业中心、陕西省农机化信息服务平台和陕西农药信息网等网站，这些网站为陕西数字乡村产业的发展和融合提供了条件。在乡村产业发展促动下，陕西农村居民人均可支配收入连年稳步增长（见图 2），从 2018 年的 11 213 元增长到 2020 年的 13 316 元，陕西的 10 个城市辖区农村居民人均可支配收入也同步增长。

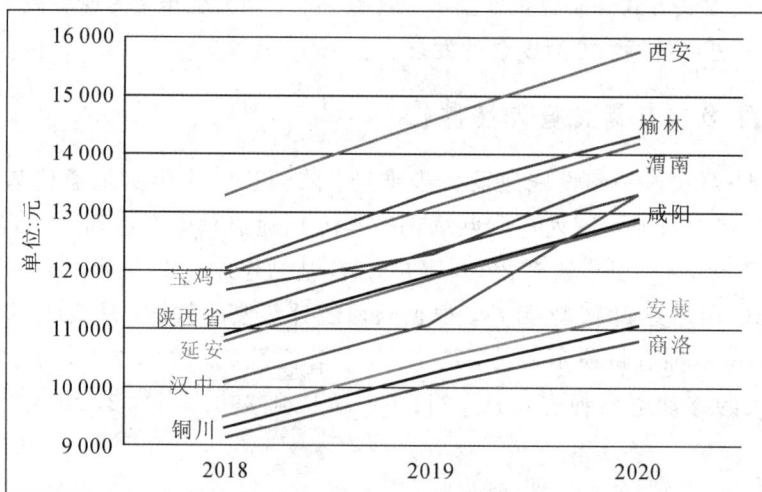

图 2　2018—2020 年陕西省市农村居民人均可支配收入（单位：元）

西安外事学院电子商务与数字经济高质量发展研究团队根据 2020 年《陕西省统计年鉴》有关指标数据计算得出，2020 年陕西软件服务、计算机、通信和其他电子设备制造等数字经济核心产业产值增长 40%，成为驱动陕西经济高质量发展的重要动力引擎。

（三）数字乡村应用水平现状

数字基础设施建设需要数字经济产业的支持，数字基础设施建设促进数字产业的发展。近年来，陕西在数字交易基础、乡村消费品零售额、数字化平台建设水平、电子政务水平等方面均有比较明显的提升，如在反映电子政务水平的指标即"陕西省市门户网站公开信息数"方面有显著提升，如图3所示。

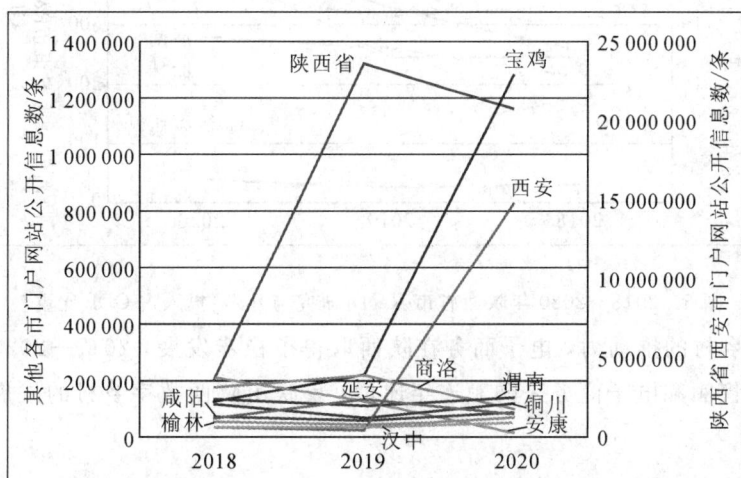

图3　2018—2020 年陕西省市门户网站公开信息数

在陕西省市乡村消费品零售额方面，2018—2019 年，陕西省市乡村消费品零售额总体上涨，但受 2020 年新冠肺炎疫情的影响，陕西省市乡村消费品零售额有一定程度下降，如图4所示。

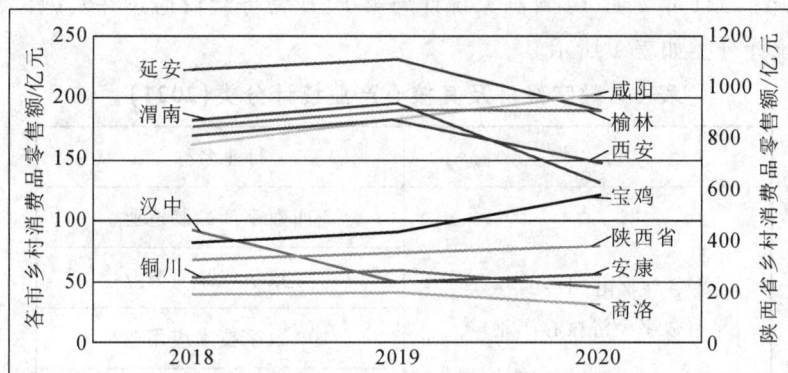

图4　2018—2020 年陕西省市乡村消费品零售额

（四）数字乡村创新能力现状

衡量一个地区的数字经济发展水平，需要考虑其未来的发展潜力，而创新能力是实现经济发展由要素驱动方式转向创新驱动方式的重要保障。整体来看，从 2018—2020年，陕西省市 R&D（研究与开发）投入占 GDP 的比重逐年递增，详见图5。

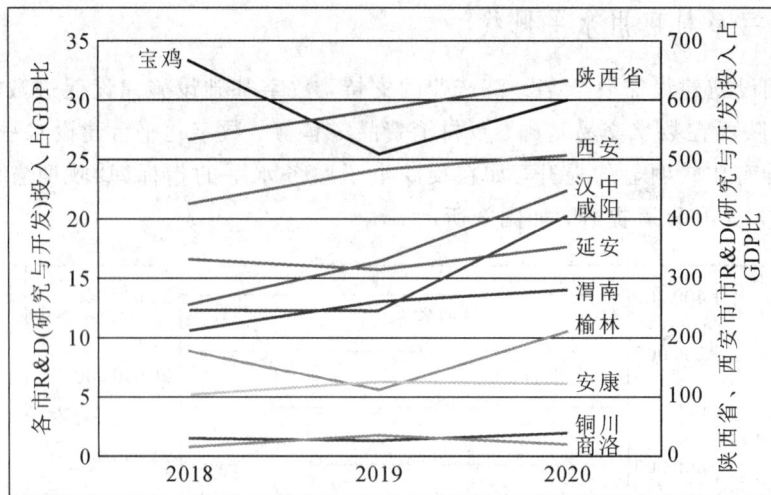

图 5　2018—2020 年陕西省市 R&D（研究与开发）投入占 GDP 比重

作为数字乡村的推动力，电子商务在陕西取得了稳步发展，2017—2020 年，陕西省市电子商务销售额和电子商务采购额连年递增，反映出陕西数字乡村的发展潜力大和创新能力强。

二、陕西数字乡村发展水平测度与评价

2017 年政府工作报告首次提出数字经济，同时也指出要推动"互联网＋"深入发展，促进数字经济加快成长，让企业广泛受益、群众普遍受惠。《数字经济及其核心产业统计分类（2021）》于 2021 年 5 月 14 日国家统计局第 10 次常务会议通过并实施。数字经济及其核心产业统计分类如表 1 所示。

表 1　数字经济及其核心产业统计分类（2021）

分　类	行业名称
数字产业化 01～04 大类 （数字经济核心产业）	01 数字产品制造业
	02 数字产品服务业
	03 数字技术应用业
	04 数字要素驱动业
产业数字化 05 大类	05 数字化效率提升业

数字经济核心产业对应的 01～04 大类即数字产业化部分是数字经济发展的基础；第 05 大类为产业数字化部分，即应用数字技术和数据资源为传统产业带来的产出增加和效率提升，是数字技术与实体经济的融合，本文研究范畴即为产业数字化部分。

（一）构建指标体系

本文在构建数字乡村发展水平评价指标体系时，遵循"发展基础—发展现状—发展潜力"的基本思路，分别从数字乡村基础设施、数字乡村产业发展、数字乡村应用水平与数字乡村创新能力4个方面构建了包含16项具体指标的评价体系，如表2所示。

表2　数字乡村发展水平评价指标体系

一级指标	二级指标	代理变量（或指标测度方法）
数字乡村基础设施	互联网普及率	互联网宽带接入户数/户
	移动电话拥有率	移动电话用户数/户
	固定电话拥有率	固定电话户数/户
数字乡村产业发展	农村居民经济水平	农村居民人均可支配收入/元
	农业机械总动力	农业机械总动力/1000 kW
	快递业务指数	快递业务量/万件
	电信业务指数	电信业务量/万元
数字乡村应用水平	数字交易基础	企业网站数/（个/百家）
	乡村消费品零售额	乡村消费品零售额/亿元
	数字化平台建设水平	有电子商务交易活动的企业/个
	计算机拥有率	使用计算机数/台
	电子政务水平	门户网站公开信息数/条
数字乡村创新能力	一个地区的R&D产出状况	拥有专利授权量/件
	数字经济发展的后续潜力	高等学校在校生数量/万人
	一个地区数字经济的政府支持力度	财政科技支出占财政支出比率/%
	数字交易影响	电子商务销售额/万元

在数字乡村基础设施方面，数字乡村基础设施的建设是发展数字乡村经济的基石，本文在构建陕西省数字乡村发展水平测度指标时，选取互联网普及率、移动电话拥有率、固定电话拥有率作为衡量一个地区数字乡村基础设施的评价指标。

在数字乡村产业发展方面，数字乡村基础设施建设需要数字乡村经济产业的支持，数字乡村基础设施建设促进数字乡村产业的发展，本文选取农村居民经济水平、农业机械总动力、快递业务指数、电信业务指数作为衡量一个地区数字乡村产业发展状况的评价指标。

在数字乡村应用水平方面,数字乡村经济发展不仅要看数字乡村基础设施建设与数字乡村产业的发展,还要看一个地区一个数字乡村应用水平,因此本文从数字交易基础、乡村消费品零售额、数字化平台建设水平、计算机拥有率、电子政务水平的角度构建评价一个地区数字乡村应用水平的评价指标。

在数字乡村创新能力方面,衡量一个地区的数字乡村经济发展水平,还需要考虑其未来的发展潜力,而创新能力是实现经济发展由要素驱动方式转向创新驱动方式的重要保障。因此,构建数字乡村创新能力方面的评价指标很有必要,本文选取一个地区的R&D产出状况、数字经济发展的后续潜力、一个地区数字经济的政府支持力度、数字交易影响作为衡量一个地区数字乡村创新能力的评价指标。

(二)评价方法的选取

目前在评价数字乡村与行业高质量发展水平方面,学者们通常采用 DEA(数据包络分析)法、主成分分析法、层次分析法、熵值法、模糊综合评价法、灰色关联度分析法、熵权 TOPSIS 法等。

由于本文构建的数字乡村发展评价指标体系涵盖的范围广、跨度大,因此,很难从某一个方面对数字乡村发展情况进行评价,该指标体系是多系统共同作用、相互影响的结果。针对这样的考核评价,本文采用主成分分析法。主成分分析法是一种客观评价方法,不受人为因素的影响,完全是根据数据所提供的信息量大小来确定指标权重,基于其评价的客观性,可以较好地消除人为主观因素对指标权重带来的影响。

本文采用主成分分析法,将表 2 中的 16 个指标的数据进行标准化处理后,对数字乡村发展指数进行测度,建立陕西数字乡村评价指标体系,并对陕西 10 个地级市数字乡村发展情况进行评价。

(三)数据来源与采集

本文研究指标的原始数据来源于中国研究数据服务平台、《中国城市统计年鉴》《国民经济和社会发展统计公报》《中国互联网发展状况统计报告》《陕西省统计年鉴》以及陕西各地市统计年鉴和陕西各地市政府信息公开工作年报,时间跨度为 2018—2020 年。

(四)数据预处理

由于各项指标的统计口径不一致,本文将杨凌示范区和咸阳的统计指标做了合并处理。这 16 个指标属性均为正向,无负向指标,各项指标的计量单位并不统一。为了消除量纲的影响,要先对它们进行无量纲化处理,常用的方法是临界值法和 Z-score 法,本文选用 Z-score 法。剔除掉重复数据后,有的地市个别年份的缺失数据、异常数据均采用 Pandas 的 DataFrame 二维结构进行预处理。

(五)测度结果与评价分析

1.成分载荷矩阵

采用 Z-score 法,标准化后的成分载荷矩阵如表 3 所示。

表3 标准化后的成分载荷矩阵

年份	标准化后的指标	第一主成分	第二主成分
2018 年	Z-score：固定电话用户/户	0.998	—
	Z-score：电信业务总量/万元	0.996	—
	Z-score：高等学校在校生数量/万人	0.995	—
	Z-score：电子商务销售额/万元	0.995	—
	Z-score：移动电话用户/户	0.993	—
	Z-score：互联网宽带用户/户	0.993	—
	Z-score：有电子商务交易活动的企业/个	0.990	—
	Z-score：专利授权量/件	0.985	—
	Z-score：使用计算机数/台	0.983	—
	Z-score：快递业务量/万件	0.978	—
	Z-score：门户网站公开信息数/条	0.948	—
	Z-score：乡村消费品零售额/亿元	0.929	—
	Z-score：农业机械总动力/1000 kW	0.898	—
	Z-score：财政科技支出占财政支出比率/%	—	0.874
	Z-score：企业网站数/(个/百家)	—	0.700
	Z-score：农村居民人均可支配收入/元	—	0.674
2019 年	Z-score：企业网站数/(个/百家)	0.999	—
	Z-score：固定电话用户/户	0.997	—
	Z-score：电信业务总量/万元	0.996	—
	Z-score：高等学校在校生数量/万人	0.995	—
	Z-score：互联网宽带用户/户	0.995	—
	Z-score：移动电话用户/户	0.994	—
	Z-score：有电子商务交易活动的企业/个	0.991	—
	Z-score：使用计算机数/台	0.982	—
	Z-score：电子商务销售额/万元	0.980	—
	Z-score：快递业务量/万件	0.971	—
	Z-score：专利授权量/件	0.964	—
	Z-score：乡村消费品零售额/亿元	0.932	—
	Z-score：门户网站公开信息数/条	0.908	—
	Z-score：农业机械总动力/1000 kW	0.903	—
	Z-score：财政科技支出占财政支出比率/%	—	0.831
	Z-score：农村居民人均可支配收入/元	—	0.785

年份	标准化后的指标	第一主成分	第二主成分
2020 年	Z-score：电信业务总量/万元	0.998	—
	Z-score：移动电话用户/户	0.998	—
	Z-score：互联网宽带用户/户	0.997	—
	Z-score：高等学校在校生数量/万人	0.997	—
	Z-score：固定电话用户/户	0.997	—
	Z-score：有电子商务交易活动的企业/个	0.994	—
	Z-score：电子商务销售额/万元	0.992	—
	Z-score：使用计算机数/台	0.984	—
	Z-score：快递业务量/万件	0.959	—
	Z-score：门户网站公开信息数/条	0.959	—
	Z-score：专利授权量/件	0.954	—
	Z-score：乡村消费品零售额/亿元	0.921	—
	Z-score：农业机械总动力/1000 kW	0.875	—
	Z-score：财政科技支出占财政支出比率/％	—	0.939
	Z-score：企业网站数/(个/百家)	—	0.881
	Z-score：农村居民人均可支配收入/元	—	−0.346

由表 3 计算不得出 2018 年、2019 年、2020 年的累积贡献度分别达到 92.379％、95.262％、89.833％（为避免赘述，本文略去总方差解释表）。

2. 主成分回归及综合评价

将以上 16 个指标分别记为 $X_1 \sim X_{16}$，2018 年主成分回归分析的两个主成分得分依次为

$Y_1 = 0.073 \times$ Z-score$(X_1) + 0.073 \times$ Z-score $\times$ Z-score$(X_2) + 0.073 \times$ Z-score$(X_3) +$
$0.030 \times$ Z-score$(X_4) + 0.066 \times$ Z-score$(X_5) + 0.072 \times$ Z-score$(X_6) +$
$0.073 \times$ Z-score$(X_7) + 0.006 \times$ Z-score$(X_8) + 0.068 \times$ Z-score$(X_9) +$
$0.072 \times$ Z-score$(X_{10}) + 0.072 \times$ Z-score$(X_{11}) + 0.069 \times$ Z-score$(X_{12}) +$
$0.072 \times$ Z-score$(X_{13}) + 0.073 \times$ Z-score$(X_{14}) + 0.032 \times$ Z-score$(X_{15}) +$
$0.073 \times$ Z-score(X_{16})

$Y_2 = -0.048 \times$ Z-score$(X_1) - 0.049 \times$ Z-score $\times$ Z-score$(X_2) - 0.017 \times$ Z-score$(X_3) +$
$0.332 \times$ Z-score$(X_4) - 0.148 \times$ Z-score$(X_5) + 0.068 \times$ Z-score$(X_6) -$
$0.040 \times$ Z-score$(X_7) + 0.344 \times$ Z-score$(X_8) - 0.122 \times$ Z-score$(X_9) -$
$0.053 \times$ Z-score$(X_{10}) + 0.040 \times$ Z-score$(X_{11}) - 0.138 \times$ Z-score$(X_{12}) +$
$0.036 \times$ Z-score$(X_{13}) + 0.007 \times$ Z-score$(X_{14}) + 0.430 \times$ Z-score$(X_{15}) +$
$0.010 \times$ Z-score(X_{16})

2019 年主成分回归分析的两个主成分得分依次为

$$Y_1 = 0.069 \times \text{Z-score}(X_1) + 0.069 \times \text{Z-score} \times \text{Z-score}(X_2) + 0.069 \times \text{Z-score}(X_3) +$$
$$0.029 \times \text{Z-score}(X_4) + 0.063 \times \text{Z-score}(X_5) + 0.067 \times \text{Z-score}(X_6) +$$
$$0.069 \times \text{Z-score}(X_7) + 0.069 \times \text{Z-score}(X_8) + 0.065 \times \text{Z-score}(X_9) +$$
$$0.069 \times \text{Z-score}(X_{10}) + 0.068 \times \text{Z-score}(X_{11}) + 0.063 \times \text{Z-score}(X_{12}) +$$
$$0.067 \times \text{Z-score}(X_{13}) + 0.069 \times \text{Z-score}(X_{14}) + 0.022 \times \text{Z-score}(X_{15}) +$$
$$0.068 \times \text{Z-score}(X_{16})$$

$$Y_2 = -0.052 \times \text{Z-score}(X_1) - 0.056 \times \text{Z-score} \times \text{Z-score}(X_2) - 0.034 \times \text{Z-score}(X_3) +$$
$$0.442 \times \text{Z-score}(X_4) - 0.179 \times \text{Z-score}(X_5) + 0.095 \times \text{Z-score}(X_6) -$$
$$0.048 \times \text{Z-score}(X_7) - 0.021 \times \text{Z-score}(X_8) - 0.143 \times \text{Z-score}(X_9) -$$
$$0.055 \times \text{Z-score}(X_{10}) + 0.065 \times \text{Z-score}(X_{11}) - 0.211 \times \text{Z-score}(X_{12}) +$$
$$0.098 \times \text{Z-score}(X_{13}) + 0.003 \times \text{Z-score}(X_{14}) + 0.468 \times \text{Z-score}(X_{15}) +$$
$$0.065 \times \text{Z-score}(X_{16})$$

2020 年主成分回归分析的两个主成分得分依次为

$$Y_1 = 0.075 \times \text{Z-score}(X_1) + 0.075 \times \text{Z-score} \times \text{Z-score}(X_2) + 0.075 \times \text{Z-score}(X_3) -$$
$$0.011 \times \text{Z-score}(X_4) + 0.070 \times \text{Z-score}(X_5) + 0.073 \times \text{Z-score}(X_6) +$$
$$0.075 \times \text{Z-score}(X_7) + 0.010 \times \text{Z-score}(X_8) + 0.066 \times \text{Z-score}(X_9) +$$
$$0.075 \times \text{Z-score}(X_{10}) + 0.074 \times \text{Z-score}(X_{11}) + 0.073 \times \text{Z-score}(X_{12}) +$$
$$0.072 \times \text{Z-score}(X_{13}) + 0.075 \times \text{Z-score}(X_{14}) + 0.018 \times \text{Z-score}(X_{15}) +$$
$$0.075 \times \text{Z-score}(X_{16})$$

$$Y_2 = -0.029 \times \text{Z-score}(X_1) - 0.028 \times \text{Z-score} \times \text{Z-score}(X_2) - 0.031 \times \text{Z-score}(X_3) -$$
$$0.169 \times \text{Z-score}(X_4) - 0.115 \times \text{Z-score}(X_5) + 0.087 \times \text{Z-score}(X_6) -$$
$$0.028 \times \text{Z-score}(X_7) + 0.430 \times \text{Z-score}(X_8) - 0.105 \times \text{Z-score}(X_9) -$$
$$0.034 \times \text{Z-score}(X_{10}) + 0.031 \times \text{Z-score}(X_{11}) - 0.056 \times \text{Z-score}(X_{12}) +$$
$$0.077 \times \text{Z-score}(X_{13}) + 0.012 \times \text{Z-score}(X_{14}) + 0.458 \times \text{Z-score}(X_{15}) +$$
$$0.024 \times \text{Z-score}(X_{16})$$

以上主成分回归分析的输出结果见表 4。

表 4　主成分得分评价结果

年份		地市	第一主成分	第二主成分	综合得分	综合排名
			2.71593	−1.08764	2.22	
2018 年	关中地区	西安	0.98966	1.97791	1.12	1
		咸阳	−0.24714	1.46941	−0.02	2
		宝鸡	−0.27516	0.8527	−0.13	3
		渭南	−0.30376	−0.13944	−0.28	4
		铜川	−0.58386	−0.66493	−0.59	10
	陕北地区	榆林	−0.35318	−0.10281	−0.32	5
		延安	−0.45878	−0.28446	−0.44	6

年份		地市	第一主成分	第二主成分	综合得分	综合排名
			2.71593	−1.08764	2.22	
2018 年	陕南地区	汉中	−0.44289	−0.56743	−0.46	7
		商洛	−0.5462	−0.51746	−0.54	8
		安康	−0.49462	−0.93587	−0.55	9
		陕西省	2.72507	−1.1569	2.3	
2019 年	关中地区	西安	0.97338	2.22238	1.11	1
		咸阳	−0.2527	0.8252	−0.13	2
		宝鸡	−0.30062	0.98728	−0.16	3
		渭南	−0.3086	−0.10012	−0.29	5
		铜川	−0.57413	−0.75638	−0.59	10
	陕北地区	榆林	−0.33528	0.16953	−0.28	4
		延安	−0.45238	−0.16247	−0.42	6
	陕南地区	汉中	−0.44223	−0.48099	−0.45	7
		安康	−0.48637	−0.75271	−0.52	8
		商洛	−0.54615	−0.79482	−0.57	9
		陕西省	2.79162	−0.82479	2.31	
2020 年	关中地区	西安	0.8172	1.70504	0.94	1
		咸阳	−0.20719	2.04525	0.09	2
		宝鸡	−0.32164	0.30468	−0.24	3
		渭南	−0.32205	−0.17665	−0.3	4
		铜川	−0.54359	−0.38551	−0.52	9
	陕北地区	榆林	−0.35037	−0.49099	−0.37	5
		延安	−0.4465	−0.40532	−0.44	6
	陕南地区	商洛	−0.5052	−0.07505	−0.45	7
		安康	−0.5052	−0.07505	−0.48	8
		汉中	−0.45533	−1.07915	−0.54	10

根据第一主成分和第二主成分特征根在提取后总的特征根的占比，确定主成分权重，再根据各主成分的得分与权重，得出主成分综合评价模型：

$$Y_{2018} = \frac{80.414}{92.379} \times Y_1 + \frac{11.965}{92.379} \times Y_2$$

$$Y_{2019} = \frac{84.811}{95.262} \times Y_1 + \frac{10.452}{95.262} \times Y_2$$

$$Y_{2020} = \frac{77.784}{89.833} \times Y_1 + \frac{12.049}{89.833} \times Y_2$$

由于对原始数据进行了标准化处理，因此各主成分得分均较小，综合排名结果见表4。

从总体上来看，陕西省及各地市的数字乡村发展水平呈上升趋势，数字乡村综合发展指数从2018年的2.22上升至2020年的2.31，陕西数字乡村发展总体情况好于各地市单独发展情况；分区域来看，关中地区的西安、咸阳、宝鸡遥遥领先，陕北地区的榆林、延安总体稳定，陕南地区较为落后。

3. 各指标的影响分析

进一步地，本文探讨了16个指标在上述综合评价中的影响作用，各指标影响因素分析如表5所示。

表5　各指标影响因素分析

年份	指 标	第一主成分	第二主成分	综合得分	权重
2018年	互联网宽带用户/户	0.073	−0.048	0.025	0.0139
	移动电话用户/户	0.073	−0.049	0.024	0.0134
	固定电话用户/户	0.073	−0.017	0.056	0.0312
	农村居民人均可支配收入/元	0.030	0.332	0.362	0.2018
	农业机械总动力/1000 kW	0.066	−0.148	−0.082	−0.0457
	快递业务量/万件	0.072	0.068	0.140	0.0780
	电信业务总量/万元	0.073	−0.040	0.033	0.0184
	企业网站数/(个/百家)	0.006	0.344	0.350	0.1951
	乡村消费品零售额/亿元	0.068	−0.122	−0.054	−0.0301
	有电子商务交易活动的企业/个	0.072	−0.053	0.019	0.0106
	使用计算机数/台	0.072	0.040	0.112	0.0624
	门户网站公开信息数/条	0.069	−0.138	−0.069	−0.0385
	专利授权量/件	0.072	0.036	0.108	0.0602
	高等学校在校生数量/万人	0.073	0.007	0.080	0.0446
	财政科技支出占财政支出比率/%	0.032	0.430	0.462	0.2575
	电子商务销售额/万元	0.073	0.010	0.083	0.0463

年份	指标	第一主成分	第二主成分	综合得分	权重
2019 年	互联网宽带用户/户	0.069	−0.052	0.017	0.0106
	移动电话用户/户	0.069	−0.056	0.013	0.0081
	固定电话用户/户	0.069	−0.034	0.035	0.0218
	农村居民人均可支配收入/元	0.029	0.442	0.471	0.2931
	农业机械总动力/1000 kW	0.063	−0.179	−0.116	−0.0722
	快递业务量/万件	0.067	0.095	0.162	0.1008
	电信业务总量/万元	0.069	−0.048	0.021	0.0131
	企业网站数/(个/百家)	0.069	−0.021	0.048	0.0299
	乡村消费品零售额/亿元	0.065	−0.143	−0.078	−0.0485
	有电子商务交易活动的企业/个	0.069	−0.055	0.014	0.0087
	使用计算机数/台	0.068	0.065	0.133	0.0828
	门户网站公开信息数/条	0.063	−0.211	−0.148	−0.0921
	专利授权量/件	0.067	0.098	0.165	0.1027
	高等学校在校生数量/万人	0.069	0.003	0.072	0.0448
	财政科技支出占财政支出比率/%	0.022	0.468	0.490	0.3049
	电子商务销售额/万元	0.068	0.065	0.133	0.0828
2020 年	互联网宽带用户/户	0.075	−0.029	0.046	0.0298
	移动电话用户/户	0.075	−0.028	0.047	0.0304
	固定电话用户/户	0.075	−0.031	0.044	0.0285
	农村居民人均可支配收入/元	−0.011	−0.169	−0.180	−0.1166
	农业机械总动力/1000 kW	0.070	−0.115	−0.045	−0.0291
	快递业务量/万件	0.073	0.087	0.160	0.1036
	电信业务总量/万元	0.075	−0.028	0.047	0.0304
	企业网站数/(个/百家)	0.010	0.430	0.440	0.2850
	乡村消费品零售额/亿元	0.066	−0.105	−0.039	−0.0253
	有电子商务交易活动的企业/个	0.075	−0.034	0.041	0.0266
	使用计算机数/台	0.074	0.031	0.105	0.0680
	门户网站公开信息数/条	0.073	0.056	0.129	0.0835
	专利授权量/件	0.072	0.077	0.149	0.0965
	高等学校在校生数量/万人	0.075	0.012	0.087	0.0563
	财政科技支出占财政支出比率/%	0.018	0.458	0.476	0.3083
	电子商务销售额/万元	0.075	0.024	0.099	0.0641

2018年,农村居民人均可支配收入、企业网站数、财政科技支出占财政支出比率的权重分别为20.18%、19.51%、25.75%,这三个指标是2018年综合评价中最重要的影响因素。快递业务量、使用计算机数、专利授权量的权重分别为7.80%、6.24%、6.02%,这三个指标也是2018年综合评价中较为重要的影响因素。

2019年,农村居民人均可支配收入、财政科技支出占财政支出比率的权重分别为29.31%、30.49%,这两个指标是2019年综合评价中最重要的影响因素。快递业务量、使用计算机数、专利授权量、电子商务销售额的权重分别为10.08%、8.28%、10.27%、8.28%,这四个指标是2019年综合评价中较为重要的影响因素。

2020年,财政科技支出占财政支出比率、企业网站数、快递业务量的权重分别为30.83%、28.50%、10.36%,这三个指标是2020年综合评价中最重要的影响因素。使用计算机数、门户网站公开信息数、专利授权量、高等学校在校生数量、电子商务销售额的权重分别为6.80%、8.35%、9.65%、5.63%、6.41%,这五个指标是2020年综合评价中较为重要的影响因素。

三、结论与建议

(一)研究结论

通过上述评价分析,本文研究结论如下:

(1)陕西省及各地市的数字乡村发展水平呈上升趋势,数字乡村综合发展指数从2018年的2.22上升至2020年的2.31,数字乡村总体情况好于各地市单独发展情况。

(2)陕西省各地级市数字乡村发展呈现出"中间高、两边低"的不平衡局面,以西安、咸阳、宝鸡为代表的关中地区始终位于发展前列。根据陕西数字乡村发展评价指标的数据分析,陕西各地级市(含计划单列市)数字乡村发展水平可以划分为三个梯队:关中地区的西安、咸阳、宝鸡遥遥领先,处于陕西数字乡村发展的第一梯队,即陕西数字乡村发展的强势地区;陕北地区的榆林、延安总体稳定,处于陕西数字乡村发展的第二梯队,即陕西数字乡村发展的中势地区;陕南地区的安康、商洛与关中地区的铜川较为落后,处于陕西数字乡村发展的第三梯队,即陕西数字乡村发展的弱势地区。

(3)政府应加大对数字基础设施的投资力度,夯实数字技术基础,进一步拓展数字经济与实体经济融合的广度和深度;大力促进各地级市进行资源共享,鼓励各地级市加强信息产业合作,以实现数字乡村高质量发展的共赢局面;继续加大对科学技术的投入,保持科学技术的持续输入,以促进乡村数字化水平的不断提高。

(二)建议

"十四五"时期是数字乡村全面"布局"和重点"破局"发展的关键阶段。在这一关键阶段,陕西需要进一步聚焦数字乡村发展的重点任务,主动迎接新挑战,采取切实有效的政策措施,加速发展进程。

1. 弱势地区发展对策建议

通过对数字乡村发展测度评价得出，弱势地区为陕南地区，即以陕南地区的安康、商洛和汉中以及关中地区的铜川市为代表的城市。针对弱势地区，特提出以下发展对策建议。

1）加强农村信息基础设施建设

加强农村网络设施建设，大力推进农村宽带通信、数字电视网、移动互联网以及下一代互联网的综合发展，促进大数据、物联网、人工智能等新型信息技术的应用，加强农村基础设施的共建共享。创新陕西乡村流通服务体系，促进陕西农业农村装备智能化升级，加大推进信息化融入农机作业服务、农业装备与农机管理的工作。

2）提升农村数字资源的有效供给

统筹推进城乡信息化融合发展，加强城乡信息化资源互联互通、共建共享，缩小陕西城乡之间的"数字鸿沟"，同时推进农村政务信息化的建设。加强网络监管，依法打击农村非法宗教活动、封建迷信、虚假宣传等消极网络信息的传播，让违法和不良信息远离农村网络。

3）推进乡村服务数字化，激发服务新业态活力

围绕农民群众在教育、医疗、养老、救助、信息等领域的需求，实施乡村数字服务系统建设工程，数字化赋能农村社会事业，持续推动公共场所服务大提升，推进公共服务供给创新，完善优质公共服务资源统筹共享机制，大力推动城乡基本公共服务均等化，让广大农民群众的获得感不断增强。具体可以通过以下四个"推进"增强乡村服务数字化，激发农村服务业态活动。

（1）推进农村公共事业数字化。加快乡村教育信息化，提升乡村中小学"宽带网络校校通"水平，推进智慧校园建设，推广城乡同步课堂、教师网络研修、名师网络课堂等形式，推动城乡义务教育优质均衡发展，实现"互联网＋义务教育"乡村学校结对帮扶全覆盖，推行新时代城乡教育共同体。推进农村"互联网＋"医疗健康建设，引导医疗机构发展远程医疗平台和互联网医院，向农村地区提供远程医疗、远程教学、远程培训等服务，缓解乡村医疗资源不足等问题。

（2）推进农村社会保障数字化。开发完善农村智慧养老管理服务应用场景，加快推动养老服务信息平台建设，积极发挥互联网在助餐服务、居家养老上门护理服务、康复辅具租赁等养老服务方面的重要作用，探索成熟的可复制的乡村"智慧养老"模式。

（3）推进乡村数字服务应用。推进"互联网＋"政务服务乡村延伸覆盖，加快实现政务事项网上办理。推进信息进村入户，完善服务功能，建立广覆盖、便携化的村级信息服务体系，推动涉农服务事项"一窗口办理、一站式服务"。

（4）推进农民数字化素养提升。建立健全激励政策，全面激发乡村活力。积极培育新型农民，深入推进千万农民素质提升工程，引导农民通过创业、就业、经营等增加收入，夯实共同富裕的根基。

4）科学规划，因地制宜，发挥地域优势

从陕西发展都市现代农业的实际出发，发挥科技实力雄厚、农业资源丰富的优势，

推动智慧农业与发展设施农业、休闲农业、生物农业、加工农业和生态农业紧密结合，实现融合发展、互相促进。自上而下加强智慧农业的顶层设计，自下而上发挥各自农业特色产业优势，以信息化技术提升农业产业链和价值链。坚持因地制宜、突出特色，尊重陕西本地农民意愿和风俗习惯，统一规划设计，坚持尽力而为，适度超前，实现村镇建设"一二十年不落后，三五十年仍实用"。

5）成立数字乡村生态联盟，激发乡村振兴新动能

目前，陕西各地市数字乡村产业链普遍不够健全，没有形成生态化发展时空布局。因此，要全面推进数字乡村建设，提升农业农村生产经营精准化、管理服务智能化、乡村治理数字化水平。进一步整合"数字乡村"产业链的各方力量，抓好网络扶贫行动和数字乡村发展战略的无缝衔接。探索建立与乡村人口知识结构相匹配的数字乡村发展模式，建设新农民新技术创业创新中心，推动产学研用合作。充分调动市场积极性，培育数字乡村发展良好生态，激发乡村自我发展动力和活力。通过政府行业引导建立类似数字乡村生态联盟组织，进一步提升农业农村生产经营精准化、管理服务智能化、乡村治理数字化水平。例如，陕西联通发布数字乡村品牌，有力地整合了分散的数字乡村新基建资源。

2. 中势地区发展对策建议

通过对数字乡村发展测度评价得出，中势地区为陕北地区，即以延安和榆林为代表的城市。根据指标评价，结合陕北地区实际情况，特提出以下发展对策建议。

1）构建数字乡村经济发展政策体系

做好顶层规划与设计工作，加强各方面的统筹与协调，进行总体布局，从整体层面推进各项规划工作，并实时督促与落实。对数字乡村战略实施的历史必然性有充分且深刻的认知，西安市政府及其乡镇政府部门都须承认数字经济时代已然来临的客观事实，认识到实施数字乡村战略是历史以及现实的必然选择，紧密结合"数字经济＋共同富裕"的要求，制定与实施数字乡村战略，以西安实际情况为立足点，对适合西安当地的数字乡村发展道路进行积极探索，建设有机衔接小农户与现代农业的数字乡村，推动西安数字乡村经济更好、更快地发展。

2）立足实际建设乡村数字化产业经济体系

打造层次更高、结构更优以及可持续性更佳的乡村数字化产业经济体系，从总体层面进行"数字经济＋产业"的布局，做到数字乡村在产业空间上的合理分布。充分利用大数据技术，通过对西安地理位置、资源环境、社会经济以及政策规划等诸多要素的数据分析工作，达到对产业的最优组合的目的，同时最优化配置各项资源，以对数字乡村产业集聚平台的充分利用为支撑，充分发挥西安各类产业在乡村空间梯度上的集群效应。

3）培养数字乡村经济与技术应用人才

重视农村地区居民数字化知识及应用技能的提升，提高农村地区居民的信息素养与网络素养对于西安地区数字乡村高质量建设与发展非常重要。对于农民尤其是新型职业

农民、农村实用人才、大学生村官以及技术能手等相关群体，需要有针对性地为其制订与实施数字化学习及培训计划，开展主题丰富的培训活动，如农村互联网产业网络培训、田间作业信息化培训以及一线实训等，通过培训工作及活动的开展培育出一批互联网思维清晰、具有很强信息化应用能力的"新农人"，有效发挥网络的作用，使其真正为农村地区居民所用，助力数字乡村优质发展，为农村地区创造更高的经济效益。

4）增强数字乡村自主创新能力

加大力度进行关键共性技术的攻关，对具有战略性意义的前沿技术进行优先布局。加大对人工智能、虚拟现实等新技术的关注以及应用力度，基于对技术的研发与创新，进行功耗低、可靠、品质高的农业专用传感器的研究与设计，探索农业信息智能分析与决策、精准作业等技术的进一步突破方向，对数字农业的技术集成研究及其系统应用产生推动作用。科研院所、高校以及企业等对创新有很高要求的主体应加大对数字乡村技术产品等的研发力度，联合推出一批有很高实用性能、成本低且具有推广意义的数字农业产品及装备，集中转化优秀科技成果，促进整个农业产业数字化水平的提升。

3. 强势地区发展对策建议

近年来，随着"一带一路"以及相关国家政策的支撑，西安、咸阳、宝鸡等城市逐渐开展数字乡村相关产业发展，引导农村电子商务数字化、智能化发展，促进数字乡村经济高质量发展。因此，对陕西数字乡村发展强势地区（西安、咸阳、宝鸡）提出以下对策建议。

1）聚焦数字乡村新基建，夯实数字乡村基础设施

（1）新一代信息基础设施建设。

推进城乡网络一体化建设，将通信基站、管道、杆线、机房等建设全面纳入乡村建设规划，率先统一城乡网络规划、建设、服务等标准，尽快实现农业主体信号全覆盖。加快乡村信息基础设施升级换代与普及覆盖，有序推进5G网络建设应用和基于IPv6的下一代互联网规模部署，加快推广北斗卫星导航系统和遥感技术在农业农村的智慧应用。建立乡村信息基础设施建设网络安全快速联动工作机制，落实网络安全等级保护措施。

（2）乡村传统基础设施数字化改造。

利用互联网、物联网、云计算、大数据、5G、人工智能、区块链等新一代信息技术，加快推动乡村水利、公路、电力等生产生活基础设施的数字化改造，高水平推进"四好农村路"建设，持续推动城乡一体化和农村规模化供水，积极推广天然气、太阳能等清洁能源。在统筹利用已建自动感知终端设备基础上，构建广覆盖感知网络。针对陕西自然灾害多发的特点，通过增强通信、电力、气象等网络布点，加密地质灾害隐患感知设施，消除信息获取盲点，提高应急预警能力，保障农业生产安全和农民群众生命安全。

（3）农村智慧物流体系建设。

整合交通、邮政、商务、农业农村等部门现有资源，推进农产品仓储保鲜冷链物流智慧基础设施建设，打通农产品出村进城"最先一公里"和"最后一公里"。依托冷链食品追溯系统，支持建设集在线交易、信息发布、位置跟踪、质量追溯、技术咨询、产业动态分

析等功能于一体的区域性、第三方冷链物流资源公共信息服务平台,扩大农村冷链物流产品监控和追溯覆盖范围,提高设施利用率和流通效率。支持农产品冷链细分领域的第三方数字化服务平台向乡村延伸,整合农村中小冷链企业资源,深度应用物联网、人工智能、区块链、5G等新技术,实现冷链运输全程监控、冷链产品温控追溯和全程管理信息共享。

(4)数字"三农"协同应用平台建设。

按照"覆盖全省、互联互通、开放共享"的要求,围绕政府管理数字化、服务网络化、决策科学化的目标,整合业务数据和信息资源,对接城市大脑、基层治理"四平台"等现有平台,完善建设数字"三农"协同应用平台,提升陕西农业农村数字化管理与服务能力,助力现代化智慧农业转型升级和乡村振兴。

2)聚焦优化发展结构,夯实高质量发展基础

新结构经济学强调,一个经济体的禀赋及其结构会随发展水平的不同而调整,必须考虑不同发展阶段的结构性特征,这些特征是由要素禀赋结构及其衍生的竞争力所决定的。从当前来看,产业结构不合理、城乡发展不协调依然存在,这都是影响数字乡村经济高质量发展的重要因素。

(1)调整优化城市产业结构。

结构调整是一项复杂的系统工程,就陕西产业发展而言,一方面要升级改造传统产业,大力发展现代农业、现代制造业和现代服务业,从第一、第二、第三产业向第三、第二、第一产业格局转变;另一方面要着力培育新产业、新动能和新增长极,把信息技术、生物医药、数字经济、绿色低碳等战略性新兴产业作为重中之重,构筑产业体系新支柱。

(2)以新一代技术优化乡村产业结构。

乡村产业兴旺、乡村产业的融合发展是数字乡村的重要内容,丰富乡村产业、促进乡村的产业融合是扩展乡村居民收入渠道,提升乡村居民收入的重要手段。因此,丰富和强化乡村产业、促进乡村产业融合是建设数字乡村的重要任务。其具体包括三方面内容:第一,实现农业发展的数字化转型,需要将新一代信息技术和数字化的农业生产信息作为新的农业生产要素,加快推广大数据、云计算、物联网和人工智能等新一代信息技术的研发与应用,促进新一代信息技术与农业生产的深度融合;第二,在农业的基础上,充分利用乡村的优势资源,因地制宜创新发展乡村第二、三产业,以新一代信息技术优化乡村产业结构,建设乡村现代产业体系;第三,促进乡村产业融合发展,加深产业间的协调运作,让农村产业融合发展成为一种大趋势,释放出三次产业融合的乘数效应,为乡村产业转型升级提供源源不断的新动能,从而引领乡村产业高质量发展。

(3)巩固高质量发展成果。

以民生福祉为依归,巩固高质量发展成果。在发展中持续改善民生,是数字乡村高质量发展的必由之路。这就要求政府要深化收入分配制度改革,更加注重保障和改善民生,扩大中等收入群体,增加低收入者收入;提升基本公共服务水平,打造教育、医疗、养老、住房等完善的公共服务体系,缩小城乡之间和地区之间的差距,促进基本公共服务均等化。

参 考 文 献

[1] 李宗显，杨千帆. 数字经济如何影响中国经济高质量发展[J]. 现代经济探讨，2021(7)：10-19.

[2] 赵涛，张智，梁上坤. 数字经济、创业活跃度与高质量发展：来自中国城市的经验证据[J]. 管理世界，2020，36(10)：65-76.

[3] 张腾，蒋伏心，韦朕韬. 数字经济能否成为促进我国经济高质量发展的新动能[J]. 经济问题探索，2021(1)：25-39.

[4] 刘军，杨渊鋆，张三峰. 中国数字经济测度与驱动因素研究[J]. 上海经济研究，2020(6)：81-96.

[5] 郭峰，王靖一，王芳，等. 测度中国数字普惠金融发展：指数编制与空间特征[J]. 经济学(季刊)，2020，19(4)：1401-1418.

[6] 茶洪旺，左鹏飞. 中国区域信息化发展水平研究：基于动态多指标评价体系实证分析[J]. 财经科学，2016(9)：53-63.

[7] 张彬，彭知岛，赵磊，等. 中国信息化发展的国际比较研究[J]. 信息系统工程，2017(6)：122-125.

[8] 朱喜安，魏国栋. 熵值法中无量纲化方法优良标准的探讨[J]. 统计与决策，2015(2)：12-15.

[9] 张蕴萍，董超，栾菁. 数字经济推动经济高质量发展的作用机制研究：基于省级面板数据的证据[J]. 济南大学学报(社会科学版)，2021，31(5)：99-115，175.

[10] 郭芸，范柏乃，龙剑. 我国区域高质量发展的实际测度与时空演变特征研究[J]. 数量经济技术经济研究，2020，37(10)：118-132.

[11] 范合君，吴婷. 数字化能否促进经济增长与高质量发展：来自中国省级面板数据的经验证据[J]. 管理学刊，2021，34(3)：36-53.

[12] 李柏洲，张美丽. 数字化转型对区域经济高质量发展的作用机理研究：区域创新能力的调节作用[J/OL]. 系统工程：2021，1-13.

[13] 姜松，周鑫悦. 数字普惠金融对经济高质量发展的影响研究[J]. 金融论坛，2021，26(8)：39-49.

[14] 王瑞荣，陈晓华. 数字经济助推制造业高质量发展的动力机制与实证检验：来自浙江的考察[J/OL]. 系统工程：2021，1-15.

[15] 姬小燕. 浙江省数字经济发展综合评价研究[D]. 杭州：杭州电子科技大学，2020.

[16] 孙月凤. 长江经济带城市数字经济发展的就绪度评价指标体系研究[D]. 杭州：杭州师范大学，2020.

[17] ACEMOGLU D，RESTREPO P. The race between man and machine：Implications of technology for growth，factor shares，and employment. American Economic Review，2018，108(6)，1488-1542.

作 者 简 介

胡一波：西安外事学院商学院高级工程师

牛文博：西安外事学院商学院副教授

汤荣丽：西安外事学院商学院讲师

张雅婷：西安外事学院商学院助教

赵舰波：西安外事学院商学院讲师

徐玉妃：西安外事学院商学院讲师

"智慧＋共享"农产品供应链耦合机理及效应评价研究

杨维霞

随着物联网、移动互联网、云计算、区块链、大数据等新一代信息技术的兴起，全球已形成发展数字农业经济的普遍共识。从国际上看，主要发达国家都已出台一系列数字农业发展战略和发展计划，驱动新一轮农业产业形态的深度变革。从国内来看也已经启动"互联网＋"现代农业等一系列数字乡村发展战略。《数字农业农村发展规划（2019—2025年）》和《关于进一步做好供应链创新与应用试点工作的通知》均提到要在建立健全农业供应链基础上，加快推进供应链数字化和智能化发展，积极应用物联网、移动互联网、云计算、区块链、大数据等现代供应链管理技术，促进农业数字化转型，实现农产品供应链即时化、可视化和可感知化，提高供应链整体应变能力和协同能力。

此外，受新冠肺炎疫情的影响，消费场景、产销对接方式都有所转变，不仅使消费者对农产品安全和品质的要求提高，而且使农产品从采收到销售整个链条受阻，大量农产品积压，农户损失惨重，更加凸显出农产品供应链体系的重要性，这就需要通过系统梳理农产品供应链的各个环节，实现集约化重构设计，使得从供应流程、供应环节的数据互联互通、各种资源共建共享、业务协作协同，实现全链条共享供应链，形成一套安全、可靠、高效的农产品供应链体系，守护消费者的"舌尖安全"。

"智慧化"技术的应用能够将农产品市场参与者（包括农户、合作社、销售企业、物流企业、金融机构、大型配发配送中心、消费者）纳入高效、集成、智能、自动、可视化的供应链体系中，大幅提高农产品供应链流通效率，保障农产品质量安全，提高供应链的整体竞争力，实现整个供应链的最优状态。"协同共享"是农产品供应链发展的核心理念，它可以实现供应链各种资源的优化配置，并为"智慧化"创新应用提供丰富的场景，使得农产品供应链降本增效。因此，"智慧＋共享"农产品供应链新生态已成为大势所趋，我国农产品供应链将逐步迈入"智慧＋共享"的新时代。

在"智慧＋共享"的新时代，深入探究"智慧＋共享"农产品供应链的耦合机理、评价耦合效应水平及提升路径，使智慧农产品供应链与共享农产品供应链深层次协同发展，加快农产品供应链的创新及转型升级，已成为在数字经济的大背景下和后疫情时代共同关注而又亟待解决的重要议题。

一、国内外研究现状分析与评价

（一）智慧农产品供应链

"智慧供应链"这一概念最早由复旦大学罗钢在2009年上海市信息化与工业化融合

会议上提出。从中国知网输入关键词"智慧供应链"查询文献结果来看，最早是在盘红华的"基于物联网的智慧供应链管理及应用"一文中出现"智慧供应链"一词，而且最初"智慧供应链"主要用于生产制造业的研究。直到2015年，在薛楠的"基于互联网＋的京津冀一体化农产品智慧供应链构建"一文中才出现"农产品智慧供应链"这一概念。目前，围绕智慧农产品供应链的研究主要涉及以下几个方面。

1. 智慧农产品供应链的概念及特征研究

盘红华、宋华、徐新新、黄成成等人认为智慧供应链是把现代高新技术融合到供应链管理中，从而形成供应链体系的智能化、可视化和集成化。薛楠、赵振强等人认为智慧农产品供应链是运用互联网、物联网、云计算、大数据技术等新型信息技术，由龙头企业带动实施有效规划和管理农资物资的采购、农产品的生产、销售和物流等各种活动，使农产品供应链组织内部与外部在信息流、物流、资金流方面无缝对接，提高效率与效益。他们认为智慧农产品供应链的特征有商流、物流、信息流、资金流的高效集成化、即时化、生态化。

2. 智慧农产品供应链构建研究

针对智慧农产品供应链构建研究主要集中在三个方面展开。一是在理论研究方面主要对智慧供应链构建思路进行探究，如赵振强认为应该从信息共享平台搭建等四个方面构建新型农产品智慧供应链体系框架；二是在实证研究方面主要对智慧农产品供应链的绩效进行评价；三是在案例研究方面主要探讨智慧农产品供应链的创新和应用。

（二）共享农产品供应链

对于共享农产品供应链的研究主要集中在以下方面。

1. 农产品供应链信息共享的价值

Kaipia认为，需求信息和保质期信息共享能减缓生鲜农产品供应链的货损率。但斌、叶飞则认为信息共享是提高生鲜农产品供应链效率的重要手段。

2. 农产品供应链信息共享的实现

王大海通过构建农产品供应链大数据平台，汪涛通过区块链技术，王丽君通过构建农产品供应链机制，周业付通过构建供应链联盟创新利益分配体系，来实现农产品供应链信息共享的预期绩效。

除信息共享之外，还有少量研究涉及农产品供应链知识共享，如王继光对农产品供应链知识共享和创新绩效关系的研究，齐萌对农产品供应链财务共享的影响因素与绩效评价的研究。

综上所述，近年来智慧农产品供应链和共享农产品供应链的研究引起了许多学者的广泛关注并已经取得一定的成果。然而，现有研究仅涉及对共享农产品供应链的信息共享、知识共享和财务共享，并没有涉及技术、设备设施等其他资源的共享，同时多集中于智慧农产品供应链或共享农产品供应链单方面的研究，对两者的融合研究较少，尤其对于"智慧＋共享"农产品供应链耦合机理、效应等方面的研究更少。

因此，本文拟探索性提出"智慧＋共享"农产品供应链，首先从对"智慧＋共享"农产品供应链耦合机理的分析出发，构建耦合评价指标体系及效应评价模型，综合探究"智慧＋共享"农产品供应链耦合效应，然后通过效应评估的结果和每个指标的耦合贡献度确定耦合瓶颈，找出耦合突破方向，最后有针对性地提出每个突破方向的实现途径及保障机制。这对促进智慧农产品供应链与共享农产品供应链深层次的协同发展，加快农产品供应链的创新及转型升级具有重要的现实和理论意义。

二、"智慧＋共享"农产品供应链耦合内涵及机理分析

（一）"智慧＋共享"农产品供应链耦合内涵分析

"耦合"一词来源于物理学中的概念，是用来描述两个及以上相关系统之间的交互影响和相互依赖的一种互动关系。当系统关系为正向耦合，则表明系统之间配合得当、相互促进、协调发展；反之，当系统关系为负向耦合，则表明系统之间相互摩擦、相互掣肘、不协调发展。

智慧农产品供应链是依托物联网、互联网、大数据、云计算、人工智能、区块链等不断创新发展的高新信息化技术和手段，打破传统供应链各节点成员之间的各种"孤岛"现象，对农产品从生产、加工、仓储、物流直至销售的整个链条构建可视化、生态化、智能化、自动化、集成化的"四流"一体化无缝对接的供应链体系。该体系能有效使整个供应链处在最优状态，提高农产品供应链流通效率和综合竞争力。共享农产品供应链是通过智慧化创新应用，使得供应链节点成员间共享有效的信息、信用及物流等各种资源，从而实现其共享资源的高度整合与优化配置，增强供应链的透明度和集约度，降低供应链的运营成本，提高供应链的运营效率，保障农产品的质量安全。

在我国，"智慧＋共享"体系是由张为志首次提出，他认为"智慧＋共享"体系是由智能技术集成体系及其应用与社会智慧共享机制共同组成，即智能技术集成＋社会动力机制＋社会交换机制＝智慧共享体系。

综合以上相关理论和概念，本文认为"智慧＋共享"农产品供应链耦合是将智慧化和共享化两种理念交汇融合到农产品现代供应链系统运营中，在降本增效、提升安全性的动力机制的作用下，实现农产品供应链智慧技术集成体系和共享交换互动机制，使得智慧农产品供应链与共享农产品供应链深层次协同发展，加快农产品供应链的创新及转型升级，即"智慧＋共享"农产品供应链体系＝智慧技术集成机制＋共享交换互动机制＋降本增效、提升安全性的动力机制。具体来说，"智慧＋共享"农产品供应链其耦合主要有以下几方面内涵：一是将智慧农产品供应链和共享农产品供应链体系视为两个独立并行的子系统，对各子系统内的内部要素进行关联性研究；二是把"智慧＋共享"农产品供应链看做是一个完整的系统，两个子系统之间关联要素通过不同的连接方式相互耦合。"智慧＋共享"农产品供应链耦合内涵框架如图1所示。

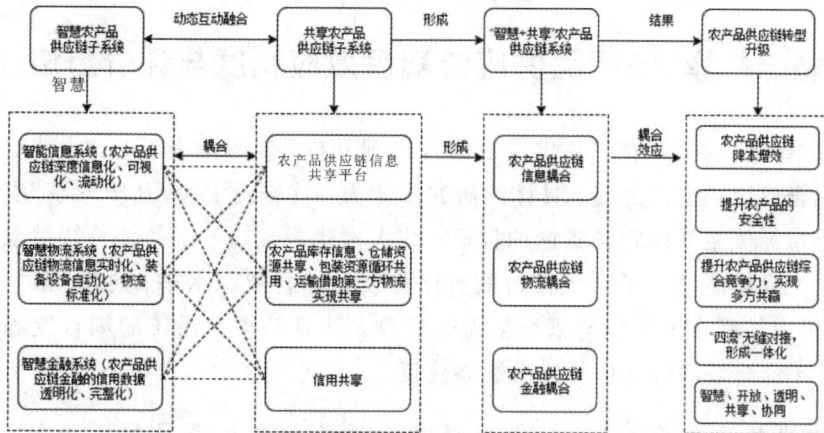

图 1   "智慧＋共享"农产品供应链耦合内涵框架图

（二）"智慧＋共享"农产品供应链耦合机理分析

从"智慧＋共享"农产品供应链耦合内涵框架图可以看出，智慧农产品供应链子系统是以目前供应链已有的资源为前提，运用不断创新发展的信息化技术和手段拓展供应链新环境，创建智能化环境，从而适应所处的外部环境。共享农产品供应链子系统则是对现有供应链已有资源更进一步的挖掘和使用，通过信息共享实现内部协同。"智慧＋共享"农产品供应链旨在通过将"智慧"和"共享"两个相近相通的子系统，在信息服务、物流服务、金融服务等层面的互动、共生、互补、协调形成耦合关系，其耦合运作机理如图 2 所示，最终达到供应链降本增效的目标。

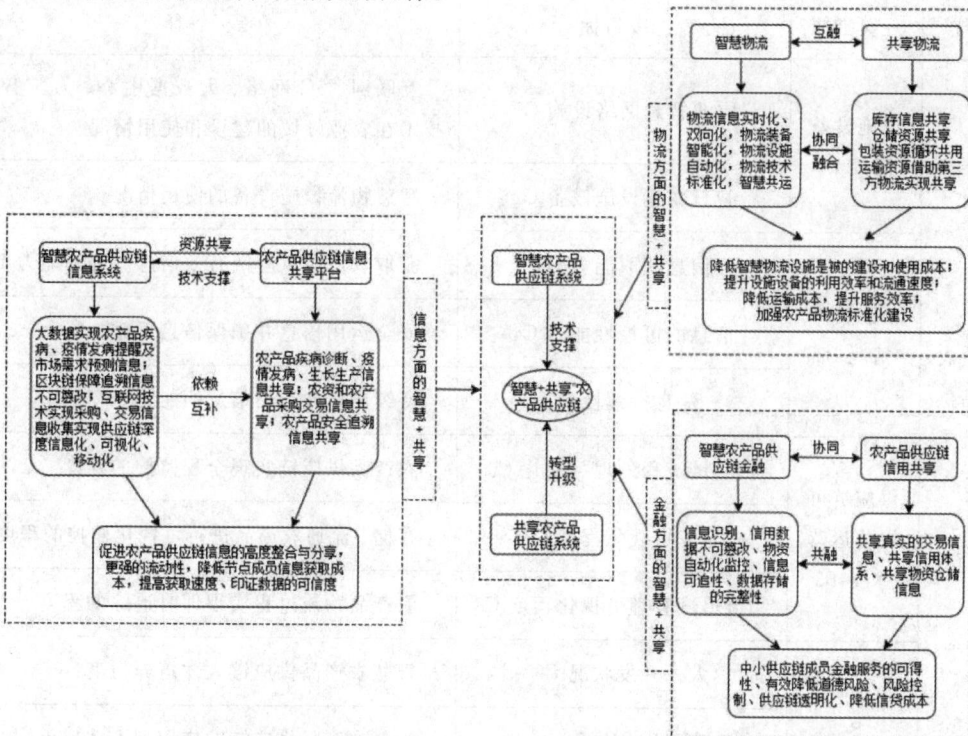

图 2   "智慧＋共享"农产品供应链耦合运作机理

三、"智慧＋共享"农产品供应链耦合效应测度与评价方法

基于对"智慧＋共享"农产品供应链耦合机理分析，参考刘有升、曹允春、路征等学者对系统耦合效应的研究思路，具体的研究步骤为：首先确定"智慧＋共享"农产品供应链耦合评价指标体系并确定各指标的权重；其次构建系统功效函数评价智慧农产品供应链和共享农产品供应链两子系统各自的有序程度的综合贡献水平；再次构建"智慧＋共享"农产品供应链耦合度模型与耦合协调度模型，计算其整个系统的耦合度和耦合协调度；最后对评价结果进行分析并提出策略建议。

（一）"智慧＋共享"农产品供应链耦合评价指标体系及权重计算

为了更加准确、全面、系统地进行"智慧＋共享"农产品供应链耦合评价，遵循指标选取的系统性、层次性、科学性、适应性等原则，结合张为志、唐毅、徐新新的研究成果及对智慧供应链和供应链共享等新闻及相关报告的梳理，确定从设施设备建设、信息治理情况、供应链可视化运营水平、人才建设4个一级指标和10个二级指标衡量智慧农产品供应链系统发展情况，从信息资源共享、物流资源共享、金融信用共享3个一级指标和9个二级指标衡量共享农产品供应链发展情况，"智慧＋共享"农产品供应链耦合评价指标体系如表1所示。

表1 "智慧＋共享"农产品供应链耦合评价指标体系

系统	一级指标	二级指标	指标解释
智慧农产品供应链子系统A1	设施设备建设B1	农业智慧网络设施C1	互联网、5G网络、大数据中心、人工智能技术在农业领域的建设和使用情况
		智慧物流设施设备C2	智慧物流设施设备的使用情况
	信息治理情况B2	信息获取能力C3	获取农产品供应链有效信息资源的能力
		信息的可控性能力C4	安全运用信息并确保信息可靠的能力
		信息持续性C5	持续产生并运用信息的能力
	供应链可视化运营水平B3	供应链流程处理可视化C6	农产品供应链实现全程监控的程度
		仓库可视化程度C7	存储、流通农产品进行可视化监控的程度
		物流追溯管理可视化程度C8	农产品物流过程实现即时追踪的程度
	人才建设B4	人才开发状况C9	智慧农产品供应链人才培养力度
		相关人才比重C10	智慧农产品供应链的应用型人才比重

系统	一级指标	二级指标	指标解释
共享农产品供应链子系统 A2	信息资源共享 B5	信息共享平台 C11	农产品供应链信息共享平台的建设
		信息共享范围 C12	农产品供应链信息共享的种类、深度和渠道
		信息共享效率 C13	农产品供应链信息共享的实时性、完整性和准确性
	物流资源共享 B6	仓储资源共享 C14	仓储设施共享程度
		运输资源共享 C15	借助第三方物流实现运输共享的程度
		装备资源共享 C16	托盘、周转箱、叉车等循环使用情况
		物流标准化 C17	物流技术标准化、信息标准化和物流包装标准化的实施和建设情况
	金融信用共享 B7	信用数据共享体系 C18	信用数据共享体系的完备性
		金融服务可得性 C19	供应链成员获得金融服务的难易程度

对于"智慧＋共享"农产品供应链耦合评价指标体系而言,确定各指标的权重是关键,不同的方法得出的结果差别很大,最终会影响实证研究的结果。目前,在关于确定评价指标权重的方法研究中有主观赋权法和客观赋权法。其中,层次分析法是一种典型的主观赋权法,该方法依赖于专家经验或偏好来确定指标的重要程度,带有一定的主观随意性。熵值法是一种典型的客观赋权法,该方法通过客观调查数据计算,根据指标的统计性质确定指标的重要程度,但忽视了专家的经验信息。因此,为了实现指标赋权的主客观统一,本文将层次分析法和熵值法结合起来,共同确定满足主客观条件的指标的权重。

本文通过参考安玉源、何瑛、赵保卿、林怡等人的研究成果,首先运用层次分析法确定主观权重,构建"智慧＋共享"农产品供应链耦合评价指标层次分析结构模型(见图3),构造判断矩阵,进行层次单排序及一致性检验、层次总排序及一致性检验;其次运用熵值法确定客观权重,具体步骤如下:

首先,求第 j 项指标下的第 i 个样本指标值的比重,即

$$p_{ij} = \frac{u_{ij}}{\sum_{i=1}^{m} u_{ij}} \tag{1}$$

式中:u_{ij} 是调研数据,如果调研数据的量纲不一样,则为标准化处理后的数据;i 为评价对象的数量;j 为评价指标的数量。

其次,求第 j 项指标的信息熵值,即

$$e_{ij} = \left[-\frac{1}{\ln(m)} \right] \sum_{i=1}^{m} p_{ij} \ln p_{ij} \tag{2}$$

信息熵值表示系统的有序程度，其值越大，表示系统的有序程度越高，反之，表示系统的有序程度越低，其中 m 为被评价对象的数目。

然后，确定第 j 个评价指标的客观权重，即

$$w_{ij} = \frac{1-e_{ij}}{\sum_{j=1}^{n}(1-e_{ij})} \tag{3}$$

式中：$1-e_{ij}$ 为第 j 项指标的差异度，差异度越小，表明该指标在综合评价中所起的作用越小，反之，表示该指标所起的作用越大。

最后，将得到的主观权重与客观权重求几何均数得到组合权重并进行归一化，即得到评价指标的综合权重，并对综合权重的稳定性进行检验。

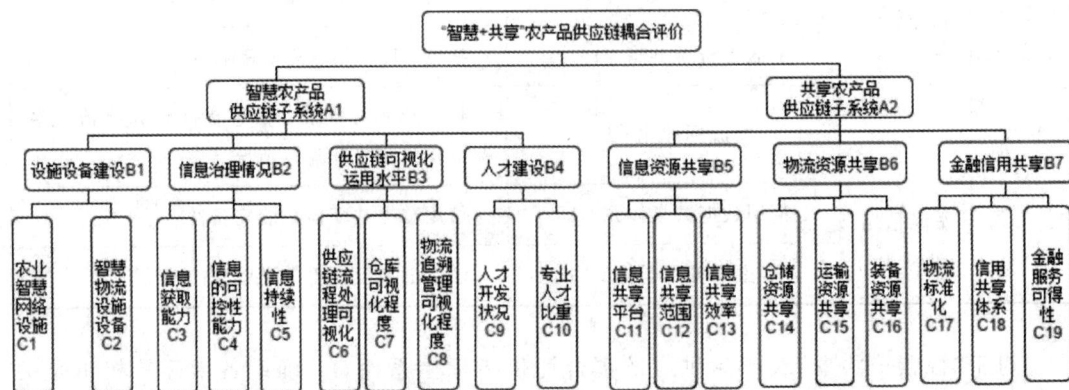

图 3 "智慧+共享"农产品供应链耦合评价指标层次结构图模型

(二)"智慧+共享"农产品供应链子系统功效函数构建

功效函数反映各耦合子系统的有序发展功效贡献程度。根据宋伟、逯进、王晓红、唐晓华、郝生宾等学者的研究思路，本文设 u_{ij} 为第 i 个评价对象的第 j 个指标对"智慧+共享"农产品供应链耦合系统的贡献度大小，$\max(x_{ij})$ 和 $\min(x_{ij})$ 分别表示第 j 个指标的最大值和最小值，x_{ij} 表示原始数值。智慧农产品供应链子系统和共享农产品供应链子系统对整个"智慧+共享"农产品供应链有序的功效函数可表示为

正功效函数：

$$u_{ij} = \frac{x_{ij}-\min(x_{ij})}{\max(x_{ij})-\min(x_{ij})} \tag{4}$$

负功效函数：

$$u_{ij} = \frac{\max(x_{ij})-x_{ij}}{\max(x_{ij})-\min(x_{ij})} \tag{5}$$

式中：u_{ij} 反映各指标达到目标值的满意程度，u_{ij} 的取值范围是 0 到 1，从 0 到 1 表示满意程度逐渐上升，趋近于 1 代表最满意，趋近于 0 代表最不满意。

由于智慧农产品供应链子系统和共享农产品供应链子系统分属不同但又相互作用的子系统，故须对两个子系统有序发展功效贡献水平进行集成。本文采用线性加权法计算两个子系统的综合功效贡献水平，具体公式为

$$U = \sum_{j=1}^{n} w_{ij} u_{ij} \qquad (6)$$

式中：u_{ij} 为智慧农产品供应链子系统和共享农产品供应链子系统对总系统有序度的贡献；w_{ij} 为通过层次分析法和熵值法综合所得的各评价指标的综合权重，且满足 $\sum_{j=1}^{n} w_{ij} = 1$。

（三）"智慧＋共享"农产品供应链耦合评价模型

根据前述耦合的概念，借鉴物理学中的容量耦合系数模型，构建"智慧＋共享"农产品供应链耦合评价模型，其耦合程度用耦合度和耦合发展度两个指标表示。

1. 耦合度评价模型

在已有的研究中，耦合度的计算公式有三个。本文参考伍宁杰对耦合度公式研究比较得出的结论，同时借鉴刘春林的做法，选择用以下公式计算耦合度，其结果会使得耦合度分布具有较好的层次性。

$$C = \left[\frac{U_L U_C}{\left(\frac{U_L + U_C}{2}\right)^2} \right]^2 \qquad (7)$$

式中：U_L 为智慧农产品供应链子系统综合功效贡献水平；U_C 为共享农产品供应链子系统综合功效贡献水平。耦合度 C 值范围为 $0 \sim 1$，当 C 值越接近 1，则表示智慧农产品供应链子系统和共享农产品供应链子系统之间是相互协调、有序发展的；反之，当 C 值越接近 0，则表示两系统中的各要素是趋于不相关的。"智慧＋共享"农产品供应链耦合度评价标准如表 2 所示。

表 2 "智慧＋共享"农产品供应链耦合度评价标准

耦合度	协调等级	发展特征
$C=0$	无耦合	智慧农产品供应链子系统与共享农产品供应链子系统间无明显的耦合关系
$0<C\leqslant0.3$	低度耦合	智慧农产品供应链子系统与共享农产品供应链子系统间耦合关联性较小
$0.3<C\leqslant0.7$	中度耦合	智慧农产品供应链子系统与共享农产品供应链子系统间磨合、互补的良性耦合
$0.7<C\leqslant1$	高度耦合	智慧农产品供应链子系统与共享农产品供应链子系统间共融、共生的高水平耦合
$C=1$	良性共振	智慧农产品供应链子系统与共享农产品供应链子系统间进入良性有序发展

2. 耦合协调度评价模型

虽然耦合度能反映出智慧农产品供应链子系统和共享农产品供应链子系统之间的耦合作用的强度，但是难以反映出两个子系统的整体协调性和发展能力水平的高低差别。

也就是说，当两个子系统的综合贡献度都处于较低水平且数值相近时，所计算出的耦合度也会很高，这显然不符合实际情况。所以必须引入这两个子系统的综合评价指数 T 和耦合协调度 D。具体可表示为

$$T=\alpha U_L+\beta U_T \tag{8}$$

$$D=\frac{\sqrt{C\times T}}{2} \tag{9}$$

式中：综合评价指数 T 是用来度量智慧农产品供应链子系统和共享农产品供应链子系统之间的整体协调效应；α 和 β 为待定系数，且满足 $\alpha+\beta=1$；D 为耦合协调度；C 为耦合度。

为了更加直观地反映智慧农产品供应链和共享农产品供应链两个子系统耦合协调状态，根据已有的研究成果，将耦合协调度 D 划分为 10 个等级，具体见表3。

表3　智慧农产品供应链与共享农产品供应链系统耦合协调度评价标准

耦合协调度	划分等级	耦合协调度	划分等级
$0<D\leqslant0.09$	极度失调	$0.50<D\leqslant0.59$	勉强协调
$0.10<D\leqslant0.19$	严重失调	$0.60<D\leqslant0.69$	初级协调
$0.20<D\leqslant0.29$	中度失调	$0.70<D\leqslant0.79$	中级协调
$0.30<D\leqslant0.39$	轻度失调	$0.80<D\leqslant0.89$	良好协调
$0.40<D\leqslant0.49$	濒临失调	$0.90<D\leqslant1$	优质协调

四、"智慧＋共享"农产品供应链耦合效应测度与评价分析

（一）数据来源

本文依据"智慧＋共享"农产品供应链耦合协调评价指标体系设计指标的满意度调查问卷，并采用李克特5分量表法进行度量，通过对农户、农业合作社、农产品电商平台、物流企业、农产品销售企业、农产品加工企业、金融机构等农产品供应链参与成员的管理者和工作人员进行问卷调研，问卷调研采取微信、邮件等线上调研方式，共发放问卷225份，回收有效问卷200份，有效回收率为88.89％。同时，通过对物流和供应链领域的相关专家、教师及研究人员访谈，获取层次分析法所需的判断矩阵。

（二）"智慧＋共享"农产品供应链耦合评价指标的权重确定

本文利用层次分析法和熵值法分别求得各指标层的权重系数。在层次分析法中，选取5位农产品供应链领域方面的专家填写判断矩阵表，运用 Matlab 2014a 软件进行层次分析得出主观权重，层次分析法评价结果如表4所示。从表4中可以看出，所有判断矩阵的一致性（CR）的值均小于0.1，表明各判断矩阵结果符合一致性检验。利用调查问卷数据进行熵值法得出各指标层的客观权重，最后用几何均值得出组合权重，并进行归一化，得出综合权重并对综合权重的稳定性进行检验（见表5）。

表4 层次分析法评价结果

子系统	项　目	一致性(CR)	最大特征值	特征向量	权重
智慧农产品供应链子系统 A1	智慧农产品供应链子系统 A1	0.011	4.028	$(0.237, 1.12, 0.591, 2.052)^T$	1
	设施设备建设 B1	0.000	2.000	$(1.6, 0.4)^T$	0.060
	信息治理情况 B2	0.004	3.004	$(1.944, 0.69, 0.367)^T$	0.270
	供应链可视化运营水平 B3	0.009	3.009	$(2.1, 0.32, 0.581)^T$	0.149
	人才建设 B4	0.000	2.000	$(0.333, 1.667)^T$	0.512
共享农产品供应链子系统 A2	共享农产品供应链子系统 A2	0.014	3.014	$(2.214, 0.283, 0.503)^T$	1
	信息资源共享 B5	0.000	3.000	$(2, 0.5, 0.5)^T$	0.738
	物流资源共享 B6	0.028	4.074	$(0.505, 0.177, 1.221, 2.097)^T$	0.094
	金融信用共享 B7	0.021	2.000	$(1.6, 0.4)^T$	0.168

表5 "智慧＋共享"农产品供应链耦合评价指标权重

决策系统层	中间准则层	综合权重	评价指标层	主观权重	客观权重	综合权重	排序
智慧农产品供应链子系统 A1	设施设备建设 B1	0.105	农业智慧网络设施 C1	0.047	0.073	0.066	5
			智慧物流设施设备 C2	0.013	0.09	0.039	9
	信息治理情况 B2	0.295	信息获取能力 C3	0.181	0.082	0.139	2
			信息的可控性能力 C4	0.064	0.097	0.090	10
			信息持续性 C5	0.034	0.098	0.066	6
	供应链可视化运营水平 B3	0.242	供应链流程处理可视化 C6	0.104	0.120	0.128	3
			仓库可视化程度 C7	0.016	0.117	0.049	8
			物流追溯管理可视化程度 C8	0.029	0.111	0.065	7
	人才建设 B4	0.358	人才开发状况 C9	0.085	0.095	0.103	4
			专业人才比重 C10	0.427	0.118	0.255	1
共享农产品供应链子系统 A2	信息资源共享 B5	0.551	信息共享平台 C11	0.492	0.104	0.271	1
			信息共享范围 C12	0.123	0.119	0.145	3
			信息共享效率 C13	0.123	0.103	0.135	4
	物流资源共享 B6	0.216	仓储资源共享 C14	0.012	0.095	0.04	8
			运输资源共享 C15	0.004	0.123	0.027	9
			装备资源共享 C16	0.029	0.103	0.065	7
			物流标准化 C17	0.049	0.101	0.084	5
	金融信用共享 B7	0.233	信用数据共享体系 C18	0.134	0.124	0.154	2
			金融服务可得性 C19	0.034	0.128	0.079	6

（三）"智慧＋共享"农产品供应链耦合评价指标的贡献度计算

根据表 5 中的各指标权重和采用李克特 5 分量表法调研的数据代入式（4）中，可计算出智慧农产品供应链和共享农产品供应链两个子系统及各一级指标的耦合贡献度，"智慧＋共享"农产品供应链耦合评价指标贡献度和功效系数如表 6 所示。其中，序参量的上下限取值为李克特量表的 5 级量表中的最低值和最高值，上限是 5，下限是 1，即 $\max x_{ij} = 5$ 和 $\min x_{ij} = 1$。

表 6　"智慧＋共享"农产品供应链耦合评价指标贡献度和功效系数

决策系统层	中间准则层	耦合贡献度	评价指标层	综合权重	功效系数值
智慧农产品供应链子系统 A1	设施设备建设 B1	0.088	农业智慧网络设施 C1	0.066	0.838
			智慧物流设施设备 C2	0.039	0.831
	信息治理情况 B2	0.240	信息获取能力 C3	0.139	0.824
			信息的可控性能力 C4	0.090	0.798
			信息持续性 C5	0.066	0.821
	供应链可视化运营水平 B3	0.192	供应链流程处理可视化 C6	0.128	0.789
			仓库可视化程度 C7	0.049	0.796
			物流追溯管理可视化程度 C8	0.065	0.799
	人才建设 B4	0.279	人才开发状况 C9	0.103	0.799
			专业人才比重 C10	0.255	0.771
共享农产品供应链子系统 A2	信息资源共享 B5	0.436	信息共享平台 C11	0.271	0.791
			信息共享范围 C12	0.145	0.789
			信息共享效率 C13	0.135	0.793
	物流资源共享 B6	0.170	仓储资源共享 C14	0.040	0.789
			运输资源共享 C15	0.027	0.776
			装备资源共享 C16	0.065	0.784
			物流标准化 C17	0.084	0.791
	金融信用共享 B7	0.178	信用数据共享体系 C18	0.154	0.766
			金融服务可得性 C19	0.079	0.754

（四）"智慧＋共享"农产品供应链耦合效应测算

在"智慧＋共享"农产品供应链耦合度模型中，当"智慧＋共享"农产品供应链耦合度较高时，表明智慧农产品供应链子系统和共享农产品供应链子系统耦合关系良好，推动

"智慧＋共享"农产品供应链耦合系统向更高层次演化；反之，则表明智慧农产品供应链子系统和共享农产品供应链子系统耦合关系较弱，阻碍"智慧＋共享"农产品供应链耦合系统的良性发展。根据表 5 中的各指标的综合权重和采用李克特 5 分量表法进行度量的调查问卷所获数据代入式（6），可计算出智慧农产品供应链和共享农产品供应链子系统的综合功效贡献水平，即 $U_L=0.799$，$U_C=0.783$。同时，根据公式（7）得出"智慧＋共享"农产品供应链耦合度为 0.999。

本文在参考已有研究的设定，同时与农产品供应链领域相关专家咨询、课题组成员讨论后认为，智慧农产品供应链子系统和共享农产品供应链子系统对"智慧＋共享"农产品供应链发展的重要程度相同，即 α 和 β 取值均为 0.5。同时，根据式（9）得出"智慧＋共享"农产品供应链耦合协调度为 0.444。

综上所述，"智慧＋共享"农产品供应链耦合评价结果如表 7 所示。

表 7　"智慧＋共享"农产品供应链耦合评价结果

项　目	数　值
智慧农产品供应链子系统综合功效贡献水平	0.799
共享农产品供应链子系统综合功效贡献水平	0.783
耦合度	0.999
耦合协调度	0.444
耦合等级	濒临失调

（五）"智慧＋共享"农产品供应链耦合评价分析

由层次分析法和熵值法共同确定的各二级指标的综合权重排序结果来看，智慧农产品供应链子系统发展水平制约因素主要有专业人才比重（0.255）、信息获取能力（0.139）、供应链流程处理可视化（0.128）、人才开发状况（0.103）、信息的可控性能力（0.09）、农业智慧网络设施（0.066）等，表明智慧农产品供应链的发展主要受互联网、5G 网络、大数据、人工智能等技术在农业领域的建设和使用情况，农产品供应链有效信息资源的获取能力，安全运用可靠信息能力，农产品供应链全程监控的实现程度以及智慧农产品供应链应用型、管理型人才的比重等因素影响。其中，农产品供应链有效信息资源的获取能力及专业人才比重是发展智慧农产品供应链的关键。这和我国目前在推进"数字技术＋农业"的过程中，大力将智能感知、智能分析、智能控制等数字技术向农业渗透的做法一致。另外，在目前"211 大学"新增审批的本科专业中，有 27 所高校新增人工智能专业，19 所高校新增大数据专业，说明在此类专业人才培养方面的火爆场面可窥见一斑。2019年农业数字经济增加值占农业增加比重达到 10.6％

共享农产品供应链子系统发展水平制约因素主要有信息共享平台（0.271）、信用数据共享体系（0.154）、信息共享范围（0.145）、信息共享效率（0.135）、物流标准化（0.084）等，表明共享农产品供应链的发展主要受农产品供应链信息共享平台的开发和建设，信用共享体系的完备性，农产品供应链信息共享的种类、深度和渠道及共享的实时性和准确完备性，物流技术、信息、包装标准化情况的影响。其中，信息共享平台的建设及应用、金融信用共享程度及范围是发展共享农产品供应链的关键。这和目前农村大力建设农产品信息直报平台，建设重点农产品市场信息平台，完善农产品质量安全追溯信息平台，大力推广基于大数据的授信等农产品供应链金融等业务模式相吻合。

由各二级指标的功效系数结果可知，在智慧农产品供应链子系统中，农业智慧网络设施(0.838)、智慧物流设施设备(0.831)、信息获取能力(0.824)、信息持续性(0.821)等因素的功效系数相对较高，表明在当前智慧农产品供应链子系统中，互联网基础设施、物流设施设备、信息技术对其发展影响显著，这与我国目前"互联网＋"农业、新基建建设情况比较一致，而供应链流程处理可视化(0.789)、专业人才比重(0.771)等功效系数比较低，表明这些因素对其发展影响较不显著，说明目前虽然大数据、人工智能等专业火爆，但是人才培养具有时间延后性，因此这类人才还是比较匮乏的。

在共享农产品供应链子系统中，信息共享效率(0.793)、物流标准化(0.791)、信息共享平台(0.791)等因素的功效系数相对比较高，表明在当前共享农产品供应链子系统中，信息共享平台的建设和使用、物流标准化对其发展影响显著，这与在供应链发展和理论研究中，信息共享占比最多是相吻合的，而信用数据共享体系(0.766)、金融服务可得性(0.754)等功效系数比较低，表明这些因素是影响共享农产品供应链进一步发展的制约因素，这与目前"三农"金融融资难问题相吻合。

由各一级指标的耦合贡献度结果可知，在"智慧＋共享"农产品供应链耦合发展过程中，信息资源共享(0.436)、信息治理情况(0.240)和人才建设(0.279)耦合贡献度相对较高，表明当前阶段"智慧＋共享"农产品供应链系统在这三个层次的实施情况相对较好，这些因素是促成农业发展实现智慧共享化的关键因素。物流资源共享(0.170)、金融信用共享(0.178)、设施设备建设(0.088)耦合贡献度较低，表明未来"智慧＋共享"农产品供应链系统在这三个层次有待进一步改进和完善。

从智慧农产品供应链与共享农产品供应链两个子系统的综合功效贡献水平来看，智慧农产品供应链子系统的综合功效贡献水平(0.799)高于共享农产品供应链子系统的综合功效贡献水平(0.783)，说明当前智慧农产品供应链子系统发展相对成熟，发展水平高于共享农产品供应链子系统。由此看来，智慧农产品供应链子系统占据整个"智慧＋共享"农产品供应链系统的主导地位。

由耦合协调度(0.444)来看，"智慧＋共享"农产品供应链耦合发展处于濒临失调阶段。由此可知，随着不断创新发展的物联网、大数据、云计算等信息化技术和手段为依托，农产品供应链不断实现透明化、可视化、智能化管理，对农产品实施实时追踪、实时风险管理等，同时农产品供应链信息共享平台、共享货运及仓储、农产品供应链金融信用共享日趋成熟，对智慧农产品供应链和共享农产品供应链相互间依赖、协调、促进的作用已经初步呈现，最大限度减少信息流通不畅、传递滞后、传播失真等造成的损失。但是其耦合强度仍相对较弱，进一步发展的潜力很大，有待农产品供应链各参与方共同努力提升其耦合协调水平。

五、研究结论及建议

（一）研究结论

本文首先通过对农户、农业合作社、农产品电商平台、物流企业、农产品销售企业、农产品加工企业、金融机构等农产品供应链参与成员的管理者和工作人员进行问卷调研，同时对物流和供应链领域的相关专家、教师及研究人员进行访谈，运用层次分析法和熵权法对智慧农产品供应链和共享农产品供应链的影响因素进行分析，结果表明：农产品供应链有效信息资源的获取能力及专业人才比重是发展智慧农产品供应链的关键，信息共享平台的建设及应用、金融信用共享程度和范围是发展共享农产品供应链的关键。其次运用功效函数模型对各评价指标的贡献度进行分析，结果表明：当前在智慧农产品供应链子系统中，互联网基础设施、物流设施设备、信息技术对其发展影响显著当前在共享农产品供应链系统中，信息共享平台的建设和使用、物流标准化对其发展影响较不显著。最后运用耦合度评价模型和耦合协调度评价模型对"智慧＋共享"农产品供应链耦合效应进行分析，结果表明："智慧＋共享"农产品供应链耦合发展处于濒临失调状态。

（二）建议

根据上述结论，要全面提高"智慧＋共享"农产品供应链耦合协调度，有必要针对性地提出以下相关对策建议。

1. 提高农产品供应链流程的可视化水平

依托互联网技术，建设"互联网＋"农业在线管理系统，丰富农产品全程流通数据。该系统可以通过利用田间自动气象站及视频监控节点，实现对农产品种植全程环境数据的实时监测和有组织积累，为分析种植环境对农产品品质影响提供有力支撑。同时，对农产品种植全程农事操作、肥水药使用、加工包装、储藏运输以及销售等环节信息进行全程记录，要求农产品供应链上的合作伙伴提供实时的数据，系统及时进行更新，最终建立供应链全程绿色履历档案，建立消费者与生产基地互动的交互窗口，与消费者进行良性互动，最终实现丰富农产品供应链监测、分析、预测、预警等可视化服务的目的。

2. 加强智慧农产品供应链人才的培养

虽然很多高校已经新增人工智能、大数据等智慧供应链相关专业，但均存在"滞后"问题，目前我国智慧型农产品供应链人才仍然非常匮乏。这就需要相关企业和专业机构加强对智慧农产品供应链方面专门人才的培训，同时要加强国际化人才的流动与管理，吸引和聚集世界优秀供应链人才。新业态、新模式的出现，也迫切需要农民转变观念，广泛参与智慧型农业供应链的相关培训。

3. 完善农产品供应链金融信用共享体系，提高金融服务可得性

信息是农产品供应链金融决策的基础。一方面要通过利用互联网、物联网等技术将农户、中间商、新型经营主体及终端客户等供应链各节点成员融入统一系统中，将农产品供应链中线下难以量化的信息搬到"线上"，建立并不断完善现代农产品供应链数据体系。另一方面要运用大数据、云计算、人工智能等多种技术对节点成员的相关数据进行调取、查询和深度的挖掘，精准判断其信用状态，并将这些数据转化为可为信贷服务提供支撑的信用共享信息，使供应链其他各个环节和外部相关人士都能够有效分享和利用这些信用共享信息，准确评估供应链金融的风险，将信贷资金精准注入产业链的薄弱环节，提高农产品供应链中的中小企业和农户的融资可得性，同时降低融资成本，增强服务的深度。另外在贷款发放后，运用区块链技术使农产品供应链金融形成完美的闭环，可有效管控贷款风险，降低借款者的事后道德风险。

参 考 文 献

[1] ANANDHI S, ANITHA R, SURESHKUMAR V. IoT enabled RFID authentication and secure object tracking system for smart logistics[J]. Wireless personal communications, 2019(2): 543 - 560.

[2] XING J. An intelligent logistics tracking system based on wireless sensor network[J]. International journal of online engineering, 2018(1): 17 - 28.

[3] ALDIN NSTAHRE F. Electronic commerce, marketing channels and logistics platforms: a wholesaler perspective[J]. European journal of operational research, 2003(2): 270 - 279.

[4] 盘红华. 基于物联网的智慧供应链管理及应用[J]. 中国物流与采购, 2012(12): 74 - 75.

[5] 薛楠, 姜溪. 基于互联网＋的京津冀一体化农产品智慧供应链构建[J]. 中国流通经济, 2015, 29(7): 82 - 87.

[6] 宋华. 智慧供应链的核心要素与实现路径[J]. 物流技术与应用, 2015, 20(12): 58 - 59.

[7] 徐新新, 郭唤唤. 基于模糊综合评价法的智慧供应链绩效研究[J]. 智慧工厂, 2017(8): 67 - 69＋72.

[8] 黄成成, 叶春森, 王雪轩, 等. 智慧供应链体系构建研究[J]. 价值工程, 2018, 37(23): 121 - 123.

[9] 赵振强, 张立涛, 胡子博. 新技术时代下农产品智慧供应链构建与运作模式[J]. 商业经济研究, 2019(11): 132 - 135.

[10] 李玉凤, 邢淋淋. 智慧供应链绩效评价指标体系构建[J]. 统计与决策, 2017(3): 183 - 185.

[11] 沈贵银. 区块链技术在鲜活农产品供应链中的应用场景探析[J]. 农业经济问题, 2020(6): 10 - 14.

[12] 刘助忠, 龚荷英. "互联网＋"时代农产品供应链演化新趋势: 基于"云"的农产品供应链运作新模式[J]. 中国流通经济, 2015, 29(9): 91 - 97.

[13] 但斌, 郑开维, 吴胜男, 等. "互联网＋"生鲜农产品供应链C2B商业模式的实现路径: 基于拼好货的案例研究[J]. 经济与管理研究. 2018(2).

[14] 叶飞,李怡娜,张红,等. 供应链信息共享影响因素、信息共享程度与企业运营绩效关系研究[J]. 管理学报. 2009(6).

[15] 王大海,赵吉,孙娜. 辽吉黑农产品供应链大数据平台构建研究[J]. 中国农业资源与区划,2017,38(4):197-201.

[16] 汪涛,赵彦云. 基于区块链的产品链互联网统计研究[J]. 统计与决策,2020,36(11):10-15.

[17] 王丽君,张泽鹏. "互联网＋"背景下潍坊市农产品供应链构建机制及对策研究[J]. 上海经济研究,2020,28(15):183-184.

[18] 周业付. 大数据农产品供应链联盟创新体系构建及利益分配研究[J]. 统计与决策,2019,35(23):47-50.

[19] 王继光,牛凡,刘友. 供应链伙伴关系、知识共享和创新绩效关系研究[J]. 农业经济,2020,33(3):21-25.

[20] 齐萌. 农产品供应链财务共享研究:影响因素与绩效评价[D]. 安徽农业大学,2019.

[21] 张为志. 非现场经济与智慧共享体系简论[J]. 人民论坛·学术前沿,2015(18):80-95.

[22] 齐萌,王丘. 基于演化博弈的农产品供应链财务共享策略研究[J]. 齐齐哈尔大学学报(哲学社会科学版),2018(12):87-90+100.

[23] 刘有升,陈笃彬. 基于复合系统协同度模型的跨境电商与现代物流协同评价分析[J]. 中国流通经济,2016,(5).

[24] 曹允春,王曼曼. 基于产业链视角的跨境电子商务与物流业协同发展研究[J]. 价格月刊,2017,(2).

[25] 唐毅,张彬乐,王忠伟. 基于粗糙集AHP农产品供应链信息共享评价指标体系研究[J]. 中南林业科技大学学报,2016,36(06):124-130.

[26] 安玉源,尹诗,李鸿飞. 基于层次分析法的玉树地区藏族建筑设计评价体系研究[J]. 科技通报,2020,36(08):81-86.

[27] 何瑛,白瑞花. 基于AHP的电信运营企业战略绩效模糊综合评价[J]. 经济与管理研究,2011(10):86-92.

[28] 赵保卿,李娜. 基于层次分析法的内部审计外包内容决策研究[J]. 审计与经济研究,2013,28(1):37-45+69.

[29] 林怡,杨静萍,王万雷,等. 基于层次分析法的家用车型选购方案研究[J]. 数学的实践与认识,2018,48(16):313-320.

[30] 宋伟,闫超. 区域知识产权保护力度与创新能力的耦合度分析[J]. 华东理工大学学报(社会科学版),2010,25(1):46-52.

[31] 逯进,周惠民. 中国省域人力资本与经济增长耦合关系的实证分析[J]. 数量经济技术经济研究,2013,30(9):3-19+36.

[32] 王晓红,张宝生. 知识流动视角下的组织制度与组织环境耦合度分析[J]. 工业技术经济,2011,30(6):89-93.

[33] 唐晓华，张欣珏，李阳. 中国制造业与生产性服务业动态协调发展实证研究[J]. 经济研究，2018，53(3)：79-93.

[34] 郝生宾，于渤. 企业技术能力与技术管理能力的耦合度模型及其应用研究[J]. 预测，2008(6)：12-15+23.

[35] 伍宁杰，官翠铃，邱映贵. 长江中游城市群物流产业与经济发展耦合协调性研究[J]. 中南财经政法大学学报，2019(4)：89-99.

[36] 刘春林. 耦合度计算的常见错误分析[J]. 淮阴师范学院学报(自然科学版)，2017，16(1)：18-22.

[37] 何婧，雷梦娇. 数字科技时代的农业供应链金融发展特征与模式分析[J]. 农村金融研究，2019(7)：33-37.

[38] 吴本健，罗兴，马九杰. 农业价值链融资的演进：贸易信贷与银行信贷的替代、互补与互动[J]. 农业经济问题，2018(2)：78-85.

[39] 王刚贞，江光辉. "农业价值链＋互联网金融"的创新模式研究：以农富贷和京农贷为例[J]. 农村经济，2017(4)：49-55.

[40] 胡孝辉，申莉，刘献良. "互联网＋'三农'"金融服务调研与思考[J]. 农村金融研究，2016(11)：57-61.

[41] 王磊，但斌，王钊. 基于功能拓展的生鲜农产品供应商"互联网＋"转型策略[J]. 商业经济与管理，2018(12)：5-17.

作者简介

杨维霞：西安外事学院商学院教授

"双循环"新发展格局下陕西特色农产品发展路径研究

周晓燕　雷宁　张维　叶红梅

2020 年 4 月 20 日,习近平总书记到商洛市柞水县小岭镇金米村调研时强调,电商作为新兴业态,既可以推销农副产品、帮助群众脱贫致富,又可以推动乡村振兴,是大有可为的。2020 年 5 月,面对全球经济下行趋势,习近平总书记明确指出"要坚持用全面、辩证、长远的眼光分析当前经济形势,努力在危机中育新机、于变局中开新局""逐步形成以国内大循环为主体、国内国际双循环相互促进的新发展格局"。2020 年 5 月 23 日,习近平总书记在看望参加全国政协十三届三次会议的经济界委员时强调:"面向未来,我们要把满足国内需求作为发展的出发点和落脚点,逐步形成以国内大循环为主体、国内国际双循环相互促进的新发展格局"。2020 年 7 月 30 日,中共中央政治局召开会议再次提出"加快形成以国内大循环为主体、国内国际双循环相互促进的新发展格局。"

陕西是炎黄文明的发源地之一,得天独厚的气候使得这里的物产十分富饶,所产出的农产品在我国有着重要的地位。陕西的植物资源丰富,境内秦岭巴山纵横,为生物提供了良好的生存场所。自 2017 年起,在农业农村部认定的四批中国特色农产品优势区名单中,陕西定边靖边榆林马铃薯、汉中仙毫、澄城樱桃、佳县油枣、洛川苹果、商洛核桃、大荔冬枣、富平奶山羊、眉县猕猴桃、紫阳富硒茶、商洛香菇、韩城花椒均入选。截至 2021 年 1 月,全省国家级特色农产品优势区达到 12 个。2021 年 9 月,陕西省农业农村厅将西安市阎良区阎良甜瓜特色农产品优势区等 15 个区县列为陕西省特色农产品优势区。

一、"双循环"新发展格局与特色农产品

(一)"双循环"新发展格局

党的十九届五中全会明确提出,加快构建以国内大循环为主体、国内国际双循环相互促进的新发展格局。国内大循环是以满足国内需求为出发点和落脚点,以国内分工体系为载体,以国内生产、消费、分配、流动等方面的畅通、新动能的不断提升为内生运行动力,以国际大循环为补充和支持的经济循环体系。国际大循环是以国际分工和国际市场为基础,以国际产业链和价值链为依托,以国际贸易、国际投资和国际金融为主要表现形式,各经济体基于比较优势相互竞争、相互依存的经济循环体系。当今世界正面临百年未有之大变局,新冠肺炎疫情使这一变局加速推进,中国在这一时代变局中挑战与机遇并存。在"两个一百年"历史交汇点上,党中央提出构建新发展格局的重大决策,是基于当前和今后一个时期国内外环境变化作出的重大战略抉择,这是适应我国新发展阶段要求的必然选择。

（二）特色农产品

特产，也称土特产，指的是某地特有的或特别著名的产品，有文化内涵或历史，亦指只有在某地才生产的一种产品。一般而言，特产是指来源于特定区域、品质优异的农林产品或加工产品，特产可以是直接采收的原料，也可以经特殊工艺加工的制品。特产具有两个特点：一是地域性特点，这是形成特产的一个先决条件；二是品质，无论是原料还是制品，其品质与同类产品相比，应该是特优的或有特色的。中华人民共和国农业农村部（以下简称农业农村部）在 2007 年 6 月发布了《特色农产品区域布局规划（2006—2015）》，并确立了培育一批知名的特色农产品优势产区的发展目标。随后，农业农村部分别在 2017 年 2 月（第一批）、2018 年 12 月（第二批）、2019 年 12 月（第三批）、2020 年12 月（第四批）发布了关于中国特色农产品优势区名单，认定全国 310 个中国特色农产品优势区。

（三）"双循环"新发展格局为特色农产品发展带来了新的机遇

我国农产品结构失衡现象已存在多年。近年来，我国不断推进农业供给侧改革，农产品供给结构逐步调优，绿色优质特色农产品供给明显增加，但一般的低端产品供给仍然偏多，特色农产品供需结构性失衡仍然存在，农业质量效益仍然不高。从需求端看，消费分层的基础上，消费升级在真实发生，特别是年轻一代群体对农产品的口感和品质更为关注。在供给端，我国并不缺少生产优质特色农产品的主体，但除了少数拥有自有品牌或者生产国家地理标志认证农产品的经营主体之外，多数绿色优质特色农产品更倾向于外销；在生产环节中占比较大的中小农户，其对生产和质量把控较为随意，中低端农产品供给较多，造成了我国农产品供需不匹配的现象。

经济发展双循环为发展特色农产品提供了前所未有的机遇。一方面，双循环发展是以国内市场为主、国外市场为辅的发展，这意味着国内市场供给会越来越多，竞争会越来越激烈，对优质特色农产品的需求也会越来越多，将带动各地区充分挖掘、发展自己的优势产品。另一方面，要实现经济发展双循环这一目标，需要坚持扩大投资和扩大消费并重，需要在财政政策、金融政策、产业政策、区域发展政策、公共服务政策等方面及时跟进，推动以消费升级为导向的基础设施投资、公共服务投资、产业链投资、生态环境保护投资、出口转内销渠道优化建设投资，需要在增强和释放居民消费能力方面持续发力。这些政策的落地，为推动农业产业结构优化、产业链优化、丰富乡村业态的发展，补齐乡村基础设施、生态环境、公共服务等短板提供了机遇，将为特色农产品发展铺平道路。

二、"双循环"新发展格局下陕西特色农产品生产现状

陕西省地处中国内陆腹地，黄河中游地区，由黄土高原区的陕北、平原地区的关中、秦巴山区的陕南三大区域组成。三大区域横跨三个气候带，南北气候差异较大。较大的气候差异、多样化的自然资源和丰富的农耕经验孕育了众多富有特色的优质农产品。

（一）陕西特色农产品范围界定

截至 2017 年 10 月，陕西省共有 412 件农产品列入全国地域特色产品资源普查名录，89 件农产品获得地理标志注册保护，全省特色农产品集群正在加速形成。关中地区的苹果、酥梨、猕猴桃，陕北的优质小杂粮、大枣，陕南的林特产品、茶叶、中药材在国内外市场享有盛誉。临潼石榴、韩城大红袍花椒、凤县大红袍花椒（凤椒）、紫阳富硒茶、汉中仙毫、富平柿饼、镇安板栗等已形成陕西独特的农业品牌，眉县猕猴桃成功获得"国家级农产品地理标志示范样板"称号，大荔冬枣、留坝蜂蜜、商南茶叶和洋县黑米、洛南核桃、直罗贡米等陕西优质特色农产品市场价值与综合效益稳步提升。根据农业农村部自 2017 年认定的中国特色农产品优势区和 2021 年陕西省农业农村厅认定的陕西省特色农产品优势区，本文认为陕西特色农产品既包括优势区认定的特色农产品，也包括具有陕西特色、品质优良、在国内外有一定知名度和销量的农产品。

（二）陕西特色农产品地区分布情况

农业农村部在前四批认定的中国特色农产品优势区名单中，分别将商洛核桃中国特色农产品优势区、洛川苹果中国特色农产品优势区等 12 个区县认定为中国特色农产品优势区。2021 年 9 月，陕西省农业农村厅公布了首批陕西省特色农产品优势区名单，将西安市阎良区阎良甜瓜特色农产品优势区等 15 个区县列为陕西省特色农产品优势区。

表 1　陕西省中国特色农产品优势区名单

地区	城市	特色农产品优势区名称	特色农产品
关中	渭南	陕西省大荔县大荔冬枣中国特色农产品优势区（第二批）	冬枣
		陕西省富平县富平奶山羊中国特色农产品优势区（第二批）	奶山羊
		陕西省韩城市韩城花椒中国特色农产品优势区（第三批）	花椒
		陕西省澄城县澄城樱桃中国特色农产品优势区（第四批）	樱桃
	宝鸡	陕西省眉县眉县猕猴桃中国特色农产品优势区（第三批）	猕猴桃
陕北	延安	陕西省洛川县洛川苹果中国特色农产品优势区（第一批）	苹果
	榆林	陕西省佳县佳县油枣中国特色农产品优势区（第四批）	油枣
		陕西省定边县、靖边县榆林马铃薯中国特色农产品优势区（第四批）	马铃薯
陕南	汉中	陕西省汉中市汉中仙毫中国特色农产品优势区（第四批）	茶叶
	安康	陕西省紫阳县紫阳富硒茶中国特色农产品优势区（第三批）	茶叶
	商洛	陕西省商洛市商洛核桃中国特色农产品优势区（第一批）	核桃
		陕西省商洛市商洛香菇中国特色农产品优势区（第三批）	香菇

资料来源：中华人民共和国农业农村部

表 2　陕西首批特色农产品优势区名单

地区	市	特色农产品优势区名称	特色农产品
关中	西安	西安市阎良区阎良甜瓜特色农产品优势区	甜瓜
	宝鸡	宝鸡市凤县凤县大红袍花椒特色农产品优势区	花椒
		宝鸡市陇县陇县奶山羊特色农产品优势区	奶山羊
		宝鸡市陇县陇州核桃特色农产品优势区	核桃
	咸阳	咸阳市咸阳马栏红苹果特色农产品优势区	苹果
	铜川	铜川市铜川大樱桃特色农产品优势区	樱桃
		铜川市宜君县宜君核桃特色农产品优势区	核桃
	渭南	渭南市蒲城县蒲城酥梨特色农产品优势区	梨
陕北	延安	延安市安塞区安塞地椒羊肉特色农产品优势区	羊肉
	榆林	榆林市横山区横山羊肉特色农产品优势区	羊肉
陕南	汉中	汉中市城固县城固柑桔特色农产品优势区	柑桔
	安康	安康市安康富硒茶特色农产品优势区	茶叶
		安康市白河县白河木瓜特色农产品优势区	木瓜
	商洛	商洛市柞水县柞水木耳特色农产品优势区	木耳
		商洛市镇安县镇安板栗特色农产品优势区	板栗

资料来源：陕西省农业农村厅

从表1和表2可以看出，在12个国家级和15个省级特色农产品优势区（以下简称优势区）中，在地域分布上，关中地区的优势区数量最多，国家级的有5个，省级的有8个，占陕西省优势区总数量的近1/2。在关中的5个市中，尤以渭南市最为突出，国家级优势区有4个，省级优势区1个，占关中地区总数量的近1/4；宝鸡以1个国家级、3个省级优势区位列第二，其次是铜川、西安、咸阳。陕南和陕北地区比关中地区被认定为优势区的时间要早（第一批），但数量位居关中之后。陕南的国家级优势区有4个，省级优势区有5个，占陕西省特色农产品优势区总数量的1/3。在陕南的三个市中，商洛市优势区认定时间最早、数量最多，国家级优势区有2个，省级优势区有2个，占陕南特色农产品优势区总数量的近一半；其次是安康，最后是汉中。陕北的榆林和延安以3个国家级优势区、2个省级优势区位居关中和陕南之后。

（三）陕西特色农产品生产情况

从表3可以看出，2017—2019年陕西主要水果种植面积和产量呈不同程度变化。从种植面积上看，陕西主要水果总体种植面积从1 089 969千公顷增长到1 134 160千公顷，总体呈现逐年增长趋势。其中，苹果，柑、橘，葡萄，杏，柿子，猕猴桃，石榴种植面积略有增长,梨、桃、红枣、其他水果种植面积却均略有下降。从产量方面看,陕西主要水果总体呈先下降后上升趋势。2017—2018年主要水果种植产量从16 607 972吨下降到15 660 147吨,2018—2019年又上升到17 333 682吨。除了柑、橘,桃,红枣,柿子,石榴这几种水果产量保持持续上升外,苹果、梨、葡萄、杏、猕猴桃、其他水果产量均出现先降后升的趋势。

表3 2017—2019年陕西主要水果种植面积及产量

品种	2017年		2018年		2019年	
	种植面积/千公顷	产量/吨	种植面积/千公顷	种植产量/吨	种植面积/千公顷	产量/吨
苹果	586 171	10 924 555	597 570	10 086 877	614 573	11 355 809
柑、橘	23 234	457 490	23 497	469 069	23 734	503 587
梨	46 207	1 052 073	46 568	997 191	44 648	1 046 067
葡萄	44 742	785 571	46 878	728 393	46 970	767 406
桃	36 790	713 896	33 906	717 220	34 802	783 282
红枣	202 398	924 650	214 795	979 261	207 684	999 314
杏	33 334	125 079	34 076	124 984	34 643	136 615
柿子	14 820	234 320	19 578	260 666	22 262	287 434
猕猴桃	50 248	1 008 651	53 162	947 888	58 455	1 072 439
石榴	3694	45 726	4082	53 916	4151	56 712
其他水果	48 330	335 961	39 806	294 682	42 237	325 017
合计	1 089 969	16 607 972	1 113 917	15 660 147	1 134 160	17 333 682

资料来源:根据陕西省统计年鉴整理

从表4看,2017—2019年陕西茶叶种植面积、产量、产值均呈现逐年增长趋势。

表4 2017—2019年陕西茶叶种植面积、产量、产值

年 份	种植面积/千公顷	产量/吨	产值/万元
2017年	127	66 672	421 778
2018年	136	71 038	530 788
2019年	145	79 264	607 638

资料来源:根据陕西省统计年鉴整理

从表5看,陕西干果2017年产值为626 080万元,2018年下跌到566 481万元,2019年又增长到625 357万元,呈现先降后升的趋势。香料作物和中药材产值连续三年增长。其中,香料作物产值由2017年的322 144万元增长至2018年的475 859万元,增长了153 715万元,增长率达47.72%,增长幅度较大。2017—2018年陕西中药材产值年增长率分别为 25.57％和 16.91％，增长相对稳定。

表5 2017—2019年陕西干果、香料作物、中药材产值

年 份	干果（万元）	香料作物（万元）	中药材（万元）
2017 年	626 080	322 144	730 172
2018 年	566 481	475 859	915 407
2019 年	625 357	519 694	1 070 224

资料来源：根据陕西省统计年鉴整理

综上，可以看出近几年来陕西特色农产品种植面积、产量、产值总体呈不断增长趋势，已经逐渐成为促进农民增收、当地经济发展的新亮点。

三、"双循环"新发展格局下陕西特色农产品市场销售现状

陕西特色农产品产品多样、种类丰富。尤其是近年来，陕西省委省政府出台了《关于实施3＋X工程加快推进产业脱贫夯实乡村振兴基础的意见》等一系列支持政策，促进了一批特色农产品规模继续保持引领全球全国优势。陕西苹果产能居全球第一，在国际上极具竞争力，陕西苹果产量占全国的1/3、世界的1/7，浓缩苹果汁产量和出口量全国第一。马铃薯、奶山羊、冬枣、猕猴桃、马铃薯、小米等产能全国第一，中药材、食用菌等产能在全国也处于领先位置。

从 2017—2019 年的统计数据来看，陕西特色农产品国内销量占比达到99％以上（见表6），说明陕西特色农产品主要以国内市场销售为主，一部分特色农产品如谷物及谷物粉，鲜菜或冷冻蔬菜，干的食用菌，干豆，橘、橙，鲜苹果，花生仁，天然蜂蜜，茶叶，蘑菇罐头，药材，烤烟，生丝，山羊绒等远销欧美国家及东盟地区。但总体上来看，陕西特色农产品出口量少、出口金额小（见表7 表8）。从出口商品数量来看，鲜苹果出口量最多，占到陕西特色农产品总出口量的一半以上；其次是干豆，橘、橙类，鲜菜或冷冻蔬菜，烤烟，谷物及谷物粉，药材，蘑菇罐头，茶叶，从出口商品金额上看，出口金额最大的也是鲜苹果，其次依次为干豆，烤烟，山羊绒，橘、橙，茶叶，药材，生丝。总体上来看，陕西特色农产品出口商品数量与出口商品金额呈同方向变化。

表6 2017—2019年陕西部分特色农产品国外销售情况（单位：吨）

年份	鲜 苹 果			茶 叶		
	总产量	出口量	出口销售占比	总产量	出口量	出口销售占比
2017 年	10 924 555	88 783	99.18％	66 672	207	99.69％
2018 年	10 086 877	62 335	99.38％	71 038	233	99.67&％
2019 年	11 355 809	55 742	99.51％	79 264	224	99.72％

资料来源：根据陕西省统计年鉴整理

表 7 201—2019 年陕西部分特色农产品出口商品数量（单位：kg）

年份	谷物及谷物粉	鲜菜或冷冻蔬菜	干的食用菌	干豆	橘、橙	鲜苹果	花生仁	天然蜂蜜	茶叶	蘑菇罐头	药材	烤烟	生丝	山羊绒
2017 年	13 899 18	7 064 102	51 487	9 629 962	1 058 366	88 782 618	35 900	162 830	207 463	142 794	432 932	4 031 796	37 195	54 153
2018 年	3 344 780	4 012 135	4190	12 069 600	6 153 752	62 334 926	59 000	40 780	233 450	335 515	847371	3 651 196	51 731	71 231
2019 年	3 260 115	4 002 315	45 673	11 107 252	2 994 173	55 741 728	59 000	40 440	223 672	1 875 166	912 309	1 594 092	14 918	50 532

资料来源：根据陕西省统计年鉴整理

表 8 2017—2019 年陕西主要农产品出口商品金额（单位：万元）

年份	谷物及谷物粉	鲜菜或冷冻蔬菜	干的食用菌	干豆	橘、橙	鲜苹果	花生仁	天然蜂蜜	茶叶	蘑菇罐头	药材	烤烟	生丝	山羊绒
2017 年	562	1831	637	14 989	747	56 564	47	312	2497	563	2194	7131	1499	3387
2018 年	1200	1032	415	12 848	4373	42 388	48	113	3782	1311	3173	6317	2150	5796
2019 年	1276	1589	511	11 474	1936	41 736	52	110	1867	9735	4994	2582	626	4034

资料来源：根据陕西省统计年鉴整理

四、"双循环"新发展格局下陕西特色农产品发展中存在的问题

对陕西来说，无论是经济较为发达的关中平原地区，还是经济相对落后的黄土高原丘陵沟壑区和秦巴山区，尽管拥有数量庞大和种类繁多的特色农产品，且近年来在各级政府及有关人士的努力下得到了明显的发展，但由于长期以来所存在的产量失衡出口单价低、产销脱节等问题比较突出，使得陕西在特色农业产业道路的发展上依然相对缓慢。

（一）陕西特色农产品种类多，但产量失衡、出口单价低

截至 2017 年，陕西共有 412 件农产品列入全国地域特色产品资源普查名录，89 件农产品获得地理标志注册保护。近年来，陕西立足资源禀赋、坚持市场导向，115 个产品纳入全国名特优新农产品名录，395 家企业获得名特优新农产品授权。陕西的特色农产品种类丰富，但产量不均衡。以水果为例，近几年苹果的产量有一千多万吨，而和它一样享誉海外的陕北红枣的产量却不足百万吨，在国内具有一定知名度的石榴的产量只有四、五万吨，主要水果的产量相差甚远。另外，产量高的特色农产品单价低。以产量较高的苹果为例，2017—2019 年，鲜苹果的出口量分别为 88 783 吨、62 335 吨、55 741 吨，出口金额分别为 56 564 万元、42 388 万元、41 736 万元，算下来每千克只卖六、七块钱；同样，陕西茶叶的单价算下来每千克也只有一百多元，2019 年甚至跌到每千克八十多元，这样的价格和国内市场零售价大致相当，甚至还低于国内市场。

（二）陕西特色农产品产销脱节

1. 陕西特色农产品产量与国内外市场销量脱节

陕西特色农产品产量与出口销量背离态势明显。以苹果为例，由图 1 可见，2013—2019 年，除 2018 年的苹果产量小有下降之外，陕西苹果产量一直呈逐年上升趋势。2019 年的苹果产量更是创历史新高，达到了 1135.6 万吨。与此同时，对外出口量则呈现逐年下降的态势（见图 2）。2019 年，陕西苹果全年仅出口 5.57 万吨。苹果产量与出口销量呈背离趋势，且二者之间的剪刀差不断扩大，出口前景堪忧。

图 1　2013—2020 年陕西苹果产量及占比

资料来源：根据中国海关、智研咨询整理

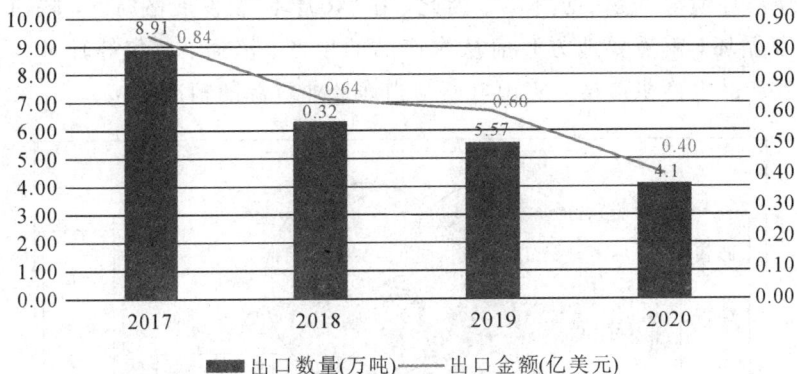

图2　2017—2020年陕西苹果出口数量及金额

资料来源：根据中国海关、智研咨询整理

　　另外，部分陕西特色农产品供应量难以满足市场需求。如千阳槐花蜜、透心红胡萝卜等，市场美誉度较高，需求不断增加，市场形势大好。陕西洋槐蜜占全国洋槐蜜产量的60%，以良好的品质和声誉在国内外市场大受欢迎。但是2019年陕西蜂蜜全年产量仅为2万吨左右，和我国每年10万吨左右的出口量相比，陕西蜂蜜的产量显然难以满足国内外市场需求。

　　2. 线下生产与线上销售环节相脱节

　　首先，线下生产的季节性与线上消费的全年性相脱节。陕西很多畅销农产品虽然市场美誉度很高，深受消费者的欢迎，但农产品的产量较低，季节性强且不耐储存，只能在特定季节向市场供应。这与线上消费者无论寒暑，即时购买的特点相矛盾，造成脱节现象。比如千阳槐花蜜、透心红胡萝卜等，这些产品在网络上常年有大量的需求，但是由于产量小、季节性强等特点难以满足线上常年持续销售的客观要求。

　　其次，"三品一标"产品线上订单大和线下产能小的矛盾也比较突出。2020年，陕西农产品网络零售额同比增加41.7%，作为陕西特色农产品的猕猴桃、苹果、茶叶等更受消费者欢迎，但受时空限制，无法直接获得口感和手感等直接影响因素，消费者只能将有机、无公害认证作为选购农产品品质的标签和衡量标准。2020年，陕西获得绿色认证的农产品共349个，而同样是农业大省的山东省获得1072个产品获得绿色认证，河南省获得1212个农产品获得绿色认证，通过对比可以看出，陕西符合"三品一标"的产品数量总体较少，线下产品的"三品一标"认证问题显得尤为重要。

五、"双循环"新发展格局下制约陕西特色农产品发展的因素

　　目前，我国农产品电商供应链建设仍处于初级阶段和较低水平，导致农产品标准化程度不高、商品化率不足、物流成本高、品牌影响力不够，对于品控的控制力较弱，导致农产品发展乏力。同时，困扰农产品发展的分级、包装、检测、质量追溯、营销推广等问题，都给农产品发展带来很大困难。农产品产销产业链主要包括生产、销售和流通三个部分和人、财、物、信息、技术和设备等六个构成要素，而产业链外还会涉及政策、法

律、文化及经济环境等问题(见图3)。因此,在"双循环"新发展格局下,陕西特色农产品要加快内外双循环,就需要地方政府从农产品的生产、流通、销售等环节入手,打造高效、先进的农产品电商供应链,实现电商与当地产业资源的精准对接。

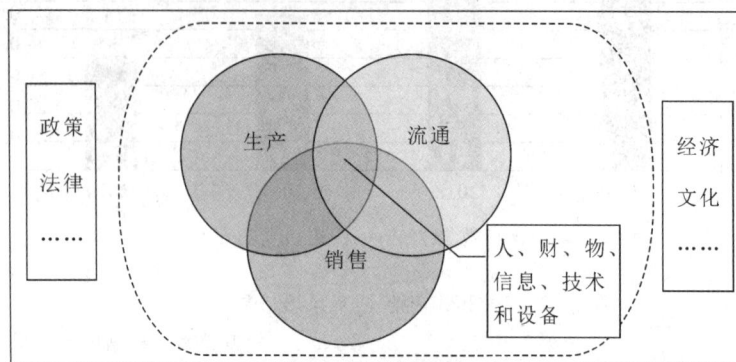

图3 农产品产销产业链示意图

结合陕西特色农产品的产销现状不难看出,在"双循环"新发展格局下,陕西特色农产品系统内外诸多要素均在一定程度上制约其发展,具体如下。

(一)生产主体方面

1. 生产经营意识落后

小农户是当前陕西特色农产品生产的主体,面对庞大的市场和复杂的自然环境时往往会处于尴尬的被动地位,以至于有些特色农产品滞销或者价格不能弥补成本,导致小农户农业生产陷入窘境。一方面,小农户与市场需求之间信息不对称。单个农户作为市场中很小的一个主体,很难应对千变万化的市场需求,加之农业周期长、季节性明显,市场信息的滞后有时并不能准确地反应市场的真实状况,这就导致小农户在农业生产过程中面临着极大的市场风险。农村地区信息不通畅,加之我国没有建立全国性的农产品交易平台,小农户很难根据往年的收购价格来决定今年农产品的种植品种。农产品需求信息传递不畅往往会导致农产品供过于求,存在"谷贱伤农"的现象,从而给小农户带来严重损失。由此可见,小农户在市场决策上处于弱势地位,只能作为价格的接受者承担市场变化带来的风险。另一方面,小农户与基层政府部门信息不对称。某些基层政府部门之间存在职责不清晰,对小农户的信息传达不到位。小农户可通过媒体等渠道获得国家农业相关政策信息,却可能得不到基层政府部门的进一步传达与肯定,或者不了解具体的政策导向,对于中央频繁出台的农业支持政策,小农户总是喜在心里却感受不到政策的信息价值。基层政府部门与小农户之间的沟通不畅导致小农户在生产决策过程中对政策参考可能性消失,政策的效应难以得到发挥。

2. 产品优化及创新技术不足

众所周知,各大电商平台充斥着各式各样琳琅满目的特色农产品,多数为各式鲜果,也有部分初加工、深加工制品。消费者在选购农产品时,一般会通过网上的图片、文字资料或是顾客评价了解产品信息,详尽的产品介绍是成功交易的前提,比如口味、单果重量、净重量、成色等。如果生产主体和销售主体不重视农产品的质量标准化问题，就会导致消费者实际收到的农产品和前期了解到的信息有较大出入，造成消费者满意度下降等问题，所以农产品质量的标准化是开展网络营销的基本前提。虽然陕西在特色农产品标准化建设上取得了长足进步，逐步建立了相应的农产品标准制度体系，包括相关检测标准、绿色食品认证、有机食品标准等，但是在农产品网络营销过程中具体标准的实施还是有些欠缺，表现为相关企业和从业人员对于农产品标准化的意识薄弱，农产品标准化执行力度不够。目前，陕西特色农产品网上营销的销售主体比较杂，有农户、龙头企业以及合作社等，多元化的经营主体会导致农产品质量等级、规格、包装层次等的参差不齐，一定程度上影响了陕西特色农产品品牌的建立和持续性竞争力的提升。

（二）销售主体方面

1. 经营意识较差

首先，陕西特色农产品经营主体不重视数字化经营。我国农产品电商已进入到数字化发展新阶段。《数字乡村发展战略纲要》提出数字乡村建设的四个阶段目标，分别为：2020 年数字乡村建设确定初步进展；2025 年数字乡村取得重要进展；2035 年数字乡村建设确定长足进展；2050 年全面建成数字乡村。这四个阶段发展目标的确定，标志着中国数字农产品电商新时代的到来。目前，我国地方各级人民政府都把农产品作为消费扶贫和电商扶贫的重要内容。但陕西特色农产品的运营，当前仍处于初级阶段和较低水平，多数卖家还是较为依赖通过微信朋友圈或是淘宝、拼多多等平台运营，并且使用千篇一律的文案和图片，不重视对自身产品价值的挖掘，更不重视每日运营数据的对比和研究，比如来讲，就同一天访客数何时最多？停留时间平均为多少？加购人群占比、下单数及完成支付的比率各为多少……实际上，通过对这些经营数据的分析，可以及时发现宝贝标题、主图、商品详情页面等存在的问题，总结顾客跳失规律，发现消费者消费的时间规律和喜好规律等，从而锁定目标客户，不断优化商品页面和店铺主页。

其次是不重视品牌化经营。陕西特色农产品重生产轻营销，尽管其特色农产品种类多，但运作的品牌较少。很多特色农产品仍然在街边或者沿途进行零散销售，并未开展品牌化集中经营，没有打上地区商标，也没有进行精细化包装。品牌规模较小，企业、农户等对"三品一标"认证积极性不高，品牌经营意识有待加强，在品牌保障和建设方面经验不足。相比山东、河南等农业大省，陕西的特色农业品牌度较低，陕西特色农产品缺乏市场竞争力，缺乏统一的品牌化经营管理要求，没有形成特色农业品牌化经营模式。

2. 经销商品牌化运营能力差

经销商品牌化运营管理混乱。2021 年，陕西经营特色农产品的跨境出口电商企业有608 家，其中有 126 家加入了陕西省农产品进出口商会，其他剩余企业基本上各自为政，这些企业缺少有计划的、整体的市场开拓方案，宣传渠道和路径少，导致这些跨境出口企业很难找到目标客户，使得企业无法发展壮大，更不能有效地分析企业自身的优劣势和修正完善企业的经营策略。

3. 电商专业人才缺乏

和传统企业一样，参与陕西特色农产品电商的企业也需要有效的组织保障，而人才是组织的基础。电商企业最基础的组织结构有前端人员和后台人员。前端人员包括客服等运营人员；后台人员则包括美工和仓储人员等。随着"互联网＋"概念的升温，网络推广人员、软件工程师等中高端人才吃紧，出现了需求量大但应聘者少的结构性矛盾，存在较大的人才缺口。这一缺口在农村地区体现得更为明显，导致陕西特色农产品网络营销发展受限。

陕西特色农产品营销模式较为复杂，因此应保证相关人员对陕西特色农产品营销模式有所了解，并按要求开展特色农产品营销工作，继而提高陕西特色农产品营销水平。但是，当前相关人员自身专业素养较低，不仅难以开展特色农产品营销工作，还会影响陕西特色农产品营销模式问题处理的及时性，使陕西特色农产品营销模式中存在的各项问题持续恶化。

通过笔者走访调研发现，在陕西眉县有73.3％的农产品电商企业，但电商专业人才在企业总人数中的占比不足5％，这是远远不能达到实际需要的。另外，在外循环背景下，电商外语人才的需求会更加旺盛。因此，加强对懂电商、会外语、懂法律的电商人才的培养将成为跨境电商行业发展的迫切需求。

（三）流通主体方面

1. 新鲜农产品物流服务水平低下

早在2010年初，各大快递物流公司就开始布局农村市场。经过十余年的发展，当前农村物流网点较为密集，基本已经布局到乡镇。但从其企业性质来看，乡镇层面的网点以加盟制为主，从业者的专业素质较低，这便给农村物流的发展带来若干问题，首当其冲的便是农产品物流服务水平普遍不高，具体表现为：

（1）未对客户进行分类管理。ABC分类管理法强调的是按照管理对象的重要程度或贡献分清主次，并将管理对象划分为A、B、C三类。其中，A类是少量的关键客户；B类是次关键客户；C类是大量的一般客户。在农产品电商中，农产品经营主体或发货量较大的生产主体属于A类和B类，相关快递物流公司应与其建立长期稳定的合作关系，应当在农产品线上销售旺季到来前，提前与其商谈和确定好交易的流程和方案，尤其要确保关键客户的商品可以最快、最便捷的方式进入物流系统，通过物流服务提升该农产品的综合竞争力。而当前快递物流公司对客户无差别的一视同仁式的服务，一定程度上导致农产品电商物流运行不畅，给农产品经营主体带来较大的机会成本。

（2）物流增值服务欠缺。针对A类和B类客户，相关快递物流公司应根据实际需要，不断创新服务内容，拓展增值服务，为客户提供更便捷的物流服务，如上门取件服务、代包装服务、代填订单服务或是订单信息整合服务等。这些服务既可以提高物流效率，节约时间成本，同时在售后物流中，订单信息整合服务也可以帮助经营主体更快、更好地回答消费者的提问和更有效地解决问题，助力经营主体更好地开展品牌建设。

（3）生鲜农产品物流存在制度壁垒。由于生鲜农产品易腐烂、易变质的特点，为了降低运营风险，各大快递物流公司针对生鲜农产品电商物流，均在服务制度中约定不承担任何丢失、货损等赔付业务。由于规模相对较小，农户或是经营主体在这一制度面前也无能为力。这意味着物流过程中的一切风险将由农户或经营主体承担，形成一定的赔偿成本外，还会导致差评及一系列的连锁反应。

2. 小额订单快递物流费用不合理

近年来，随着零售型电子商务和新媒体营销的发展，陕西特色农产品的销售越来越趋向于小单化。但是小额订单物流的一个典型特征便是成本高。在农产品电商销售中，"本地收购价格＋包装费用＋物流费用"是线上农产品的经营成本，它与线上市场价格的差值便是利润。而收购价格、包装费用等的变化均由市场决定，唯独物流费用成为可能降低的突破点。众所周知，交易单价和交易数量之间也存在一定的反比关系，农产品电商经营主体在与快递物流公司谈判物流价格时，因单个农产品电商经营主体对快递服务的需求较小，往往难以取得合适的物流单价。所以，此时应当化零为整，由当地政府或行业组织出面协调统一价格。比如同一家物流企业同样规格物流起讫地点也相同的生鲜农产品，大荔县的物流费用为 10 元/件，而周至县的费用为 5 元/件。物流单价的降低，一定程度上可以撬动农户种植的积极性，赋予农产品电商经营主体更多的市场竞争活力。

3. 特色农产品物流技术和设备落后

在物流方面，物流配送系统建立不完整。尽管当前陕西的物流配送体系已经覆盖到绝大多数农村地区，但因为农村地域比较偏远，在镇—村的末端物流建设上仍属空白。因此在农产品电商物流中，寄件服务便要增加 2～4 次的搬运次数，加上农户缺少运输和储存的设备，往往会因为路途遥远导致农产品在运输过程被损坏，无法保证产品的新鲜程度。即使有些交易数量较大的农户或经营主体，由于田间道路窄或承载力等问题，物流公司的车辆也无法深入到田间地头。这两个问题的存在，也会一定程度上影响到物流效率、物流成本和品牌的建设。

（四）系统环境层面

1. 特色农产品电商政策支持力度不足

由于长久以来小农经济的历史遗留问题和农产品电商起步较晚等原因，农产品电商经营主体当前的经营规模十分有限，发展资金有限，在市场交易中处于被动地位，经营压力大、风险高。虽然政府出台了一些促进农产品电商发展的政策，但依然不能满足特色农产品电商快速发展的需要。因此，特色农产品电商政策支持力度不足也是阻碍陕西特色农产品发展的重要因素之一。

2. 田间道路及村道等基础设施束缚农产品物流发展

在农产品电商物流中，因为田间道路较窄或是限重要求，物流公司的车辆无法深入到田间地头。只能在村道上进行装卸搬运，这就需要农户使用小型农用运输车辆进行多次转运，从而增加 2～4 次的搬运次数，既增加了货损率，又影响了物流效率，一定程度上束缚了陕西农产品物流的发展。

六、"双循环"新发展格局下陕西特色农产品发展的路径

"双循环"新发展格局下陕西特色农产品发展目前还处于初级阶段，很多方面还不很健全，当前利用电子商务发展特色农产品营销可以达到事半功倍的效果。因此，本文提出强化经营主体、提升特色农产品品质、创新营销模式、开拓国际市场、优化物流体系、培养专业人才、落实政府扶持等路径，以期在"双循环"新发展格局下使陕西特色农产品得到更好的发展。

（一）强化经营主体

1. 发展新型特色农产品经营主体

近几年来，农业合作社在各地有了一定的发展，但很多都是一种相对松散的管理组织形式，农民还是各自组织安排生产，生产计划、质量控制都处于初级水平。发达地区可以加快农村土地流转，实施农场化经营，条件不具备的应积极推行农业合作社，由村级组织或规模性企业建立各类合作组织，采取企业＋农户、合作社＋农户和行业协会＋农户等形式，培育和组建规模化的经营主体，实现统一生产、统一质检、统一营销。

2. 建立特色农产品加工企业

对农产品进行深加工既可以提高产品附加值，还方便运输，减少物流损耗，为远程营销和跨国贸易提供更大可能。地方政府要选择和培育地方性行业龙头企业，必要条件下可以引导当地小微企业实施兼并重组，提高产业集中度和专业度，也可以支持国内外有条件的企业集团主导或参与行业重组，培育大型企业集团。行业龙头企业技术实力和资金实力都比较雄厚，能够为特色农产品深加工、产品升级和物流配送提供强有力的支撑。

3. 借力特色农产品电商企业

特色农产品电商企业拥有丰富的渠道资源、销售能力和强大的技术实力，在"双循环"背景下，地方政府可以借助特色农产品电商企业的电子商务特色农产品网站、直播平台、淘宝店铺、门户网站等线上资源，也可以利用其强大的O2O资源，减少农产品的流通环节。另外，特色农产品电商企业具有丰富的运营经验，能够比较轻松地进行模式的复制，既可以及时对农户的生产计划、产品包装、销售形式进行必要的调整，也可以帮助有能力创业的人，为其提供必要的培训和帮扶，公司从中抽取服务费，从而实现双赢。

（二）提升特色农产品品质

1. 开展特色农产品深加工

首先，鼓励农民从事特色农产品加工和销售活动，如农户以自愿入股的形式开设加工企业，在产品滞销的时候，对农产品进行脱水、腌制、速冻等基础处理，既有利于提高产品附加值，又可以缓解集中上市的压力，减少农户损失。其次，建立农业院校、农技公司和加工企业的联系，有针对性地开展特色农产品深加工品种研发、加工过程再利用等

方面的研究，增多特色农产品加工的品种、提高农产品加工的深度，引进国内外高新技术和加工工艺，利用专业设备对特色农产品进行深加工。

2. 落实特色农产品标准化

推动陕西特色农产品发展要进一步推进农产品标准化，包括种植工艺标准化、质量检验标准化、产品包装标准化，售后服务标准化；要突出特色农产品的特色和亮点，强调产地特征和品种优势，说明加工工艺和流程，推广质量检验标准，增强不同地区消费者对特色农产品的信心。

3. 鼓励特色农产品科技化

陕西应结合陕西高校和杨凌农科城先进的技术实力，开展特色农产品技术攻关和升级，加快种业自主创新，强化国家区域性良种繁育基地，逐步推进绿色鲜活农产品认证、有机食品认证等；要重视保护资源环境，促进特色农产品绿色发展，筑牢陕西特色农产品可持续发展的区域品牌屏障。另外，陕西要增强特色农产品产业科技成果的转化应用能力，积极搭建农业合作社、科研院校和加工企业的交流平台，完善现代特色农产品技术创新体系，以优良的品质提高陕西特色农产品的竞争力。

4. 提升特色农产品品牌化

农产品品牌化是指农产品经营者根据市场需求与当地资源特征给农产品设计富有个性化的品牌，并取得商标权，使品牌在经营过程中不断得到消费者的认可，树立品牌形象，扩大市场占有率，实现经营目标的一系列活动。

提升陕西特色农产品品牌化可以从以下几个方面展开：

一是扩大区域特色农产品品牌品种。尝试通过"区域品牌＋企业品牌"的品牌建设模式，拓宽陕西特色农产品的品牌营销渠道。二是提升区域特色农产品品牌价值。依托区域品牌优势，延伸以无公害品牌、绿色产品品牌、有机食品品牌和地理标志产品为核心的产业链。三是加强区域品牌宣传，不仅要销售各种特色农产品，还要加强对地域特征、种植方式、加工工艺的介绍，进一步突出区域品牌形象。

（三）创新特色农产品营销模式

1. 立足特色农产品主流电商平台

对于陕西特色农产品的销售，首先要充分利用国内现有的大平台的流量和资源优势，如天猫、京东和拼多多等，建设好特色农产品店铺，店铺的装修应凸显地方特色，商品详情页面要提供全面、丰富、真实的商品信息；其次要积极参加平台活动，做好商品推荐，制定合理的店铺优惠政策，提供便捷的物流配送，做好售前、售中和售后服务，提高客户体验和满意度。

2. 开展特色农产品O2O营销

陕西各地方政府要在特色农产品的主要销售地开设体验店。体验店是品牌形象的直观展示，可以加强客户对特色农产品的感知，还可以促进店内实际消费，同时实现线上引流。如陕北黄土情在西安设立多家直营店。此外，可以在国内其他城市，甚至国外，建立各类直销窗口、专卖店、连锁店等O2O体验店,近距离地收集客户评价和个性化需求,将这些重要信息反馈给农业合作社和生产加工企业,使其能有针对性地进行产品分级、分类,实现特色化包装和服务。

3. 构建特色农产品新媒体营销

陕西特色农产品营销一定要利用新媒体营销这一利器。平台方面,要综合利用微博、微信、知乎、短视频和直播等新媒体平台,传播新颖的网络营销内容,比如短视频,扩大特色农产品的传播范围,改善营销效果,也可以运用直播等手段,全方位地展示和销售陕西特色农产品;营销内容方面,要建立全程营销的理念,可以从自然环境、种植过程、产品筛选、质量检疫、加工工艺、食用方法等都可以作为传播的素材;主体方面,地方政府、政府官员、加工企业、大学生村官、农民、科研院所、大学生、物流公司等都可以进行传播。新媒体营销要注意传播内容的趣味性、实用性和观赏性,同时做好互动的实时性和友好性。

通过新媒体营销不仅可以促进各项特色农产品的信息传播,还可以直接促进特色农产品的线上交易,更好地拉近农户、生产企业与消费者之间的距离,吸引更多的消费者,以实现陕西特色农产品营销模式优化的目标。

4. 构建特色农产品个性化营销

互联网时代,网络营销的普及使得农户、生产企业和消费者的直接沟通更加便捷,合作社也可以通过互联网收集用户订单,根据用户需求进行个性化生产。安排不同的农户致力于某一类需求的种植和生产,既提高了农户生产的专业化,也实现了整个区域产品的差异化。在互动沟通的过程中,还可以有意识地引导消费者的日常消费行为,充分彰显陕西特色农产品营销模式的个性化效果。

特色农产品加工企业也可以按照客户需求,对产品进行质量分级别、包装分档次、进度分缓急组织生产。针对不同的客户,提供不同的产品,实现互利共赢。

5. 发展特色农产品体验性营销

各地应大力开展体验式都市农业,吸引市民参观和体验,近距离接触大自然,体会农耕乐趣,孩子们也可以直观了解农产品,实现科普。体验式都市农业可以实现城市市民和农户的双赢。城市市民既可以增进亲子关系,还在一定程度上保证了采购农产品的安全。与此同时,农户还可以省去采摘、运输等成本,成为一种双赢的销售模式。比如著名的"爱菊"企业,通过定期开展免费或者收少量费用的参观生产活动及订购服务,既增进了市民对该品牌的了解和认知,也促进了产品的销售。

(四)加大开放程度、积极开拓国际市场

1. 实现农产品跨境电商出口平台模式发展多元化

目前,西安国际港务区有跨境电商企业240多家,物流企业8家,支付企业7家。阿里巴巴、敦煌网、丰趣海淘等国内知名跨境电商平台陆续进驻西安,为陕西跨境电商发展创造了很好的平台条件。但由于我国农产品进出口的检测标准、流程以及监控体系不完善,各进口国家对农产品质量的检测标准不一致,导致国内外各大跨境电商平台很少

有开通农产品跨境通道。目前只有 shopee（虾皮网）在东南亚市场逐步开展农产品跨境电商业务。

因此，为了更好地促进陕西特色农产品的出口，一方面除了可以在现有的平台基础上继续摸索进行农产品的跨境出口，企业可加强移动端跨境电商发展模式、政府可加大农产品跨境电商出口自建平台的建设。另一方面，可以采取和有"海外仓"的企业合作，通过传统的方式将陕西特色农产品运往国外，由合作企业进行海外销售。

2. 树立国际品牌形象提升陕西特色农产品国际市场竞争力

为人熟知的品牌名称和良好的品牌形象对于产品的销售尤其重要。陕西特色农产品要想走出国门并在国际市场上站稳脚跟，树立国际品牌是一项非常重要的任务。树立良好的国际品牌需要从提升产品质量、规范出口标准、打造营销团队、做好客户服务等环节展开。

高质量的特色农产品，需要根据农产品的生长特点因地制宜，从育种、选苗、播种、施肥、光照、收获、加工等各个环节严格控制，按照规定的标准严格种植和检测，保证农产品质量。政府可以对各省份当地出口的农产品从生产到最终运输到目的国的消费者手中制定一系列的出口指标，从农产品的种植到加工、包装、仓储等环节进行统一指导，并建立质量安全追踪系统。优秀的营销团队需要了解全球市场行情、把握市场机会并能精准出击。优质的客户服务需要能快速解决在特色农产品跨境电商销售的整个过程中出现的各种问题。

3. 完善特色农产品跨境电商出口物流体系

在跨境电商领域中，物流成本过高、冷链物流运作体系尚不完善等问题一直是制约其发展的重要元素。因此，为了节省物流成本，可以通过海洋、铁路、航空等传统国际贸易运输方式将陕西特色农产品集中先运输到"海外仓"，然后再分批发往卖家手中。由于从农产品采摘到买家收货持续的时间比较长，农产品质量得不到保障，因此需要加强农产品物流技术的研发。各大跨境电商农产品出口企业需要完善自身所属的配套物流系统，加大投入冷链物流运输工具，还需要建设国内保鲜仓储设施。政府也应根据当地冷链物流行业发展的实际情况，对从事农产品冷链物流的企业给予财政、税收政策的优惠。

4. 培养特色农产品跨境电商相关人才

特色农产品跨境电商的发展为陕西本土品牌提升国际知名度创造了有利条件，有利于提升农产品品牌知名度和品牌影响力。与此同时，特色农产品跨境电商的发展必然需要更多的熟悉当今电子技术、了解农产品贸易的综合型人才。就当前而言，陕西十分缺乏这类人才。因此，在人才培养方面，一方面高校可以通过设置跨境电商专业培养新一代农产品跨境电商人才；另一方面政府或农业合作社可以与高校合作开设农产品跨境电商培训班，对现有农民进行培训，以期通过跨境电商让更多陕西特色农产品走出国门。

（五）优化物流体系

1. 增加村级服务站

当前，政府要进一步提高农村电商服务站的普及率，大力改善服务站的条件，使服务站除了能够提供满足农产品要求的存储条件以外，还可以具备必要的售前准备功能，如分级、称重、分装等功能。同时，服务站还要配备必要的懂产品、能销售、会包装、能配送的管理人员，有条件的服务站也可以为农产品加工企业提供相对准确的信息，使农产品的供应更符合市场需求。

2．积极发展冷链物流

随着电子商务的普及和人民生活水平的提高，农产品冷链物流建设亟待加强。冷链物流可以减少特色农产品在仓储、运输中的损耗，保证农产品的品质。对农村基层政府来讲，自建物流体系成本太高，建议与专业的第三方物流企业、特色农产品加工企业或电子商务企业合作，利用现有的设施，在仓储方面，加强对温度的检测和控制，普及恒温冷库；在运输方面，大量普及特种车辆，实现智能化运输，保证农产品的品质。

3．建设区域配送中心

陕西特色农产品的销售半径在逐渐增大，尤其随着国际贸易的发展，需要建立区域性配送中心提高物流配送效率。在条件允许的情况下，可以将仓库建设在消费者相对集中的区域，通过火车或汽车将特色农产品大批量的运输到目标市场区域，降低发货成本，提高发货效率。

（六）培养特色农产品专业人才

1．引导待业青年

九年义务教育后，相当一部分农村青年会面临无学可上的情况，这些青年在学校阶段已经具备了较强的计算机和网络应用能力，基层组织和农业合作社要加强对他们的引导，为他们提供店铺运营、网络直播等基本的电子商务技能培训，引导他们尝试开展电子商务实践，充分发挥他们的积极性和能动性。

2．用好大学生资源

大学生村官知识丰富、头脑灵活、有魄力，基层组织要充分发挥他们的积极性，鼓励他们和农民"结对子"，手把手地进行技术指导。农民有种植生产经验，大学生村官有电商知识、开阔的视野，对外界需求比较敏感，可以更好地开展宣传和销售。吸引大学生回乡创业，利用他们良好的网络技术、快速学习的能力、一定的社会经验和较强的适应力，政府如果可再提供一些优惠政策，吸引大学生回乡创业，带动农民学习电脑，普及电子商务知识，促进特色农产品营销的发展。

3．培养家庭妇女

当前，农村存在着大量的女性劳动力，在农闲时间，孩子上学后，她们没有什么事情做，短视频因为加强的趣味性和娱乐性，吸引了大量的家庭妇女。如果能对他们开展简单的直播和短视频制作的培训，让他们在做农活之余，发发抖音、做做直播，宣传一下农村生活环境、特色农产品的特点，发布一下特色农产品的食用方式，一定可以产生不错的效益。

（七）落实政府扶持

1. 做好产业布局

陕西要注重特色农产品的产业布局，结合区域资源优势、产业优势和市场优势，合理布局产业结构，不断突出地域特色，建立国家级、省级、市级、县级和村级特色农产品示范园区，推动县域特色产品的打造和发展。

2. 完善网络设施

当前，农村用户手机普及率较高，但还需要推广适应农村需求的电脑，同时加大对农村网络基础设施的投入和补贴，加强加快建设5G网络，在降低初装费的同时，设置合理的网络资费和上网价格，减少农民进入网络化营销管理的经济壁垒。有条件的地方可以普及和管理好各级政府特色农产品电商中心，为当地村民提供必要的经验分享与技术交流平台。

3. 给予技术支持

各地政府要积极组建农产品产业协会、电子商务学会或协会。产业协会要及时联系农技专家对特色农产品生产种植提供技术指导，研发新品种，制定合理的生产计划。电商协会要积极探索新的营销模式，联系电商专家定期指导农民开展营销推广活动。针对贫困地区，政府要主动联合高校和电商企业，进行技术下地头、电商下村镇，对农村和农民开展切实有效的技术扶持。

4. 落实政府补贴

对于特色农产品的生产经营户，政府应予以适当的补贴，如生产补贴、物流补贴，宣传补贴等，同时大力引进高技术人才，解决技术问题，让农户无后顾之忧。政府可以以县为单位进行区域品牌的形象策划和宣传推广，组织县级的比赛、选拔，开展免费的培训，鼓励和带动当地民众生产和营销的积极性。

5. 提供法律援助

农产品电商对农民而言是一个新生事物，尤其做出口贸易，农民更是知之甚少。地方政府要配备电子商务和国际贸易方面的法律人才，为农民普及必要的法律知识，打消农民的顾虑，既能够保证农民的经营行为合法合规，也能够保障农民的合法权益。

参 考 文 献

[1] 杨照，陈伟忠. 中国特色农产品出口竞争力提升战略研究[J]. 世界农业，2018(12)：220－225.

[2] 吴薇，马建蕾，孙东升. 日本农产品出口促进政策演进及启示[J]. 世界农业，2020(10)：47－53.

[3] 赵丙奇. 数字农产品追溯体系的运行机理和实施模式研究[J]. 农业经济问题，2021(08)：54－64.

[4]　朱晶，臧星月，李天祥. 新发展格局下中国粮食安全风险及其防范[J]. 中国农村经济，2021(9)：2-21.

[5]　陈宪通，宋佳昕，袁司潮，等."互联网＋"视角下陕西特色农产品电子商务模式选择及运营研究[J]. 知识经济，2020(13)：47-48.

[6]　王劲宏. 农产品销售的路子如何走得更宽广：陕货入闽情况调研的几点启示[J]. 西北园艺（果树），2020(1)：46-48.

[7]　杨曼琳. 乡村振兴背景下四川特色农产品网络营销模式创新研究[J]. 经济师，2019(12)：15-16，19.

[8]　张萌，杨佳露，张叶."互联网＋"陕西特色农产品营销模式创新研究[J]. 南方农业，2019，13(24)：166-167.

[9]　叶子，吕家宁，王俊. 特色农产品新零售探析[J]. 合作经济与科技，2019(13)：132-133.

[10]　党养性，王晓地. 基于4P营销视角的陕西特色农产品现状分析与对策研究[J]. 湖北农业科学，2019，58(3)：121-124.

[11]　党养性. 乡村振兴背景下陕西特色农产品营销策略现状分析[J]. 农场经济管理，2018(10)：3-7.

[12]　李媛. 基于"互联网＋"的渭南特色农产品营销渠道创新策略研究[J]. 品牌研究，2018(02)：85-86.

[13]　江凤香，杜谋涛，卜纪尧，等. 乡村振兴战略背景下陕西特色农业发展路径选择[J]. 农业工程，2021，11(4)：148-151.

[14]　文小森，程乐."互联网＋"视角下特色农产品电子商务路径选择及模式探析[J]. 商业经济研究，2020(13)：89-92.

[15]　王晓艺，高挺挺. 面向美国市场的"榆林特色农产品"本地化销售初探[J]. 山西农经，2021(09)：89-90，93.

作 者 简 介

周晓燕：西安外事学院商学院副教授
雷宁：西安外事学院商学院教授
张维：西安外事学院商学院副教授
叶红梅：西安外事学院商学院副教授

"双循环"背景下提升陕西居民消费水平研究

王赟杰

2021年中央经济工作会议指出,在充分肯定成绩的同时,必须看到我国经济发展面临需求收缩、供给冲击、预期转弱三重压力。需求收缩的主要表现之一就是消费恢复迟缓。作为拉动经济增长的"三驾马车"之一,消费在我国经济发展中一直占据着十分重要的地位,但2020年和2021年国内消费对GDP增长的贡献率却明显下降。"十四五"时期,我国将着重推动形成以国内大循环为主体、国内国际双循环相互促进的新发展格局,扩大内需是构建新发展格局的战略基点,而消费是国内经济大循环的最后环节,人民日益增长的美好生活需要最为直接的体现就是居民消费,消费无疑对扩大内需、畅通国内经济大循环具有最终牵引效应。2020年10月29日中国共产党十九届五中全会通过的《中共中央关于制定国民经济和社会发展第十四个五年规划和二〇三五年远景目标的建议》提出,全面促进消费,增强消费对经济发展的基础性作用,顺应消费升级趋势,提升传统消费,培育新型消费,适当增加公共消费。陕西居民消费率(居民消费支出占GDP比重)一直徘徊在较低水平,2021年陕西居民消费率仅为25.66%。事实上,近年来政府部门一直致力于扩大居民消费。党的十九大报告提出,完善促进消费的体制机制,增强消费对经济发展的基础性作用。这就要求从体制与机制的高度解决居民消费不足的问题。受新冠肺炎疫情影响,2021年陕西出台了一系列拉动消费政策举措,但是陕西居民消费情况依然没有得到明显改善。陕西居民消费水平的总体情况如何?制约陕西居民消费水平提升的原因有哪些?"双循环"背景下应该通过哪些路径来提升陕西居民消费水平?通过对这些问题的研究,不仅可以完善居民消费相关理论,而且可以为陕西地方政府部门出台提升居民消费水平的政策措施提供参考依据。

一、"双循环"新发展格局与提升居民消费水平的关系

2020年9月1日,习近平总书记在中央全面深化改革委员会第十五次会议上深入阐述了"加快形成以国内大循环为主体、国内国际双循环相互促进的新发展格局"的战略思想。经济双循环的本质是开放经济下社会化再生产过程。社会化再生产过程包括生产、分配、流通、消费四个环节,其中消费环节是社会再生产过程的最终环节,关系到产品的最终市场实现。开放经济条件下国内经济循环又构成了全球经济分工、贸易与价值增值体系中的有机组成部分,并且形成国内国际双循环相互促进的新发展格局。消费环节构成了人民日益增长的新物质文化需要,我国消费市场的高质量发展既关系到国内内需潜力的释放和宏观经济持续健康增长,又关系到全球市场信心提振与全球经济增长。在重要的全球变革和后疫情时代,扩大内需特别是促进居民消费需求的可持续增长是未来相

当长时期内的一项战略任务，是创新发展新格局的现实需要，也是我国构建内需驱动型发展模式、增强抵御国际经济风险能力、实现国民经济均衡稳定可持续增长的重要基础。那么，如何理解"双循环"新发展格局与提升居民消费水平的关系，本文认为可以概括如图1所示，具体包括以下三个方面。

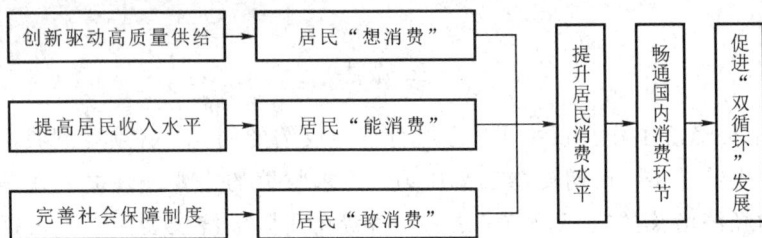

图1 "双循环"新发展格局与提升居民消费水平的关系

(一)"双循环"新发展格局的关键是消费环节的畅通

国内大循环是供给与需求匹配的复杂商品流通过程以及在此基础上的资本、技术、信息等生产要素的复杂循环过程；国外大循环是国际范围内的商品、要素、国际收支的综合平衡过程。国内、国外市场循环应该是相互促进、相互影响的。消费既是国内商品和要素复杂流通过程中的重要环节，也是国内、国外市场循环的重要基础，打通国内循环的痛点和堵点，促进国内大循环的畅通，会进一步促进国外循环的高质量提升。国内市场高质量和高水平的循环可以消费更多的进口商品和服务，国内市场上产品和服务供给结构调整又进一步促进国内产业结构升级。当然，消费基础性作用的发挥还需要进一步打通国内、国外两个市场之间循环的痛点和堵点。

(二) 消费环节畅通的重点是居民消费水平的提升

建立在社会分工基础之上的社会再生产过程是由生产、分配、交换、消费四个环节或四个要素动态组成的统一体。这四个环节反映了再生产过程不同阶段上的经济活动，各自担负着不同的社会经济职能，它们在运动中紧密联系，有机结合，互为条件，互相制约，居于支配地位，决定着其他各个环节。消费是生产和流通的终点，关系到产品的最终实现。我国长期以来重投资、轻消费的经济增长方式导致了生产和流通环节不能较好地适应消费需求，表现为生产和流通、供给与消费之间的结构性失衡、满足有效需求的供给不足，使得原有网络体系不畅通，没有起到货畅其流、适销对路的通路作用。因此，消费是商品市场实现的最终环节，是"生产—流通—消费"动态复杂循环中的重要组成部分，关系到社会再生产过程中的产品实现。消费是经济发展的核心变量，消费总需求与收入分配结构、预防性储蓄动机、消费文化、消费品市场发展、家庭结构、城镇化进程、人口年龄结构、社会流动性等多种因素都有着密切联系。家庭消费是我国居民消费需求的微观基础，是我国总量需求增长的内在动力，也是我国扩大内需政策的实际作用对象。居民家庭消费作为总消费支出加总项的微观基础，如果居民家庭消费支出形态发生深刻变化，国内经济需求的构成与发展也会随之产生较大改变。

（三）提升居民消费水平的关键在于创新产品高质量供给、提高居民收入水平以及完善社会保障制度

提升居民消费水平的关键在于让居民想消费、能消费、敢消费。居民消费需求与生产供给的结构性适配关系到生产的高质量发展。商品所有权通过流通过程传递到最终消费者，消费者的偏好结构、消费倾向以及需求冲击等信号通过流通过程逆向传递到生产领域。一方面，消费者偏好的异质性、需求越来越多样化引导了流通过程及其组织形式的巨大变革，表现为新产品层出不穷、流通组织职能的外部化与内部化、社会化流通组织之间的分工与协同，大数据、云计算、物联网等新技术的使用引发了传统交易部门交易费用的重大变革，流通服务更为异质化和社会化。另一方面，与这一过程同时进行的是生产结构、技术结构的调整，表现为工业互联和产业互联，诱发资本、劳动、自然资源等要素在产业间流动与重新配置，伴随着附着在关键要素上的关系性契约的破坏与重新确立，企业与产业边界得到动态最优调整，最终表现为产业活动基础、产业间经济技术联系与比例关系的变化，产业结构得到升级。因此，需求与供给的结构性匹配关系到"生产-流通-消费"的动态复杂循环是否能顺畅实现。居民收入水平是决定居民消费水平最关键的因素，也是居民消费能力的体现。无论是凯恩斯的消费函数理论，还是相对收入消费理论与生命周期消费理论，都认为居民收入的增加会促进消费的增加，区别只是在于居民收入的衡量方法不同。因为居民收入增加后，在边际消费倾向保持不变的倾向下，就能提升居民消费水平。提升居民消费水平必须减少未来的不确定性。居民在未来不确定增加的情况下，会增加收入中用于预防性储蓄的部分，从而减少消费支出。只有通过完善社会保障制度以及增加公共转移支付等行为，减少未来的不确定性，居民才会增加消费支出，进而提升居民消费水平。

综上所述，持续扩大内需与发挥消费基础性作用是创新发展新格局的重要部分，是国内大循环的重要组成部分，也是国内国外双循环的战略支点。"双循环"新发展格局的重点在于国内消费环节的畅通，国内消费环节畅通的重点在于居民消费水平的提升，而提升居民消费水平的关键则在于创新产品高质量供给使居民想消费、提高居民收入水平使居民能消费以及完善社会保障制度使居民敢消费。注重需求侧改革需要深化认识消费的基础性作用，统筹供给侧结构性改革，立足于当前消费的总体特征，深刻理解当期的消费特征，还需要回归消费在社会化再生产过程中的基础性作用。

二、陕西居民消费水平的总体情况

近年来，随着陕西居民人均可支配收入的持续增加，陕西居民消费水平也出现了新的变化。本部分选取了2013—2021年《中国统计年鉴》中相关数据对陕西居民消费水平的总体情况进行分析。同时，挑选了与陕西人均居民收入水平相近的湖北与四川两个省份做比较，以更清楚地反映陕西居民消费水平的实际情况。由于居民消费支出与居民可支配收入都受物价水平的影响，因此本文对收集到的相关数据中的物价因素进行了剔除。

（一）陕西居民人均消费支出逐年增加，但仍低于全国平均水平

陕西居民人均消费支出从 2013 年的 11 217.3 元增加到 2021 年的 19 347 元，九年间增加了 72.5%，整体增加速度较快，但与全国居民人均消费支出相比，陕西居民人均消费支出水平仍然偏低。2021 年全国居民人均消费支出 24 100 元，比陕西居民人均消费支出高出 4753 元。从 2013 年到 2021 年，全国居民人均消费支出增加了 82.3%，比陕西居民人均消费支出增速 72.5% 高出了 9.8%。这表明无论是从居民人均消费支出的绝对额看，还是从居民人均消费支出的相对增长额比较，陕西居民人均消费支出水平都落后于全国居民人均消费支出的平均水平，具体见图 2。即使与人均收入水平相近的湖北与四川相比，陕西居民人均消费支出水平也比较低，2021 年湖北与四川两省的人均居民消费支出水平分别为 23 846 元和 21 518 元，比同期陕西人均居民消费支出分别高出 4499 元和 2171 元。

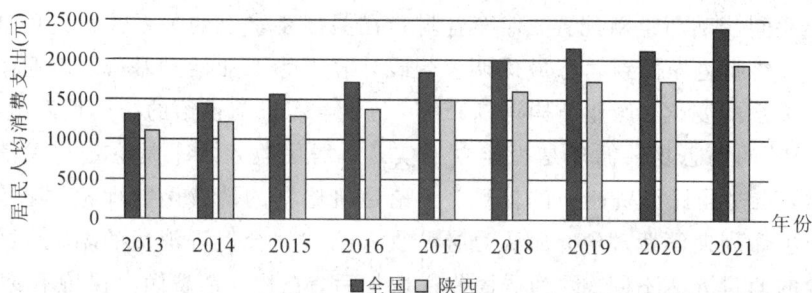

图 2　2013—2021 年全国居民人均消费支出与陕西居民人均消费支出

另外，结合陕西人均 GDP 构建陕西居民消费率指标，即陕西居民人均消费支出占陕西人均 GDP 的比重。通过这一指标可以分析出在陕西人均 GDP 中陕西居民消费的贡献程度，同时也可以作为一个相对指标分析陕西居民消费水平的真实情况。陕西居民人均消费支出以及陕西居民消费率的具体计算结果如表 1 所示。从表 1 可以看出，陕西居民消费率整体偏低，保持在 26% 左右，说明在陕西人均 GDP 中陕西居民消费做出的贡献较小，陕西居民消费整体水平较低，提升居民消费水平有较大的空间。与陕西人均收入水平相近的湖北与四川两省的 2021 年居民消费率分别为 27.6% 和 33.5%，这也说明陕西居民消费整体水平偏低。

表 1　2013—2021 年陕西居民人均消费支出与陕西居民消费率

指标	时间								
	2013	2014	2015	2016	2017	2018	2019	2020	2021
全国居民人均消费支出/元	13 220.4	14 491.4	15 712.4	17 110.7	18 322.1	19 853.1	21 558.9	21 210.0	24 100.0
陕西居民人均消费支出/元	11 217.3	12 203.6	13 087.2	13 943.0	14 899.7	16 159.7	17 464.9	17 418	19 347
陕西人均 GDP/元	42 692.0	46 928.6	48 023.0	50 395.0	57 266.0	63 477.0	66 649.0	67 545	75 390
陕西居民消费率	0.2627	0.2600	0.2725	0.2767	0.2602	0.2546	0.2620	0.2579	0.2566

数据来源：根据历年《中国统计年鉴》整理

（二）陕西城镇与农村居民人均消费支出水平差异逐年减小，但差异化程度仍较大

从陕西人均居民消费支出结构看，陕西城镇居民人均消费支出由 2013 年的 16 398.6 元增加到 2021 年的 24 784 元(见图 3)，九年间增长了 51.1%；陕西农村居民人均消费支出由 2013 年 6487.6 元增加到 2021 年的 13 158 元，九年间增长了 102.8%。由此可以看出，陕西居民人均消费支出总水平增加速度较快，尤其是农村居民人均消费支出，增加速度远远超过了城镇居民人均消费支出。

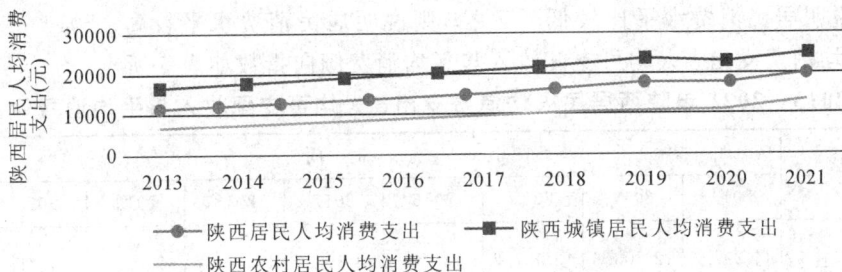

图 3　2013—2021 年陕西居民人均消费支出情况

通过构建城乡消费水平对比指数(即城镇居民人均消费支出与农村居民人均消费支出之比)能更清楚地看出城镇与农村居民人均消费支出水平的差异。城乡消费水平对比指数越接近 1，表明城乡消费水平差异化越小；城乡消费水平对比指数越远离 1，表明城乡消费水平差异化越大。2013—2021 年陕西城镇居民人均消费支出与农村居民人均消费支出以及城乡对比指数如表 2 所示。

表 2　2013—2021 年陕西城镇、农村居民人均消费支出与城乡消费水平对比指数

指　标	时　间								
	2013	2014	2015	2016	2017	2018	2019	2020	2021
陕西城镇居民人均消费支出/元	16 398.6	17 546	18 463.9	19 368.9	20 388.2	21 966.4	23 514.3	22 866	24 784
陕西农村居民人均消费支出/元	6487.6	7252.4	7900.7	8567.7	9305.6	10 070.8	10 934.7	11 376.0	13 158.0
城乡消费水平对比指数	2.5	2.4	2.3	2.3	2.2	2.2	2.2	2.0	1.9

数据来源：根据历年《中国统计年鉴》整理

从表 2 可以看出，陕西城乡消费水平对比指数一直稳定保持在 2 左右，这表明陕西城镇居民人均消费支出是农村居民人均消费支出的 2 倍左右，城乡居民人均消费差异较大。但也应看到，从 2013 年到 2021 年，陕西城乡消费水平对比指数呈现明显的递减趋势，从 2013 年的 2.53 减少到 2021 年的 1.88。这说明，尽管陕西城乡居民人均消费支出水平差异比较大，但城乡居民人均消费支出水平的差距在不断缩小。与陕西人均收入水平相近的湖北与四川两省的 2021 年城乡消费水平对比指数分别为 1.62 和 1.64，远小于陕西的 1.88，这表明尽管陕西城乡居民人均消费水平差距在缩小，但与湖北和四川相比，陕西农村居民消费水平仍然偏低，提高陕西农村居民消费水平仍有较大空间。

（三）陕西城乡居民人均消费支出与人均可支配收入增速差异明显

陕西城乡居民人均消费支出与人均可支配收入的关系可以通过构建以下三个指标进行分析。

1. 平均消费倾向指数

通过构建平均消费倾向指数可以看出居民可支配收入中有多少用于消费，平均消费倾向指数可定义为任一收入水平上消费支出在收入中的比例，这一数值可以大于、等于或小于1，因为居民消费可能大于、等于或小于居民收入。如果平均消费倾向指数远远小于1，则说明居民消费水平比较低；反之，则说明居民消费水平较高。2013—2021年陕西居民人均消费支出、人均可支配收入与平均消费倾向指数如表3所示。

表3 2013—2021年陕西居民人均消费支出、人均可支配收入与平均消费倾向指数

指　标	时　间								
	2013	2014	2015	2016	2017	2018	2019	2020	2021
陕西居民人均消费支出/元	11 217.3	12 203.6	13 087.2	13 943	14 899.7	16 159.7	17 464.9	17 418	19 347
陕西居民人均可支配收入/元	14 371.5	15 836.7	17 395	18 873.7	20 635.2	22 528.3	24 666.3	26 226	28 568
陕西居民平均消费倾向指数	0.78	0.77	0.75	0.74	0.72	0.72	0.71	0.66	0.68

数据来源：根据历年《中国统计年鉴》整理

从表3可以看出，2013—2021年陕西居民平均消费倾向指数呈现明显递减趋势，由2013年的0.78减少到2021年的0.68，这表明2013—2021年陕西居民人均消费支出在居民人均可支配收入中所占比重在减少，陕西居民消费水平呈现明显的萎缩趋势。进一步，通过分别计算陕西城镇居民与农村居民的平均消费倾向指数，将二者与陕西居民平均消费倾向指数共同列到表4并绘制图4。

表4 2013—2021年陕西居民、陕西城镇居民与陕西农村居民平均消费倾向指数

指　标	时　间								
	2013	2014	2015	2016	2017	2018	2019	2020	2021
陕西居民平均消费倾向指数	0.78	0.77	0.75	0.74	0.72	0.72	0.71	0.66	0.68
陕西城镇居民平均消费倾向指数	0.73	0.72	0.70	0.68	0.66	0.66	0.65	0.61	0.61
陕西农村居民平均消费倾向指数	0.91	0.91	0.91	0.91	0.91	0.90	0.89	0.85	0.89

数据来源：根据历年《中国统计年鉴》整理

从表4可以看出，无论是从总体上看，还是从城乡结构来看，陕西居民平均消费倾向都呈现递减趋势。陕西农村居民平均消费倾向指数虽然也在递减，但幅度较小，2013—2021年间基本稳定在0.9左右，说明陕西农村居民消费水平比较稳定，受外部因

素影响较小。另外，陕西农村居民平均消费倾向指数较大，表明农村居民消费支出占居民可支配收入的比重较大，这可能与农村居民人均可支配收入较低且农村居民消费支出主要是衣食住行等必要性支出有关。导致陕西居民平均消费倾向指数出现大幅度递减的主要原因是陕西城镇居民平均消费倾向指数大幅度降低。陕西城镇居民平均消费倾向指数由 2013 年的 0.73 一直下降到 2021 年的 0.61，下降幅度较大，而且陕西城镇居民平均消费倾向指数总体上较小，2021 年仅为 0.61，说明陕西城镇居民消费支出占居民可支配收入的比重较低，这可能是因为陕西城镇居民收入水平比农村居民收入水平高，除了衣食住行等生活刚性支出外，还有部分收入可用于居民储蓄。

2021 年，湖北居民平均消费倾向指数、城镇居民平均消费倾向指数及农村居民平均消费倾向指数分别为 0.77、0.71、0.89，四川居民平均消费倾向指数、城镇居民平均消费倾向指数及农村居民平均消费倾向指数分别为 0.74、0.65、0.94。可以看出，2021 年陕西农村居民平均消费倾向指数与湖北、四川差距不大，但陕西居民平均消费倾向指数与陕西城镇居民平均消费倾向指数都要低于湖北与四川，表明陕西居民尤其是城镇居民更喜欢将收入用于储蓄而不是消费，这也体现出"双循环"背景下提升陕西居民消费水平的紧迫性。

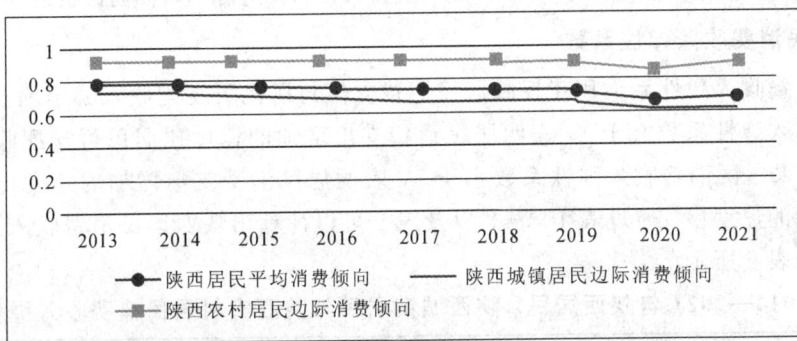

图 4　2013—2021 年陕西居民、陕西城镇居民与陕西农村居民平均消费倾向

2. 边际消费倾向指数

通过构建居民边际消费倾向指数可以分析居民增加的每一单位人均可支配收入中有多少将用于消费支出；随着人均可支配收入的增加，边际消费倾向指数一般会呈现递减趋势。根据表 1 与表 2 中的数据可以计算出陕西居民边际消费倾向指数、陕西城镇居民边际消费倾向指数与陕西农村居民边际消费倾向指数，结果如表 5 所示。

表 5　2014—2021 年陕西居民、陕西城镇居民与陕西农村居民边际消费倾向指数

指　标	时　间							
	2014	2015	2016	2017	2018	2019	2020	2021
陕西居民边际消费倾向指数	0.6732	0.5670	0.5788	0.5431	0.6656	0.6105	−0.0301	0.8237
陕西城镇居民边际消费倾向指数	0.5680	0.4468	0.4480	0.4300	0.6290	0.5570	−0.3663	0.6742
陕西农村边际消费倾向指数	0.9105	0.8567	0.9428	0.8500	0.8069	0.7763	0.4456	1.2470

数据来源：根据历年《中国统计年鉴》整理

从表 5 可以看出，2014—2019 年陕西居民边际消费倾向指数与陕西农村居民边际消费倾向指数尽管有所波动，但大体上呈现递减趋势，表明随着居民人均可支配收入的增加，陕西农村居民增加的每一单位人均可支配收入中用于增加消费的部分在递减。陕西城镇居民边际消费倾向指数波动较大，没有规律性，与陕西农村居民边际消费倾向指数相比，数值较小。陕西城镇居民边际消费倾向指数最大值出现在 2018 年的 0.6290，而陕西农村居民边际消费倾向指数最小值出现在 2018 年（0.8069）。陕西城镇居民边际消费倾向指数远远小于农村居民边际消费倾向指数，表明面对同样增加的每一单位人均可支配收入，城镇居民比农村居民用于增加消费支出的部分要小得多。这里要强调的是，由于 2020 年新冠肺炎疫情导致经济停摆，陕西居民边际消费倾向出现异常变动，2020 年陕西居民边际消费倾向与陕西城镇居民边际消费倾向都是负数。造成这一现象的原因可能是在全民封城、经济停摆的情形下，居民收入增长速度虽然在减少，但仍然有所增加，居民消费却在停摆期间陷于停滞，结果就是在收入增加的同时消费却在减少。由于 2020 年陕西居民消费基数太小，2021 年居民消费增加的幅度远远超过居民收入增加的幅度，导致 2021 年的边际消费倾向远远大于 2019 年前，陕西农村居民边际消费倾向甚至达到了 1.247。

3. 居民消费收入弹性系数

居民消费收入弹性系数用于反映居民消费支出与居民可支配收入哪个增长快。如果居民消费收入弹性系数大于 1，表明居民消费支出增加的速度比居民可支配收入增加的速度快；如果居民消费收入弹性系数小于 1，表明居民消费支出增加的速度比居民可支配收入增加的速度慢。通过表 1、表 2 以及表 5 可以计算出陕西居民消费收入弹性系数，具体结果如表 6 所示。

表 6　2014—2021 年陕西居民、陕西城镇居民与陕西农村居民消费收入弹性系数

指　标	时　间							
	2014	2015	2016	2017	2018	2019	2020	2021
陕西居民消费收入弹性系数	0.8736	0.7537	0.7834	0.7522	0.9279	0.8622	0.0427	1.2402
陕西城镇居民消费收入弹性系数	0.7888	0.6393	0.6579	0.6499	0.9541	0.8551	0.5627	1.1165
陕西农村居民消费收入弹性系数	0.9958	0.9422	1.0339	0.9376	0.8984	0.8750	0.5026	1.4595

数据来源：根据历年《中国统计年鉴》整理

从表 6 可以看出，2014—2019 年，陕西农村居民消费收入弹性系数在大多数年份都接近于 1，表明陕西农村居民消费支出的增加速度与陕西农村居民可支配收入增加的速度大体接近，即陕西农村居民消费支出与可支配收入基本上同步增加。相比之下，陕西城镇居民消费收入弹性系数在大多数年份都较低，表明陕西城镇居民消费支出比可支配收入增加的速度慢。另外，由于 2020 年新冠肺炎疫情导致居民消费水平较低，2020 年陕西居民消费收入弹性系数远小于之前年份，而 2021 年居民消费收入弹性系数又远大于之前年份。

（四）陕西居民消费结构的城乡差异不大，生存性消费占比仍然偏高，消费层次有待提高

陕西居民消费支出逐年增加的同时，居民消费结构并不合理。根据《中国统计年鉴》中对居民消费支出的分类方法，可以将居民消费分为食品烟酒、衣着、居住、生活用品及服务、交通通信、教育文化娱乐、医疗保健、其他用品及服务等八类。2021年陕西居民居民消费支出结构、陕西城镇居民居民消费支出结构与农村居民消费支出结构见表7。

表7　2021年陕西居民、城镇居民与农村居民消费支出结构（单位：元）

指标	食品烟酒	衣着	居住	生活用品及服务	交通通信	教育文化娱乐	医疗保健	其他用品及服务
陕西居民消费支出	4671.9	1227.5	3625.3	1151.1	2154.8	2243.4	1977.4	413.3
陕西城镇居民消费支出	6376.3	1816.1	4641.2	1610.7	2890.8	3036.8	2528.5	613.8
陕西农村居民消费支出	2832.1	592.1	2528.6	655.0	1360.3	1387.0	1382.6	197.0

数据来源：根据历年《中国统计年鉴》整理

通过计算表7中各类居民支出与居民消费中支出的比重，可以得到陕西居民、陕西城镇居民和陕西农村居民各类消费支出的占比，具体如表8所示。

表8　2021年陕西居民、城镇居民与农村居民各类消费支出占比

指标	食品烟酒	衣着	居住	生活用品及服务	交通通信	教育文化娱乐	医疗保健	其他用品及服务
陕西居民消费支出占比	0.2675	0.0703	0.2076	0.0659	0.1234	0.1285	0.1132	0.0237
陕西城镇居民消费支出占比	0.2712	0.0772	0.1974	0.0685	0.1229	0.1291	0.1075	0.0261
陕西农村居民消费支出占比	0.2590	0.0541	0.2312	0.0599	0.1244	0.1268	0.1264	0.0180

数据来源：根据历年《中国统计年鉴》整理

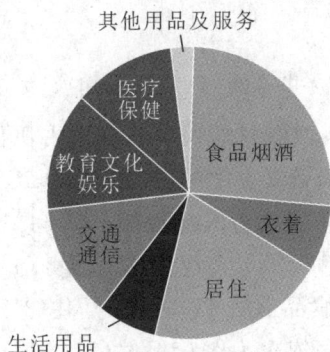

图5　2021年陕西居民消费支出结构

从图5与表8可以看出，在陕西居民消费支出占比位列前三的分别是食品烟酒、居住、教育文化娱乐，三者在居民消费支出中的占比分别为26.75％、20.76％、12.85％，其他支出在总消费支出中的占比顺序依次为交通通信（12.34％）、医疗保健（11.32％）、衣着（7.03％）、生活用品及服务（6.59％）、其他用品及服务（2.37％）。

2021年，湖北居民消费支出各项占比顺序依次为食品烟酒（27.6％）、居住（22.1％）、交通通信（13.1％）、教育文化娱乐（11.4％）、医疗保健（10.3％）、衣着（6.6％）、生活用品及服务（6.6％）、其他（2.3％），四川居民消费支出各项占比顺序依次为食品烟酒（33.4％）、居住（19.0％）、交通通信（13.3％）、医疗保健（10.0％）、教育文化娱乐（9.4％）、衣着（6.3％）、生活用品及服务（6.2％）、其他用品及服务（2.3％）。从居民消费支出结构来看，陕西与湖北、四川三地居民消费支出结构差别不大，都是以生存性消费支出为主。

从图6与表8可以看出，陕西城镇居民消费支出占比位列前三的分别是食品烟酒、居住、教育文化娱乐，三者在居民消费支出中的占比分别为27.12％、19.74％、12.91％，其他支出在总消费支出中的占比依次为交通通信（12.29％）、医疗保健（10.75％）、衣着（7.72％）、生活用品及服务（6.85％）、其他用品及服务（2.61％）。2021年，湖北城镇居民消费支出占比位列前三的分别是食品烟酒（27.8％）、居住（22.4％）、交通通信（12.4％），其他支出在总消费支出中的占比依次为教育文化娱乐（11.2％）、医疗保健（9.4％）、衣着（7.1％）、生活用品及服务（7.1％）、其他用品及服务（2.6％），四川城镇居民消费支出结构也有相似情形，居民消费支出各项占比顺序依次为食品烟酒（32.6％）、居住（18.7％）、交通通信（13.6％）、教育文化娱乐（10.5％）、医疗保健（9.0％）、衣着（6.8％）、生活用品及服务（6.0％）、其他用品及服务（2.7％）。由此可以看出，陕西、湖北与四川三地城镇居民消费支出结构相差并不大。

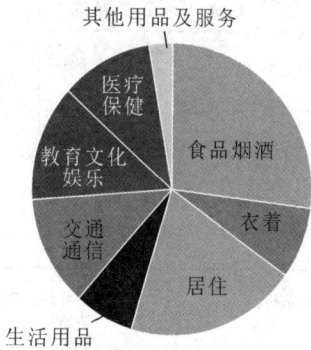

图6　2021年陕西城镇居民消费支出结构　　　图7　2021年陕西农村居民消费支出结构

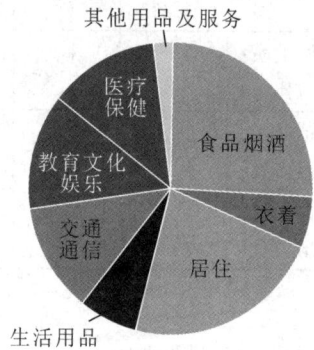

从图7与表8可以看出，陕西农村居民消费支出占比位列前三的分别是食品烟酒、居住、教育文化娱乐，三者在居民消费支出中的占比分别为25.90％、23.12％、12.68％，其他支出在总消费支出中的占比顺序依次为医疗保健（12.64％）、交通通信（12.44％）、生活用品及服务（5.99％）、衣着（5.41％）、其他用品及服务（1.8％）。2021年，湖北农村居民消费支出占比位列前三的分别是食品烟酒（27.2％）、居住（21.4％）、交通通信（14.5％），其他支出在总消费支出中的占比顺序依次为医疗保健（12.5％）、教育文化娱乐（11.8％）、生活用品及服务（5.5％）、衣着（5.4％）、其他用品及服务（1.7％），四川农村居民消费支出

结构与之类似，各项支出在总消费支出中的占比顺序依次为食品烟酒（34.7%）、居住（19.5%）、交通通信（12.9%）、医疗保健（11.5%）、教育文化娱乐（7.6%）、生活用品及服务（6.5%）、衣着（5.4%）、其他用品及服务（1.8%）。可以发现，陕西、湖北与四川三地农村居民消费支出结构相差也不大。

综上所述，陕西居民消费支出结构与湖北、四川两省的居民消费支出结构并没有太大的差异，生存性消费支出占比都较高。在陕西居民消费支出结构中，城乡居民消费支出结构基本相同，排在前三位的都是食品烟酒、居住与教育文化娱乐，三类支出总和占各类居民消费支出的 60% 左右。其他支出在陕西居民消费支出中占比的顺序也基本保持不变，仅是在农村居民消费支出中医疗保健支出与交通通信支出的顺序发生了变化，表明农村交通通信设施与城镇相比可能较为落后，因此在农村居民消费中这方面的支出相对较少。另外，从陕西城乡居民消费结构的差异也可以看出，虽然各类支出在居民消费支出中占比的顺序在城乡之间差异不大，但各类支出在居民消费支出中占比的大小却具有明显的城乡差异。通过对比陕西城乡居民消费支出占比可以看出，农村居民消费支出占比中居住支出占比为 23.12%，医疗保健支出占比为 12.64%，而城镇居民消费支出占比中居住支出为 19.74%，医疗保健支出为 10.75%，表明陕西农村居民居住支出与医疗保健支出在总消费支出中的比重远远大于城镇，这可能是因为居住支出与医疗保健支出都属于居民生活中的刚性支出，农村居民消费支出的重点仍然是刚性支出。

三、制约陕西居民消费水平提升的因素

（一）产品与服务供给质量不高，居民消费选择性小，导致居民"不想消费"

当前和今后一段时期，我国经济运行面临的主要矛盾仍然在供给侧，由于陕西省内科技创新和产业创新体系还不完整，造成产业供给质量并不高，供给结构也不能完全适应需求结构变化，产品和服务的品种、质量难以满足居民消费者对消费品多层次、多样化、高级化的市场需求。

1. 供需不匹配制约居民消费增长，部分高质量需求无法满足

陕西中等收入群体规模不断增加，奢侈品消费量也随之与日俱增，但中高端需求的增加却并未有效增加内部需求。需求侧结构性扭曲在微观上最突出的问题在于人民日益增长的美好生活需要和不平衡不充分发展之间的矛盾，需求结构升级没有带来供给的同步变化。高收入群体的高端消费由于供需结构性偏差难以得到满足，高品质、个性化的产品和服务供给不足使中高收入群体转向外部消费，一度出现过在国外"疯狂扫货"的现象。陕西传统中低端产业产能过剩而自主品牌中高端产品和服务供给不足共存的结构性矛盾严重阻碍了陕西居民消费的提高与升级。代工生产发展起来的制造业使得陕西缺乏具有自主知识产权的知名品牌，被迫长期走资源消耗型发展道路，省内不少企业缺乏资金进行技术改造和品牌建设，常常被锁定在价值链下游环节，产品形象较差，行业标准、产品质量和服务水平低，新产品开发能力不足，加之各种掺假售假的恶性事件引发境内消费者的信任危机，导致一部分居民需求外流。另外，新一代信息技术的快速发展改变

了消费者的诉求偏好和需求特征，而省内中高端和新兴产业的产品和服务起步较晚，想要做到快速响应从而得到消费者认可需要一个较长的过程。

2. 创新驱动培育新时代消费模式的能力不足

新时代消费方式从线下的银货两讫转向在线交易，在数字经济时代，物流、移动支付、网络平台等因素逐渐成熟，为人们使用 PC 客户端和移动客户端进行在线消费提供了坚实的基础，充分发挥了在线消费不受时空限制的优势，而且在线消费将各类商品集中在统一平台上，同时辅以其他消费者的消费评价，便于消费者挑选、对比，有效降低了消费者的消费成本。新时代消费内容从实物性商品为主转向实物性商品和数字化商品并重，互联网和数字技术的发展催生了各种信息、软件、视听娱乐等数字化产品，其销量也呈现数字化增长趋势。新时代消费模式从单一化走向多元化，新时代消费模式不再是简单的直接购买，其消费过程被附加了诸多元素，实现了对消费者动态需求的满足。但由于企业创新驱动所需的基础设施建设缓慢，导致新消费模式无法满足居民消费需求，尤其是边远地区、农村地区新消费所需基础设施建设滞后，互联网设施覆盖不足。即使在经济较发达的城镇地区，5G 网络、物联网、工业互联网、智慧城市等新型基础设施建设也存在很大缺口。新消费模式所需的相关设施配套性弱，配套设施运转成本高，导致新消费下沉不够。互联网尤其是移动互联网费用高、网速慢，制约了直播消费的发展。另外，新消费与现代物流发展不协调，配送服务能力和智能化水平不高；物流网络布局不合理，连通商家-平台仓库-城市配送中心-消费者的物流网络建设有待优化，社区物流"最后一公里"配送效率低。

（二）居民收入水平不高，居民消费能力不足，导致居民"不能消费"

影响居民消费的因素有很多，但最根本的还是居民收入水平，居民收入能力不足会直接影响居民消费水平的提升。

1. 陕西居民收入增长不高抑制了居民消费能力

居民收入水平是决定居民消费能力的关键因素，尽管陕西居民可支配收入每年都有所增加，但增长速度缓慢。在陕西居民收入构成中，占比最高的是工资性收入，这将进一步对居民收入水平的提高形成制约。根据国家统计局的界定，居民家庭性收入包括工资性收入、经营净收入、财产净收入以及转移净收入四项。陕西居民家庭性收入全面增长，人均工资性收入占比最高。2021 年陕西居民家庭性收入具体情况为：陕西居民人均工资性收入 15 228 元，同比增加 1184 元，增长 8.4%，占可支配收入的比重为 53.5%；陕西居民人均经营净收入 3710 元，同比增加 242 元，增长 7.0%，占可支配收入的比重为13.0%；陕西居民人均财产净收入 1840 元，同比增加 233 元，增长 14.5%，占可支配收入的比重为 6.4%；陕西居民人均转移净收入 7798 元，同比增加 683 元，增长 9.6%，占可支配收入的比重为 27.3%。工资性收入在居民收入中比重过高，居民收入更多来自劳动密集型行业，在劳动密集型行业平均利润率整体较低的情况下，居民收入水平很难获得较大幅度的提高。

2. 陕西居民收入不平等加剧，抑制了居民消费需求

收入不平等的加剧会使高收入家庭相对收入增加，高收入家庭的边际消费倾向更低。收入差距的扩大会使居民消费率降低，储蓄率上升，进而抑制居民消费需求，拉低居民平均消费倾向。这是因为，收入分配差距拉大，新增的收入主要流入高收入家庭，由于边际消费倾向递减规律的作用，高收入家庭的消费倾向显著低于低收入家庭，新增收入流向高收入家庭只会增加其财富，增加其储蓄，很少用于消费。低收入家庭虽然有较高的边际消费倾向，但较低的收入水平导致其消费能力无法提升，使得新增收入的消费倾向走低，从而拉低了整个社会的居民消费水平。以城乡收入差距为例，2021 年上半年陕西居民收入水平在全国 31 个省份中居第 18 位，较上年同期下降一个位次，陕西人均可支配收入增速低于全国平均增速 0.8 个百分点。陕西城镇居民人均可支配收入 20 346元，在全国 31 个省份中居第 18 位，较上年同期下降一个位次，同比增长 9.8%，增速低于全国平均增速 1.6 个百分点，扣除价格因素实际增长 8.6%，比 2019 年上半年增长13.3%，两年平均增长 6.4%，扣除价格因素两年平均实际增长 4.0%；农村居民人均可支配收入 7448 元，在全国 31 个省份中居第 21 位，位次与上年同期持平，同比增长 15.1%，增速高于全国平均增速 0.5 个百分点，扣除价格因素实际增长 14.3%，比 2019 年上半年增长 20.5%，两年平均增长 9.8%，扣除价格因素两年平均实际增长 7.4%。尽管农村居民收入增速快于城镇居民，但城乡居民收入仍存在较大差距，城镇居民人均可支配收入高于农村居民人均可支配收入，城镇居民的平均消费倾向以及边际消费倾向都比农村居民低，这也恰恰说明了随着居民收入水平的提高，居民储蓄会增加，将抑制居民消费需求。

（三）陕西居民对未来预期不稳定，居民消费有后顾之忧，导致居民"不敢消费"

社会保障制度是经济社会的安全阀和减震器，对于促进经济发展和保障改善民生具有关键作用，完善的社会保障制度可以为居民消费解决后顾之忧。

1. 社会保障体系不健全导致居民消费有后顾之忧

完善的社会保障体系是释放消费需求的重要手段。居民的谨慎性动机一般较为强烈，习惯于进行较大比例的预防性储蓄，以备将来不时之需或应急使用，从而带来较大程度的消费压抑。社会保障体系不健全会增加居民对未来不确定性的预期，增加消费压抑，降低现时消费的积极性。居民为应对未来的不确定性，消费者会抑制自身消费需求，增加储蓄而降低消费水平，以便在将来能够依靠自身积蓄来应对各种各样的风险。社会福利及相关服务发展滞后的现实使养老服务与儿童福利成了现实短板，即使收入偏高的老年人与家庭也难以获得充分有效的基本公共服务，既影响民生质量持续改善，也难以释放出居民消费潜力。在医疗保障中，只能依靠基本医疗保险支撑，医疗救助托底功能有限，慈善、互助医疗缺乏规范引导，商业健康保险并未真正形成市场。在这种情形下，高收入者不能通过市场机制获得更加全面的健康保障，中低收入群体还会面临着巨大的重大疾病风险，分割设立的职工与居民医保制度不能共济，重大疾病仍是城乡居民的现实之忧，居民须为未来留足预防性储蓄，从而减少居民的现时消费。

2. 社会保障覆盖范围离"应保尽保"还有较大距离

尽管近年来从全国到陕西全省都加大了社会保障制度建设和投入的力度，越来越多的人被纳入到社会保障范围中，尤其是医疗、养老保险的覆盖面拓展成效显著，但仍有不少人群没有机会获得相应的社会保障，社会保障尤其是社会保险所基本实现的"制度全覆盖"与"人群全覆盖"目标相比仍有一定差距，人人享有社会保障的目标尚未完全实现，这与人民群众的美好生活需求存在差距。在"人群全覆盖"方面，灵活就业人员、新业态从业人员、自由职业者、贫困人员等群体的社会保障依然不足，而这些群体恰恰更需要社会保障。从具体项目来看，医疗保险、养老保险的覆盖率相对较高，而失业保险、工伤保险的覆盖率相对较低。在脱贫攻坚过程中，最低生活保障和社会救助得到了较好的发展，但是老年人福利、残疾人福利、妇女儿童福利、基本公共服务等服务型社会保障的覆盖面还存在较大差距。社会保障制度覆盖面不足导致部分家庭、部分人群未能获得社会保障提供的保护作用，为了应对未来可能遇到的不确定性，这些家庭与人群会增加预防性储蓄以应对未来不确定性，减少现时消费，进而抑制居民消费水平提高。

3. 公共转移支付精准聚焦度不足

公共转移支付中的低保、特困补助、退耕还林补助具有较好的贫困瞄准率，可以在有效缩小农村收入不平等的同时减缓贫困。陕西公共转移支付的转移力度大，可以直接增加农村居民收入，降低农村收入贫困发生概率。另外，公共转移支付还具有良好的溢出效应，比如养老金收入在增加农村老人收入的同时还增进了农村老人的主观幸福感与消费能力。但是，公共转移支付会直接增加家庭现期的可支配收入，面对增加的可支配收入，贫困家庭是选择用于储蓄以备不时之需，还是选择增加当期的医疗、教育、食品支出，贫困家庭消费决策上的差异将会影响公共转移支付的减贫效果。增加储蓄虽然可以降低家庭贫困脆弱性，但是对于亟须改善家庭可行能力的贫困家庭来说，直接增加教育、医疗等方面的支出可能更加合理。公共转移支付不仅能够促进城乡家庭医疗保健、食品支出和现金存款的增长，而且还可以促进农村家庭教育培训和服装衣着支出的增加。对于城市和农村家庭来说，收到的公共转移支付除了优先用于增加家庭的医疗保健、食品支出，还会被储蓄起来以备不时之需，而且储蓄额的增幅最大。尤其是对于农村家庭来说，公共转移支付能够通过增加家庭教育培训、医疗保健、食品支出和储蓄存款的方式促进成员人力资本积累，改善家庭福利状况，降低家庭的贫困脆弱性，进而提升居民消费水平。

四、提升陕西居民消费水平的路径

提升陕西居民消费水平的路径主要表现在三个方面：一是要增加居民消费的可选择性，使居民"想消费"，这需要通过创新驱动、高质量供给引领和创造新需求；二是要提高居民消费能力，使居民"能消费"，这需要保障和稳定就业水平，提高居民收入水平；三是要减少居民消费的不确定性，使居民"敢消费"，这就要完善社会保障制度，进一步保障和改善民生。

（一）以创新驱动、高质量供给引领和创造新需求，使居民"想消费"

要提升陕西居民消费水平，必须坚持深化供给侧结构性改革，提高供给体系对境内需求的满足能力，以创新驱动、高质量供给引领和创造新需求，使居民"想消费"。在坚持以供给侧结构性改革为主线的过程中，还需高度重视需求侧管理，坚持扩大内需这个战略基点，始终把实施扩大内需战略同深化供给侧结构性改革有机结合起来。

1. 以创新驱动培育和引领居民消费新模式

积极鼓励企业端创新、针对居民需求完善供给。随着互联网、大数据、人工智能、云计算、5G 等新技术在商业和生活领域中的广泛应用，数字经济将迎来发展高潮。考虑到疫情防控常态化的现实，陕西应顺势而为、因势而变、借势而强，大力发展"网上餐厅""网上药房""网上书店"等居民生活类消费的数字化模式，促进线上线下融合互动；构建"智能＋"消费生态体系，拓展定制消费、智能消费、体验消费等新兴消费领域，建设"智慧商家""智慧街区""智慧景点""智慧商圈"等，开启"云逛街""云观赏""云体验"等居民消费新模式；鼓励省内传统商贸企业采用物联网、大数据等科技手段实现数字化转型，以移动电商、远程诊疗、线上教育、社群营销等新型居民消费模式增强内需活力、激发消费动能，通畅经济大循环。另外，要继续加快布局新基建，积极开展大数据中心、人工智能、工业互联网、5G 等支撑数字消费升级的基础设施建设，加快"赋能"国内大循环；支持通信运营商加快建设一批 5G 消费体验中心，广泛推进城乡居民的 5G 消费；扩大无人配送、无人仓储、智能自提等前沿技术的应用，建设智能化、集约化、绿色化的现代流通体系，实现供应方、中间商、消费者、产品和服务、营销推广、物流配送、回收处理等的全流程数字化运营。

2. 优化供给侧结构性改革，创造居民消费新需求

面对个性化、差异化、品质化的消费需求，陕西必须不断提高产品质量，扩大优质产品、中高端消费品以及医疗养老保险和教育等服务的优质供给，推动供需协调匹配；完善产业配套体系，加快产业链上下游、产供销的有效衔接，加快产品和服务的标准升级和国际标准转化应用；打造中高端自主品牌，实施品种、品质、品牌齐头并进的发展策略，努力做新品、精品、名品，提升品牌影响力和产业竞争力。同时要从提供有效供给和创新供给路径两个方面入手，结合供给侧结构性改革的要求和居民消费需求趋势，加大特色优质产品供给，着重发展中医药健康、文化旅游、信息、绿色等消费领域，形成新的消费热点。在中医药健康消费方面，应以新冠肺炎疫情下中医的功能发挥为契机，充分挖掘陕西中医治疗和养生功能及其博大精深的文化内涵，加快实现陕西中药经典名方产业化，大力发展以中医为基础的陕西健康服务业，推广中医特色疗法、独特技法，并将其与养老服务、康复护理、养生保健、体育运动、休闲饮食等相融合。在文化旅游消费方面，应重点围绕陕西省内文化旅游、红色旅游、乡村旅游等方面开发新的特色旅游产品，借助智慧旅游平台促进线上旅游消费，支持省内各地的博物馆、艺术展览馆、自然景区、城市公园、特色街区等适当延长营业时限，繁荣和发展夜间文化旅游经济，大力发展增强现实、虚拟现实、5G 等新技术，通过技术和商业的融合，推动文创设计、动漫游戏、互动新媒体、数字出版等一批陕西新兴文化产业的消费扩容提质。在信息消费方面，应从硬件和软件两方面着手，努力营造优良的数字消费环境，积极推广陕西智慧家居、数字家电、智能汽车等新型信息消费产品。在绿色消费方面，应通过政府财政补贴或税费减免方式，引导消费者购买使用节能住宅、新能源汽车、可回收材料等绿色环保产品，同时要加强全民生态文明教育，践行绿色发展理念。

（二）推动扩大就业和提高收入水平，提升居民消费能力，使居民"能消费"

居民收入水平直接决定居民消费能力。虽然我国长期以来的劳动力低成本工业化战略以及生产建设型财政体制促进了经济快速增长，但国内居民收入水平提升速度与经济增速并不匹配。

1. 坚持经济发展就业导向，保障居民收入水平稳步提高

就业是民生之本，劳动所得是居民消费的基本保障。陕西要坚持经济发展就业导向，扩大就业容量，提升就业质量，促进更充分就业，大力促进就业、支持创业，强化对中小微企业这一就业最大"容纳器"的财税支持，激发企业创新发展活力，通过"保市场主体"带动"保居民就业"进而"保居民收入"，使陕西居民人均可支配收入增速与经济增速保持一致或同步。同时，陕西要进一步加强对城乡低收入群体的帮扶力度，依托互联网信息技术等手段开展培训再教育，降低结构性失业；扩大中等收入群体，努力使居民收入增长快于经济增长；要坚持按劳分配为主体、多种分配方式并存，提高劳动报酬在初次分配中的比重，着力提高低收入群体收入；要贯彻尊重劳动、尊重知识、尊重人才、尊重创造方针，健全各类生产要素由市场评价贡献、按贡献决定报酬机制，完善按要素分配政策制度，在保障工资收入的基础上，建立居民收入增长的长效机制，重点提高居民的财产性收入，多渠道增加城乡居民财产性收入，适当调节收入分配和支出结构，增加国民收入在初次分配中的劳动收入占比。

2. 坚持共同富裕方向，改善收入分配格局

陕西要进一步贯彻落实十九大报告提出的"完善按要素分配的体制机制"举措，深化收入分配制度改革，逐步缩小陕西居民收入差距。陕西地方政府部门应引导社会资源适当向中低收入群体倾斜，保持社会阶层的流动性，防止贫困和低收入问题固化；要继续坚持减税降费大方向，应进一步优化完善个人所得税制度，通过增加高收入群体税收的方式为低收入群体提供更多的税收减免和优惠政策，实现收入公平分配。由于新冠肺炎疫情的冲击，我国低收入群体面临更高的收入下降风险和更严峻的就业形势，收入分配可能因此恶化，陕西地方政府部门应进一步推出针对个体工商户和小微企业的减税降费政策，帮扶受到冲击的个体和企业顺利渡过难关；在合理的空间内进一步降低增值税税率，普惠性减轻消费者的税收负担，及时推出促进旅游等服务业消费的税收优惠措施，强化税收对收入再分配的调控力度，着力提升具有较高消费倾向的中低收入群体消费能力，提高其消费意愿，有效释放其消费需求；应加快基础设施投资以稳定经济、带动就业，降低因新冠肺炎疫情对收入分配造成的负面影响，从而保证居民消费需求。

3. 保障农民收入提升农村居民消费水平

无论是从陕西农村居民消费在居民收入中的占比看，还是从陕西农村居民消费与陕西农本居民收入的增速看，陕西农村居民消费会成为提升陕西居民消费水平的下一个重点领域。因此，必须保障陕西农村居民收入稳步增加，这样才能保障陕西农村居民消费

水平的提升。作为农村居民的主要收入来源，农业收入必不可少。陕西应继续积极推进乡村振兴战略，努力拓宽农民的增收渠道，加大对农业的保护，提供必要的农业扶持政策，降低农业赋税和农药、化肥等成本开支，建立农业保护体系，制定有效的农副产品保护收购政策，增加农民的现金收入。政府还需要进一步提升农业科技水平，增加对农产品的科技投入，在农副产品出口方面需要制定合理的进出口策略和方针，适时、适宜调整农产品进出口价格，为农民收入提供更多的保证。

（三）健全多层次社会保障体系，进一步保障和改善民生，使居民"敢消费"

社会保障体系是居民生活的安全阀与减震器，健全多层次社会保障体系，可以减少居民对未来的不稳定预期，消除居民消费的后顾之忧。

1. 增加公共转移支付规模并提高其投入的精准性

政府的公共转移收入能够为居民提供相对稳定的保障，降低预防性储蓄动机，为家庭消费提供有力的支撑。因此，应将陕西城乡困难家庭和失业、返乡群体及时纳入最低生活保障范围，落实对因灾因病暂时遭遇困难群体的社会救助，做到应保尽保、应补尽补。转移性收入在中低收入群体中更能发挥其积极作用，因此陕西应着力推进针对弱势群体的保障性转移支付制度化，确保弱势群体能从中受益。在新冠肺炎疫情影响下，有必要对受冲击严重的家庭给予常态化的扶持与补贴，通过政策性就业、现金转移支付等方式提供保障。同时，要进一步提高公共转移支付投入的精准性，建立公共转移的绩效考评机制，考核对居民发放现金及实物补贴前后的困难情况及生活水平，根据考核结果问责并及时调整补助方案；采取代理家计调查、新媒体宣传以及宣传栏公示等多种方式杜绝"关系户"和"寻租"等现象的发生，使政府补助切实送达到真正需要帮扶的居民手中；考虑将转移支付额与其受惠者的收入状况挂钩，让中低收入群体获得更多的公共转移收入。

2. 扩大社会保险覆盖范围，尽量做到"应保尽保"

当社会保险覆盖范围更广、补偿更高时，居民为了应对未来不确定性进行的预防性储蓄就会更少，居民家庭消费自然可以呈现更高的增长。因此，社会保障要从"广覆盖"走向"全覆盖"，从"制度全覆盖"走向"人群全覆盖"，让各类家庭、各类人群均有享受社会保障的机会。针对低收入群体、灵活就业人员、新业态就业人员等参保困难群体，陕西地方政府部门应进一步扩大社会保障覆盖面，提升社会保险参保率，实现人人享有基本社会保障的目标；要持续推进社会保障网络建设，提高社会保险的覆盖面、公平性和可持续性，加强对基本医疗、教育和低保的投入力度，以及对生活困难群体的财政补贴和转移支付力度，提高失业保险的覆盖面；应积极引导基本医疗保险的发展与农村人口老龄化发展趋势相适应，根据现实情况的变化来动态调整基本医疗保险的三大目录，应根据疾病的严重程度、治疗难度、治疗费用等合理确定大病保险的保障范围，不应将合规医疗费用界定在基本医疗保险三大目录规定范围之内。

3. 健全多层次社会保障体系，保障和改善民生

完善社会保障体系是降低预防性储蓄，提升居民消费水平的有效途径。陕西地方政

府部门应健全多层次社会保障体系，探索建立社会保障长效机制，支撑投资和消费；精准打好教育、医疗、住房"三保障"硬仗，真正实现学有所教、病有所医、住有所居，要在未来一段较长时间内保持房价基本稳定，既严格控制房价上涨，也慎防房价下跌，优先发展公共租赁房、集体土地租赁房、企业自持租赁房、政策性产权房等保障性住房；引入更多医院竞争和医药分流，降低居民的医疗开支；加强对财政预算和财政支出的法律监督和民主监督，减少政府无效投资，杜绝财政经费的浪费和支出的随意性；持续减压党政机关行政经费，提高大病报销比例和养老金发放额度等，给予贫困学子更多经济上的资助，尽可能解决因病致贫，尽量做到老有所养、学有所助。此外，政府需要积极出台对应政策，提升针对农村居民的社会保障水平，完善社会保障制度并进行及时宣传，加强农村居民的消费意识，加强养老保险意识，让老年人能"老有所依"；健全医疗保险制度，让老百姓用药放心、花钱省心；提高财政补助，使农村居民将更多储蓄用于消费。

五、结语

习近平总书记提出加快形成以国内大循环为主体、国内国际双循环相互促进的新发展格局，是根据我国发展阶段、环境、条件变化作出的战略决策，是事关全局的系统性深层次变革。构建"双循环"新发展格局，提升居民消费水平以扩大内需至关重要。陕西居民消费水平尽管逐年提高但总体水平并不高，如何在"双循环"背景下提升陕西居民消费水平就成为一个迫切需要解决的问题。本文通过对2013—2021年陕西居民可支配收入、居民消费数据的分析，发现陕西居民人均消费支出总体水平虽逐年增加，但仍低于全国平均水平；陕西城镇与农村居民消费支出水平差异在逐年减小，但差异化程度仍然较大；陕西农村居民消费支出与人均可支配收入基本上同步增加，但陕西城镇居民消费支出增加速度比人均可支配收入增加速度慢得多；陕西居民消费结构的城乡差异不大，生存性消费占比仍然偏高，消费层次有待提高。此外，还分析了制约陕西居民消费水平提升的因素，包括产品与服务供给质量不高，居民消费选择性小，导致居民"不想消费"；居民收入水平不高，居民消费能力不足，导致居民"不能消费"；居民对未来预期不稳定，居民消费有后顾之忧，导致居民"不敢消费"。在此基础上，本文提出"双循环"背景下提升陕西居民消费水平的路径，即提升陕西居民消费水平要以创新驱动、高质量供给引领和创造新需求，使居民"想消费"；推动扩大就业和提高收入水平，提升居民消费能力，使居民"能消费"；健全多层次社会保障体系，进一步保障和改善民生，使居民"敢消费"。

参 考 文 献

[1] 刘鹤. 加快构建以国内大循环为主体、国内国际双循环相互促进的新发展格局[N]. 人民日报，2020. 11. 25，第 006 版.

[2] 江小涓，孟丽君. 内循环为主、外循环赋能与更高水平双循环：国际经验与中国实践[J]. 管理世界，2021，(1)：1-18.

[3] 余淼杰. "大变局"与中国经济"双循环"发展新格局[J]. 上海对外经贸大学学报, 2020, (11)：19 - 28.

[4] 徐奇渊. 双循环新发展格局：如何理解和构建[J]. 金融论坛, 2020, (9)：3 - 9.

[5] 姚树洁, 房景. "双循环"发展战略的内在逻辑和理论机制研究[J]. 重庆大学学报 (社会科学版), 2020, (6)：10 - 23.

[6] 王一鸣. 百年大变局、高质量发展与构建新发展格局[J]. 管理世界, 2020, (12)：1 - 12.

[7] 黄群慧. "双循环"新发展格局：深刻内涵、时代背景与形成建议[J]. 北京工业大学 学报(社会科学版), 2021, (1)：9 - 16.

[8] 毛中根, 谢迟, 叶胥. 新时代中国新消费：理论内涵、发展特点与政策取向[J]. 经 济学家, 2020, (9)：64 - 74.

[9] 万晓琼, 王少龙. 中国居民家庭的消费趋势及特征[J]. 武汉大学学报(哲学社会科 学版), 2021, (5)：119 - 130.

[10] 甘犁, 赵乃宝, 孙永智. 收入不平等、流动性约束与中国家庭储蓄率[J]. 经济研 究, 2018, (12)：34 - 50.

[11] 彭薇, 熊朗羽. 经济新常态下供给侧结构性改革与居民消费升级：基于"改革门 槛"与"消费黏性"的视角[J]. 暨南学报(哲学社会科学版), 2021, (4)：55 - 68.

[12] 王林生. 互联网文化消费的模式创新及发展趋势[J]. 深圳大学学报(人文社会科 学版), 2018, (11)：55 - 63.

[13] 依绍华. 新消费崛起促进消费和产业双升级[J]. 人民论坛, 2020, (7)：33 - 35.

[14] 范亚辰, 谭静. 疫情倒逼下中国居民消费体系转型升级研究[J]. 地方财政研究, 2020, (10)：27 - 41.

[15] 张鹏, 徐志刚. 公共转移支付的城乡减贫效应差异分析：基于多维贫困视角[J]. 地方财政研究, 2020, (1)：78 - 84.

[16] 龙玉其, 王延中, 宁亚芳. "十四五"时期社会保障发展的目标思路与关键举措 [J]. 经济学动态, 2020, (8)：105 - 118.

[17] 郑功成. 面向 2035 年的中国特色社会保障体系建设：基于目标导向的理论思考与 政策建议[J]. 社会保障评论, 2021, (1)：3 - 23.

[18] 朱海龙, 陈宜. 社会主要矛盾转化下的社会保障制度发展：理论深化与制度优化 [J]. 北京师范大学学报(社会科学版), 2021, (2)：132 - 143.

[19] 张震宇. 乡村振兴背景下完善农村地区基本社会保障制度的思考[J]. 农业经济, 2021, (7)：66 - 68.

[20] 白重恩, 李宏彬, 吴斌珍. 医疗保险与消费：来自新型农村合作医疗的证据[J]. 经济研究, 2012, (2)：41 - 53.

[21] 刘乐峥, 陆逸飞. 税收促进消费的理论逻辑与政策选择[J]. 税务研究, 2021, (5)：104 - 107.

[22] 鄢洪涛, 杨仕鹏. 基本医疗保险对农村居民消费的影响研究[J]. 中国卫生经济, 2021, (7)：48 - 52.

［23］ 石明明. 论"双循环"中如何发挥消费的基础性作用［J］. 商业经济与管理，2021，
　　　（4）：17－25.

［24］ 李世美，谭宓，狄振鹏. 双循环新格局下我国居民消费升级的制度经济学分析
　　　［J］. 重庆社会科学，2020，（12）75－87.

［25］ 杨远根. 国内大循环、乡村振兴与财政政策优化［J］. 改革，2021，（8）：52－63.

作 者 简 介

王赟杰：西安外事学院商学院副教授

数字供应链金融背景下小微企业
融资方式创新研究

张爱辉

我国正着力构建以国内大循环为主体、国内国际双循环相互促进的新发展格局，旨在提升产业核心竞争力和抗风险能力，重塑产业链与供应链。供应链金融作为产融结合的创新服务模式，承载了保障供应链稳定、优化供应链运营效率的历史使命，是破解小微企业融资难题的重要手段。当前，在金融科技赋能和数字经济蓬勃发展的背景下，供应链金融正呈现数字化、智能化的发展趋势，逐渐向数字供应链金融演变。数字供应链金融将有助于打破传统供应链金融的桎梏，把握新发展格局中的产业发展机遇，展现出金融服务实体经济的新理念。本文通过分析数字供应链金融背景下小微企业的四种数字融资方式，并基于数字平台的应用程度，提出了数字供应链金融背景下小微企业融资方式的创新选择，并针对陕西地区提出相关建议措施。

一、数字供应链金融背景下小微企业融资模式分析

由于数字化技术的应用渗透，供应链金融在不动产或知识产权质押物价值估测、参与主体信用评估以及资金回收、风险控制等功能设计方面均发生了巨大的变革。随着数字技术的创新融入，数字供应链金融呈现出精准性管理服务、网络型信用增进和智能化风险控制的禀赋特性，本文将重点探讨小微企业在不同模式下应用数字供应链的运作流程。

（一）数字供应链应收账款融资模式

数字供应链应收账款融资模式通常发生在小微企业的销售环节，处于上游供应商的小微企业以应收账款作为质押申请贷款，筹集资金进行下一轮生产，以客户未来偿付款作为还款来源。数字供应链应收账款融资模式流程如图1所示。

具体业务流程主要如下：

（1）小微企业与下游采购商签订售销合同，并以应收账款作为质押物在线申请贷款。

（2）平台利用区块链、物联网技术对上下游企业的经营情况、还款能力、信用水平进行全方位的审查与评估，并将评估报告提交给金融机构。

（3）金融机构结合上下游企业线上评估报告及线下征信记录等进行多维度综合评估。

（4）金融机构向小微企业提供授信，由平台支付结算中心将款项划拨给小微企业。

（5）供应链下游企业将作为还款来源的销货收入划拨给平台支付结算中心，平台将本息偿付给金融机构，余款划转给小微企业。

（6）金融机构获得本次融资的本息，应收账款质押合同自动失效。

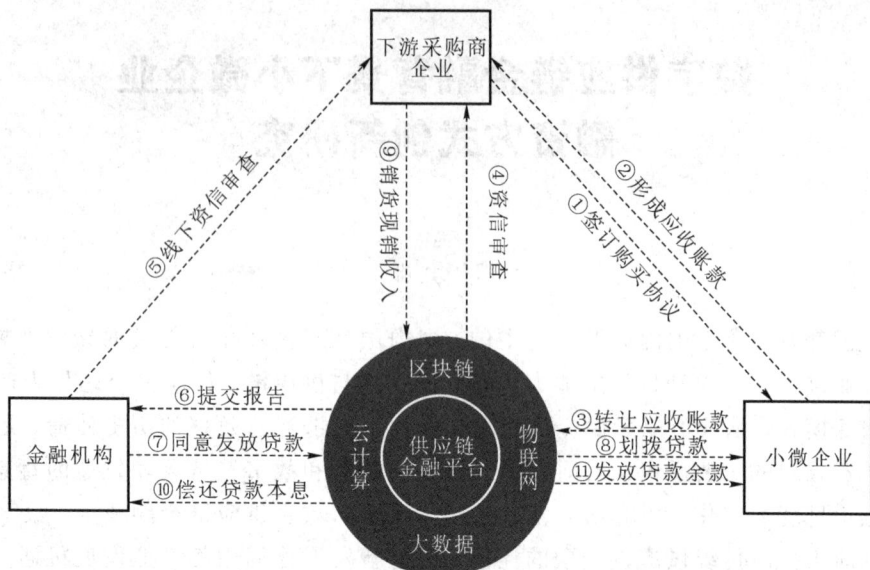

图 1　数字供应链应收账款融资模式流程图

在上述业务流程中，应收账款的真实性、应收账款的质量和客户未来偿付款是数字供应链应收账款融资模式运作的关键控制点。由于区块链技术的应用，基于时间戳的链式区块结构能够实现每一笔交易过程的可追溯，防范上下游企业以虚假销售活动骗取贷款，同时平台中的相关主体全部参与记账，共同对应收账进行绩权的有效管理，保证应收账款债权的真实性；此外，平台运用大数据建立的企业信用档案库能够持续、实时更新档案内容，结合云计算技术实现债权质量的综合审核，并利用智能化合约完成在线自动审批下款。数字供应链应收账款融资模式严密的流程体系能够保证客户未来偿付款及时回流金融机构。

（二）数字供应链存货质押融资模式

数字供应链存货质押融资模式通常发生在有存货质押物的小微企业，要求通过物联网、云计算等技术对小微企业的动产质押实施动态监控和价值评估，由小微企业以存货作为质押物向金融机构申请贷款，并且以其未来存货销售的资金流入作为还款来源。数字供应链存货质押融资模式流程如图 2 所示。

具体业务流程主要如下：

（1）小微企业凭借拥有的存货，向供应链金融平台在线申请存货质押贷款。

（2）平台利用区块链、物联网技术对上下游企业的经营情况、还款能力、信用水平进行全方位的审查与评估，并将评估报告提交给金融机构。

（3）金融机构结合小微企业线下资信状况对其进行多维度评估，并作出授信决策。

（4）平台与小微企业签署质押合同，并要求其将存货移存至指定的同城物流企业。

（5）物流企业验收存货并对存货状态进行不间断的监管，为金融机构放款提供即时数据。

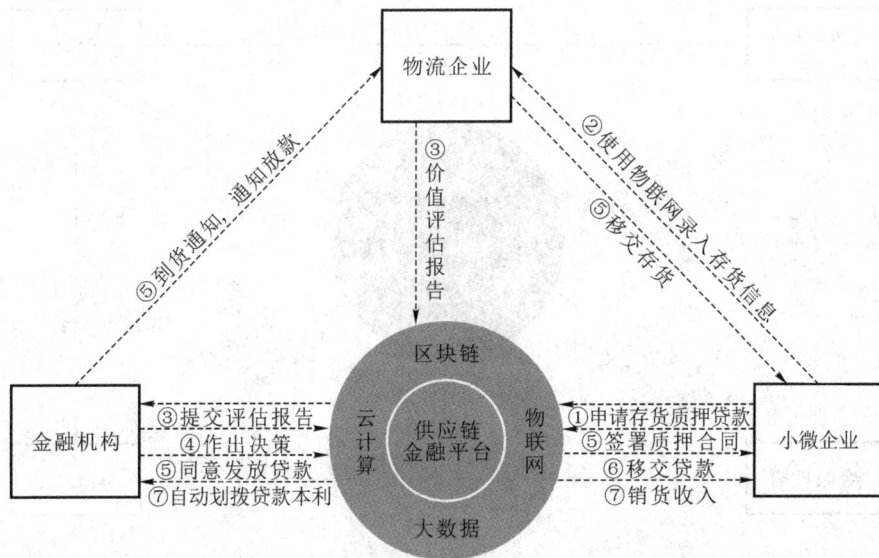

图 2　数字供应链存货质押融资模式流程图

（6）小微企业的货物收入由平台支付结算中心自动、足额划拨到金融机构，贷款偿还完毕则质押合同失效。

上述业务流程表明，存货监控和价值评估、存货质押以及存货未来销售收入还款是数字供应链存货质押融资模式运作的关键控制点。在数字供应链存货质押融资模式下，要求供应链金融平台建立庞大的物联网系统，在此系统中，小微企业可通过二维码识读设备、红外感应器、射频识别装置等信息接收器实时、精确地掌握存货相关信息，将线下存货转化为线上数据，对存货进行监控和价值评估；同时通过视频监控及频射技术实现对存货地点转移、物品缺失及毁损情况的移动报警与实时监控，借助供应链金融平台，物流企业与金融机构实现质押物信息实时共享，金融机构可随时查看质押物现时信息，并可做到"一键解押"，提高存货质押融资效率，以更好地适应小微企业融资"短、频、快"的特点。

（三）数字供应链预付账款融资模式

数字供应链预付账款融资模式主要发生在小微企业的采购环节，强调小微企业与上游供应商签订承诺回购契约，并利用平台指定物流企业确认的既定仓单向金融机构申请贷款，最终以小微企业未来销货收入为还款来源。数字供应链预付账款融资模式流程如图 3 所示。

具体业务流程如下：

（1）小微企业和上游供应商签订购销协议，并据此在线申请预付账款融资。

（2）平台通过大数据技术抓取小微企业与上游供应商的生产和交易场景，借助云计算技术对交易数据进行提取、整合、分析，生成信用评估报告，传递给金融机构。

（3）金融机构结合小微企业线下资信情况进行多维度的评估。

（4）平台与上游供应商签订回购及质量保证协议，与物流企业签订仓储监管协议。

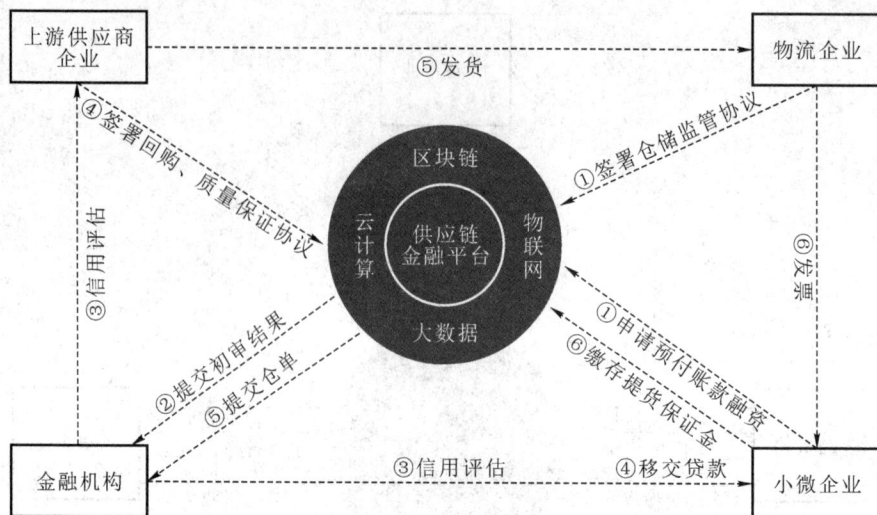

图3　数字供应链预付账款融资模式流程图

（5）平台通知上游供应商向指定物流企业仓库发货，物流企业通过物联网技术采集货物信息并生成电子仓单，与金融机构实时共享。

（6）小微企业提交取货保证金，金融机构在线向物流企业发布指令，释放相应金额的货物提货权给小微企业。

根据上述业务流程，上游供应商承诺回购、物流企业提供仓单质押及小微企业未来销货收入还款是数字供应链预付账款融资模式运作的关键控制点。利用大数据的深度挖掘功能，从庞大的数据库中追溯供应链主体间的真实贸易活动并建立耦合关系，进行全方位分析，明晰上游供应商承诺回购的信用情况；通过物联网中的电子标签技术，使得线上线下货物数据对接，24小时智能库管和远程定位保证质押货物的安全性，同时大数据和云计算技术结合对质押物的商品价格波动进行监测，为金融机构调整授信额度和利率提供便利。此外，在数字技术的支持下，遵循严密的自偿逻辑设计智能化合约，确保小微融资企业销货收入用于还款，这种供应链闭合资金回流程序设计可以防范资金回收风险。

（四）数字供应链知识产权质押融资模式

数字供应链知识产权质押融资模式适合于小微企业与合作伙伴之间存在知识产权转让的交易场景，要求利用数字化技术搭建无形资产相关信息共享模块，小微企业利用对受让企业知识产权未来收益权作为质押物向金融机构贷款，以受让企业应付的知识产权转让费作为还款来源。数字供应链知识产权质押融资模式流程如图4所示。

具体业务流程如下：

（1）小微企业在政府相关部门进行知识产权登记，平台通过标准化接口引入政府相关部门（如科技管理部门、知识产权交易中心等）掌握的知识产权信息。

（2）平台依靠数字技术搭建无形资产信息共享模块，实现小微企业与受让企业对接，签订知识产权使用或转让协议。

（3）小微企业在线提交知识产权质押贷款申请。

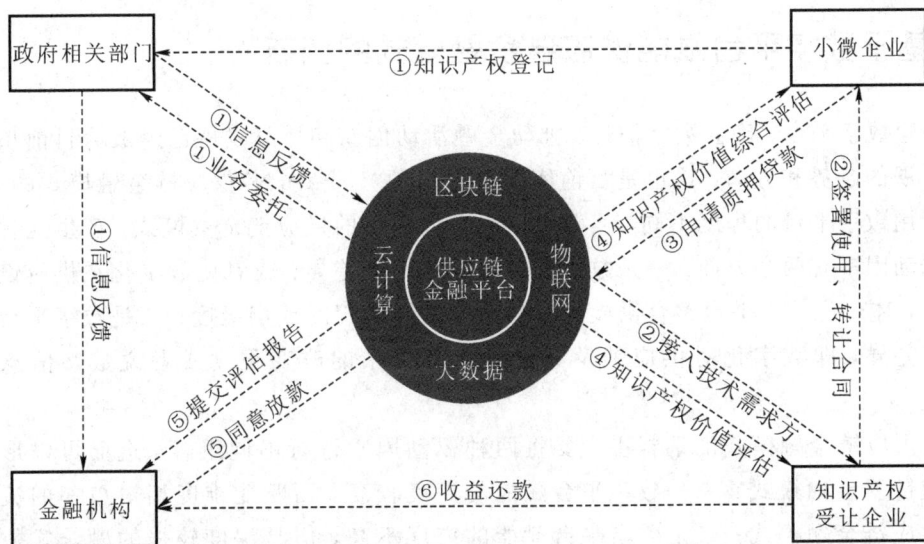

图 4　数字供应链知识产权质押融资模式流程图

（4）平台利用数字技术对知识产权信息进行筛选与判断，评价小微企业知识产权的应用价值、未来收益及其经营状况、发展潜力、技术前景等，分析受让企业应用知识产权前后经营和利润状况。

（5）金融机构根据平台提交的评估结果和技术供需双方签订的协议，结合小微企业线下资信情况和受让企业的经营业绩、信誉状况作出贷款决策。

（6）受让企业利用专利、商标等无形资产组织生产，并按照协议约定的转让费作为小微企业的贷款还款来源。

综合上述业务流程，知识产权信息共享和价值评估、知识产权收益权质押以及知识产权转让费还款是数字供应链知识产权质押融资模式运作的关键控制点。利用互联网、大数据等技术建立知识产权共享模块，可以克服小微企业与无形资产受让企业之间的信息不对称，实现供应链内部优势资源共享；借助大数据、云计算和人工智能等技术对知识产权的可行性、市场价值、未来发展前景进行综合分析与评价，可以快速地对知识产权价值进行合理的价值判断，其中知识产权收益权是供应链金融的核心质押物，属于权利质押的担保范畴，受让方运用知识产权后创造的新增利润是小微企业收取知识产权转让费的重要来源。因此，平台需要结合数字化技术的应用，核查知识产权收益权是否具备担保性，掌握受让方运用无形资产前后的经营状况，运用无形资产评估方法对知识产权转让的收益权价值进行准确估测，为金融机构提供授信额度提供决策依据；最后，知识产权转让费还款同样体现了供应链金融自偿性的资金回流特征。

数字供应链金融不仅带来商业模式的颠覆式创新与重构，也将助推供应链金融供给多元化、服务对象宽泛化、流程标准化以及服务方式智能化。数字供应链应收账款融资模式、数字供应链存货质押融资模式、数字供应链预付账款融资模式、数字供应链知识产权质押融资模式是在传统供应链模式基础上的数字化改造，小微企业应根据经济业务、交易特色、业务流程选择合适的融资模式。

二、基于数字平台赋能供应链金融模式的创新

构建数字平台、确立数字信任、推动金融活动创新和持续发展已经成为目前供应链金融发展的趋势和方向，这也是目前实践界提出的"N+2+N"供应链金融模式的内涵。由于运用数字平台的程度不同，实践中形成了差别化的供应链金融模式。产生这种差异化的驱动因素有两个方面：一是数字平台赋能的广度差异，或者说数字化在供应链应用的范围，体现为数字平台整合供应链参与主体的异质程度或层级度；二是数字平台赋能的深度差异，即数字化对供应链及其金融业务关系的改变程度或者说数字信息的丰富度。

在供应链金融模式的选择上，要将两种驱动因素进行不同组合，进而可以形成四类供应链新金融模式：一是数字平台赋能的广度较高，而赋能维度相对单一的流转式数字供应链金融模式；二是数字平台赋能的广度不高，但是深度较强的融合式数字供应链金融模式；三是数字平台赋能广度和深度都较强的整合式数字供应链金融模式；四是数字平台赋能广度和深度都较强的区块链式数字供应链金融模式。通过这四类数字供应链金融模式的探索，本文尝试为数字供应链金融下小微企业的融资方式提供以下选择。

（一）流转式数字供应链金融模式

流转式数字供应链金融模式是通过将应收账款标准化、电子化，然后借助于数字平台帮助产业供应链将核心企业的信用在多级供应商中实现拆分、流转，或者凭借拆分的标准化票据通过再保理来实现企业融资。

流转式数字供应链金融模式的关键在于主体信用凭证化（即通过标准化票据实现核心企业采购业务的确权）、数字凭证链上化（即所有债权债务关系都以电子化、标准票据进行管理）、价值拆分共识化（即产业链中企业对标准票据拆分产生共识）、流转信息透明化（即能够借助数字平台实时追踪标准化票据流转的状况）。流转式数字供应链金融模式的应用价值不仅可以让供应链上的中小供应商有效地获得运营资金，而且可以通过对核心企业的信用穿透，提高资金结算清分的效率。为实现这一目标，在技术采纳上，主要依赖于标准化电子票据以及区块链技术对流转单证和票据的管理。

流转式数字供应链金融模式也有其局限性或挑战，根源在于数字平台赋能的维度较为单一（即只是数字化单证票据）。如何保证标准票据或单证与实物资产的对应，做到票据资产的穿透和管理是需要深度探索的问题。标准化票据的质量判定是决定后续流转、拆分、融资过程中风控的关键。

（二）融合式数字供应链金融模式

融合式数字供应链金融虽然并没有实现供应链全链条的数字化，但是在局部供应链实现了数字平台的深度赋能，即多维度、多方面的数字化，从而能够全面把握局部供应

链的交易、物流以及伴随着的资产状况，或者说这类供应链金融的基础在于同时实现线上信息与线下资产的融合管理，这为供应链金融活动的开展提供了坚实的基础。在融合式数字供应链金融模式下，力争实现资产管理透明化，即供应链资产管理实现实时、透明管理，建立可信资产池；交易数据互联化，即围绕产业交易的各维度信息实现相互映射，建立可信数据池；合作关系价值化，即围绕特定交易主体的业务关系实现清晰的刻画和动态反映；线上线下互审化，即线上的可信数据池、可信资产池与实际的交易活动和供应链资产实现一一对应。

融合式数字供应链的组织方式对供应链金融的价值在于凭借可信数据池和可信资产池的建立，真正促进多种形态的供应链金融产品，使原本难以在国内开展的仓单质押、存货质押等金融产品得以落地，并且由于能够做到线上线下的交互审计（即可以用数据验证资产、用资产验证数据）与数据和资产溯源，更有利于资产证券化的顺利开展和实施。如由易见股份推动的供应链金融就是从运用物联网、人工智能和大数据技术建立的可信仓库以及运用区块链技术形成的可信数据入手，围绕产业核心企业及其上下游企业提供供应链公司预付款、仓单融资和动态库存融资服务。但从技术采纳的视角看，融合式数字供应链金融模式数字平台由于需要同时对线上活动和线下资产进行数字化管理，往往还需要通过物联网以及人工智能技术来实现。

融合式数字供应链金融模式的发展面临两大挑战：一是由于需要建立可信数据和可信资产，因此如何平衡企业数据隐私与数据交互之间的矛盾，并且保证交互验证的各类数据完全符合供应链金融风控的要求是需要探索的方向；二是由于融合式数字供应链金融模式只对部分供应链交易环节进行管理，因此如何从全流程、全周期的角度管理好交易以及资产，也是需要解决的难点。

（三）整合式数字供应链金融模式

整合式数字供应链金融模式是数字供应链金融发展的方向，它既实现了运用数字平台从广度上覆盖不同交易主体和交易环节，又从深度上将围绕供应链运营的各个维度实现了交叉融合管理。这种供应链金融模式真正实现了综合性供应链征信（即通过对外部数据和供应链实时运营数据挖掘和分析，结合债项和主体评级，确立信用质量）。整合式数字供应链金融模式建立的关键在于伙伴管理生态化，即需要将供应链运营中不同的交易主体嵌入网络，并且形成良好、有序的互动关系，产生共营和共赢；交易物流多级化，即将不同阶段的交易和物流实现整合性、标准化管理；数字信息可溯化，即将公共数据和围绕供应链运营活动的数据进行整合，并且透明、可见和可追溯；运营规则共识化，即所有交易、物流、资金活动形成明确的运营规则，获得参与方共同的认同和执行。

整合式数字供应链金融模式对供应链金融的价值在于通过全面数字平台的建立，综合赋能产业端和金融端的参与方，不仅有利于运营资金融资的利益诉求，而且也对提高资金清分效率和资产证券化的管理质量具有良好的支撑作用。目前，最为典型的践行者——普洛斯已经形成比较成熟的链条体系。该链条体系通过整合普洛斯内部的企业物流合作数据、企业间交易类数据、产品数据，以及外部的工商数据、公检法数据、征信数据等客户数据，梳理相关实体以及实体之间的关系，形成普洛斯的供应链图谱。以物流运输为例，冷链、生鲜、跨境采购等业务，通过普洛斯的供应链图谱可以了解企业需求和风险，通过整个场景产生的金融需求来判断风险并实现金融分配。在普洛斯金融业务的流程应用时，开展围绕供应链及其资金流动全过程的金融业务，包括支持委托客户境外采购环节、境内品牌商采购环节、委托存货环节、运输服务环节、委托客户下游销售环节，以及资产证券化或资产资金交易服务。

从技术采纳的角度看，实现整合式数字供应链金融模式需要系统地运用各类先进技术，包括对资产实施管理，确保数字信息安全可信的区块链技术，对多数据进行挖掘分析的大数据和云计算技术等。整合式数字供应链金融模式可能遇到的最大挑战在于共识达成，特别是当数字平台覆盖广泛主体、纵深多维度的状况下，商务共识和技术共识很可能成为供应链金融模式落地的挑战。商务共识指所有的产业和金融活动主体形成一致、协同的行为，就供应链运营和金融活动达成标准化的规则。技术共识则需要解决跨网络、跨链技术融合问题，因为各参与主体都在建构自身的技术和数字平台，从而产生众多不同的技术和数字体系。因此，跨链整合成为整合式数字供应链金融模式发展的关键。

（四）区块链式数字供应链金融模式

区块链式数字供应链金融模式使金融机构、物流企业、融资企业可以在区块链平台上共享信息，对供应链"四流"信息进行数据整合分析，所有节点直接交互，简化协作过程，实现信息透明化。金融机构可以通过区块链监控物流企业的行为，从而实现对存货质押物的有效监管，可以大大降低金融服务成本和风险，提升融资效率。数字经济下区块链技术应用、金融机构与物流企业良性异业协作关系是供应链金融业务持续健康发展的途径和基础。

区块链式数字供应链金融模式的运营过程主要体现在四个方面。一是小微企业的资产数字化。将小微企业的应收账款、预付账款、存货等资产在"区块链＋数字供应链金融"平台上登记，将此类资产进行数字化，小微企业可根据资金需求在"区块链＋数字供应链金融"平台通过拆分凭证进行流转。二是"区块链＋数字供应链金融"交易数据链。"区块链＋数字供应链金融"采取联盟链，核心企业作为节点，联合物流公司、信息技术提供商，负责企业之间信息流、资金流、物流、商流数据的审核、认证等上链工作。三是"区块链＋数字供应链金融"平台流程智能化。传统供应链金融通过合同约定进行结算，很难通过系统自动化完成，通过"区块链＋数字供应链金融"平台的智能合约控制供应链的全流程，可以减少人为交互，提升参与各方协作效率。四是建立统一的数字供应链金融共享平台。区块链式数字供应链金融使用"微个云链"区块链技术系统，可以将核心企业信用传递到产业生态链上的小微企业，从而降低小微企业融资成本，提升融资效率。以存货质押融资为例，区块链式存货质押融资模式如图5所示。

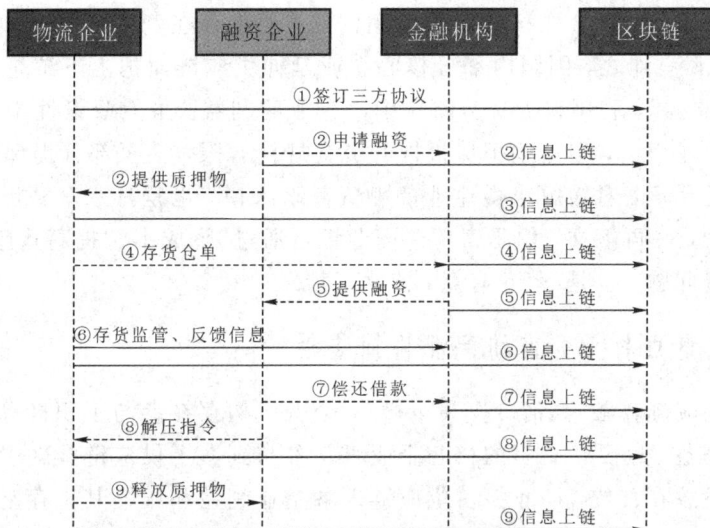

图 5　区块链式存货质押融资流程

区块链式数字供应链金融模式在应用时，首先要建立统一的区块链式数字供应链金融共享平台，供应链金融共享平台的管理以多级信用传递"区块链＋数字供应链金融"为主；其次，金融机构、物流企业与小微企业采取分布式账本技术，对供应链"四流"信息进行数据整合分析，这样使得数据信息变得透明、可信，彼此之间也建立和实现了较强的信任关系。区块链式数字供应链金融平台的搭建，能够简化金融机构、物流企业与小微企业之间的交易流程，从而实现对与核心企业没有直接交易的小微企业的信用传递，多级信用流转，电子凭证分拆流转，延伸信用链条。一方面，区块链作为一种分布式账本，能够提升行业参与者的协作效率，为参与各方提供平等协作的平台，链上的信息可追踪、不可篡改，多个机构之间数据实时同步，可实时对账，通过对底层资产进行穿透式监管，提高资产评级，从而降低机构间信用协作风险和成本。另一方面，区块链的多重签名等技术可以降低参与者的交易成本，缩短结算周期。

本文结合数字供应链金融特色，围绕供应链运营的各个维度实现交叉融合管理提出流转式数字供应链金融模式、融合式数字供应链金融模式、整合式数字供应链金融模式和区块链式数字供应链金融模式四种探索新模式，为小微企业选择融资方式提供更多借鉴。

三、基于小微企业、金融机构和政府组成的主结构创新

基于数字化经济的特征，结合数字供应链金融特色，围绕流转式数字供应链金融模式、融合式数字供应链金融模式、整合式数字供应链金融模式和区块链式数字供应链金融模式四种新模式，从小微企业、金融机构和政府等角度提出具体建议，以数字经济的发展为视角，为解决小微企业融资困境提供新的思路。

近年来，国内各个商业银行下沉服务、做大普惠金融，虽然解决了小部分企业的资金需求，但是受制于传统惯性思维，"惠"而不"普"；非银行金融机构利用大数据和工商、

税务等丰富的云服务，以金融科技解决信用问题，但也存在费率高、数据真实性存疑等问题，潜藏了风险。加之，因国内部分核心企业延伸供应链而把上下游企业纳入到金融服务，却"店大欺客"，利用自身优势挤压中小企业的利益。虽然政策性中小企业担保机构可以为小微企业增信，但这些担保机构的资金规模有限，甚至部分提保机构的担保条件比银行授信还严苛，对缓解小微企业的融资需求来说，也是杯水车薪。即使银保监会等部门政策发力，一再下文，但是寄望于商业银行通过"降成本""提高普惠占比"来解决小微企业的融资问题，也是"落花有意，流水无情"。

（一）嵌入重点行业，推动产业协同发展

针对传统供应链金融"高清冷""量少微"，金融机构存在参与不积极等现象，既要关注核心企业的利益，也要让更多的核心企业真正参与到数字供应链金融中来，更要把上下游企业的利益放在首位，防止挤占供应链末端企业利益和压缩其生存空间。各级地方政府在行业规划及企业管理、数字化平台管理上应采取如下措施：

（1）打造智慧监管和有效服务体系。数字金融是数字产业活动和金融活动的结合，又牵扯到资金往来和金融资产交易等活动，政府合理的监管是必需的。政府遇到的挑战既有智慧监管的问题，还有有效服务的问题。所谓智慧监管，是能够采用行之有效的手段，合理引导数字产业金融的发展，防范不当甚至违法的金融行为，既做到防患于未然，又能促进供应链金融的创新发展。

（2）实施有针对性的数字供应链金融服务。政府要紧扣"十四五"重大发展战略，深入研究新能源、新材料、高端装备、绿色环保、碳减排等重点行业特点，把握重点行业的发展机遇，布局重点行业核心企业，为重点行业产业链上的企业提供金融服务，将针对性的小微企业供应链金融服务嵌入重点行业发展之中。

（3）加快企业资源高效流转，实施精准培育。政府要挖掘传统产业发展机会，通过数字化手段扩展供应链金融客户范围、整合传统碎片化业务流程、降低业务环节的摩擦成本，有效腾挪、盘活供应链企业的应收账款、存货等资源，加快小微企业资源高效流转，为我国传统产业及企业的市场拓展、科技研发和转型升级提供资金支持。

（4）加强与工业互联网平台的合作。政府要通过发挥工业互联网平台作为供应链核心节点的作用，透过平台了解小微企业的生产经营、财务状况等数据，结合工商、税务等公共数据，探索供应链金融业务的数字增信模式，提升供应链金融服务能力，以数字供应链的四种新探索模式，促进小微企业数字经济产融协同有序的发展。

（二）创新服务模式，提高机构运作效率

针对金融机构在破解小微企业融资困境中的关键地位，发挥数字金融产品的优势，金融机构应实施下列措施：

（1）完善数字供应链金融产品创新体系。各个金融机构要设立专门的部门来分析数字供应链的运作模式，明晰核心企业和小微企业的联动特征，掌握供应链业务环节的资金流动特征，发掘供应链各参与方的诉求和痛点，提高各业务环节的数据信息获取和分析能力，运用数字化技术加速金融产品创新。

（2）构建全生命周期的供应链金融服务模式。各个金融机构要利用供应链、企业财务等数据，建立供应链上小微企业分层分类管理体系，依据小微企业生命周期为其精准画像，满足其融资需求，配套支付结算、现金管理、资产托管、结构融资等服务，丰富金融解决方案，提供一体化的金融综合服务；结合数字化金融时代的信息共享特征，对银行的金融服务模式进行创新，优化传统的小微企业信贷政策，推行符合小微企业融资需求的新型金融产品。各个地方政府应将国家税务体系中的企业信息与商业银行共享，以便商业银行透过小微企业的纳税情况了解其真实的经营状况；对于不具备生存发展能力的"僵尸型企业"不予贷款，对于按时足额缴税、成长性好、盈利能力强的"潜力型企业"以税换贷的方式发放贷款，积极落实数字供应链金融的战略政策。

（3）健全业务创新管理机制。各大商业银行应将前沿科技应用到客户识别、智能营销、风险管控等业务运营管理中，梳理并优化数字供应链金融业务流程，提高供应链上企业金融需求的数字响应速度，提升数字供应链金融产品的服务体验，为小微企业提供更加便捷、高效的金融服务，提高产业链企业之间的协同效率。

（三）融合多方渠道，加大政府管控效率

政府部门应发挥引导作用，规范和引导供应链金融业务的发展，鼓励全国工商联组织推进金融服务中小企业共享平台的建立和完善；鼓励商业银行与全国工商联组织开展战略合作，推动数字政府智慧政务平台的建立和完善；发改委、工信部等要实施差异化施策，引导鼓励社会资金支持、扶持供应链金融业务的发展。中国人民银行和银保监会等部门要分类指导，推动中小企业提升公司治理，维护社会共信环境，推进数字征信体系等金融基础建设，加强对信用违规和失信行为的惩处。中国人民银行和银保监会应出台相关文件，来支持与鼓励核心企业加入平台开展供应链金融服务，同时应调动各方积极性，协调解决小微企业融资难的问题。

各地方政府还可针对当地小微企业融资现状中亟待解决的突出问题，制定定向降准、税收优惠等各项扶持政策，完善相关信用评级金融机构的信息，促进商业银行与小微企业间的良性沟通，通过长久的资金往来流水建立小微企业信用信息数据库，减少小微企业财务风险的同时，降低中小型商业银行放贷资金的坏账风险。与此同时，各地方政府可制定相关政策，推动大型商业银行为小微企业提供金融服务的方式，通过银行信贷与股权投贷两种方式进行联动服务，增加小微企业的多元化融资渠道，提升小微企业的融资金额额度，促进小微企业的发展。由政府主导，引入中国人民银行的个人征信系统，完善小微企业信息共享平台，实现小微企业信用信息披露、贷款担保等综合性金融服务，增加小微企业的多元化融资渠道，以便及时满足小微企业的融资需求。此外，各地方政府可通过健全"新三板市场"的上市机制、监管机制和退出机制，给尚未满足上市标准的小微企业提供股权融资的机会。

（四）夯实风控手段，加强风险把控能力

针对全球新冠肺炎疫情蔓延、区域性信用危机和地方营商环境恶化等情况，各地方监管部门要适当延长商业银行小微贷款偿还期限，适当减免利息。当前我国社会正值经

济转型升级期，难免会出现一些核心企业经营失败的情况发生。针对此类情况，银行以往的通行做法是"闻风而动"，迅速抽贷。这样做可能会减少个别银行损失，但不能切断供应链风险的传染性，很可能会酿成区域性支付风险或行业塌陷。因此，商业银行既要规避财务风险，还要优化债务结构，帮助可持续经营的企业渡过危机，维护金融稳定。部分国家的经验表明，金融机构是中小企业金融服务的主力军。但是我国超过3000家城商行、农商行却盲目扩张，部分商业银行也存在"规模崇拜""牌照崇拜"，不服务本地中小企业，瞄准的都是"资金高来高走""北上广金融市场""投行同业"等，大搞资金空转、跨区经营，结果技不如人，铩羽而归。

政府相关部门可以采取下列措施来完善风控手段，强化风险把控能力。一是转变供应链金融风险管理理念，探索基于真实贸易背景、多维数据的授信审批和风险管理模式，加强大数据、区块链等金融科技手段的应用，将过去的静态风险管理转变为动态风险管理，推动实现供应链金融风险管理的数字化、可视化和智能化；二是逐步建立数字化风控体系，构建覆盖贷前、贷中、贷后的大数据风控机构，通过大数据实时监测供应链上企业的经营状况，利用多维度、多特征的数据进行反欺诈识别，强化对供应链金融实时有效的风险预警管理，有效缓解信息不对称，降低风险管理成本，提高风险管理效率和水平；三是逐步实现供应链金融的链条化风险管理，利用供应链金融大数据平台汇集的各类数据，结合特色行业、区域经济等数据，升级供应链金融的风控模型，实现由供应链金融授信主体的单点风险管理模式向供应链的全面风险管理模式，从而实现整体层面数字供应链金融的有效防控。

（五）加大产融结合，维护双链稳定融合

产业链供应链稳定是国内大循环的基础，是构建双循环新发展格局的重心。产业链供应链稳定离不开产业与金融的深度融合，数字供应链金融作为探索产融结合的新模式，恰好能成为产业与金融的连接器。数字供应链金融利用核心企业的信用外溢，提高了供应链上小微企业的金融资源可获得性，缓解了小微企业的资金和生存压力。只有小微企业保有活力，产业链供应链才能迸发活力。数字供应链金融有助于打通产业链、供应链上下游的堵点，提高产业链上的资源配置效率，构建竞争有序的市场体系，为发挥我国及各个省市逐步拥有门类齐全的产业体系优势创造条件。通过提供综合性金融服务，数字供应链金融在很大程度上可以促进供应链上的资源流转，加速整个产业链供应链的协同发展，提高产业链的稳定性、增强供应链的竞争力，推动产业链供应链转型升级，是促使产业链供应链疏通堵点、补齐短板、做大做强的利器。

四、基于信息、交易、物流、资金构成的次结构创新

通过数字供应链金融模式的塑造，在小微企业、金融机构和政府组成的主结构创新的基础上，实现对整个产业链、供应链的资金流、信息流、货物流的优化，引导资金支持小微企业，实现数字产业链供应链的循环，进而提升在国内循环中的竞争力。数字供应链实现信息、交易、物流、资金构成的次结构创新，才能提高社会资源的配置效率，发挥

数字金融在新经济发展中的"加速器"作用。

（一）打造闭合回路，协调信息资源共享

沟通衔接不畅、信息资源难共享是产业链、供应链上下游企业存在的突出问题，要以数字供应链金融平台为抓手，加强信息资源共享，消除信息孤岛和信息鸿沟，全面高效促进链上小微企业的协作共赢。数字供应链金融模式实现信息构成的次结构创新可以通过下列措施得以实现。

第一，积极搭建现代数字供应链金融平台。要运用互联网、物联网、区块链等技术，以核心企业为重要节点，构建多样化的现代数字供应链金融平台，加强各功能平台间的信息沟通与互用，实现平台各类数据信息的互联互用，完善和优化现代数字供应链金融服务平台的功能，更好地为供应链上下游链条企业提供融资、结算、现金管理等一揽子或定制化的综合金融服务。现代数字供应链金融平台还应实现信息利用"多对多"的功能。该功能的实现一方面体现在数字供应链金融交易服务对象的多样化，既要包括供应链上的小微企业、物流企业，还要包括金融机构和担保机构；另一方面体现在数字供应链金融交易内容的多样化。以金融机构为例，金融机构可以从平台上找到目标客户，销售自己的个性化金融产品，实现融资业务从"线下人工"到"线上智能"，最终实现信息利用的最大化。

第二，加强对链上融资额度的统一调配。要加强融资额度顶层设计，优化合理配置链上融资额度，对不同主体分别实施额度管理，满足产业链供应链有效融资信息需求。在有效控制风险的前提下，实施差别化信贷管理，建立健全产业链、供应链金融业务激励约束及容错纠错机制，科学设置链上融资考核指标体系。产业链、供应链融资业务要全额纳入小微企业授信进行统一管理，并遵守大额风险暴露的相关监管要求。

第三，切实发挥行业协会的信息沟通作用。数字供应链金融实现信息资源共享的关键环节是链条上关联企业之间应形成密切合作关系。以推动成立产业链、供应链金融协会为基础，在小微企业与金融机构间建立沟通长效机制，促进小微企业与金融机构的合作共赢，最终实现打通小微企业与金融机构间信息壁垒的目的。

（二）提升数字水平，增强交易服务能力

要打破传统金融单一交易功能，依托数字技术，聚焦新热点，破译新属性，延伸和拓展数字供应链金融的交易新功能。

第一，建立标准化、开放性的数字化供应链金融交易系统。通过数字化供应链金融交易系统，促进与核心企业、电子商务平台等数据系统的有效对接，构建通畅的交易传导机制，解决信息流通和资金融通的交易效率问题，提升业务数字化水平，促使金融服务突破时间和空间的限制，扩展供应链金融交易服务半径。

第二，完善数字化供应链金融大数据交易平台功能。要逐步整合财务、物流、供应链第三方、税务、司法等数据节点，实现各类数据的互联互通。通过核心企业信息管理系统核验、发票查询、人工尽调等手段进行数据交叉验证，提出全供应链业务交易场景化的解决方案，保证数据采集的准确性和真实性，完善数字化供应链金融大数据交易平台的

各项功能。

第三，探索数字化供应链金融业务数字增信模式。应用数字化供应链金融业务数字增信模式的主要目的是挖掘数据价值，以数字信用代替企业主体信用，并将数字信用用于产品定价、风险评估等，用以替代对抵押品的过度依赖，破解小微企业抵押物不足的难题，提高小微企业金融服务的可获得性。

（三）提升金融赋能，加速物流发展水平

物流是金融和贸易的基础，是金融的"看门狗"，也是供应链金融风控和监管的基础，而数字供应链金融赋能为未来物流发展提供了推动力。

第一，利用数字经济，完善新物流。数字供应链产生新的物流服务需求，需要高效物流作为保障。应逐步打造数字物流商品网，要以网络为纽带，不应仅局限于"信息网"，更重要的是组织布局"库网""干线网""配送网"以及"商品网"。通过对这五张网络的齐构，推动物流产业生态和金融生态的轮动发展机制。在智能物流云中，利用智慧物流的服务协同能力指针，对多个物流服务环节进行服务的协同，通过对不同物流服务的整合，协同完成一体化的物流服务。例如，利用智能化视频，自动识别仓库的监控，完成自动化仓库、智能搬运输送、自动分拣、无纸化作业等自动化业务的改造，实现智能物流云中的高效管理。新技术的引入能够驱动产业结构持续优化，凭借大数据业务监控分析、大数据需求预测分析，催生出新物流的服务模式，提升物流环节的协调性和整体物流运行效率。

第二，发挥数字经济优势，打造增值服务。随着数字经济的发展，在物流配送中心及物流园区的业务创新中产生了流量经营的概念，从客户思维转向用户思维，颠覆了传统收益模式。传统的物流配送中心及物流园区大多数是承担物业管理职能，通过收取租金，提供线下储存、装卸、车货匹配交易、停车及餐饮等后勤服务。这种传统模式通过共享经营转变物流配送方式，借助自建或是合作的物流管理系统与物流配送中心以及物流园区内的租户发生关系，形成物流数据流量的交易，以此作为供应链金融物流的基础。物流企业只有通过利用互联网技术，结合云计算、北斗导航、物联网等技术，进一步精准把控运输过程，其物流水平才能逐步提高，更好提供数字增值服务，才能迎来数字物流新浪潮。

（四）加快循环速度，实施精准资金滴灌

硬件技术落后、信息不对称、审批流程复杂等问题是数字产业链供应链金融高效运转的制约因素。要化解这些制约因素，就要以金融资金资源的自由流动为载体，不断提升数字供应链金融智慧化程度。数字供应链金融以供应链各项交易数据及可获取的公开数据为基础，以真实贸易背景为依托，精准滴灌产业链供应链，是金融服务实体经济的重要手段，也是深化金融供给侧结构性改革的切实体现。通过整合各项数据信息，促进实质的数字信息流，打破信息流与资金流之间的壁垒，可以实现数字供应链金融的资金流闭环，避免潜在的欺诈和操作风险，加强产业链、供应链上下游企业的协同合作，使得金融服务覆盖更多的小微企业。

数字供应链金融利用数字技术扩展金融的辐射范围、增加金融的服务深度，使金融服务触手伸向经济末梢，有望打通金融服务的最后一公里，多维度拓宽供应链企业的融

资渠道，引导金融资源向供应链中优质的小微企业配置，实现资金的精准滴灌。

五、基于金融治理流程中"数字信息"获取方式创新

（一）数字嬗变，要契合数字经济发展趋势

数字经济作为未来经济发展的重要推动力，需要提供与其相适应的金融服务，以更好地服务于其催生的新产业、新动能。数字经济以数字化的知识和信息作为关键生产要素，边际成本递减，具有很强的"溢出效应"和"乘数效应"。数字经济时代，社会经济和商业模式都在经历数字化转型，数字化、普惠性社会发展需要与之相适应的数字化普惠金融服务体系。数字供应链金融以数字技术对供应链"四流"信息进行数据整合分析，小微企业依托数字经济企业进行信用评估，创新金融产品和服务模式，使之可以主动适应数字经济的变化，与数字经济的发展趋势相契合。

通过科技赋能，数字供应链金融可以有效降低金融服务成本，使之达到商业可持续，从而构建一个有深度的、可以满足数字经济普惠性发展要求的服务体系。通过对供应链的数字化改造，使数据的获取成本变低、效率变高且可信度变高，有助于构建数据化、动态化的供应链风险监控体系，为数字经济发展提供一个"安全阀"。

（二）数字演变，赋能供应链金融生态创新

每一次大的技术浪潮都会经历两个阶段：第一阶段的主题是建设基础设施；第二阶段的主题是激发和收获全部的经济和社会潜力。当前，我国数字技术正处于基础设施建设阶段，数字技术自身的不成熟、技术应用的不充足制约了供应链金融的服务质量。数字化意味着可拆分、可重组，各个被标准化处理的元素呈现出不同组合方式和结构模式，便会带来产品创新和模式创新，甚至会引发产业大变革。数字供应链金融是以数字化的新型供应链业务网络为基础，产业端数字化是其运作的前提和关键。

未来的小微企业应借助新技术，一方面将金融科技系统对接已有的生产、销售、采购和财务系统，助力小微企业数字化的经营转型；另一方面可以借助数字金融技术，及时响应客户需求，实现线上批量获客审批和融资，尽快完成资产数字化在线和业务流程场景的可视化，进而实现产业全链条透明化集约，为数字供应链金融的运作创造良好的业务条件。

（三）数字科技，完善共享供应链金融平台

利用数字科技，拉长产业服务链条，完善供应链金融服务平台的服务功能，可以从以下三方面入手。首先，金融机构、企业、平台三方共同研究供应链运行特点，寻找供应链中涉及风险控制的关键节点，强化物权控制和资金流转掌控力，尽可能通过控制物权流转来控制资金流转，改变靠核心企业增信的单一模式。这可能需要开发具有法律效力的数字化权益凭证，因此也需要有关法律部门参与研究。其次，可以让供应链上企业各自的服务银行加入平台，银行作为供应链上的一个节点，为这些开户企业提供贷款等综

合金融服务。如果一条供应链上的企业是在不同的区域经营，其合作银行是企业所在地的银行，则这些银行可通过加入这个供应链金融链条上，成为供应链金融的组成部分。这样做的好处是可以让不能跨地区经营的中小银行也有机会加入供应链金融中。由于银行对贷款企业非常熟悉，再加上平台对风险的控制措施，实际上形成了对贷款企业的双重风险控制。最后，供应链金融服务平台要以提供公共、公平、高效、安全的服务为主，尤其是提供风险控制服务，自身不办理金融业务，不形成垄断，不与链上金融机构进行不公平竞争。

（四）数字贸易，构建跨境数字化供应链金融科技平台

随着全球化的发展，特别是我国企业"走出去"步伐的加快，产业链、供应链也形成了跨境链条，产业链、供应链上的上下游企业往往非常稳定和紧密，相互之间的信任度也很高。跨境供应链的境外交易业务，既涉及产业链上的企业，也涉及产业链下游企业。这些企业在所在国当地，由于种种原因，都会遭遇一定的融资困难，但生产经营又往往与国内产业链紧密联系在一起，具有很强的闭环特征，所以可以用供应链金融的方式满足其融资需求。

但需要注意的是，跨境供应链金融不是国内供应链金融的简单复制，不仅需要解决包括供应链的物流、信息流、资金流等流程，还要关注和解决各国货币主权、金融体系、进出口管制、外汇管理等存在的制度障碍，以及外汇结算和兑换等商业银行的国际业务安排，需要将国际结算、外汇兑换等业务融入供应链金融之中，并借鉴买方信贷、卖方信贷等方式创新贸易融资新模式。另外，由于跨境供应链金融科技平台的特殊性，可能还需要由中资银行、外资银行和科技企业共同发起搭建这个平台。跨境供应链金融科技平台应是业务中立、技术中立，具有高度公信力的服务型友好平台。

跨境数字供应链金融科技平台可考虑设计如下功能：一是致力于打通信用证、跟单托收等各种结算工具，同步整合贸易融资环节；二是对跨行业（包括银行、交易双方、海关、船运公司、保险公司、仓储公司等）的数据共享和流程管理，单证各方共享数据、共用流程，推行数字化单证，实现全自动审单、背书、议付、融资等操作，从根本上解决人工审单问题；三是在架构设计上充分考虑海关、货运、保险、质检、仓储等各相关机构的加入，形成具法律效力的数字化权益凭证，为链上融资提供信用基础。

六、针对陕西数字供应链金融发展的建议

（一）完善法律法规体系，保障小微企业健康发展

陕西要想实现小微企业数字供应链金融的全面发展，应从数字供应链金融参与主体的多元化和业务模式的多样化入手，这便对法律法规的覆盖面提出了较高的要求。因此，为解决陕西数字供应链金融企业的法律约束问题，应从顶层设计上完善法律法规体系。具体建议如下：

（1）陕西应根据数字供应链金融发展进程修订并出台相关法律。一方面，基于现有

的《保险法》《商业银行法》《电子签名法》《证券法》等金融法规，针对陕西实际情况，对相关内容进行修订、完善和补充，尤其是对平台经营者资质、信息传送机制、算法技术等从法律层面予以规范，使得数字供应链金融的运营管理有法可依；另一方面，陕西各级政府及时出台新法律法规的实施方案，明确各参与主体的责任义务，为清除数字供应链金融体系中主体权力配置失衡、利益分配不均引发的冲突提供法律依据。

（2）完善陕西小微企业配套法律法规体系。为提高数字供应链金融对科技型小微企业的服务质量，需要完善《民法总则》《合同法》《物权法》和《科技评估管理办法》等法律法规，同时修订担保法律法规，将动产抵押物范围由存货、应收账款等扩展到知识产权、碳权等无形资产，为陕西小微企业运用无形资产等特殊质押物提供更多的法律支持。

（3）陕西各级政府应构建齐抓共管的协调监督机制。数字供应链金融具有明显的跨领域、跨时空特征，需要各区域监管机构的协调配合，陕西各级政府应尽快明确相应监管主体的职责范围，同时重视发挥数字供应链金融行业协会的监管职能，规制各种套利套汇及融资性贸易行为，遏制各类投机性业务，并加大对违法行为的处罚力度，为陕西数字供应链金融发展提供良好的法律环境，为陕西小微企业发展保驾护航。

（二）培育发展陕西面向小微企业的数字供应链金融环境

1. 构建适宜小微企业发展的数字供应链"优生态"环境

陕西应高度重视产业链供应链金融的作用，做好区域经济的顶层设计，根据数字供应链金融发展变化的新特点，加快培育适宜陕西数字供应链金融发展的生态环境，保持小微企业的数字供应链运行模式的畅通，保持陕西数字经济发展与数字供应链金融需求与供给相协调，使其更好服务于陕西小微企业发展新格局。具体建议如下：

（1）加快数字供应链金融各项政策落地。近年来，国家为大力发展供应链经济，出台了很多数字供应链金融发展的政策，以此推动金融服务机构积极创新数字供应链金融的服务模式。陕西要牢牢把握数字经济发展新格局与供应链经济的发展机遇，出台符合地方特色的小微企业数字供应链金融扶持政策，扎实推进各类相关政策有效落地落实。

（2）提升数字供应链金融在资金业务中的比重。数字经济是实现未来陕西经济高质量发展的重要支撑，在数字金融资源配置中，陕西各级政府要引导金融机构加大数字供应链金融在各项业务中的占比，对其资金需求、金融服务要积极给予优先与重点保障，加大关联产业与陕西重点行业的金融支持和服务力度，为陕西小微企业经济发展提供更加宽松与良好的环境。陕西省应进一步打造数字物流产业生态经济，全面应用先进的金融科技技术，通过数字化转型实现全流程线上管理，再造融资业务流程，积极探索多层次、多途径、多模式的供应链金融融资方式。

（3）探索陕西数字供应链金融创新服务模式。支持鼓励陕西特色产业链中核心企业、金融科技类公司、第三方数据平台等各类主体，联合符合条件的金融机构，共同建设打造一批独具陕西特色的数字供应链金融服务基地和示范项目，在审慎合规、风险可控的前提下积极开展供应链金融服务，充分利用新一代人工智能、云计算、区块链等金融科技手段，打通产业数据和信息链条，精准服务"秦创原"建设，全面探索供应链金融服务模式创新、产品创新、技术创新，为陕西小微企业的快速发展夯实基础。

（4）支持具备丰富产业链的区域探索建设与科技创新。例如，可在西安高新区建立数字供应链金融示范区、集聚区，给予入驻企业适当的政策支持，有效提升产业链上下游小微企业的金融服务效能和聚集效应。作为陕西唯一的承担国家重大发展和改革开放战略任务的综合功能区——西咸新区，经过多年发展，聚集了中国西部科技创新港、西工大翱翔小镇、西部云谷等诸多创新平台。陕西将优先在能源化工、装备制造、新材料、光子、种业工程等主导产业、战略新兴产业进行布局，由行业龙头骨干企业牵头，联合不少于 10 家高校、院所和产业链上下游企业组建 30 个左右创新联合体。陕西小微企业也可以借此进一步发挥创新优势，不断增强小微企业自身的创新动力。

2. 搭建适宜小微企业的数字供应链金融"社交圈层"

陕西应构建数字供应链金融的"社交圈层"，为小微企业的融资提供信息平台，加强陕西数字产业链供应链的开放合作，充分发挥互补优势，在提升产业链供应链金融服务水平、推进高标准示范体系建设等方面进行多方位、深层次合作，探索一条合作共赢发展路径。具体建议如下：

（1）加大产业链供应链金融开放力度。陕西针对民营小微企业要走开放式发展道路，构建面向链上金融场景和渠道的开放银行，充分发挥开放 API 模式业务在产业链供应链金融业务中的支持作用，将金融产品完全展示给链上企业，并实时进行交易。陕西应积极探索与物流、消费等领域的链上金融合作机会，拓展西安市及曲江新区、高新区、西咸沣东新区等各个新区产业链供应链金融服务新领域，通过开放陕西商业银行主动对接链上优质核心企业和平台，与核心企业、金融科技公司、供应链公司、保理公司、担保公司等多方合作，打造数字产业链供应链"两链"共生发展的"生态圈"和"朋友圈"。在"两链"融合创新示范方面，突出"两链"融合，找准产业链"痛点"、创新链"堵点"，充分调动高校、科研院所、企业等各类主体和人才积极性，加速科技成果产业化步伐，形成产业链和创新链的良性互动、融通发展、闭环生态。

（2）建立政企银战略联盟。陕西要通过产业互联网平台引入政企银等多方机构，建立多方共赢的战略联盟，在陕西省地方金融监管局、陕西省工信厅、陕西省农业厅、陕西省省商务厅、陕西银保监局等政府机构的管理下，以及人民银行西安分行、西安市内各个商业银行、小额贷款公司、信托、基金等多元化金融机构，拓宽供应链金融的资金来源。陕西要积极引入第三方服务和监管机构，参与产业链上下游企业质量管理、标准制定、资金结算等工作。虽然陕西省地方金融监管局委托第三方机构设计开发了陕西省金融服务云平台，但该平台的知名度不高。后期，应在陕西各级政府机构及金融服务机构的共同建设和推广下，以该平台为基础，打造陕西"企业提报融资需求、银行精准服务对接、实时监测政策效果"全流程服务链条，同时还要加强与知名企业的战略合作，提高平台知名度，实现短期内平台交易额的提升。此外，陕西还应打造陕西供应链金融特色行业子平台，提高供应链金融资产流动性，构建多元化、多层次、全方位的金融服务生态，基于不同的应用场景，提出供应链金融服务小微企业解决方案，为小微企业提供优质的供应链金融综合服务。例如，由中国人民银行西安分行设计开发的"供链融通"平台，该平台充分发挥了银行的金融管理职能，围绕陕西全省重点产业链，有效提升了中小企业票据贴现效率，这对于发挥银行效用，促进金融资产盘活，推动陕西中小企业金融服务工作具有重要意义。

（3）加强陕西数字供应链金融科技创新建设。陕西虽是科教大省，但科技存量资源与科技成果转化能力薄弱及转化体制机制不畅的问题仍然存在，企业创新能力不足、产业结构不合理等问题也比较明显，科技资源潜力释放不足。现在，陕西打造了以"秦创原"为引领的创新驱动平台建设。"秦创原"创新驱动平台，截至目前已经形成以西部科技创新港一期为核心，协同西咸新区能源金贸区、沣东新城科技统筹示范区、沣西新城西部云谷、泾河新城科技创新区、咸阳高新区等，以改革创新为动力，加强人才和机制建设为抓手，着力促进科技成果转化和产业化，科技与经济紧密结合。"秦创原"带动陕西全省各市、高校、院所、企业参与，共享资源、各取所需，共同建设科技创新高地，成为陕西省高质量发展的引擎。预计到 2023 年，该平台将培育科技型企业 2000 余家，技术合同成交额突破 300 亿元，建成"双创"服务平台 30 个以上，创新基金规模超 100 亿元，专业机构和人才队伍更加完备，形成可复制推广的标志性创新模式。陕西在加大创新驱动平台建设的同时，还设立了陕西省、西安市供应链金融专业委员会，旨在积极推动数字供应链金融专业标准建设，研究发布数字供应链金融专业指南，加强科技、金融、产业之间的跨领域专业研究和交流合作，为陕西数字供应链金融高质量发展提供理论支撑。这些创新平台的建设、组织机构的建立对陕西小微企业来说，无疑是未来发展最好的新契机。

（三）关注陕西小微企业的实际需求

（1）陕西应从实际出发，突破陕西小微企业发展的金融瓶颈，培养更多的小微核心企业，发挥小微核心企业对小微企业的带动作用，鼓励金融机构与小微核心企业的合理桥接。基于陕西小微企业经营风险大、不良贷款高等特性，陕西要重点关注产业链上小微企业的具体运营，适当给予小微企业降低融资成本等优惠政策，对于经营不善或暂时陷入困境的链上小微企业，及时介入和指导，对供应链金融运行影响较大的，由政府兜底，适时减免其呆账、坏账，对其产生的呆账、坏账积极实行税前核销，消除链上短板与薄弱环节，确保供应链金融健康运行；立足于解决陕西小微企业资金流融资困境，拓宽融资渠道，促进资金合理配置，提高企业还款能力，帮助陕西小微企业从根本上改变传统以银行信贷，获取资金融资的模式。同时，有效扩大陕西小微企业的社会资源供给，提高制造业整体的市场竞争力，帮助陕西小微企业打通市场获取信息的渠道，实现供应链金融平台与各个参与者之间互联互通，最终达到参与方共赢的局面。

（2）探索构建独具陕西特色的供应链金融创新服务模式。按照"政府引导、市场为主、体现特色、注重实效、防控风险"的原则，围绕陕西特色产业开展供应链金融创新试点，培育一批运转良好的陕西、西安供应链金融示范企业，建设一批切实有效的陕西、西安供应链金融示范项目，充分激发陕西特色产业供应链上下游主体活力，为供应链上的中小微企业提供优质高效、成本较低、风险可控的综合金融服务，形成可复制推广的供应链金融创新实践经验，全力将陕西打造成为数字供应链金融示范城市。

（3）设立陕西小微企业参与激励机制。陕西政府应当设立企业建设、参与陕西省金融服务云平台服务的激励机制，推动陕西数字经济技术服务更多的小微企业实体。运用区块链、大数据、人工智能等金融科技工具进一步畅通货币信贷政策传导渠道，充分发挥基层央行货币政策工具"穿透式"引导优势,精准服务"秦创原"建设、绿色低碳、中欧班列"长安号"、科技创新等重点领域,来加大陕西省重点产业链"链主"企业、民营小微企业等重点群体的服务。为了增加陕西小微企业使用区块链技术服务的意愿,可以对积极参与区块链平台接入的小微企业实施补贴,降低企业的运营成本。借助陕西小微企业参与供应链金融项目为契机,鼓励对原有的信息化系统进行升级改造,全面推进陕西小微企业数字化转型。另外,对主动帮扶上下游小微企业的核心企业实施奖励,从而扩大区块链等数字经济技术服务的双边网络效应。此外,还可以建立陕西数字产业引导基金,通过人才引进补贴、技术创新补贴措施促进陕西数字产业发展。

七、结语

供应链金融作为产融结合的创新服务模式,承载了保障供应链稳定、优化供应链运营效率的历史使命,是破解小微企业融资难题的重要手段。当前,在金融科技赋能和数字经济蓬勃发展的背景下,供应链金融正呈现数字化、智能化的发展趋势,逐渐向数字供应链金融演变。本文在数字供应链金融背景下小微企业融资模式分析的基础上,探究数字供应链金融发展的具体方向。一是基于数字平台赋能陕西供应链金融模式创新,包括建立完善流转式数字供应链、融合式数字供应链、整合式数字供应链和区块链式数字供应链四种金融模式典型模式。二是基于核心企业、上下游、金融机构、政府组成的主结构创新,应逐步推行,嵌入重点行业、推动产业协同发展;创新服务模式、提高产业运作效率;改善管理模式、加大政府管控效率;夯实风控手段、加强风险把控能力;加大产融结合,维护产业链供应链稳定这五方面的具体措施。三是基于交易、物流、信息、资金构成的次结构创新,针对小微企业实际情况,提出打造闭合回路,协调信息资源共享;提升数字水平,增强交易服务能力;提升金融赋能,加速物流发展水平;加快循环速度,实施精准资金滴灌等具体建议。四是基于金融治理流程中"数字信息"获取方式的创新。五是从完善法律法规体系和培育发展面向陕西小微企业的数字供应链金融环境两个方面提出的一些建议。

参 考 文 献

[1] 窦亚芹等. 数字供应链金融与科技型企业融资模式创新[J]. 科技管理研究,2020(8):112-119.

[2] 刘晓春. 数字供应链金融新路径[J]. 中国银行业,2021(5):79-81.

[3] 宋华. 数字平台赋能的供应链金融模式创新[J]. 中国流通经济,2020(7):17-24.

[4] 宋效军,张晓晴. 关于构建数字化供应链金融共享平台的思考[J]. 银行家,2020(12):47-50.

[5] 何宏庆. 数字金融:经济高质量发展的重要驱动[J]. 西安财经学院学报,2019,32(2):45-51.

[6] 张鹏. 数字经济的本质及其发展逻辑[J]. 经济学家,2019(2):25-33.

[7]　黄益平等. 数字技术如何改变金融机构[J]. 新金融评论，2021(1)：55 – 70.

[8]　王多祥，张智和. 数字供应链金融的实践与发展[J]. 甘肃金融，2021(1)：60 – 66.

[9]　刘晓曙，朱连磊. 数字供应链金融助力双循环新发展格局[J]. 银行家，2021(6)：45 – 47.

[10]　喻平，豆俊霞. 数字普惠金融发展缓解了中小企业融资约束吗[J]. 财会月刊，2020(3)：140 – 146.

[11]　黄益平，王勋. 金融控股公司的风险与监管[R]. 北京大学数字金融研究中心研究报告，2019.

[12]　刘拥军. 基于供应链金融的中小企业融资模式分析[J]. 现代商业，2021(13)：120 – 122.

[13]　龚强，班铭媛. 区块链、企业数字化与供应链金融创新[J]. 管理世界，2021，37(2).

[14]　梁双陆，刘培培. 数字普惠金融与城乡收入差距[J]. 首都经济贸易大学学报，2019(1)：33 – 41.

[15]　张婷. 后疫情时代商业银行服务实体经济数字化转型的理论逻辑、实践特征与路径选择[J]. 甘肃金融，2021(6)：19 – 23.

[16]　包祖明. 深化产业链供应链金融服务 助力构建"双循环"新发展格局[J]. 中国银行业，2021(10)：28 – 32.

[17]　王凤荣，慕庆宇. 政府干预异质性、中小银行发展与中小企业融资约束：结合经济换挡背景的分析[J]. 经济与管理研究，2019(5)：47 – 60.

[18]　傅文军，等. 从数字化视角看浙江供应链金融发展[J]. 浙江经济，2021(5)：34 – 36.

[19]　周琦. 以科技之光照亮金融数字化转型新征程[J]. 中国经济周刊，2021(6)：20 – 23.

[20]　陆岷，徐阳洋. 低碳经济背景下数字技术助力乡村振兴战略的研究[J]. 西南金融，2021(7)：3 – 13.

[21]　尹燕飞，吴比. 数字金融在农业供应链领域的应用研究[J]. 中国农村金融研究，2020(4)：16 – 21.

[22]　刘盈含. 农业供应链金融的数字化转型思路[J]. 商业经济，2021，(9).

[23]　张春涵，王曦. 区块链技术下互联网金融的风险防范[J]. 中国经贸导刊(中)，2021，(1).

[24]　燕洪国，吕元媛. 供应链集中度、供应链金融与企业融资约束[J]. 杭州电子科技大学学报(社会科学版)，2020，(6).

[25]　严振亚. 区块链与物联网视角下的供应链金融模式创新研究[J]. 新疆社会科学，2021，(2).

[26]　丛雪薇，徐玲玲. 区块链背景下供应链金融主体异业协作的演化博弈研究[J]. 金融发展研究，2022，(4).

作者简介

张爱辉：西安外事学院商学院副教授

后　记

　　我国进入新发展阶段，面对国内外发展环境的深刻变化，党的十九届五中全会通过的《中共中央关于制定国民经济和社会发展第十四个五年规划和二〇三五年远景目标的建议》提出，要加快构建以国内大循环为主体、国内国际双循环相互促进的新发展格局。党的二十大报告明确提出，要"建设高效顺畅的流通体系"。流通体系是现代化产业体系的重要组成部分，无论是国内循环还是国际循环，都离不开高效顺畅的流通体系。建设高效顺畅的流通体系，加快我国商贸物流产业高质量发展，是实现社会主义现代化的重要内容，是构建新发展格局的必然要求。

　　近年来，陕西在构建现代流通体系，加快陕西商贸物流产业高质量发展方面取得了显著成绩，为打造陕西成为我国新发展格局重要战略支点奠定了坚实基础。西安外事学院的陕西自贸区研究院是学术研究和智库咨询研究相结合的专门研究机构，特别关注陕西商贸物流产业高质量发展问题的研究。近年来，为了更好地为陕西经济社会高质量发展服务，西安外事学院集中一批研究人员通过承担外部委托研究课题和内部自主选择课题的方式，围绕陕西加快构筑内陆地区国际贸易大通道、西部陆海新通道物流枢纽承载城市物流竞争力评价、西安都市圈创新网络空间优化策略、陕西数字经济发展、新发展格局下西安国际陆港与空港物流耦合协调发展、新发展格局下陕西特色农产品发展路径、"双循环"背景下提升陕西居民消费水平研究、数字供应链金融背景下小微企业融资方式创新研究等相关重大问题开展了一系列研究，取得了一批学术研究和智库咨询研究成果。这些研究成果既有学术研究的探索性、前沿性和创新性，也具有明显的智库咨询研究特色，其中一部分研究成果已经通过不同渠道上报，获得了陕西省委、省政府主要领导的批示；一部分成果已经在内部或公开刊物发表，并引起了有关部门领导和相关研究者的关注。汇集在本书中的是 2020 年以来陕西自贸区研究院的一批研究人员承担完成的相关课题的研究成果。在此，要特别感谢西安电子科技大学出版社为本书的编辑出版付出的辛勤劳动，同时感谢在研究过程中借鉴和参考的研究成果的相关研究者。

　　我们将持续关注和研究陕西商贸物流产业高质量发展问题，希望在这方面取得更多高水平的研究成果，为陕西经济社会高质量发展提供智库成果支持。

本书编委会

2022 年 12 月于西安